南山慈善译丛
NANSHAN TRANSLATIONS OF CHARITY RESEARCH
第三辑
主编/何华兵 褚蓥

慈善学校运动
对十八世纪清教徒行动的研究

THE CHARITY SCHOOL MOVEMENT:
A STUDY OF EIGHTEENTH CENTURY PURITANISM IN ACTION

［英］M.G.琼斯／著
（M. G. Jones）

曾令发 蔡天润 邓晓莉／译

社会科学文献出版社
SOCIAL SCIENCES ACADEMIC PRESS (CHINA)

This is a simplified Chinese translation of the following title (s) published by Cambridge University Press:

The Charity School Movement: A Study of Eighteenth Century Puritanism in Action

(ISBN 978-1-107-68585-7 Paperback)

By M. G. Jones

© Cambridge University Press 1938

This simplified Chinese translation for the People's Republic of China (excluding Hong Kong, Macau and Taiwan) is published by arrangement with the Press Syndicate of the University of Cambridge, Cambridge, United Kingdom.

© Social Sciences Academic Press (China) 2022

This simplified Chinese translation is authorized for sale in the People's Republic of China (excluding Hong Kong, Macau and Taiwan) only. Unauthorised export of this simplified Chinese translation is a violation of the Copyright Act. No part of this publication may be reproduced or distributed by any means, or stored in a database or retrieval system, without the prior written permission of Cambridge University Press and Social Sciences Academic Press (China).

Copies of this book sold without a Cambridge University Press sticker on the cover are unauthorized and illegal.

本书封面贴有 Cambridge University Press 防伪标签，无标签者不得销售。

邦深电子（深圳）有限公司为本书出版提供了经费支持，特此致谢！

南山慈善译丛·第三辑编委会

主　　　编　何华兵　褚　蓥
副 主 编　王建平
编委会成员　丁　轶　方　砚　刘国玲
　　　　　　田飞龙　汪中芳　杨钦焕
　　　　　　曾令发

总　序

自20世纪90年代以来，我国学界开始有人关注慈善事业，研究慈善事业。近几年，有越来越多的学者也开始投身于对慈善事业的研究当中，也有越来越多的慈善研究作品问世。和其他学科一样，我们对慈善事业的研究是从认识与研究西方的成果开始的。围绕这一方面，我国学者也推出了不少作品。

但是，坦率地说，经过近30年的发展，我们对于西方慈善事业的认识依旧处在起步阶段。现实的情况是，我们的研究作品大都集中在对西方慈善的现有模式、机制、制度的简单介绍方面，而几乎没有什么作品去探索这些模式、机制、制度的来源、历史变迁与思想文化根基。换句话说，我们对于西方慈善事业的历史、现状与理论的认识与研究是粗浅的，只看到它露出地表的枝叶与花朵，而对于其深埋在地下的根茎缺乏深刻、全面的认识。

不幸的是，正是在这种粗浅的理论指导下，我国各地开展了大范围的慈善实践。于是，我们经常会遇到这样的情况，即出于对西方模式、机制、制度的高度推崇，我们兴高采烈地将它们搬到了中国。而一旦搬到中国，这些原本在西方运转良好的模式、机制、制度就立刻变得无的放矢起来，甚至还会起反作用。

而对于这种状况，我们的研究者们也无法给出一个妥善、合理的解释，或者拿出一套有效的解决方案。这正说明，我们对西方慈善事业的认识是只鳞片爪的，只知道别人的慈善事业做得好，却不知道他人为何会这样好。

有鉴于此，为推动我国慈善学术研究的发展，提升慈善学术研究的深度，扩大中国慈善研究者的学术视野，南山学脉以此为己任，组织人员，筹集资源，在数年时间里推出了这套"南山慈善译丛"。自2017年以来，"南山慈善译丛"每年译介外国经典慈善理论作品三种。我们所译介的作品涵盖政治理论、慈善历史、慈善法律、慈善创新等多个方面，务求全面、客观地介绍外国慈善事业的历史源流、发展现状及理论总结。

"南山慈善译丛"高度注重学术品位，每年选译的作品都是在西方慈善学界产生了一定影响的、具有更强的学术阅读与研究价值的好作品。参与本套丛书翻译的学者都是对西方慈善事业有一定了解、对相关学术话语有一定掌握的学者。而且，更为难能可贵的是，他们都是无偿参与这套丛书的翻译工作，而这也从另一个角度体现了"慈善"精神。

当然，虽然"南山慈善译丛"以介绍西方慈善理论为宗旨，但我们也并不希望我国的慈善研究者只停留在对西方学术理论的简单照搬上。相反，我们希望我国的慈善研究者能够以此为起点，不断归纳、总结、提升，最终提出一套符合我国实际情况的慈善理论。如此，则"南山慈善译丛"的价值才算发挥到最大。

是为序。

目 录

前　言	1
第一章　导论	1
一　慈善的时代	1
二　慈善学校的数量与分布	10
第二章　英格兰：有组织的慈善机构	22
一　贫穷和天主教	22
二　基督教知识促进会	29
三　地方管理	33
四　伦敦和威斯敏斯特的慈善学校	45
五　乡村学校	50
六　城市学校	58
第三章　英格兰：慈善与纪律	62
一　文学课程	62
二　劳动课程	72
三　教师	81
第四章　英格兰：慈善与政治	93
一　托利党的进攻	93
二　辉格党的攻击	97
三　异教徒的反抗	109
第五章　英格兰：慈善和宗教复兴	114
一　卫理公会	114
二　主日学校	120

三　职业学校 …………………………………………… 130
第六章 苏格兰：慈善与"文明" ……………………………… 136
　　一　偏远地区 …………………………………………… 136
　　二　1709年协会在苏格兰传播基督教知识的第一个特许权 …… 145
　　三　高地校长 …………………………………………… 152
　　四　英语还是盖尔语？ ………………………………… 157
　　五　1738年的第二个特许权 …………………………… 162
　　六　18世纪末期 ………………………………………… 170
第七章 爱尔兰：慈善与改变信仰 …………………………… 176
　　一　新教的统治 ………………………………………… 176
　　二　早期慈善学校 ……………………………………… 181
　　三　爱尔兰联合协会 …………………………………… 191
　　四　爱尔兰特许学校 …………………………………… 196
　　五　篱笆墙学校 ………………………………………… 212
第八章 威尔士：慈善与虔诚 ………………………………… 218
　　一　背景 ………………………………………………… 218
　　二　威尔士信托基金 …………………………………… 227
　　三　基督教知识促进会 ………………………………… 237
　　四　威尔士流动慈善学校 ……………………………… 242
　　五　主日学校 …………………………………………… 256
　　六　民族复兴 …………………………………………… 261
第九章 慈善组织或国家机构 ………………………………… 265
　　一　志愿原则的胜利 …………………………………… 265
　　二　结语 ………………………………………………… 278
附　录 ………………………………………………………… 282
索　引 ………………………………………………………… 320

前　言

本书旨在研究18世纪基础教育的发展状况，不是研究教育史中常常出现的教育思想史或者是行政史，而是对社会史中经常被忽视的这一方面进行研究。主要着眼于英格兰、苏格兰、爱尔兰和威尔士的慈善人士在以宗教为基础的慈善学校运动中所做出的不同反应。

在帮助我收集本书材料的人中，我必须首先感谢伦敦基督教知识促进会和爱丁堡基督教知识促进会的秘书们，他们让我深入到基督教知识促进会内部，并让我接触到一些至今还没有对公众公开的文件。本书的第一部分主要是基于这些丰富的资料，这些资料在伦敦基督教知识促进会的档案中应有尽有。资料中的记录册、书信簿、各种文件以及其中最重要的大不列颠群岛四个国家的信件摘要，这是不能忽略的，而慈善学校运动的形式多样性归功于伦敦基督教知识促进会。在这些档案中，可以找到基督教知识促进会成员为了穷人的教育事业而仔细考虑的计划以及它为此目的建立组织的计划。更重要的是，从英格兰、苏格兰、爱尔兰和威尔士的通讯员那里源源不断地涌进基督教知识促进会办公室的信件告诉他们当地的条件是否有利于其理想的实现。

苏格兰基督教知识促进会的记录（现保存在爱丁

堡的国家存储大厦）对于了解苏格兰高地和群岛的宗教、社会和经济问题也具有同样的价值。它们比伦敦的基督教知识促进会提供了更为细致而全面的当地情况。该协会及其执行机构、董事会的纪要在整个18世纪都非常翔实。1725年之后，伦敦基督教知识促进会从贫困儿童教育转向海外传教和宗教作品出版，与之不同的是，苏格兰基督教知识促进会继续保持着对其设立的学校的兴趣。会议纪要、各种文件，包括教区牧师对具体问题的答复，以及与高地农业和工业领域"创新者"的通信，为详细研究苏格兰北部的宗教和社会状况提供了丰富的资料。

感谢达拉谟主教、伊利主教、林肯主教、兰达夫主教、诺威奇主教、彼得堡主教、圣大卫主教和伍斯特主教，感谢他们允许我使用教区档案中的材料。尊敬的R. E. G. 科尔牧师所编辑的《林肯教区的镜子》，由卡隆·奥拉德、已故的尊敬的P. C. 沃克牧师、牛津基督教堂的韦克·MSS.、赫林副主教所主编的《巡访报告》中曾多次提到18世纪上半叶的贫困学校，我发现在18世纪后半叶其他主教的探访调查报告中可以找到类似的信息。然而不幸的是，其他主教的记录似乎没有韦克大主教和赫林大主教所提供的信息那么详尽。像1787年伊利主教的巡访记录，以及伍斯特教区登记处的杂项文件等，其中都有证据表明在教育穷人的子女方面有非常多的活动，所以很难相信教区登记处中的大量未知和未分类的资料中没有教会关于教育兴趣的进一步资料。

其次在大英博物馆，苏格兰、爱尔兰和威尔士国家图书馆，剑桥大学图书馆，伦敦大学图书馆，爱丁堡图书馆，阿伯里斯特大学图书馆，班戈大学图书馆和卡迪夫大学图书馆，博德莱安和基督教会图书馆，牛津图书馆，马什图书馆和都柏林三一学院图书馆，以及卡迪夫、布里斯托尔、格洛斯特、邓弗里斯、纽卡斯尔、布伦特福德的公共图书馆，友人图书馆、伦敦主教图书馆、教会和浸信会图书馆，我得到了一贯的友好帮助。我谨向他们以及让我查阅他们学校记录的校长和老师们表示我的感激和谢意。

在那些对这本书很感兴趣或者为本书提供充分信息的人中，我特别感谢阿伯里斯特已故的戴维斯校长，他把他的图书馆交给我支配；感谢班戈已故的托马斯·尚克兰德博士，他是威尔士基督教知识促进会研究方面的先驱；也感谢他的朋友，他提请我留意威尔士信托基金1675年和

1678年度迄今未公开的珍贵报告。这些报告全文载于1937年12月出版的《凯尔特研究委员会公报》第九卷，报告确立了威尔士引领慈善学校教学的先驱地位，并明确指出英国国教的神职人员和教会牧师积极参与其中。非常感谢班戈的托马斯·理查兹博士和詹金斯先生的宝贵建议和指正，感谢阿尔文·戴维斯牧师、D. M. 格里菲斯女士和 T. J. 欧文先生所提供的信息。都柏林大学学院的蒂莫西·科克伦教授和曼彻斯特大学已故的爱尔兰历史讲师罗伯特·邓洛普先生，他们提出的建议我吸收到了第七章。昆斯费里的约翰·梅森博士慷慨地借给我一些关于苏格兰高地被遗弃学校的资料；还有 J. W. 亚当森教授，他在很多年前，我刚开始写这本书的时候，就给了我许多有价值的建议。

我还要感谢那些不时给我发送资料或者是复印资料的学生。感谢 J. H. 克拉彭夫人，还有我亲爱的朋友 M. D. 乔治博士、H. M. 卡姆女士、I. F. 格兰特女士和 H. M. 沃德豪斯博士，特别是一直给予我莫大支持的艾琳·鲍尔教授，仅以此表达我无限的感激之情。

M. G. 琼斯

1937年9月，于剑桥格尔顿学院

第一章　导论

慈善有益于人类的身心。

——罗伯特·纳尔逊

一　慈善的时代

在英国的历史上，18世纪被赋予不同的词语来铭记它的主要特征。在哲学上那是理性时代，在政治上是辉格党占优势的时代，在经济史上是工业革命时代，有时人们会忘记这也是最卓越的慈善时代。在持续的人道主义和慷慨的慈善中它用非凡而又坚定的一贯表现无愧于在18世纪结束时汉娜·莫尔所赋予它的称号。① 国内外传教的召唤，宗教难民的悲伤，黑人奴隶、弃儿以及刚学会攀爬的孩子的悲惨，刑法的暴行，穷人以及年老体弱者的艰辛，穷人子弟努力生存的挣扎，患病者以及监狱中犯人的痛苦，所有这些都刺激着18世纪虔诚而又仁慈的英国男女的良心，让他们毫不犹豫地解囊相助。慈善学校是他们最喜欢的一种善行方式。它是那个时代最不同寻常的社会实验，它是与慈善相关的新的方法以及股份制金融的新策略。在18世纪，数以千计的学校建立起来，成百上千没有其他办法接受教育的孩子在慈善学校接受教育。提供基础教育的时间应该从1870年，或者从19世纪早期英国及海外学校协会创立之日，或者从18世纪结束时主日学校的建立之日算起。提供基础教育的共同趋势掩盖了教育热心人士在整个18世纪为英伦三岛四个

---

① More, Hannah, *On the Religion of the Fashionable World*, Collected Works, vol. II, p. 302.

国家下层社会提供免费教育的种种努力。很难发现有比为穷人的孩子建立学校更为连续、持久，同时更能代表那个时代的兴趣。

因为18世纪的特点是对身心利益被不幸忽视的孩子们有一种真正的同情心和责任感，同时决心用笛福恰当地称之为"服从的伟大法则"去改革他们。① 17世纪政治与宗教的动荡局势无助于促使上流社会和中产阶级愿意在穷人中建立社会行为准则，当时的观念认为穷人特别容易受造反思想和无神论思想的毒害。能为穷人提供宗教和社会行为准则的组织应该解决两个尖锐的问题，即宗教与国家问题以及反宗教和贫穷问题。《圣经》和《教义问答手册》中的指示能够帮助学童在成为学徒或者工作之前的儿童性格形成期成为敬畏神的人，同时向儿童灌输反对懒惰、放荡和乞讨的思想，这是下层社会的特点。

在看到从属原则大行其道，以及上层对下层社会的严厉而且冷漠的态度时我们会对慈善时代产生误解。远不止于此。18世纪是明确定义社会差别的时代，人们根据社会结构使用语言。一方面表现为施恩于人，另一方面表现为奴颜婢膝，因此对于漠不关心礼节的时代来说，这些都是常见的形式，也是公认的。国家的繁荣和个人的幸福同这个训谕密不可分，即人们应该在他们所谓的人生驿站中尽自己的职责。这是一个根深蒂固的信念，特别适合穷人，但这并不是因为缺乏同情或者社会内疚。慈善学校绝不仅仅主要是作为在大不列颠群岛四国运动的比较而出现，它是为了孩子们一生中砍柴挑水的主要职责去训练他们。

在这种教育理念之下，正如那个时代的整个社会哲学一样，洛克的心理学发挥着最重要的作用。国家致力于建立新的秩序，这种新秩序建立在儿童们的基础之上，而他们被训练成要履行他们自己的那部分职责。以行为主义心理学派今天支持国家致力建立新秩序的政治和社会理论差不多的方式，"伟大社会"的帮助来了。洛克的《人类理解论》提供了一种心理学，而他的《教育漫话》提供了一种教育方法，这种教育方法对他自己和随后的时代产生了深远的影响。他的关于"白板"的理论对慈善家和改革者是一个强有力的刺激。从洛克那，他们知道教育是对身体和精神的训练，并且依赖于良好的习惯。通过洛

---

① Defoe，D.，*Everybody's Business is Nobody's Business*，1725.

克，他们被告知，"孩子没有时间和精力去学习所有的事情，所有的努力应该被用在最需要的事情上，并且主要是关注在这个世界上他们最经常遇到的事情。"① 通过仔细挑选对刺激物的习惯性反应，穷人从出生就带来的不幸遗传以及围绕着他们的环境会被改变，并且虽然他们依然要砍柴挑水，但是他们被训练着去履行作为好的基督徒和忠诚的仆人应该履行的职责。

在为穷人提供学校并进行管理的过程中，英国国教的神职人员发挥着领导作用。学校实质上是问答式教学法为主的早期基督教教理学校，这是为阅读《圣经》和《教义问答手册》，有时为写字和算账提供指导而建立的学校。这些学校是城市和乡村神职人员负责的主要公共设施，从他们那里一般能够得到稳定的激励。但在学校历史上同样重要的是普通信徒对新工作的积极性和经久不衰的兴趣。据说 18 世纪见证了一个稳定的宗教世俗化过程，这是教会发展的主题。② 没有什么比这更清楚地表明，学校的世俗化控制和支持主要是致力于给孩子提供特殊的宗教和道德教育。同样重要的是，普通信徒组织和对工作的支持并不局限于男性，这些工作被认为基本是由神职人员完成。作为社会的捐赠者、管理者、信托人以及学校的教师，所有层级中的女性强化和支持了世俗化的因素。

但是无论是世俗的还是神职的，男性或者女性，在整个 18 世纪倡导为穷人办学校的人主要来自中产阶级，学校也是从中产阶级慈善家的适当捐赠中获得资金支持。大人物和富有者的善行并没有消失。各处的贵族领主和妇人、皇室王子、高级牧师创办学校或者为学校的运转提供资金，但是建立学校的运动和维护学校运行的资金主要依靠各种群体的共同慈善行为，这些来自大不列颠群岛四国的男女深受当时清教徒和中产阶级道德观念的影响。

在 18 世纪世界清教主义所引起的歧义往往掩盖了其特点。如果清教主义被视为神学教条的博览会，那么 18 世纪对此没有什么兴趣，但如果像特勒尔奇所说的那样，清教主义被合法地认为是一种朴实而又虔诚的宗教情绪表达，除了可能有特定的教条含义之外，它以一种不被普遍承

---

① Locke, J., *Some Thoughts Concerning Education*, 1693, Section 94.

② Sykes, N., *Church and State in England in the Eighteenth Century*, p. 379.

认的程度支配了那个时代的社会生活。[1] 行动而不是教义，为18世纪的清教徒烙上了印记。在整个大不列颠群岛，在教会和宗派中，这种性情的人被找到。无论他们是在英国国教所阐述的圣经中找到了自己的标准，还是认为只有通过对圣经的自身解读才能够找到圣经教义所倡导的责任，他们都努力地过着与基督教教义完全一致的生活。他们是团结的，不是通过一种特殊的教会章程，而是通过一种虔敬，或精确的信仰，目的是通过严厉的个人戒律提升上帝的荣耀和个人内在的神圣化。

近年来，历史学家们认为清教徒的道德规范和资本主义文明的发展之间存在联系。远在16世纪到17世纪宗教改革之前，资本主义就已经是经济生活的推动力，但这并没有推翻清教主义对其发展的贡献。这种关系很容易被夸大，但不可否认的是，在从中世纪到现代经济体系的转变中，一种不仅允许追求财富而且鼓励其作为一种宗教义务的伦理，是一个不可估量的重要因素。它为获取财富提供了宗教上的裁决，而中产阶级是清教主义的中坚力量，他们自己也做了这些事情。将自我和工作奉献给神的荣耀，这为清教徒提供了一种目的和行为习惯的统一，这种奉献并不局限于他的经济活动。它被很大程度上带到社会关系之中。这种奉献教导人们，随着贸易的稳定增长，财富很容易就进入到人们的口袋里。这种财富实际上是一种信托财产，它的消耗与获得上帝荣耀的规则是一样的，既然要尽可能地去荣耀神，就应该用最合适的方式去荣耀他，清教徒不由自主地被吸引去服务人类，他们因为苦难、无知或者放荡被剥夺了本应该得到的上帝的荣耀。对于这样一个模子里铸造出来的人来说，慈善是义不容辞的。在这样一个冷漠的世界里，他们是积极负责的基督徒。他们不同于同时代的人，他们信仰坚定，艰苦朴素，遵守富有同情心的慈父般的行为准则，这让他们对穷人和不幸者非常慷慨。中产阶级舒服地拥有世界上的财物，他们在慈善事业中找到精神慰藉的出路，就是给穷人以有序的施舍，以补偿他们自己的富足。在18世纪，人们不能因为读不到这些男人和女人的大量作品，而不相信他们的真诚和人性。他们看到了稳定的生活，但并没有看到完整的生活。像19世纪上半期的科贝特和恩格斯，他们对看到的周围的悲惨情景感到深深地忧

---

[1] Troeltsch, E., *Die Soziallehren der christlichen Kirchen und Gruppen*, 1912, passim.

虑，但是，科贝特将粗壮的大拳头放在公债持有人身上，认为他们应该为穷人的不幸负有主要责任，恩格斯毫不留情地揭露贪婪的资本主义背后令人震惊的状况，社会秩序体系出现腐败以及需要物资分配的改革，这是明确的。18世纪的清教徒接受富人和穷人之间的不平等，认为这是神的意志。他们没有表现出"窥探社会状态"的倾向。他们发现补救卑劣、无知和恶习的唯一办法就是由富人最忠实地推行基督教慈善事业，穷人毫无怨言地默许这种办法。不是永久的物质改革，而是承诺精神上的回报，这是清教徒解决当前问题的灵丹妙药。穷人之所以为穷人是因为社会已经是一个运行不良的机器，或者整个政治体制应该为当前的社会问题承担责任，要让他们接受这种观念已经超出了他们的智力范畴。穷人就在那里，他们总是在无可挑剔的权威之中，清教徒的禁欲主义推动着人们为了神的荣耀在外工作而不是待在修道院内，他们为了穷人的利益忙于安排有序的系统的慈善活动，认识到这些就足够了。这是那个时代的大量有组织的慈善事业的关键。

罗伯特·纳尔逊是18世纪清教主义的最好代表。他是詹姆斯二世的追随者，英国国教中高教会派成员，英国国教中的不矢忠派成员，他的生活完全符合清教徒的标准。对于那个时代的社会问题，他带有同样高度的责任心，带有同样印有那个时代宗教和政治观念的独立思想。细数他的这些权贵朋友，这个来自中产阶级的坚定的清教徒并不缺乏勇气去呼吁那些高素质和富有的人去改变他们的生活方式，在他生命的二十年里始终作为不受欢迎的不矢忠派的成员。凯特威尔、希克斯、多德维尔、莱斯利和弗朗西斯·李在很大程度上负责他的大量作品，并且广泛地阅读了他的虔诚著作。

当不矢忠派的神职人员被排除在牧师的服务之外，并且由于贫穷而受到阻碍时，虔诚和富有的普通信徒让他自己为这一代人的心灵福祉负责。宗教社会赢得了他的支持，因为"他们尽责而又虔诚的实践为基督教教派所需要的戒律准备了普通信徒的思想"。他对神性行为的热情可能是由于他的成员身份和社会对宗教改革的支持。但是他建立的慈善学校，以及他为推广活动所发起的运动，都是对他清教徒精神最有力的见证。作为一种社会改革的手段，同治疗相比较，预防的优越性吸引了他和他同时代的人。所罗门的至理名言是，培养一个孩子去走他应该走的路，当他老了也不会偏离所提供的指导原则，塑造孩子而不是去改变成人，这是吸引清教徒思想的合乎常识的观点。①1699~1715年，直到死纳尔逊都在专心致志地实践它。他同其他热心慈善学校的人一起在约克、贝弗利、牛津、塞伦斯特、莱斯特、特林和布雷进行指导；他是霍尔本圣安德鲁教区慈善学校的管理者；他负责温莎圣乔治教堂附属学校，他设计了建立学校时使用的刊印出来的学校的蓝本；他为孩子们编撰了《教义问答手册》，这本《教义问答手册》主要是根据《人所当尽的本分》编制的；他忙着为苏豪圣安妮学校和在巴斯的慈善学校寻找教师；同时他组织力量去安排伦敦慈善学校的周年纪念会。他的清教徒精神让他强烈地憎恶克拉肯威尔慈善学校孩子们表演的《雅典的泰门》戏剧，以至于他要求伦敦主教撤销学校校长的执照。然而用英国教会而不是罗伯特·纳尔逊的方式去找一个完全的例子去符合当时定义的清教徒或者一个更虔诚而又有良心的典型的恪守教规的人，这是不容易的。②纳尔逊以一贯的风格给一位年轻的亲戚写信说道："你必须竭尽全力，直到伟大的尽头，你被送到这个世界上来不是为了在快乐中浪费你的时间，也不仅仅是为了得到公平的遗产，而是为了自己适应和准备去享受神的幸福的永恒，这种幸福的永恒只有在通过忠实和普遍地服从上帝的神圣法则中获得，继续稳定而有活力地用神创立的方式方法去进行你的救赎……我所说的美德和圣洁在很大程度上在于你自己对神、对邻居、对你自己职责的理解，也是（耶稣基督的）门徒说的在这个世界上要正直地、清醒地、虔诚地活着……神赐予我们神圣的世界，详细地教导我们的职责，鼓励我们向他诉说，承诺会听到我们的祷告……他创立圣礼作为耶稣之死的持续的纪念仪式……你必须使自己习惯于在阅读的过程中思考这些神圣的事物，你可以刺激灵魂中的所有官能去有力地剖析它们。我希望你按照规则和方法生活，把这一天划分成这样的比例，为你所有的行动分配适当的时间，你要规定好进行奉献、完成事业和进行消遣的时间。"圣詹姆斯在他的《使徒书》中宣称的宗教本质是宗教和慈善之间的亲密关系，它是最典型的清教徒指导原则。"我特别推荐你去做慈善，这对人

---

① 在权威版本的《箴言》二十二章第六节的旁注中，提出将教义问答代替教育。
② *The Life of Mr Thomas Firmin, by one of his most initimate acquaintances*, 1698, p.6.

们的身心都有益……安慰你哀伤以及因四季而感伤的朋友,当你发现你的同伴违背了神的法则时要谨慎而又安静地责备他们。但是千万不必为了人们的思想去恼怒或者伤心,因为这样你就伤害了他的灵魂。至于他们的身体,你必须根据你的能力去满足他们的需求,为他们提供必需品,出于这个目的……贡献或者分配一定比例的个人收益和收入,因为行善会让你的工作更为轻松愉快,而且你也准备好接受任何行善的机会,因为此前你已经被给予了财富。"①

在18世纪结束时汉娜·莫尔表现出同样的特征。在福音派教会从高教会派分离的年代,卫理公会教派像洪水一样席卷英格兰,它深深地改变了英格兰的社会和宗教生活,同时难以相信的是仅仅60年就将菲尔丁的英格兰从简·奥斯汀的英格兰中分离出来;但是人们宗教和道德行为的改变并没有反映在人们的生活之中,他们将自己献给了上帝的荣耀。18世纪末福音派教会运动中的清教徒是早些年"古典清教主义"清教徒的翻版。的确,在他人的著作中,基督是立法者,但在他们的著作所宣扬的虔诚实践中,以及在他们的生活中,那并没有区别。汉娜·莫尔是诗人和剧作家,同约翰逊博士、霍拉斯·沃波尔和大卫·加里克是朋友,像尼尔森一样,她是伟大的下议院的一位受欢迎的访客,她分享了她的社会责任感和对神的行为准则的信仰。她在《关于上流社会人士的行为礼仪对整个社会的重要性的思考》以及《上流社会宗教信仰水平评价》这两本著作中都呼吁上流社会的人应该像基督教导的那样去规范自己的生活,这两本著作同纳尔逊的著作《呼吁有素质和有资产的人》极其相似。为了教育那些大人物,告诉他们在一些慈善家身上表现出来的没有神的管教的慈善是徒劳无功的,她写下了勇敢的谏言。为了让富有的农业和贸易团体相信繁荣需要不断的道德警示,她向他们讲述了她的《中产阶级的故事》;为了向穷人证明贫穷是神的惩罚以及人类的机会,她同他们一起工作,为了启迪他们,在闲暇时间她写了大量的短文。她热切地渴望穷人能养成虔诚和拥有美德的习惯,她也在孩子身上看到道德重生的最简单、最确定的方式。

---

① Secretan, C. F., *Memoirs of the Life and Times of the Pious Rober Nelson*, 1860, pp. 188 *et seq. passim*: 也可参见 S. P. C. K. Letter Books and Abstracts of Correspondence; Minute Books of the Blue Coat School, Bath; Nelson, R., *An Address to Persons of Quality and Estate*, 1715。

慈善学校运动

在罗伯特·纳尔逊和汉娜·莫尔之间有一批虔诚的男女，他们在宗教教义、社会情况和个性特征上各不相同，但是在慈善的看法和行为上基本相似。英格兰、苏格兰、爱尔兰和威尔士同样孕育了他们。坚持不懈的虔诚和慈善仍然是他们的主要特征。在这支小规模的永不松懈地服务于由神的教义训练出来的清教徒背后，有一大批的追随者，他们将宗教责任和教义压缩到"一些金钱救济的微薄的罗盘"[①]之中。当贫穷不体面地出现在人们眼皮底下时，他们一时良心不安，并打开了钱包。当一位雄辩的牧师描绘了审判日将绵羊从山羊中分离出来时，捐款在通往募捐箱的路上，并且希望"只需捐赠比较少的钱就不会成为撒旦"[②]。相比较不规则的点滴的救赎金，更让清教徒烦心的是对慈善的疯狂，在整个18世纪上流社会时不时地热衷于它，尽管汉娜·莫尔发现并不费力的慈善不是基督教，而是基督教的替代品。罗伯特·纳尔逊和汉娜·莫尔，"将灵魂的力量和情感聚集到一个稳定的支点上"[③]为它服务；具有同情心的普罗大众支付金钱并且积极地参加一年一度的慈善布道活动，聆听他们盛赞的慷慨和他们许诺的对来世的投资。

奉献时间和金钱只是清教徒慈善概念里的一部分。正如坚定的清教徒笛福宣传的那样，施舍是不仁慈的。真正的宗教既没有强制命令，也没有随意的施舍。在看到贫穷和窘迫后对激发出慷慨的冲动应该保持理智，清教徒的道德要求施予者应该既要将他的施舍合理化，同时也要求他的施舍能够符合社会利益。慈善应该通过促进人类的作用来提升神的荣耀。正是在这种井然有序和功利主义品质的结合中，18世纪的慈善事业与之前的截然不同，这是18世纪开创和发展的，这种结合比为穷人建立慈善学校的运动更引人注目。有条不紊的组织使这场运动从一开始就与众不同。在英联邦短暂的一段时间的行动之后，这个国家又陷入一种静止状态，这种状态没有任何行动的希望，志愿性的社会就应运而生。它们处于私人教育机构和国有教育机构的中间位置。在英格兰、苏格兰、爱尔兰和威尔士，社会被组织起来促进这项工作，草拟了会员单位的要

[①] More, Hannah, *op. cit.*
[②] Mandeville, B., *The Fable of the Bees*, Part Ⅱ; *Essay on Charity and Charity Schools*, 1723, p. 247.
[③] More, Hannah, *op. cit.*

求，任命了执行委员会，登记了地方的联系人，设定了教师的任职资格，对进入学校的候选人进行个人调查，教师行为、着装、教学方式以及教材在规章制度中都有详细的描述。

志愿性社会的成功同股份制的融资方法密切相关。在17世纪，股份制的工业和商业公司已经挖掘了少女和乡村牧师的私房钱作为新的资金来源。非国教派已经建立了教堂并且通过股份合作的方式支付给牧师工资。教育更早地采用这种方法，在伊丽莎白时代由中世纪的同业协会或私人建立和资助的文法学校就采用这种方法。① 因此，在18世纪当为穷人教育的改革者们需要资金去资助他们的工作时，股份制的办法就成为他们的选项。那些有能力捐款的人没有停止向学校进行捐款，而且整个18世纪小学积累了相当多别人捐来的财产，股份制认捐的模式不仅从富人而且从中产阶级大军中为教育吸引了大量的资金，其中中产阶级成为主要的支持者，他们捐赠的金额不会伤害到他们，正如这种慈善模式的热心支持者所指出的那样："这不会比支付给一个小商人的还要多"②。这种新方法极大地唤起了人们的兴趣和回应。圣大卫城的主教在一次慈善学校布道会上推荐了这一机制，他说："通过捐赠和股份制的方法，慈善的根基扩大了。"③

有条理的慈善协会在很大程度上解释了慈善学校运动中公众的支持，他们为推动穷人的教育事业采取了股份制的方法。还有一个要考虑的因素，那就是18世纪所特有的强烈而又根深蒂固的功利主义，这在分析为学校而写的布道辞和小册子中能够揭示出来。募集和发放慈善资金的理性方法需要合理的目标去使用它，穷人的教育本身不能提供这样一种目标。那时候没有将国民教育作为普通公民权的基础这样一种概念，也没人相信它是一种灵丹妙药，可以用来医治肉体所秉承的弊病。相反，认为穷人的教育在经济上不可靠且对社会具有破坏性的观念却根深蒂固。为了迎合反对意见，在呼吁公众支持的布道会中，

---

① Leach, A. F., Articles on Schools in *Encyclopaedia Britannica*, Ⅱth ed. 1911; *The Journal of Education*, June-July 1908; *The National Observer*, Sept.-Oct. 1896; *The Dictionary of English Church History*.

② Blake, W., *The Ladies' Charity School House Roll*, Highgate [n. d.].

③ *Sermon preached by the Bishop of St David's on behalf of the Charity School in and about London and Westminster*, May 3, 1739.

学校的功利主义价值一直摆在公众面前。在有些布道会中，城市贫民窟或偏远村庄里穷人的无知和不忠占据显著位置，人们怀着热情和怜悯之心敦促信男善女们为了上帝的荣耀去挽救孩子的灵魂。在另外一些布道会上，教导社会行为准则的价值被放在首要的位置。有人断言，懒惰和堕落是导致社会罪恶的孪生兄弟。如果在学校里穷人的孩子能够训练养成遵守秩序和作风正派的习惯，那么懒惰和堕落将会消失。其他的传教士则通过阐述学校对新教信仰和汉诺威王室的价值来打动他们的听众。正如怀特·肯尼特所言，用《圣经》、《人所当尽的本分》、英国国教或者威斯敏斯特《教义问答手册》武装起来的孩子将会成为"反对罗马天主教的小堡垒",① 迷信之母教导孩子以愚昧为食，她对受过教育的无产阶级是无能为力的。这些宣传的动机是为了赢得对学校的支持，这些动机是紧密联系的，经常一起出现，这些从他们在英格兰、苏格兰、爱尔兰和威尔士布道的分析中可以清楚地看到。他们向那些完全是清教徒思想的人们去呼吁，但是不同的动机产生的影响因人而异，并且还受到不列颠群岛四个国家内不同问题的影响。当虔诚、政治和训诫产生一种联合的吸引力，就像18世纪初的英格兰一样，或者当其中一种强大到足以吸引广泛支持的时候，就像在18世纪中期的威尔士一样，这场运动就迅速取得进展。当宗教、社会或者政治变革减退时，按照大众的估计，学校的实用主义价值的发展就会放慢速度，但到18世纪末，尽管没有建立起国民教育的全国体系，但是慈善学校运动为"国家关注"这项工作做好了准备。②

二　慈善学校的数量与分布

在18世纪由于富人的慷慨而为穷人的孩子提供教育并不是新的现象。19世纪，慈善问题调查专员抽取了500个捐赠建立起来的文法学校进行调查，这些学校在17世纪末就已经存在于英格兰和威尔

---

① Kennett, White, Archdeacon of Huntingdon, *The Charity School for Poor Children recommended in a Sermon*, May 16, 1706.

② 参见 *Directions given by Edmund, Lord Bishop of London, to the Masters and Mistresses of the Charity Schools within the Bills of Mortality and Diocese of London assembled for that purpose in the Chapter House of St Paul's*, Nov. 14, 1724。

士。① 他们打算调查的孩子并不是只从某个特定的班级里抽出来的,也不局限于某个特定的地区。富人和穷人的儿子都有资格,尽管穷人们经常谈论到的话暗示他们希望为所有的孩子敞开大门,而不是仅针对获得奖学金学生中的大多数。② 克兰默大主教曾说过,1540 年被任命的一名专员在为坎特伯雷新文法学校选择学生时敦促只能接受绅士的儿子,一般来说这代表了文法学校创建者们的观点。"如果绅士的儿子适合学习,就录取他;如果不适合,那就让穷人的孩子进入他的房间。"③

在 18 世纪有组织地建立国民教育体系的尝试源自 17 世纪,当时在新的知识分子和社会力量的压力下,英语学校或者小学的数量明显增加,这些学校主要教授宗教知识以及读、写、算。有时候这些学校是文法学校的附属学校,并且作为文法学校的预科班;④ 在更多的时候,这些学校的存在是为了满足他们创始人的愿望,这些学校为一些孩子提供非典型的教育,因为他们的父母不能或不愿意让他们待在文法学校。慈善问题调查报告发现,在 17 世纪末的英格兰和威尔士,这类学校超过 460 所。教育学,最被忽视的人文学科,在这个"天才世纪"的令人惊叹的文化活动中崭露头角。⑤ 教育学变得非常流行。宗教、管理和文学方面的杰出人士并不鄙视将这种"新哲学"运用于教育。大量的教育著作和立法见证了教育改革的热情。1640~1660 年国家主要是围绕着长期议会和护国公浓厚的兴趣展开活动。科梅纽斯是一位博学睿智的议会成员、著名的波希米亚主教,他计划讨论基督神学院的方案;⑥ 弥尔顿,在他的著作《建设自由共和国的简易办法》中透露,要将文化普及到所有忽视文化的地区,在这本书中他设想让整个国家的人民在国内更为勤劳有

---

① *Reports of the Royal Commission to Inquire Concerning Charities for the Education of the Poor*,(Lord Brougham's Commission)44 vols. 在 1819 年到 1837 年不时出版,并伴有 1842 年出版的两册分析摘要。这里给出的总数仅为大致数字,因为在委员统计的这些学校中,1700 年前的捐赠学校中有些日期不详;有些到调查时还只是小学;有些看上去是文法学校,实际上也只是小学,他们"只有当孩子们在学校待得时间足够长的时候才教语法"。
② *Report of the Schools Inquiry Commission*,1868,vol. Ⅰ,p. 122.
③ Strype, J., *Memorials of Thomas Cranmer*, ed. 1694, Book Ⅰ, chap. xxii, p. 88.
④ 参见 St Olave. School, Southwark, 载于 Foster Walson. *English Grammar Schools*,1908,p. 150。
⑤ 这些数字必须有所保留。17 世纪以前,用于教育的慈善机构很少是出于这个目的而建立。
⑥ Comenius, J. A., *Opera Didactica Omnia*[etc.],1657,Part Ⅱ,Introduction.

活力、在国外显得强大受人尊重，这也正是长期议会所期待的；① 在1641年的决议中，下议院通过授权使用教会收入促进人们的虔诚和学识的提升，以此来宣示要洗刷加之于他们身上的污名，即说他们不鼓励学习；② 忙于国家事务的克伦威尔并不认为这是在浪费时间，他打算一方面在北方建立一所新的大学，并建立同欧洲博学之人联系的海外通信点，另一方面他打算为爱尔兰贫穷儿童制定一个产业指导方案。③

1649年的三个教育法案表明国家将教育视为当务之急。根据《为了在威尔士地区更好地传播福音法案》，在威尔士公国建立和资助了超过60家学校，资金由威尔士政教完全分离或者部分分离的教会承担。④ 根据《1649年法案》的第31章，首年俸和什一税被用来增加传教人士和校长的薪俸、养老金、津贴和供给，首年俸和什一税在亨利八世时就收归国家。这次分配给教育的钱比英国议会在现代教育制度下拨付的第一笔款项早184年。⑤ 该法案第45章有第三个显著的措施，它承认国家和社区对新英格兰殖民地居民的责任，并且建立了一种机制，这种机制就是当国家没有承担责任时志愿服务的原型。通过任命一个16人组成的团体去传播宗教和进行教育，并且被授权在整个英格兰和威尔士教区募集资金去资助这项工作。⑥

对教育的热情并不仅仅局限于组织和资助国家的学校体系。受到科梅纽斯对新课程和新教法倡导的影响，一群杰出的英国人，包括弥尔顿、德鲁里以及威廉·佩里，谴责在教育中经典名著处于垄断地位，要求给予数学、自然和政治科学一定的地位。⑦ 然而，除了在17世纪晚期和18世纪一些持不同意见的学院引入了包括科学、数学、历史、地理和现代

---

① Milton, J., *Prose Works*, vol. Ⅲ, p. 427.
② *Journals of the House of Commons*, June 18 and July 9, 1641.
③ Letters Patent, Durham University, May 15, 1657, from the Allen Tracts and Reprints, *Collectanea Dunelmensis*; Commonwealth Records, Ireland, A 27, 28, folio 156.
④ Scobell, Hen., *Acts of Parliament Under the Commonwealth*. Feb. 22, 1649: "《为了在威尔士地区更好地传播福音法案》，并纠正一些错误。"
⑤ De Montmorency, J. G., *State Intervention in English Education*, 1902, p. 100.
⑥ Scobell, Hen., *op. cit.* chap. 45, 1650.
⑦ Milton, J., *Of Education*, 1644; Drury, J., *The Reformed School* [n. d.]; Petty, W., *The Advice of Mr S. Hartlib for the Advancement of some particular Parts of Learning*, 1648.

语言在内的改革课程外,教学实践并没有受教育理论的影响。① 在弥尔顿时代后的很长时间里,纯粹注重语法和诡辩的细枝末节的技术成为文法学校和大学里教授的主要内容。然后,一个无法估量其重要性的改革发生了。本土语言作为一种适当的教学媒介慢慢确立了自己的地位。拉丁语,一直是解读文化唯一的钥匙,当学校用英文教科书取代拉丁文教科书时,它开始同英语一起分享它的功能。

当地的方言与新学的数学和自然科学的结合让知识在普通人中得以传播。科学的普及,每日新闻和文学期刊的到来,图书馆数量的增加和印刷术的发展,这些都为那个时代的知识活动提供了一些方法,而这些以前都仅限于伦敦和城镇。在英国内战后文学开始适应新的公众。一个有学识的知识群体或阶层开始逐步消失,一般意义上的文学正开始走向普罗大众。②

17世纪下半叶,捐资建立的英语学校或小学的增加与当地语言的胜利密切相关,也同有兴趣传播新的知识密切相关。拉丁文被明确禁止教授,读写英文的重要性受到重视,学校还四处为数学教学做准备。尽管从17世纪下半叶教育已经从捐资建立的文法学校拓展到捐资建立的英语学校,但是还有很多人没有接受教育的机会。在整个17世纪,那些能够供得起孩子去收费学校读书的下层社会的人的数量在稳步增长;那些负担不起较少费用的人无法分享学习的进步。尽管很少有人相信,但他们应该参加到学习之中的想法是18世纪慈善学校教育运动的一个促进因素。

18世纪见证了英格兰和威尔士的128所文法学校在1700~1799年的建立,③ 这是大不列颠群岛4个国家初等教育发展引人注目的时期。为了贫穷儿童的教育,慈善男女们为上千所学校捐款并且设立数不清的奖学

---

① 参见 Parker, I., *Dissenting Academies in England and Wales. Their Rise, Progress and their Place among the Educational Systems of the Country*, 1914; McLachlan, H., *English Education Under the Test Acts*, 1931; Roberts, H. P., "Non-Conformist Academies in Wales, 1662 – 1862", 载于 *The Transactions of the Honourable Society of Cymmrodorion*, 1928 – 1929。

② Coleridge, S. T., *Literary Remains*, vol. I, pp. 230 et seq.

③ 这个数字必须有保留地接受,因为官方对文法学校数量的估计并不一致。1854年霍勒斯·曼为英国政府撰写的报告显示,这一数字为128,学校调查委员会于1868年调查的数字是124。

金。同样引人注目的是为了维持基础教育的学校的建立，这不是通过大额捐助建立，而是通过许多人定期捐助建立起来。同时当资助者是在愉快的情况下提供资助时，民办或者定期捐助学校就同大额捐助学校并肩出现了。

按照惯例这些小学被分为两类，分别叫作大额捐助的非传统慈善学校和定期捐助的慈善学校。专业术语是不恰当的，仅强调了二者的不同，而没有表明二者的相似之处。从法律的角度来看，大额捐助学校受到一般民办学校被豁免的控制权的控制，但是在其他方面，包括大额捐助学校建立的目的，人事管理与运行，在18世纪与定期捐助学校相同。这两种都是慈善学校，其目的都是希望通过教育提升穷人的道德水平，都是基于教育为他们提供宗教知识，都是当这些捐赠者有能力时为学生免费提供教育、衣服以及学徒费，都是因为在英格兰和威尔士的基督教知识促进会以及统一社团将个人的慈善努力协调到慈善学校运动之中，因此使用"慈善学校"这一术语。它们的支持者采取的资金筹集方式不同。不过大额捐助和定期捐助同样受到学校的欢迎。它们的兴趣不在于使用的方式，而在于为贫穷阶层的孩子提供教育。

对这些学校的早期记录的调查证实，"慈善学校"这一综合性术语，能够涵盖"所有类似性质的学校"，这些学校的早期记录是由组织这些学校的社团发布的。[1] 大额捐赠学校，早在社团成立之前就已经建立，[2] 由慈善用途委员会收回的旧的教育捐款，[3] 慷慨的捐赠者最近捐给特定学校的款项，[4] 或资助特定数量儿童上学的助学金的剩余款项，[5] 所有这些资金同慈善学校"嫁接在一起"，[6] 甚至是"古老而又破败的文法学校"也被他们恢复，[7]

---

[1] *Account of the Charity Schools*, 1704, p. 13.
[2] *Account of the Charity Schools*, 1707。"在北安普敦郡的小霍顿，每年12英镑。1667年由一个私人留下的，用来教这个地方的穷孩子。"
[3] *Account of the Charity Schools*, 1712。"在阿托巴罗夫，大约在28年前支付一年6英镑的租金，最近由慈善用途委员会恢复用于教育贫困男孩。"
[4] *Account of the Charity Schools*, 1714。"在格洛斯特郡的巴德明顿，有一所由上流社会的女士建造并由她捐赠的学校。"
[5] *Account of the Charity Schools*, 1724。"在贝德福德郡，一个私人教师付给主任牧师20到30英镑用于教书。"
[6] S. P. C. K. Abs. Of Correspondence, Letter from the Rev. John Strype, Sept. 2, 1709.
[7] *The Account of the Charity Schools*, 1712。"萨福克郡的索姆，有一所文法学校，由两位领主改造成一所慈善学校，招收大约一百名儿童。"

这些学校同新建立的定期捐助学校一同构成了慈善学校。定期捐助募集资金的办法为贫穷孩子的教育找到了一条新颖而又不受限制的途径。它是一个新的募集资金的流行方法，但是它不能代替老的大额捐助的方法。定期捐助学校并不受鼓励，基督教知识促进会通知其在地方协会的通讯秘书，"那里需要的是大额捐助学校"，① 定期捐助学校只是补充。由"高贵的贵族"和"优雅的女士"以及"虔诚的绅士"和"秘密女士"大额捐助建立的学校同谦逊的中产阶级慈善家们定期捐助建立的学校并排出现在报告中。经常，开始时的民办学校或者定期捐助学校在这百年里会改变它们的地位，当它们积累一定的捐赠物资和资金后，它们也变成大额捐助学校。② 在缺乏精确的术语或者分类的时代，平庸地称它们为英语学校、小学、免费学校、无阶级学校、基督教学校或者慈善学校，但是建立这些学校的运动就是一场单一的运动。③

比较在大额捐助学校和定期捐助学校学习的孩子，以及这些学校为自己的教学和学徒所做的安排，可以找到确凿的证据。有时人们认为18世纪大额捐助学校和定期捐助学校教育孩子的课堂不一样：一类是为第二等或者令人尊敬家庭的孩子提供教育，或者为教区穷人的孩子提供教育，他们是自从1601年《济贫法》颁布以后都不需要缴纳房产税的人，他们将无数为教育而捐赠的善款当成自己的额外津贴；④ 另一类学校的学生来自贫民窟的穷人家庭，主要依靠房产税作为支持。有可能在管理人员深入调查父母收入的特定学校的记录中找到这一观察的确证。一些学校只允许富人管家的孩子入学；其他的一些学校只允许穷人乞丐的孩子入学。但是比较18世纪基督教知识促进会发布的关于定期捐助学校的调查报告和19世纪早期慈善问题调查委员发布的关于18世纪大额捐助

---

① S. P. C. K. Abs. Of Correspondence, March 2, 1716–1717.
② *The Account of the Charity Schools*, 1714, 明确地说剩余的捐款或者赠品应该被用来购买土地或者建造校舍。见 *Account of* 1707 for Spofforth, Youkshire, "在十二英里内有六个基督教学校，它们已经或者将要在一年里变成捐赠基金建立的学校。" 也可参见 the *Report of the Charity Commissioners on the Blue Coat School*, *Southmolton*, *Devon*, vol. III, 1830, 1711 年共同捐助建立的学校，大约在 1730 年以南莫尔顿市长和议员的名义购买，总共花费 156 英镑，其费用通过在沃克利的一处房产来支付。
③ 参见 the *Report of the Royal Commission on the Poor Laws* [etc.], 1909, p. 455, 慈善的定义。
④ 参见 Tudor, O. D., *The Law of Charities and Mortmain*, 4th ed. 1906, p. 105.

慈善学校运动

学校的调查报告，总体来说结论并不支持它们二者之间具有这种差别的说法。这两种学校的学生可能都是来自各种阶层的劳动穷人家庭。同时代的人并没有歧视他们。

副主教怀特·肯尼特1706年在伦敦慈善学校周年纪念日上发表演讲，他说："爱国者和慈善家创立文法学校……许多贫穷的孩子有机会免费地学习。"但是建立学校的目的却并不令人满意。文法学校只涉及一部分穷人；他们没有给女孩提供教育，而且希腊语和拉丁语课程对于生来就是扛犁挖地和从事小商小贩职业的男孩来说层次太高。希望对教育提供帮助的杰出人士被传教士鼓励设立基金或者认捐建立英语学校，在那里孩子们能够学习到最能成为普通人的平凡才能。[1]

在19世纪早期慈善问题调查委员会的四十四卷调查报告中，大量关于捐赠的行为和想法为18世纪慈善家们这种类似的呼吁提供了详尽的证据。"为了劳苦大众的孩子"，"为了教区穷困劳动阶层的孩子"，"为了穷人、农民或者其他人的儿子"，"为了这些白日劳作或者其他居民的孩子，他们的父母几乎不能负担他们的教育费用"，"为了那些孩子，他们的父母什么都没有，只剩下劳动力"，这样的话语在报告中一次又一次地出现。特里默在1792年报告到，海员、士兵、仆人、工匠、修理工、劳工和小商贩是较低的阶层，他们的孩子充斥在大额捐助学校和定期捐助学校内。[2]

这些慈善学校的孩子既接受教育同时也会被发放衣服，这让他们一方面不同于文法学校的孩子，另一方面也不同于私立学校的学生。拉丁语是各地慈善学校课程的一个组成部分，但是在大额捐助和定期捐助建立的慈善学校里，教育的重点是将孩子培养成为"基督徒和有用的人"。出于这个目的，宗教知识和实践成为提供教育的主干课程，除了极少数

---

[1] Kennett, White, *op. cit*。也可参见里德利1757年5月5日代表慈善学校在伦敦和议会的布道辞。他回答"谁是穷人的孩子"这一问题时提醒他的听众："法令规定，任何在海上进行贸易的商人、绸缎商人、服装商人、金匠、铁匠、刺绣工、裁缝不得接受任何学徒，除了自己的儿子和每年有40先令的自耕农的儿子外，如果这些自耕农住在集镇而不是在农场里。现在在令人愉快和欣欣向荣的各行各业里我们可以遇到很多这样的孩子，这些行业都是在伊丽莎白时代成长起来的。这些学校就是为穷人的孩子开设的，这些穷人从事低等而又艰辛的行业。"

[2] Trimmer, S., *The Economy of Charity*, 1801, vol. I, pp. 81-91.

情况，课程仅限于读、写和算，以及可行的手工艺制作，这能帮助孩子习惯劳动。随着18世纪时间的不断向前推移以及运动开始扩展到苏格兰、爱尔兰和威尔士，学校特点的变化变得引人注目。课程中的基督和有用的因素在不同的时间和不同的地方受到不同程度的重视，学校提供衣服和施行学徒制同这个学校是大额捐助学校还是定期捐助学校常常并没有关系，单个学校的成功或者失败反映的是这个学校学生社会地位的变化。但是，尽管具有这些以及其他的改变，这些改变都是慈善学校运动所允许的，慈善学校作为一个整体，还是形成了一种类型。慈善学校为特定阶层的孩子提供特别的教育，在很大部分是通过一种特殊的方法资助，并且这样做不是在孩子的幼年将初等教育作为他们进入文法学校的前期准备阶段，然后通过文法学校部分孩子可以进入大学，而是将其本身作为一个完整的系统。

  从1699年基督教知识促进会协调推动慈善学校运动开始到主日学校的出现，在18世纪最后25年里，大额捐助和定期捐助建立的慈善学校成为贫穷儿童受教育的主要途径，在许多地方，这是唯一的途径。为了这些孩子，数千家慈善学校在大不列颠群岛建立起来并获得资助。[①] 在18世纪30年代末期，当安妮和乔治一世统治时期英格兰表现出的非凡热情减弱时，威尔士成了对成人和儿童教育异常热情的地方，1737～1761年有158000多名儿童接受了教育。18世纪的初期，慈善家们在爱尔兰按照英格兰的模式成功建立了170所慈善学校。1733年基督教知识促进会从国家获得特许权，这种慈善学校数量增加，在随后的半个世纪里，基督教知识促进会建立并资助了超过50所寄宿学校。让苏格兰引以为傲的是，在苏格兰每一个教区都有一所慈善学校。当他们发现哪个教区没有教区学校，或者一个幅员广阔的教区内的合法学校只能为部分孩子提供教育时，他们都表现出为穷人的孩子提供教育的普遍兴趣。1709年和1730年在苏格兰高地和北爱尔兰群岛以及其他偏远地区获得了两个特许权，允许同基督教知识促进会一起提供慈善学校，总共建立了超过500所慈善学校，这些学校是大不列颠群岛的邻国们建立起来的。[②]

---

  ① 值得注意的是慈善学校运动从开始到开展得如火如荼时，英格兰正在经历一场旷日持久且耗费巨大的战争。
  ② 参见 Appendices Ⅳ, 3; Ⅲ, 1, 2; Ⅱ, 1。

慈善学校运动

　　虽然可能估计出苏格兰、爱尔兰和威尔士慈善学校运动的大致规模，但是不太可能给出18世纪在英格兰建立起来的慈善学校的大致数据，也不可能提供参加慈善学校的儿童数量，因为主要信息源并没有提供所需要的数据。在伦敦的基督教知识促进会没有强制性的权力。它只能鼓励新老学校的受托人和管理人员一起合作、互相适应，采取新的教学大纲，但是它没有权力要求他们这样做。不像在苏格兰和爱尔兰的基督教知识促进会，它不管理或资助它所联系的学校，并且没有权力去控制这些学校。它依赖基督教知识促进会在当地的通信秘书提供信息来出版统计表，正如备忘录和书信册所显示，礼貌的要求和措施强硬的要求都无法保证获得关于学校和学生的常规性统计数据。① 到1725年底，基督教知识促进会的热情就从慈善学校运动转移到海外传教工作和在国内开创伟大的出版事业，几乎没有多少精力用在更新统计数据上。学校的名单和学生的数量取代了早期完整和详细的记录。从1725年起，逐个郡排列的简短的学校报表取得了常规性统计表格的位置。② 到1736年这些报表也没有了。到18世纪结束时在一些细节上统计了伦敦的慈善学校，并且资料显示它们在数量和捐赠量上有缓慢的增长，但是乡村学校只统计了总数。不幸的是它们的价值微不足道。这也成为固定的格式。统计表中学校和儿童的数量年年不变，在1723年有1329所学校和23421名学生，到1799年还是同样的数字。像这样的数字证实了英格兰慈善学校运动的连续性，但是在估计其发展上没有价值。

　　然而，基督教知识促进会的统计资料不能完全揭示发生在18世纪的这场广泛而又持久的慈善学校运动的全貌。那些没有坚持到底的学校不应该被忘记。在基督教知识促进会同地方协会的通信中，那些创建之后第二年就衰退的慈善学校被大量提及。那些学校的消失没人可怜也没人歌唱，根本就没有留下任何记录。同时，基督教知识促进会也没有记录非国教和卫理公会教派的慈善学校。作为英国国教的协会，它是按照英国国教的信仰去建立和组织慈善学校为贫穷儿童提供教育，因此在其统计资料里没有为那些非国教的慈善学校留下位置。异见者们和卫理公会

---

① 有时候不是所有的郡都做统计。赫里福郡和蒙茅斯郡的慈善学校经常在报告中被遗漏。参见 S. P. C. K. Minutes, June 18, 1723。

② 参见 Appendix Ⅰ, 4。

教徒们也没有建立一个中枢机构去组织和协调他们建立的学校，因此这些学校的数量就不得而知。当地的非国教教会和卫理公会，以及贵格会、犹太教和胡格诺派的历史表明，由它们的教徒资助的学校也会教孩子们读《圣经》，有时教孩子写字和算术，这非常常见。慈善委员会的报告披露，由非国教资助建立起了超过 30 所大额捐助的小学，这就是非国教徒关心穷人教育的证据。① 对英国国教的贫穷儿童来说，这并不是一个非常好的假设，即许多非国教教会建立过定期捐助的慈善学校，它们的存在没有被记录。

19 世纪早期两个主要的信息源也不令人满意。1816 年被任命调查底层教育的特别委员会所统计的大额捐助和定期捐助慈善学校的数量仅仅是一个粗略近似的数字，英格兰和威尔士的慈善机构调查委员会所提供的数字也不完整，尽管他们 1819～1837 年出版了价值连城的报告。对委员会统计表的分析显示，在 18 世纪建立过超过 1100 所大额捐助的小学，此外在这一时期还有上千家独立的慈善机构兴办过初等学校。② 当委员们根据职权不能调查那些完全或者主要是由定期捐助建立的学校时，民办学校被忽视了。在大量的调查中民办学校的信息没有被记录。

基督教知识促进会和慈善委员会统计资料的不完全性使其丧失了去评估英国慈善学校运动规模的价值。采取简单加法取总和的办法也不会达到近似估计的目的，因为对两个主要信息来源的调查清楚地表明了统计资料具有重叠性。一些基督教知识促进会统计的学校名单出现在一百年后委员会统计的名单之中。还有其他一些学校，它们是统计资料中的大多数，确定它们的身份是不可能的。进行比较的资料要么不充分，要么完全缺失。

尽管如此，在整个 18 世纪，人们仍有可能对穷人的教育保持稳定的兴趣。1726～1750 年，宗教、政治和经济的反对力量联合起来试图摧毁这种超乎寻常的慈善热情，但 18 世纪前 25 年激起的这个慈善热情并没有结束。苏格兰、爱尔兰和威尔士开始进行慈善学校运动，英格兰在经受这场风暴后慈善学校的数量也增加了。汉韦在 1766 年写道，国家"充

---

① 参见 Appendix Ⅰ, 3。
② 参见 Appendix Ⅰ, 1, 2。

慈善学校运动

满"了慈善学校。① 地方志、基督教知识促进会的记录、对主教探询文章的答复、给国会部长和英格兰以及威尔士教区教会委员们的报告、1786年颁布的法案，② 源源不断给新捐赠建立和重新捐助建立学校的礼物与捐款，以及由慈善专员宣告的奖学金都见证了18世纪后半叶大量慈善机构为穷人们的教育所做的贡献。一个名叫亚当·史密斯的观察者，他客观公正且见多识广，在1776年对英格兰的慈善学校和苏格兰的教区学校进行比较，这个比较的重要性也不应该被忘记。他承认，英格兰的慈善学校不如苏格兰的那么普遍，但是这个比较明确了1751~1775年慈善学校的数量众多而且影响广泛。③ 有时候人们也会忘记，在18世纪最后20年里出现的主日学校不过是为穷人的孩子提供教育的早期尝试的一个继续。宗教复兴和工业革命的综合影响改变了走读学校教育的最初理想，并且让主日慈善学校更为突出，尽管它是按照原来慈善学校的方式组织起来并获得资金支持的。在1787年估计有25万名孩子在主日慈善学校读书。④

在19世纪英国和海外学校协会资助建立起为穷人的孩子提供教育的学校，这一志愿运动的迅速发展为18世纪发生的初等教育运动的持续不断提供了可能令人印象深刻的证据，大量获得稳定资助的民办学校的存在能够解释这一点。当英国和海外学校协会开始行动时，有多少学校被19世纪的两个协会统计作为已存在的"全国的"或"英国的"学校还不确定，但是有足够零散的参考资料显示，19世纪稳步发展的大额捐助学校将变成19世纪的"国家"或"不列颠"学校。根据布鲁汉姆勋爵的估计，1818年在英格兰和威尔士有18500所走读学校，容纳了644000名儿童接受教育。这里有4100所学校是大额捐助建立的学校，有165432名学生。剩下的学校不是大额捐助建立的。它们靠学费和自愿捐款来维

---

① Hanway, J., *An Earnest Appeal for Mercy to the Children of the Poor*, 1766.
② 26 Geo. III, c. 58.
③ Smith, Adam, *An Inquiry into the Nature and Causes of the Wealth of Nations*, 1776, Book V, chap. I, Art. 2.
④ 在18世纪的慈善学校里就读学生的统计数据很少有可靠的。学生们众所周知的不规则的出勤状况和教师们在填写统计表时的粗心大意让统计变得没有意义。通常报告里的数字都过度夸大了。大多数情况之下，他们所指的那些统计数字是学校名单上孩子的数量，而不是在读的学生数量。

持。这些学校的学生总数达到 478000 人。学生中有 310000 人需要付学费，不少于 168000 名学生由慈善团体资助。这些数字应该加上了 1818 年统计的 5100 所主日学校和 452000 名学生中的一部分，但是由于参加走读学校和主日学校的孩子数量不确定，将其加在一起将让学校和学生的数量过度夸大。① 虽然布鲁汉姆勋爵的数字被认为不准确，但是这些数字也说明了在英国和海外学校协会取得相当大进步之前，这场 19 世纪早期民办学校运动的力量。遗憾的是，当人口的增长使旧标准和旧方法脱节时，学校的数量是不足的，但他们在 18 世纪发起了一场规模不小的普及教育运动。

---

① 参见布鲁汉姆 1820 年 6 月 28 日在下议院以及 1835 年 5 月 21 日在上议院的讲话。Hansard, *Parliamentary Debates*, 3rd Series, vol. Ⅱ, cols. 48 – 49 and vol. XXⅦ, cols. 1293 – 1333。

第二章　英格兰：有组织的慈善机构

正如对儿童的虔诚教导是传承宗教知识最可靠的方式一样，我们同样非常乐于接受，出于一些美好的目的，我们善良的子民通过他们的努力在这个王国里创建了许多慈善学校。因此，我们诚挚地倡导大家，通过所有可能的方式去鼓励和促进如此伟大的慈善事业的发展，去支持和帮助那些需要的人，以确保他们能够一直得到我们的保护和关爱。

安妮女王写给大主教坎特伯雷和约克的信
1711 年 8 月 20 日

一　贫穷和天主教

在 19 世纪初，有两个因素在组织贫困儿童教育问题上发挥了非常重要的作用。其中贫穷是最基本的因素。甚至可以说，贫穷是当时全国上下最主要的矛盾。在斯图亚特国王长达 40 年的统治后，《都铎济贫法》被废除。该法律迫使贫困问题成为贯穿 17 世纪下半叶和 18 世纪的主要问题。格雷戈里国王的惊人申明里曾精确表述，在 1688 年这个国家有超过一半的人受贫困问题困扰，结合当时政论家的作品可以看出，这个时期产生了大量基本无法自给自足的贫民阶层。[①]

贫民阶层的存在本身对 17 世纪和 18 世纪的改革者来说并不是一个令人痛心的现象，反而是被欣然接受且只是偶尔被评论。贫穷是财富的

---

① King, Gregory, *Natural and Political Observations and Conclusions upon the State and Condition of England*, 1696, ed. by G. Chambers, 1804.

来源，因为这为水库的修建和维护提供了廉价的劳动力，这对一个重商主义的国家来说至关重要。然而在 17 世纪，两方面的原因强烈要求改变这种贫困的状态。一方面是农民收入太低，极大地拉低了国民收入总额；另一方面，由于"自然神论、渎神论和不良恶习的疯狂蔓延"，[1] 贫困群体的道德危机严重威胁到社会的稳定。

在社会对贫穷的双重控诉下，贫困儿童的境遇始终让人同情。正如理查德·巴克斯特所说，对很多父母来说，婚姻只会加剧贫困，[2] 因为他们贫穷的问题正随着不断增加的家庭成员进一步加剧。洛克在几年后也强调了儿童在形成国家赤字时所扮演的角色。一个劳动的男人在自己和妻子身体健康的时候，他可能能够不依靠救济养活家庭和两个孩子，但贫困家庭孩子的数量通常不止两个，这些孩子就普遍变成教区里的负担。到 12 岁左右，他们会去当学徒或从事一些服务工作，至此教区对他们的责任也结束了。但从孩提时期长大到学徒，他们通常都十分懒惰。[3]

这些只是贫困事实的一方面。另一方面是大多数孩子当时所面临的恶劣生活条件。在伦敦和其他的一些城镇上，"孩子们像蝗虫一样聚集在街头"，[4] 这个现象早就引起了许多改革者和慈善家的注意。整个城市到处都拥挤着孩子，其中有一些是孤儿、弃儿、私生子，他们的父母没有留给他们半分半文，这也是制定《济贫法》的官员们所特别关注的。遗弃婴儿是寻常不过的行为。按照教区政策的规定，被遗弃的儿童可以在他们出生的教区得到安置，这一政策的主要目的是防止这些弃婴加大流浪儿童的比重，但是能在教区中生活长大成人的孩子非常少。正如 1716 年一个议会报告中说的那样，当婴儿被交到教区护士手上时，他们是"缺乏怜悯和宗教关怀的"。[5] 那些允许和"野蛮的寄养母亲"生活在一

---

[1] *First Circular Letter from the Honourable Society for Promoting Christian Knowledge to their Clergy Correspondents in the several Counties of England and Wales*, 1699.
[2] Baxter, R., *The Poor Husbandman's Advocate to Rich Racking Landlords*, ed. By F. J. Powike, 1926.
[3] Locke, J., *Report to the Board of Trade*, 1697.
[4] 鲜活而又详细记录伦敦穷人状况的资料可参见 M. D. George's *London Life in the Eighteenth Century*, 1925。
[5] *Journals of the House of Commons*, March 8, 1715–1716.

起的孩子其实相当于被出售了，当学徒只是一个委婉的说法，所以只能说"这比杀了他们要好得多"①。

和父母一起居住在伦敦和威斯敏斯特贫民窟的孩子们的生活状况也好不到哪里去。孩子们和父母生活在随意堆起来的脏乱的房间和地窖，②非常不卫生，更谈不上体面。约西亚·查尔德注意到贫困儿童的健康状况会更差，而且"更容易遭受疾病的折磨"。③ 在 1725~1750 年，喝杜松子酒的行为以惊人的速度传播，这给孩子们的身体健康带来巨大的损害。1736 年，国王陛下的治安法官在希克大厅报告说，男人、妇女和儿童都不断地无羞耻地沉迷于这些可怕的实践之中。④

这个时期儿童的道德状况也令人担忧。穷人的居住区中，迷宫般的庭院和小巷子不仅最肮脏破旧，也是最危险的，最近一个作家指出，那里混乱无比，酗酒、偷盗现象猖獗。⑤ 1751 年，伦敦市长亨利·菲尔丁写道，在这个"广袤的丛林和荒野中，小偷可以像藏匿在阿拉伯和非洲沙漠一样安全"，⑥ 许多儿童被带到乞讨和偷窃的行业里。于是，从幼年时期开始，他们就染上了足以让他们"被砍头"⑦ 的恶习。在纵横交错的后街小巷、球场和偏僻角落里逐渐形成了一支数以万计的童子军，他们要么是满口脏话的无赖、游手好闲的流浪者，要么是满身恶习的小偷、强盗、赌徒，就像笛福笔下充满讽刺意味的亵渎者和毛毛虫。⑧

在 18 世纪末，改革者向公众展示了两种救援和改革贫困的方法。在寻求有效解决问题办法的过程中，黑尔、查尔德、洛克和贝勒斯等杰出人物受到海外同时代人成功解决类似问题的影响，敦促建立济贫院和职业学校，以遏制贫困，并通过让穷人自治自足，促使他们从孩提时代就习惯于"文明而勤劳的生活。"约西亚·查尔德认为，"睿智的荷兰人"

---

① *The Ladies' Memorial Praying for the Founding Hospital*, 1739.
② Strype, J., 1735 ed. of Stow's *Survey of London*, Book Ⅱ, p. 711.
③ Child, Sir J., *A New Discourse on Trade*, 1670, p. 81.
④ *Report of H. M Justices of the Peace at Hick's Hall*, January Sessions, 1735 – 1736, pp. 16, 17. Printed in an Appendix to *Distilled Spirituous Liquors, the Bane of the Nation*, 1736.
⑤ George, M. D., *op. cit.* chap. Ⅱ, *passim*.
⑥ Fielding, H., *Inquiry into the Causes of the late Increase of Robbers*, 1751, p. 76.
⑦ Bellers, J., *Proposals for Raising a College of Industry*, 1695, p. 11.
⑧ Defoe, D., *Everybody's Business is Nobody's Business*, 1725.

通过建立工厂为穷人提供工作以维持贫困群体的生计。①洛克在1697年贸易委员会的重要报告中也表达了同样的观念。他认为解决贫困问题最有效的方法是在每个教区设立技工学校，而且所有3~14岁的儿童都必须进入职业学校学习。在这样的控制下，他们的伦理道德、宗教信仰和身体健康将得到保障，首先是通过平日的体力劳动纪律，其次是通过周日"经常出席"教堂，最后是通过充足地供应面包，而不是他们父母给予的少量口粮。

在伦敦，同样支持济贫院和职业学校的改革者托马斯·弗明在这方面有先例，他倡导推行"一些具有工厂性质的纺纱学校"，"让那些曾经既不能给父母带来回报也无法维持自己生计和增进国家利益"的孩子学会纺纱的技能，并能通过自己的努力每周赚取一些工钱。②弗明计划的失败并没有阻止他这一理念的发展。在1698年开放的伦敦济贫院里，孩子们学会了纺织羊毛、编制长袜以及翻新亚麻衣服和鞋子，而且在他们12岁或14岁离开济贫院的时候，能被收为学徒或从事一些服务工作。

反对这一批改革者的人，在劳动规律中发现了解决贫困问题的方法，并致力于通过宗教的观点来解决这一问题。他们在这些贫困儿童当学徒或者从事工作之前接受基督教教理的规律中发现了解决之道。他们将日常的社会弊病归因于《都铎济贫法》的不完善，认为该法律没有意识到对于贫困儿童来说，"教育是最基本的需要"，③教会的神职人员却忽视对这些孩子的教导职能，特别是忽视了对教区儿童宗教教理的灌输。他们忐忑地发现成千上万生活在伦敦以及其他城镇和农村的孩子，完全无法接受到宗教伦理和社会道德规范的教导，而对于上层阶级的孩子们来说，接受教堂和学校的教导是获得宗教救赎和道德发展的重要方式。对

---

① Child, Sir J., *op. cit.*
② Firmin, T., *Some Proposals for the Employment of the Poor for the Prevention of Idleness*, 1678.
③ *Sermon preached by the Bishop of Bristol at the Anniversary Meeting of the Gentlemen concerned in Promoting Charity School lately erected in the Cities of London and Westminster*, May 9, 1745. "……伊丽莎白统治时期关于穷人的法律中有关于孩子的部分。但是对于孩子来说仅仅是抚养还不够，因为他们的需要远不止于抚养。对成年的穷人来说抚养可能足够。抚养和教育对穷人的孩子来说都必需，对于那些能够养家糊口却完全忽视其孩子的家庭来说，他们孩子的教育必不可少……"

于祈祷书和教规中所规定的,要求教会在每周晚间祷告时对孩子们进行问答式讲授教义的习惯,到17世纪末就已普遍废止。对父母和牧师来说,他们都肩负着把孩子们送到教堂并接受宗教教理熏陶的双重责任。1700~1725年,对供职于林肯的韦克主教和吉普森主教进行回访的调查报告表明,问答式讲授教义在大斋节的时候被普遍践行,然而在一年中其余的时间里,这个习俗被忽略了。现在是这样,这个教区应该被记住,它的主教非常引人注目,不仅是因为他们的虔诚和学识,而且因为他们18年来坚持不懈地寻求改革。对于同时代的人来说,无论是不是神职人员,这都是一个反复出现的主题。"问答式讲授教义习俗的衰落"可以解释"在普通人中,特别是贫民中观察到的野蛮无知",① 但是很明显,除此之外还有许多其他的因素导致道德的衰败。热心的牧师"在他们的生活和工作中无可挑剔"② (这种状况与公众的看法相反),其中许多人没有放弃自己的职责,但他们面临一个技术性的难题,这在某种程度上可以解释他们的疏忽。对教区儿童关于祈祷书及教规的教学和考试在周日晚祷告后的第二节课,但除非孩子们会自己学习或者他们的父母很善于教学,不然每周的问答式训练就如老师所知,没有什么效果,因为上一个星期日的教学内容在下一周上课之前就被遗忘。贫困的劳动者没有足够的教育素养,也没有闲暇的时间在工作日来指导他们的孩子。因此在周日,虽然"偶尔会有一些中层阶级的孩子来教区"③,但是大多数教区很少甚至几乎没有非常贫困的孩子来参加每周的学习和考试。

  贫困家庭的孩子不去教堂,所以也不能去学校。在18世纪,申斯通的女教师已经建立了这样的信念,"每个村庄都会有由妇女主办的标有小尖塔的家庭学校",在这些家庭学校里村里的孩子们可以学习一些基础的要领和常识。但是从整个18世纪,尤其是其早期来看,在那些原本有学校的城镇和农村,几乎找不到有学生的学校,虽然这些妇女主办的家庭学校变成了人们共同的学校,但是乡村女教师和教区职员却无法得到维持每周教学的薪酬。由于上学不仅涉及大量的开支,还会减少收入:学

---

① *First Circular Letter, ut supra.*
② S. P. C. K. Abs. of Correspondence, Letter from Dr Knight, Broughton, Oxon, June 1, 1700.
③ S. P. C. K. Abs. of Correspondence, Letter from Dr Hutchinson, Bury St Edmunds, Oct. 9, 1700.

龄儿童需要支出每周的预算费用,还要通过乞讨食物来减轻父母的负担。因为这些贫困儿童都是"被抛弃在荒野放任自己的天性而长大,就像大地上完全不知道上帝和耶稣的野兽一样。"① 那些很难看到笑脸的贫困儿童让人心生怜悯,使那些敬畏上帝的人承担起教导他们的重担。

1700~1725年,面对两种教育贫困儿童的途径,绝大多数英国民众支持问答式教学的方式。这个想法能首先引起人们的注意,因为它是在以往实践基础上的改进。法律为语法和语言学校制定了为贫困求学者提供教育的规定,而且还有无数的慈善机构提供教育、服装和学徒制度。那些提供问答式教学的学校,从严格意义上来说应该是免费的,例如,它们不会收取父母或教区官员的入学费和灯火、蜡烛费,而且如果资金允许的话,还会给孩子们提供服装,这便是对原本存在方式的延伸。相反,建立贫民习艺所是一种全新的实践,不是产生于本土,而是源于国外和英国民众的意见,接受来自国外的新想法总是很慢,对其倡导者的关注也是半心半意。

另外,设置慈善学校是一个廉价的改革方法。任何空置的房子或房间都可以为学校使用。木制凳、石板桌、铅笔和几本书,便构成学校的所有设备,这些设备用一笔微小的支出都可以置办齐全。一身简洁轻巧的女生校服的成本只需要16先令,男生校服的成本更低,② 还有教师一年可以得到20英镑,人们认为,这些可以在轻松的环境中,使各个年龄和各个阶段学生的身体和思想都得到发展。而贫民习艺所,是在大陆计划的基础之上建立,涉及的资金开支也相当大。为了给工作者提供住宿,修建新房子必不可少,房子需要用来安置劳动力以及存放工具以降低成本;更重要的是,学校管理者的工资也是一份巨额的支出,这些管理者必须在数量上和能力上足以胜任这份工作,在这所具有收容、组织和管教功能的房子里,他们组织、控制、指导这里的男男女女和儿童。

但是,在安妮和乔治一世统治时期,英国的经济发展更为繁荣,慈善学校也因此获得了许多财政上的支持。贸易增长迅速,但人口却增长

---

① Watts, Isaac, *An Essay Towards the Encouragement of Charity Schools, particularly those that are supported by Protestant Dissenters* [etc.], 1728, p. 12.

② 参见 Appendix I, 7。

慈善学校运动

缓慢；城镇的服装制造领域需要大量的劳动力从事纺织和梳棉工作。建立习艺所的提倡者受到丹尼尔·笛福的无情抨击，他讽刺地认为在全国建造昂贵的房屋，目的居然是让穷人来完成迫切需要做的工作。在他著名的宗教手册《设施并不是慈善》中，他强烈谴责将产业从自然渠道转移的愚蠢做法，并抨击由汉弗莱·麦克沃斯提倡的在每个教区设立济贫院的法案。笛福以清教徒的方式宣称，奢侈、慵懒和堕落是国家贫穷和人民失业的重要原因。抵制懒惰的腐蚀不仅需要贫民习艺所的管理，也需要宗教和道德的规制。而慈善学校的宗旨是建立贫困幼儿的宗教和道德习惯，并赢得他们的认同，这才是改革的正确方式。而且笛福认为，看到慈善儿童遵守秩序、纪律严明才是令人愉悦的场面。他说："慈善学校制度是值得称赞的，最后能得到大多数的认同就很好了。"[1] 最终，笛福的观点得到普遍的支持。麦克沃斯的提案则被推翻，而慈善学校承诺提供改变贫困所必需的课程，不仅使学校数量得到增长，也赢得了公众的尊重。

18世纪初，慈善学校而不是习艺所获得"热烈支持"的第二个原因，是当时的宗教政策。英国国教徒和非国教徒不得不承认，罗马天主教的图谋对新教的继承构成威胁，因此，按问答式讲授宗教知识的慈善学校立即得到支持，它能够培养坚定的新教徒以捍卫信仰，抵御罗马天主教的冲击。对英国国教徒和持不同政见者来说，罗马天主教是无知和煽动叛乱的根源。由于教义和政治上的深刻分歧，他们都渴望遏制其权力。孩子们学了国会的教义、赞美诗和祈祷文，亨廷顿的副主教1706年在一个慈善学校的演讲中宣称："他们绝不会屈服于佛珠和所谓的拉丁魅力，更不会向天主教黑暗的束缚低头。"[2] 为了防止一种本身荒谬以及压迫自由和人类灵魂的宗教的传播，[3] 英国国教徒和罗马教反对者联合起来通过建立慈善学校将贫困儿童从"巨大的吞噬者"口中拯救出来。

---

[1] Defoe, D., *Charity still a Virtue, or an Impartial Account of the Trial and Conviction of the Rev. W. Hendley for Preaching a Charity Sermon at Chiselhurst*, 1719.

[2] Kennett, White, *op. cit.*

[3] Milner, J., *Sermon Preached for the benefit of the Charity School in Gravel Lane, Southwark*, 1743.

二 基督教知识促进会

当权者所承诺的社会和宗教福利所唤起的公众对学校的兴趣，是由基督教知识促进会所动员和协调的，这是18世纪早期推动下层阶级改革的几个协会之一。在威廉和玛丽统治时期建立的宗教团体总是教化人们，照顾穷人是基督教徒的责任。尽管当时上流社会和知识分子的无神论思想以及对穷人的漠不关心让虔诚的人深感不安，同时那些虔诚的"年轻人和中产阶层"组成团体去祷告和交流精神体验，他们深深地被穷人的无知和漠视所困扰。他们劝说对寡妇和孤儿进行照顾，这能成功唤起教士和信徒对病弱者和失学儿童的责任。①

基督教知识促进会采用了不同的方法进行改革。不是通过"基督教徒的劝说"，而是通过严酷的刑罚来惩治穷人的恶习、懒惰和放纵。正是为了补充宽松而无效的法律管制，协会的改革才得以形成，并取得一定程度的成功。② 然而，有一个事实没有逃脱丹尼尔·笛福敏锐的眼睛，那就是他们这些活动的主要结果是让亵渎和放荡行为藏于外表之下，而正是由于这种失败，改革的目标从成年人转变为儿童。③

赫尔曼·弗朗克在哈勒的工作对英格兰、威尔士和爱尔兰的慈善学校运动产生了重大影响。④ 弗朗克和他虔诚的朋友在贫困学校为贫困儿童的身体和灵魂提供食粮，这些孩子生活得像不认识上帝和神灵的动物一样，这也构成了他们优秀作品中的情感来源。当权者用一生致力于拯救被忽视的、没有信仰的儿童，上帝的旨意被很好地履行，上帝的荣光

---

① Woodward, J., *Account of the Rise and Progress of the Religious Society in the City of London*, 1697.

② *Account of the Societies for the Reformation of Manner in London and Westminster and other parts of the Kingdom*, 1699, forty-four Report, 1694–1738. 也可以参见 Dr Josiah Woodward 关于协会对人们行为改革的论述："我不能不满怀感激地关注这个神赐予的高贵而又有益的社团——两年前在这个城市建立——它在国内外不遗余力地传播基督教知识，这似乎填补了以前人们认为缺乏的方法，以便人们对生活和礼仪进行全面的改革。因为当宗教改革的社团将杂草连根拔起准备播种时，这种方法能'种下好的种子'"。*Account of the Rise and Progress of the Religious Society in the City of London*, 1701, Third ed, 1701.

③ Defoe, D., *The Poor Man's Plea*, pp. 10, 28.

④ 也可参见 *Welch Piety*, 1752–1753; *Pietas Concagiensis, or the History of the Green Coat Hospital, Cork*, 1721。

在每个孩子心中的神秘感也得到极大的维护。因此接下来，在弗朗克简短的教导中规定，第一要素就是将神的恩典作为掌控孩子的一种手段，这可以让孩子们随时准备在上帝的恩典下让自己的灵魂得到救赎。为此，一种严格的禁欲主义教学方法得到发展。在学校每天7个小时的学习时间里，超过一半时间是用于阅读圣经戒律，学习教义、祈祷、正式敬礼并进行虔诚的练习。剩余的一部分时间用来学习神圣的劳动纪律。①

虽然英国清教徒的神秘元素和情感因素之间几乎没有共同之处，但是德国教徒和英国教徒的虔敬之间却完全契合。当基督教知识促进会的创始者极度关注都市贫困儿童的悲惨生活状况，并构想将分散和临时的慈善机构组织起来发动一个倡导贫困教育的运动时，他们认为这并不是一种拯救措施而是基于德国模式的宗教戒律。他们以定期捐助学校的形式宣称，"鉴于恶习的不断增长和道德的不断败坏明显在很大程度上归因于对基督教原则的漠视，尤其是在贫困群体之中；也鉴于基督教美德不可能产生于除基督教原则之外的其他任何事物，我们这些捐赠人都肩负着对神的荣耀的热诚追求，对可怜同胞灵魂的救赎，以及对贫民传播基督教知识的责任……特此承诺在此期间每年支付一笔费用来建立慈善学校供该教区教育贫困儿童……反复读写教会教义。"② 在协会写给威尔士教士的第一封信函中也同样提到这一点，邀请他们成为相应的成员，并

---

① Francke, A. H., *A Short and Simple Instruction how poor children are to be guided to True Piety and Christian Wisdom*, 以前是为基督教教师所修订，现在被要求在1707年再次印刷。也可以参见 *Pietas Halliensis, or a Public Demonstration of the Footsteps of a Divine Being yet in the World, or an Historical Narrative of the Orphan House and Other Charitable Institutions at Glaucha, near Halle in Saxony*; 以及 *Historische Nachricht*, 1709。关于弗朗克的工作和生活可以参见 Richter, K., *A. H. Francke, Schiften über Erziehung und Untrricht*, Leipsic, 1872; *Zum Gedächtnis August Hermann Francke, zu seinem zweihundertjährigen Todestage am 8. Juni, 1927*, Hgg. von Friedrich Mahling, Carl Mirbt UND August Nebe, Halle（Saale），1927; Weber, M., *The Protestant Ethic and THE Spirit of Capitalism*, trans. By T. Parsond, with a foreword by R. H. Tawney, 1930。感谢洛尔·莱贝南姆，一位在德国的英德两国文化交流者，他提供有关英国慈善学校运动领导人个人关系的私密资料，也感谢弗朗西斯·李、亨利·霍尔和施莱尔博士以及德国的虔信派教徒；也可参见 Lee, Francis, *History of Montanism*, with preface by Dr George Hicks, 1709，文中说到，李"将霍尔和纳尔逊先生建立慈善学校的计划与德国哈雷的计划放在一起"。

② S. P. C. K. Minutes, March 16, 1698 – 1689.

第二章 英格兰：有组织的慈善机构

提出相应的目标。

肩负"荣誉和品质"的五个创始人于1699年创立基督教知识促进会，并以其虔诚品质和公共精神而引人注目。这五个人中有四个是非基督教徒，还有一位组织结构的设计者托马斯·布瑞博士，他是一位教区牧师，他的名字被光荣载入圣公会教堂的史册。布瑞博士所写的《新教教会或基督教知识促进会章程的总体规划》分为两个部分，一部分是将福音传播到国外种植园，另一部分是将教义学习带入家庭。和之前所提出的设想结合在一起，在他心中组成了一个真正宣传基督教知识的群体。[①] 在1701年，由英国皇家宪章特许，国外福音传播协会是最初培育出的组织，但是其活动仅限于在美国的英国人种植园进行传教工作。后来的基督教知识促进会延续了志愿组织的性质，而且，同样也不受其他任何的限制。正如组织所设想的，他们可以完全自由地将精力集中于贫困儿童的教育，建立教区图书馆，向成年人传播宗教文学，或者进行海外传教。[②]

这群创立基督教知识促进会的慈善家的私人生活鲜有人知。在拉尔夫·妥尔斯比的日记中保留有一张托马斯·布瑞的照片，那是他步入老年病痛缠身，却依然在阿尔德盖特的圣博托尔夫教区慈善学校为贫困儿童教学的照片。[③] 他的朋友和同事科尔切斯特上校，在组织成立之前就已经在他位于塞文河边的韦斯特伯里镇上的庄园中成立慈善学校，镇上的孩子们在学校里学习写作、基础知识、新约和练习字帖。[④] 组织的第三位创始人贾斯汀·霍克先生，是一个对教育充满坚定信念的人，他在协会的每一分钟都和孩子们亲如伙伴。查理二世北部守卫者的儿子——吉尔福德伯爵，让斯威夫特和伯内特呈现完全不同的景象。院长曾谴责他是"一个相当愚蠢的家伙"，因为他"容不得半点商业化的操作和氛围"。[⑤] 最后一位创始人汉弗莱·麦克沃斯爵士是卡迪根郡的一位议员，他不仅是当时数一

[①] 布瑞博士所设计的原始初稿目前保存于美国国会图书馆。
[②] 基督教知识促进会的工作参见 Allen, W. O. B. 和 McClure, E., *Two Hundred Years, 1698-1898, The History of the Society for Promoting Christian Knowledge*, 1898。
[③] Thoresby, R., *Diary*, vol. II, May 26, 1703, 也可参见 *Public Spirit illustrated in the Life and Designs of Dr Bray*, 1746。
[④] The Colchester Papers, May 18, 1699.
[⑤] 关于约翰·霍克，一位法官和高级律师的生平，见 Woolrych, H. W., *Lives of Eminent Serjeants-at-Law*, 1869。

数二的企业家,也是英国矿藏探索者协会的副总裁,他将他的教育理念和公司推广结合在一起,因而是一个备受争议的人。①

在协会成立早期,这群创始人和他们的同伴对贫困儿童教育浓厚的兴趣与持续关注在组织的会议记录和书信档案中呈现得一清二楚。他们经常召开会议,讨论筹集资金和管理学校的方法。贾斯汀·霍克主要负责筹集会员费,吉尔福德伯爵被派去说服坎特伯雷大主教以引起他的关注,来自哈勒的赫尔曼·弗朗克的使者们,满载着建议而来,受到热烈的欢迎并接受详细的咨询,所有人都紧张忙碌于处理信件回复、非教徒咨询,以及回应牧师的请求,要么是寻求经费和书本的支持,要么是渴望寻找稀有的有能力能够胜任的教师。

分别代表教会、贵族、法律和大企业的创始人呼吁大家,为了消弥那些"向天堂大声呼喊"的罪恶,应该建立慈善学校指导贫困儿童阅读圣经和教义,这得到大家迅速和广泛的支持。和他们一样对慈善抱有虔诚和尊敬之心的人加入其中。特尼森大主教和夏普大主教,以及其他来自格洛斯特、伦敦、奇切斯特、索尔兹伯里、巴斯、威尔斯、伍斯特、班戈、切斯特的主教,还有索德、曼恩、吉迪恩·哈维、拉尔夫·妥尔斯比、威廉·惠斯顿、威廉·韦克、约西亚·伍德沃德、汉弗莱·纳撒尼尔、塞缪尔·韦斯利、罗伯特·纳尔逊、约翰·菲利普斯、埃德蒙·吉普森、约翰·张伯伦,这些名字都出现在协会早期的成员名单当中。他们代表教会不同的思想流派,包括自由主义者、拒绝宣誓者、高教会派成员。最初十二个月收取的会费,从1英镑到10英镑不等,其中450英镑直接拨付给指导委员会,用于其宣传宗旨和日常运行。张伯伦承担秘书的职责,负责将通知信件送往伦敦以及乡村的神职人员,号召他们加入这份慈善事业,并在各自的教区建立慈善学校。苏格兰和爱尔兰被英格兰的成功所激励,也开始寻求指导和建议以便在他们的国家发起类似的运动。约翰·菲利普斯爵士将这份慈善事业扩展到威尔士,并在马恩岛和锡利群岛创办了慈善学校。不列颠群岛也没有对协会的发展加以限制。欧洲的新教国家发出赠予《慈善学校财务管理》一书的请求。紧

---

① Cokayne, G. E., *The Complete Peerage*, ed. By H. A. Doubleday, D. Warrand, and Lord Howard de Walden, 1926, vol. Ⅵ, p. 212.

接着，以英国为范本的慈善学校在瑞典、荷兰、丹麦和德国的一些地区，"甚至是俄国沙皇统治下的大城市"建立起来。①

1699年初，基督教知识促进会尝试性地开始了出版和经销工作，第一次印刷和出版的是凯斯的《教义叙述和问答》。在当时那样一个时代，书籍十分稀缺和珍贵，基督教知识促进会为会员提供宗教文学，并以成本价赠予学校里的教师和孩子们《圣经》、旧约、祈祷书和启蒙书。

不同于在苏格兰和爱尔兰建立的协会，伦敦的基督教知识促进会基本上不需要管理，只是偶尔对学校进行资助。当地的控制是其制定规划的前提。所以其基本方针是首先激发起教区牧师和非基督教徒的兴趣，获得他们的支持。他们积极提倡和鼓励新的入会方式，因为他们允许中等收入水平的人向慈善学校捐款，但并没有因此将完全或主要由捐赠支持的学校管理人员和受托人排除在其成员之外。协会既是一个教师任命处，也是一个回应教区诉求的保障处。作为中央指导机构，它帮助伦敦和乡村的学校对抗各种冷漠和阻碍。它的价值也许可以通过英国慈善学校运动的衰落来衡量，即协会的兴趣逐渐从慈善学校转向外国传教领域，并发展形成了一个巨大的出版网络体系。

三 地方管理

由捐赠资助的慈善学校的组织体系是不需要质疑的。与其他慈善捐赠一样，它们受建立信托基金的条款管辖。作为教育慈善机构，它们在法律上受王权的监管；实际上，它们的资金和管理权归属于受托人，通常是居住在附近的家庭成员，需要遵守他们的委托进行管理，行使独立和不用负责的控制权。有时一个机构的理事会是为学校管理专门创建的；有时理事会也可以产生于已经存在的机构，如城市的市长和议员；也有时，创始人的继承者，或出租土地给学校的人，成为学校的管理者。通常，他们有权任命校长和女教师，并选择学生提供教导，一般是所在教区的孩子。慈善学校的理事会享有行政权力和经济上的独立，因而相对于定期捐助学校的管理者而言，他们受到协会的指导和任免的约束较少，他们的融资方式和组织运作为协会开展国民教育做出了独特贡献。当时

---

① *Account of the Charity Schools*, 1711.

慈善学校运动

更大限度的经济独立并不妨碍他们向协会提出要求和寻求帮助，特别是当其需要书本和教师时，或是对法律的无知和忽视而经常导致捐赠遭到"极大滥用"时。①

在定期捐助的慈善学校中，筹集资金资助学校并为其提供管理人员的艰巨任务落到会员身上，当地的虔诚就变成一种任务。②每个地方所采用的方法区别不大。通常，在首年的学校财务预算发布之后，在教区为贫困儿童开办学校的倡议一般由本教区的牧师向一些教区牧师发出，或者是由两三个教区牧师，和一些他们认为会加入他们的人组成。当获得四个或五个支持者时，他们就会开始宣传"设计学校的必要性和实用性"，而且"通常能因此获得巨大的成效"③ 使其能够在七八个月的时间内建立起一所学校。

除了少数例外的学校，大多数学校虽然在教区却不受教区委员会的控制。它们受居住在教区的志愿会员管理，经费也来自当地捐赠和会员费。慈善学校要么受本教区主教的控制，要么受穷人保护者的监控，或是庄园主的管辖，但是我们却发现，④ 一般而言，当地的会员才是其最终的权威，"在全体大会上，在场的大多数会员将会达成一致意见"。⑤在18世纪的第二个十年里，协会试图将伦敦慈善学校视为教区学校，这一行动遭到理事会的持续和彻底的反对，一个为保护伦敦学校控制权的机构应运而生。⑥

慈善学校运动不仅将全新的组织运作和财务管理方式引入教育领域，而且提供了一个机会引起"中产阶级"对社会改革的兴趣，让他们不再忽视自己的价值。虽然有财富和有素质的人依然持续为慈善学校提供赞

---

① S. P. C. K. Abs. of Correspondence, Letter from the Rev. R. Lloyd, Yarpol, Herefordshire, March 28, 1713.
② 慈善学校的地方性特征，在1718年1月18日基督教知识促进会写给林肯主教埃德蒙·吉普森的早期信件中有所定义。据他所知，慈善学校总是被称为"灰衣学校"；而主教堂的济贫院却不会被这样认为，"因为它是一个服务于所有城市弃儿和贫困儿童的大众慈善机构。"而格雷酒店集团旗下的慈幼院是另一个大众慈善机构，因此，都不包括在慈善学校运动的历史中。
③ Account of the Charity Schools, 1704.
④ E. g. Blewbury; Hull; Chippenham; 参见 Account of the Charity Schools, 1714。
⑤ Account of the Charity Schools, 1704.
⑥ Vide chap. Ⅳ.

第二章　英格兰：有组织的慈善机构

助，但是慈善委员会所记录的捐赠者和受赠学校以及无数的小额捐赠者名单显示，在18世纪贫民教育的支持者中，他们绝大多数来自住在学校附近的中产阶级。他们成功地为下层社会建立成千上万的学校，相比较每周日必须出席教堂早晚的祷告，接受教育对他们来说既不必要也不想要，这一成功引起最激烈的批判者伯纳德·曼德维尔最恶毒且带有偏见的攻击。在他非常有名的文章《慈善和慈善学校》中，他把"小商人和店主对学校的热情"归为"巧合"，说他们是雄心勃勃推动社会进步的中产阶级伪君子。这些无足轻重的人在委员会里面其实什么都做不了。慈善学校给了他们一个自我维护的机会。"如果你要问这些杰出的管理者为什么承担这么多麻烦的事务，既损害自己的利益又浪费时间，无论是个别人还是全部人，他们都会一致回答说这是他们对宗教和教会的尊重，是他们致力于为贫困的无辜者带来美好和永恒的幸福所产生的快乐，所有这些都有可能在这些邪恶的嘲笑者和自由思想家的时代里被毁灭。他们从来没有考虑过获得利益，即使是出售一些东西给孩子们使用，他们也没有打算从他们出售的东西中获利，而且，尽管在其他一切事物中他们的贪婪和欲望都显而易见，但在这一事件中，他们完全脱离了自私和世俗的目的。"那些"被小心翼翼隐藏的"动机，却在18世纪曼德维尔所塑造的一个角色——弗洛伊德中表露无遗，那就是"在对他人的控制和管理中获得满足"。"这主要是指那些支持残酷奴隶制度的校长们。如果说在管理孩子方面最不满意，那么亲自管理校长一定是令人陶醉的。他给学校理事说了那么多好话，也许还写了信！赞美之词多么可笑啊！"①

在威斯敏斯特的圣马加雷特教区慈善学校有完整和详细的记录，后来学校被称为"灰衣慈幼院"，它为成立伦敦最早的慈善学校提供了一个难得的机会，同时也对曼德维尔的无情批评提供了精彩的说明。在教区合作建立慈善学校的6个居民都是威斯敏斯特的商人，一个奶酪商，一个服装商，一个售书商，另外三个是销售肥皂、蜡烛、扫帚和皮革制品的总经销商。这些人给予学校慷慨的资助，同时说服其他重要人物加入他们，并召集了一个会员会议，就该慈善机构的计划进行磋商。在学

---

① Mandeville, B., *Essay on Charity and Charity Schools*, 1723, *passim*.

校的记录本中这样写道:"几个威斯敏斯特居民,他们仔细分析教区的贫困儿童普遍遭受痛苦的原因,就是他们的闲散空虚和缺乏教育;他们的看护人或者是监管人,即使是不支持,也通常会任由他们在街上闲逛和乞讨,从而极容易通过这种方式染上恶风陋习,在很大程度上,他们所沾染的恶习会使他们居住的地方被咒骂和厌恶,甚至最终让他们蒙上羞耻并走向死亡。为了防止未来发生类似的灾难,在这个教区,越来越多的人和这6位居民一样认为在教区里建一所免费的学校是非常必要的,他们在慈善机构找到40个最合适的对象,并认为这40个孩子应该在严肃和正直的原则下接受基督教的教导。同时,为了今后的打算,他们建议这40个孩子在学习的时候应该穿统一的校服,而且当他们学成有能力当学徒的时候,应该给他们妥善安置给一个正直的雇主,督促他们能够继续遵循良好的道德原则,指导他们如何通过工作和勤奋来获得美好的生活。"

伦敦慈善学校:威斯敏斯特灰衣慈幼院

在布罗德大道上租了一所房子,并花费1英镑2先令9便士的价格改造成学校。学校选了一名校长,还有11个"理想的目标"被选为学校的第一批学生。在校长的指导下,他们制定出一套管理方案,这是"灰衣慈幼院"创始人无私慈善事业的永恒见证。这所学校所有的设计都被认为是在虔诚和美德的原则下对贫穷儿童进行教育。校长被要求"努力学习以赢得孩子们的喜爱,因此,要倡导和鼓励他们,而不是通过矫正来迫使他们学习"。这些睿智而慷慨的商人说,理性和经验一样,都清晰

第二章 英格兰：有组织的慈善机构

地表明过度的坚持会让人变得迟钝，而不能够提高智力和记忆力。这样的教育是许多孩子都乐于抓住机会来逃避学习的原因，等过了数年，他们自己具有判断力后才发现这是一件多么悲哀和烦恼的事情。新学校管理人员的责任并没有随着校长的任命和指导方针的起草而结束。圣玛格丽特慈善学校的理事会对学校给予了大量的时间和关注。他们每周都会见面，监督其建立的慈善机构。他们为孩子们定制了灰色外套，并在现场目睹裁缝为孩子们穿上。他们还给母亲提供灰色的纱线为孩子们做袜子，并说服自己的妻子和女儿为孩子们制作帽子和胸针来搭配校服。在观察学校的过程中能够进一步说服信徒，他们为测试孩子的学习进度而制定了一些计划。首先，他们每个人负责5个孩子；其次，每一个季度安排全体理事进行一次常规检查，把孩子们写的作业持续记录下来，"用来时不时地检查他们在学习上的进展"。这些威斯敏斯特商人也不太会在意他们作为学校的赞助人和管理者所受到的诱惑。在这个没有专业教师队伍的年代，他们尽最大的努力，为学校寻找合适的教师；他们公平地对待那些前来申请入学的孩子，先是通过精心设计的抽签方式来选择他们，然后轮流提名学生。最后，他们坚决不将公共资产转换为自己的利益以维护自己的名声，"就把自己当作被委以信任来管理金钱和利益的人，在一个自我牺牲的条例中承诺，学校的理事会不得提出任何类似的条款或需求，而且这一规定应该醒目地写在管理委员会的大门上"。①

慈善学校的管理者负有几个主要职责。成功的学校管理需要制定从7岁到12岁或14岁的男孩和女孩的教学计划；监督他们的学习和言行；提供服装以及偶尔的生活补助金；监督男教师和女教师的教学和行为，并不断努力地通过个人魅力和书信沟通，告诉父母成文的法律和规定，引导父母在子女教育方面同学校进行合作。小学课程的僵化和简单，以及18世纪教育学家所遵循的方法使得学校一开学，管理者就几乎没有组织，因为每天的工作都是重复着前辈的工作。对儿童和教师的检查随管理者的兴趣和责任而变化。伦敦和城市学校的记录册见证了他

---

① Minute Book, No. 1, 1698, St Margaret's Charity School, Westminster, *passim*. 也可参见 Day, E. S., *An Old Westminster Endowment*, 1902。

们持续而细致的监督。在他们每月的会议上，他们阅读教师对孩子们教导行为的报告，"在他们所制定的规矩中，穿着他们提供的衣服，却不在学校接受教育"，与灰衣学校的董事们一样，他们也会听孩子们朗读和回答教义，检查孩子们的写作状况，用钱、食物和衣服来鼓励孩子们和他们的父母，当孩子们的行为不端违反纪律时，也会责备他们并将其开除。

寄宿学校的托管人和管理者需要承担起一份特殊的职责。当学校经费允许进行尝试时，在英国绝不会有很多寄宿学校，在伦敦和城镇里只会缓慢而没有规律地出现几个。总体而言，对日托学校希望的破灭是它们希望建立寄宿学校的原因。在大都市和其他地方早期学校的支持者们不遗余力地去拯救那些最贫穷和最邪恶的孩子，并拒绝那些"不是真正施善对象"①的人。圣玛格丽特教区慈善学校的学生是从威斯敏斯特的贫民窟、流氓街、扒手巷、偷盗路和班迪莱格步行街这些臭名昭著的地方抽签确定的。其他地方的学校管理者也有意从"教区里最差的男孩"、"众所周知满身恶习"的孩子，或者那些"生活在责备和困境中的孩子"②里挑选他们的学生。他们把孩子们从最不幸和贫困的家庭中解救出来，其结果是学校的纪律直接被无视了，孩子们也很难有上课的时间。为了防止孩子受到父母和亲属的不良影响，并确保更多孩子定期上学，一些规则似乎是必要的。从灰衣学校到灰衣慈幼院的转变，从圣塞普赫里德教区女士慈善学校到寄宿学校的转变，从圣乔治教区的女子慈善学校转为雷恩慈幼院，他们的支持者以这些理由解释着。③ 在伦敦以外，类似的情况也产生了类似的补救措施。老斯温福德的牧师认为"唯一的解决方法是建立慈幼院！"，他致力于让孩子们远离煤矿工作，这样的工作既不利于身体健康也不利于道德发展。利物浦也面临着同样的问题，于是将蓝衣学校转变为布兰德尔慈幼院。④ 高昂的费用解释了为什么这

---

① *The Schools Inquiry (Taunton) ommission*, 1868, 21 vols., vol. XV, *Report on Coulson's hospital, Bristol*.
② S. P. C. K. Minutes, *passim*.
③ 参见 Day, E. S., *op. cit.*; *The History and Plan of the Ladies' Charity School of St Sepulchre's, London*, 1805; Hadden, R. H., *An East End Chronicle* [n. d.].
④ S. P. C. K. Abs. of Correspondence, Letters from Mr Halifax of Old Swinfoid, March 28, 1719 and B. Blundell, Liverpool, May 6, 1735.

些慈幼院在英国并不常见，就像这些慈幼院缺乏足够有效的检查和控制从而让它们落得不好的名声一样。

在英国，没人像约翰·霍华德和耶利米·菲茨帕特里克那样对慈幼院的虐待和不负责提出直接的控诉，他们控诉的是爱尔兰特许学校。关于虐待的报道很少出现在学校的记录中，但也不乏观察人士，他们意识到所有的慈幼院都不是那么好。18世纪的思昆斯和曼恩夫人对不幸的受害者所遭受的痛苦负有责任，因此不可能免除管理者和理事会的罪责。持续不断的监督是必须的，但是慈幼院看起来并没有受到监督。

课外看护是学校管理者第二个自觉履行的职责，它比学校管理更费力，因为它涉及与家长和潜在雇主的合作。根据1601年的《济贫法》，教区的官员有权让教区的孩子去做学徒，如孤儿、私生子或者那些父母正在接受救济或即将要接受救济的孩子，直到男孩年龄达到24岁，女孩年龄达到21岁，或者是当他们结婚成家从而结束学徒生涯。① 义务学徒制的目的之一是减少教区对他们生活费用的负担，并通过做学徒，在雇主那里得到回报和解决食宿。《济贫法》官员支付给贫困儿童小额费用，让他们做一些对技能要求非常低的工作，而且，正如最近一项对大都市贫困儿童的研究所显示的那样，他们太过频繁地被托付给冷酷无情、缺乏热情的雇主。② 1738年，一位维护穷人的作家宣称："这些雇主可能是非常残忍的人，可能会殴打、虐待他们，脱光他们衣服，使孩子们挨饿或对这些可怜无辜的孩子做任何他们想做的事情；很少有人注意到这些问题，把孩子们送出去的那些官员就更少会关注。"③ 慈善学校管理者的课后看护职责是为帮助慈善机构的孩子们摆脱这般可怜的命运。孩子们在学校接受的教导是为做学徒和提供服务做准备。其目的是让穷人的孩子成为诚实的学徒和仆人，正如学校管理人员意识到的一样，一旦教区官员向这些雇主买下一些即使他们不需要的东西时，受雇于这些雇主的孩子在学校的课程很快会被遗忘，因此他们把照顾孩子的时间延长到课外时间，并努力把孩子们送到各个家庭，用艾萨克·瓦茨的话来说，"必

---

① 43 Eliz. c. 2.
② 有关都市贫民儿童的状况，参见 M. D. George, *op. tit*。
③ *Enquiry into the Causes of the Increase of the Poor*, 1738, p. 12.

须是理智和勤劳的家庭"。①

根据伯纳德·曼德维尔的观点,学校并没有履行好其课后辅导的职责。他说,正派体面的人羞于雇用那些慈善学校的孩子,不管是当学徒,还是当仆人。"几乎没有人会与这些孩子沾上任何关系;他们害怕孩子们贫穷的父母给自己带来种种麻烦,因此孩子们注定,或至少大部分都注定,要么被送给酒徒或者是不负责任的雇主,要么被送给一些非常需要钱,完全不在意他们会拥有什么样学徒的人。"他补充对管理者的控诉,断言慈善学校的董事"不会仔细考虑什么是最好的,而只看店主为换取这些孩子愿意支付多少钱"。②

学校的记录册和报告对曼德维尔的全面声明再次进行大范围的修改。尽管贫民窟的孩子们生存环境恶劣,其父母也不理想,但他们却对新的教学方式作出了非同寻常的反应。一名观察家1728年的报告说,他们和以前最大的区别是,"就像是被驯服的野兽"③,他们被驯服的依据是建立在学校对他们成为仆人和学徒的要求上,这个要求不仅来自"小商人"和工匠,也来自"有名的大商人"和专业人士。④ 与曼德维尔观点相反的是,那些认真履行职责、利用自己的影响力寻找好家庭和适合孩子工作的管理者,并不少见。那些声誉良好的学校中不乏这类例子。他们会仔细询问准雇主的性格。当他们觉得满意时,就会让孩子们去"实习",看看孩子们和他们的主人是否彼此同意,并且,当这些管理者知道

---

① Watts, Isaac, *op. cit.* p. 9. 也可参见 *the Circular Letter of the S. P. C. K. to its Clergy Correspondents* 1714: "受托人应确保接受孩子们去当学徒的主人是一个清醒、有宗教生活和能够交流的人,是一个能培养和提升他们的基督徒品格的人。听他们阅读圣经和其他一些有益的书籍;监督他们重复在学校所学到的知识,听他们在早上和晚上的祷告,不仅要把他们带到教堂去学习教义……而且时不时要把他们送到牧师那里去接受私人的教育和指导"。

② Mandeville, B., *op. cit.*

③ 大概是在1728年,一个没有城墙的教区学校的校长说,"孤儿院和慈幼院在接收弃儿或孤儿时举行的纪念仪式,是为了挽救许多无辜的生命,也为了向公众展示有意义的东西,而不是展示被伤害的同胞;这在那些靠乞讨为生的人身上能得到很好的证明"。

④ 亨得利在他被广泛阅读的《为慈善学校辩护》一书中写道:"一旦这些慈善学校的孩子被送去做学徒,可能同时有两个或三个雇主,分别从事不同的贸易、学习不同的手艺,他们会立刻请托管人把学徒送来,并且很快以四五英镑的价格把学徒带走,比那些没有接受过任何教育的年轻人还要便宜。而且我经常听到那些雇主说这些学徒对他们非常有用,而且被证明是最忠诚、最优秀的仆人。"在他收集的作品中也可以看到大主教的类似证词。vol. Ⅴ, pp. 105 - 137, 3rd ed., Dublin, 1758。

一旦有雇主在规定的 12 个月之内拿了钱并将学徒赶走的话,"交付给雇主的钱也就白费了,这个孩子也可能毁了",因此一些学校的管理者在孩子们当学徒期间,明智地拒绝支付超过一半的费用,剩下的只有在年底学徒仍然和他的主人一起生活的时候才会支付。①

当孩子们开始当学徒或是从事服务工作时,课后关心也不会停止。学校会追踪他们的职业生涯。理事会负责审查涉嫌虐待的案件,在双方都在场的情况下,了解雇主和学徒之间的分歧并做出判决。为了与离开学校的孩子们保持联系,一些董事命令他们去教区教堂参加学校的周年纪念活动,并给予带来钱和食物的年轻人及女仆一定的奖励。有些人为他们后期的学生提供了一些特别的照顾,并在结束后请学生们用餐。善良的艾萨克·瓦茨博士对不同慈善学校的支持者发表讲话时说:"如果有些孩子表现得很好,会得到理事会给予的一些奖赏,例如在离开学校的一两年后给他们一二十先令。"这将鼓励他们去追求虔诚和美德的实践。②

在英国的慈善学校里,甚至不可能得到一份关于送去服务和做学徒的孩子们的大概数量统计。许多学校负担不起学徒费用,还有一些学校在记录接收孩子们去当学徒的雇主姓名时,忘了记录有多少孩子被送出去。在协会 1704 年出版的《伦敦慈善学校》中,每年的账目记录了伦敦和威斯敏斯特学校的学生数量,但是对大众漫不经心地公布剥夺了这些数据的真实性。1733 年的名单(这些信息第一次被公布)表明,自 18 世纪初以来有 20000 名儿童在大城市接受过教育,男孩中有 7139 名被派去做学徒,3366 名被送去从事服务工作;而女孩中有 1383 名被送去当学徒,3873 名被送去从事服务工作,在这 35 年的时间里,伦敦的慈善学校总共安置 15761 名儿童。学徒费从 30 先令到 5 英镑不等,对学校财政资

---

① 参见 Minutes of the Grey Coat Hospital, Aug. 27, 1700; St Martin's in the Fields Charity School for Girls, April 4, 1705; Feb. 7, 1706。据基督教知识促进会 1708~1743 年的秘书表述,伦敦和威斯敏斯特慈善学校的理事会坚持一条普遍的规则,那就是不断减少当服务员的男孩的数量,除非雇主能够保证孩子们在从事三四年的服务工作之后,能够被送去做一些生意或者是拥有一门手艺;"而且即使是这样学校管理者也不愿同意,除非他们对主人的性格和所处的环境都很满意"(参见 1733 年 3 月 29 日的信件)。这种方式是为了避免孩子们盲目地选择职业。

② Watts, Isaac, *op, cit.* p. 9.

慈善学校运动

源来说这是沉重的负担，这也解释了学校这方面工作的局限性。从事服务工作作为一种规定，是不需要支付额外报酬的，这不仅是把孩子们送去工作最受欢迎的方式之一，也是女子学校最主要的教学方式。最常见的情况是让这些女孩子从事家政服务，或者是给针线师傅和女装裁缝当学徒；大多数男孩被安置在泰晤士河的船夫或渔民家中。但是孩子们的工作范围并不只是限定于家务，也不仅限于去做众所周知繁重而危险的河工。那些给屠夫、面包师、纺织工、鞋匠、奶酪工人、理发师、木匠、裁缝、手套工、砖匠、染料工人做过学徒的孩子的名字，在学校的记录和报告中都有体现。淀粉商、电扇制造商、图书装订商、假发商、麻布商以及乐器制造商都从学校带走过大量的学徒和工人。

比学校管理和照顾更让人筋疲力尽的是财政上不断出现的困难。在捐赠资金开始积累之前，定期捐助学校完全依赖于当地支持者的捐赠和会员费。那些会员因为付了钱，所以坚决批评这种做法。会员们的捐款随着他们是否赞成学校的办学方式和资金管理方法而波动。有的人"对资金的流向表示怀疑"，还有指控说，理事会为学校高价购置廉价物品，而将钱装入自己的口袋。毫无疑问，在管理者和理事会之间建立正直的标准是有价值的，但是这并没有让他们筹集和管理学校资金变得简单。当圣玛利亚的罗瑟希德拒绝在教区建立慈善学校时，友爱协会的会员宣称："每个给我们 2 便士的人都认为他有权做出他认为正确的选择"。[①] 有人抱怨说教师对汉诺威王朝不忠，也有人说慈善学校教育的结果是慈善学校的儿童不尊重那些没去慈善学校学习的孩子，还有人说学校没有进行之前所承诺过的道德教化，最终导致了会员人数和每周日在教堂门口的捐赠物大大减少。

对学校运营方式的批评很常见，更难以解决的问题是，当学校开始失去新鲜感，最初的支持者就会慢慢消失，会员的人数不断减少。在曼德维尔的观点里："慈善学校的流行就像蓬蓬裙一样变幻莫测，而且没有其他原因比这个更关键了。"[②] 当创立慈善学校的贵族们厌倦了他们可怜的慈善后，那些只能从它们附近的中产阶级中获得收入的教区学校，就

[①] Minutes of the Amicable Society, Rotherhithe, 1739.

[②] Mandeville, B., *op. cit.*

很难得到如女子慈善学校在海格特得到的那样积极的支持了。无论是哄骗还是谩骂，都无法打动这些"高傲贵族"不断摇摆的意志和信念，以促使他们来支付所拖欠的会费去赡养"40个可怜的孤儿，为他们提供整洁的衣服和健康的饮食"，教育这些孩子并给他们安置工作，这些都是资助者应该承担的责任。① 热情往往并不那么容易维持，死亡也渐渐带走了一些支持者，人们的兴趣总是很容易从一个转向另外一个，最后只剩下管理者去尽他们所能来维持学校的运营，但是不确定和不稳定的收入给志愿工作带来了巨大的阻碍。②

随着慈善学校运动接纳范围的扩大和接纳程度的提升，各种各样的财务问题凸显出来。一些人一辈子都坚持捐赠资金给学校，却常常不知道钱用在了什么地方。"为了防止任何人在使用遗产时产生顾虑"，协会在被赠予遗产时规定了一种特殊的使用形式，那就是尽量不使用它，而且从写给协会的紧急信件中可以看出，理事会在保护留给学校的遗产方面遇到了很大的困难。他们抱怨捐赠物被消耗完，却没有达到最终的目的。由于缺乏适当的法律保护措施，不动产的使用也出现了一些问题。乡村教士热衷于为学校招募资金，协会的法律顾问为他们提供了非常大的帮助，不仅为他们详细解读了《乔治二世第九法案》第36章的内

---

① Blake, W., *The Ladies' Charity School House Roll*, *Highgate* (n. d.)。在大英博物馆收藏的这本书的副本中，写着下列女士的名字：the Marchioness of Winchester, the Countesses of Bedford, Salisbury, Denbigh, Essex, Radner (sic) Northumberland, Viscountess Ranelagh, the Ladies Clinton, Falconbridge, Tweedale, Wharton, Hollis, Capell, Falkland, Pemberton, 和 "这座伟大城市的四位心爱的女士"，Mrs Love, Madam Pilkington, Lady Player and Lady Clayton, "拥有优秀品质和学位的伟大商人"的妻子。也可参见 Ralph Thoresby's *Diary*, 1677–1724, vol. 1, p. 161, ed. J. Hunter, 1830。

② 参见 *An Appeal for the Charity Schools at Deptford*，"德特福德的慈善学校收纳了25个男孩和25个女孩，主要是依靠会费来维持学校运营。但是他们目前打算按照学校章程的规定扩招50个男孩和50个女孩。他们都被教导去读和写，如果条件允许可以学习记账。教区居民在所有的慈善活动中都非常慷慨，并且一直都是这样。但是在我们刚开始便有一位主要的会员捐赠者去世的时候，在一些当地居民外迁的时候，在一直工作于皇家航运码头的几个人被解雇的时候，穷人的数量不断增加而商人的收入却不断减少，以至于人们一直呼吁扩建慈善学校，但是经费支持者在这样的条件下却很难给予支持。根据这些说法，以邻近伦敦和威斯敏斯特市的其他贫困教区为例，德特福德慈善学校请求其富裕邻居的帮助，希望至少能够得到与他人平等的尊重，因为他们的父母都是被雇用的工人，将所有的生活都寄托在皇家航运码头和政府身上。"

据推测，这种呼吁是成功的，因为在伦敦和威斯敏斯特的学校里，德特福德慈善学校守住了自己的位置。

容，还告知他们根据相应的条款将土地转让给特定的学校。这些议案不止一次被引入国会的讨论，以"更方便地接受小额捐赠和遗产捐赠"。协会的秘书亨利·纽曼早在1711年就写道："那些被隐瞒或被滥用的遗产让我相信，如果坎特伯雷的大主教能够授权一些人去检查医生的遗嘱，那么还会有更多的人被检查出来。如果一个人进入50岁就可以拥有这一优势，这可以充分回答我们调查的痛苦，他们注定要继承这些遗产"。①

财务的管理问题在整个慈善学校运动中一直存在，并且在很大程度上限制了整个运动的进一步发展。捐赠给贫民教育的善款管理不善甚至不知踪迹的问题，在《特别委员会1816~1818年关于下层阶级教育的调研报告》和《皇家调查委员会1819~1937年关于慈善的调查报告》中被进一步证实。即使在那些享受永久收入和合法章程的学校，在行政管理方面也有明显缺陷。学校的信任行为让学校的管理者几乎完全不负责任，同时也限制他们去引入改革或者是对原有章程进行修改。有时候，衡平法院针对慈善学校行使最初固有的管辖权而不考虑伊丽莎白时代的《使用条例》所导致的问题，专门设立了一个流动法庭，调查特定学校的财务不规范行为。② 在18世纪中叶，司法部长以信息手段取代了这个累赘而又不总是有效的方法，但是志愿的慈善机构没有得到一点点的保护和控制。由于缺乏法律规定，慈善机构的管理和资金都没办法长久维持下去。将教区慈善机构的详细信息刻在教区教堂的牌匾上是最常用的防止资金被贪污挪用的方法。这根本就不会减少不诚信的理事会挪用资金中饱私囊的机会，他们要么满足自己，要么帮助朋友，要么用垄断价格向学校供应商品，以此满足自己的利益。然而，我们可以将大量用于贫民教育的捐赠基金的命运归因于慈善学校的短暂性，这一代人建立的慈善学校很快会被下一代人遗忘，也可以归因于学校管理者和理事会在

---

① S. P. C. K. Minutes, June 21, 1711; *Circular Letter of the S. P. C. K. to its Clergy Correspondents*, 1709; Abs. of Correspondence, Letters from Rev. T. Tanner, Norwich, Oct. 21, 1709; E. Edwards, Embleton, Northumberland, March 17, 1710–1711; R. Lloyd, Yarpol, March 28, 1713; E. Warren, Suffolk, April 28, 1713; E. Kelsall, Boston, Lincolnshire, Dec. 20, 1714; Dr Colbatch, Orwell, Cambridge-shire, March 30, 1742.

② 43 Eliz. c. 4.

推进遗产和捐赠合法化方面的困难。① 对管理不善置之不理而不是故意欺诈，才是慈善机构滥用善款的主要特征。

当地教区慈善机构的信息在神职人员和教堂执事对主教访问询问的回复中并不少见，但是人们几乎完全不知道该国用于教育的大量慈善机构的价值和规模，直到《1787年法案》明确英格兰和威尔士所有教区慈善机构的神职人员、教堂执事和监督员有权给议会提交回复报告。② 在1788年提交给国会的详细资料中，可以明显看出许多捐款已经丢失，而另外一些也因疏忽和管理不善而面临丢失。在19世纪早期埃尔登勋爵称，全国慈善不动产"以最浪费"③ 的方式处理，正如专员们的报告所证实的那样，在那些关于穷人教育的机构中公然发现漠视和误导的案例。④ 19世纪初，滥用慈善资金已经成为公众关注的问题。

四　伦敦和威斯敏斯特的慈善学校

在基督教知识促进会成立后，大城市对慈善学校的兴趣在当地蔓延开来。"大城市中随处可见对慈善'神圣的热情'"——整个伦敦都对基督教知识促进会和慈善学校充满热情。各个教区争先建立慈善学校。1699年5月，协会的代理人通报了第一个志愿活动，在萨瑟克区的圣乔治教区，牧师和其他一些人每年都要向教区的慈善学校缴纳16英镑的会费。一周后，位于霍尔本的圣安德鲁教区的官员，与协会的会员一起建

---

① 参见 Nicholas Carlisle on the "Lost Charities" in his *Historical Account of the Origin of the Commission appointed to Inquire Concerning Charities in England and Wales*, 1828。
《乔治二世第九法案》第36章中的"没收条例"中主张："任何如土地、房屋或者财产等形式的遗产都不得用于慈善，除非依据契据所规定的情况，捐赠者死亡之前的12个月内在两个证人面前执行，并在执行后的6个月之内在法庭进行登记（捐赠人死亡前6个月内可转让的公共基金股票除外），除非此类捐赠应立即进行且无撤销权……否则所有其他捐赠均无效。"卡莱尔先生说，该法令是在充分考虑的情况下被制定的，基于经验，人们在濒临死亡的时候会有一些大胆而冒险的想法以击败立法机构的政治目的。在报道中可以看到，有多少爱心人士的慈善意图被它复杂的操作所打败。"
② 26 Geo. III, c. 58.
③ Lord Eldon, c. 13, Ves. 580, 引自 Brougham, H., in *A Letter to Sir Samuel Romilly M. P. upon the Abuse of Charities*, 1818。
④ 参见 *Reports of the Commission to Inquire Concerning Charities for the Education of the Poor*, 1819 – 1837，在施托尔德的教区、科茨沃尔德的诺顿教区、沃特的波顿教区、德文郡的斯托克·加布里埃尔教区。

慈善学校运动

立了一所学校。6月，位于波普拉和怀特查佩尔这两个区的学校以及位于圣马丁教区的慈善学校也分别建立起来。7月，位于克里波门的圣吉尔斯教区和亨格福特市场也紧随其后。10月，位于沙德韦尔的圣保罗教区、肖迪奇的圣伦纳德教区，以及位于威斯敏斯特的两个教区，即克莱门特·丹尼斯教区和圣詹姆斯教区，也建起慈善学校。11月，格林尼治区和威斯敏斯特的圣安娜教区也建起了慈善学校。到年底，慈善学校已经全面覆盖到在沃平的圣约翰教区、沙德韦尔的圣保罗教区、威斯敏斯特的圣玛格丽特教区、阿尔德盖特的圣博托尔夫教区和比斯普盖特的波托夫教区。① 经过5年的发展，直到1704年协会发布第一份报告时，伦敦和威斯敏斯特的32个教区和自由区都建立了慈善学校。有12个教区开办了2所以上学校；学校总数达到54所，在这些学校里有两千多名儿童被指导阅读、写作和算术，所有孩子都通过教义学习被引导感恩上帝和人类。到1729年，伦敦和威斯敏斯特总共建立了132所慈善学校，并接收了5225名学生。

在伦敦筹集会费和捐款是一件很轻松的事，这进一步说明伦敦人对于这个特殊慈善机构的浓厚兴趣，而且他们将这种兴趣保持了整整一个世纪。1704年的协会报告显示，54所慈善学校收到的年度会员费为2164英镑。在霍尔本的圣安德鲁教区慈善学校的会员中，慷慨而虔诚的罗伯特·尼尔森，以每年194英镑的会费捐赠位居首位；圣玛丽教区的怀特查佩尔慈善学校总共筹集到1090英镑的善款。穷一些的学校通过精巧的设施弥补在资金上的不足；沙德韦尔的圣保罗教区慈善学校，将街道旁的小径开垦耕种；圣凯瑟琳教区附近的两位理事是土地所有者，他们将所收税金全部捐给慈善学校。萨瑟克区的圣乔治教区的妇女，为51个贫困女孩提供衣服和教育；没办法为学校捐助资金的教士为孩子们免费提供教导；残障学校的校长不求任何回报地为40个贫困男孩提供教育。一些宗教社团不仅为学校捐助资金，而且还将其成员送去慈善学校当老师。② 协会的成员圣埃泽布加在他所在的教区，自己出资建立了一所学

---

① 基督教知识促进会的会议记录，没有注明日期。
② *A Memorial giving some account of the meetings of the Jacobites and Papists in and near London*, 1716.

第二章　英格兰：有组织的慈善机构

校。① 协会寻求改革为这些"虔诚的托儿所"筹集资金，地方法官甚至将一些违法乱纪行为的罚款交给学校的理事会，② 教区的巡回活动都是为了募集善款。当运动开始后，城市建立起的区办学校比教区学校更新，规模更大，并联合更多的教区学校变成区办学校。圣奥尔菲教区的一所小学校，在1712年之前，挣扎于为教育学校的50名学生募集定期和不定期捐款，因为每年的捐款都不到20英镑，所以最后与跛子门的区办学校合并。布里奇和堪德威克的区办学校取代克鲁克巷的圣迈克尔教区和圣马格纳斯殉道者教区的慈善学校。③ 到1725年后，支持慈善学校在伦敦是最受欢迎的实践虔诚形式，很明显，学校是公民们引以为傲的目标。在星期天晚上的礼拜之后，学校的支持者和孩子的家长们挤到教区的教堂里，聆听孩子们朗读教义；④ 庆祝学校成立的周年纪念活动，被认为是教区里最热闹的事。在报纸上发布专门的布道，吸引大量的市民前来，并为学校捐助善款；在这样的纪念活动中，仅教堂门口的捐款箱就能筹集超过100英镑的资金。无论是富人还是穷人，主人还是仆人都聚集到教堂来，"看孩子们两两一组排着整齐的队伍，穿着统一的服装"坐在为他们预留的长椅上。⑤ 这里非常需要有名的教士，尤其是那些圣公会的主教。关于慈善机构的一篇文章对纪念集会做了全面的专题介绍，最后是以对那些坐在前排的穿着崭新衣服的新面孔所属的慈善机构的描述作为结尾。这个纪念集会是在提醒大家，这些由"美德凝聚而成"的善款是大家出于对无知、贫穷和堕落的慷慨和同情之心而来的，人们将注意力集中在到那些从困境中拯救出来的孩子身上，他们在慈善学校的教导下转变为坚定的新教徒和有用的社会成员。⑥ 唱圣歌是礼拜的一个特色，尤其是那些孩子们为赞扬捐赠者而唱的歌。

---

① *Bicentenary Magazine of the Central Foundation Girls' School*, London, 1926.
② *Account of the Charity Schools*, 1706.
③ *Accounts of the Charity Schools*, 1712, 1733.
④ Kennett, White, *A True report of the Charity Schools*, 1706. 也可参见 "Account of the Times and Places of the public examination of several Charity Schools in and about London"，作为一个年度账目增订本，于1712年印刷。
⑤ Mandeville, B., *op. cit.*
⑥ Sermon preached by *Canon Gastrell of Christchurch at the Annual Meeting of the Charity Schools* [*etc.*], June 5, 1707.

慈善学校运动

人们一直坚定地认为学习新教义作用巨大。在达拉谟牧师看来，在1718年，这些学校对宗教产生的影响比宗教改革以来其他任何事件都要大。八年后，他的继任者将这个国家的繁荣归功于慈善学校的存在。慈善学校在阻止一个罪孽深重的民族继续走向罪恶的深渊时发挥了巨大的作用。卡迪根教区的副主教称："慈善学校所产生的知识和美德将给下个时代留下宝贵的财富。"①

伯纳德·曼德维尔所说的"受欢迎的演说"，并不只是局限于牧师。理查德·斯蒂尔在《观察者》杂志中坦率地指出，慈善学校是"这个时代所产生的最伟大的公共精神的实例"，并补充说没有任何东西比拥有一颗行善之心更有价值。"你会不求回报地做善事吗？而且是对一个还不懂得感恩的幼儿去做。那么你会为了公共利益而这样做吗？为了一个将来可能成为一个正直的艺术家的人而做。或者你会为了上帝而这样做吗？为了让他能够像你一样虔诚地敬仰上帝。"一年后，艾迪生在《英国卫报》上表露出更热切的称赞，他说："我一直都在关注慈善学校的建设，这些学校在全国盛行，这是我们所生活时代的无上光荣。"②

1704年，由伦敦和威斯敏斯特的慈善学校选出的2000名儿童在圣安德鲁教堂举行联合游行和礼拜活动，并朗诵一段约翰·斯特莱普写的颂词。他写道："在1704年6月8日，我看到一件令人惊奇的事，所有的男孩女孩跟他们平时在学校里所养成的习惯一样，两两一排和他们的校长一起走出来，这些孩子分别来自伦敦和威斯敏斯特，教区的牧师们走在他们前面并一起在圣安德鲁教堂聚集，然后威利斯博士恰逢时宜地宣读《创世纪》第八章第十九条：'我知道他会召唤他的孩子们。'"③ 如此完美的布道方法非常有效。一群以罗伯特·纳尔逊为首的慈善学校热心人士，组成慈善学校的赞助者社团，负责组织一年一度的伦敦慈善学童的聚会。他们在大众可以看到的报纸上写下通知，那些想要加入他们的成员、不断涌入的群众和大量的伦敦人都聚集到成千上万人的礼拜队伍

---

① *Sermons preached at the Annual Meetings of…the Charity Schools* [*etc.*], June 5, 1718; June 2, 1726; May 3, 1750.

② *The Spectator*, No. 294, Feb. 6, 1712; *The Guardian*, No. 105, July 11, 1713.

③ Strype, J., 1720 ed. of Stow's *Survey of London*, Book V, p. 43.

第二章 英格兰：有组织的慈善机构

中，以至于没有一个教堂足以容纳这么多人。① 试图使用全新未完工的圣保罗大教堂的请求，遭到克里斯多佛·雷恩爵士的反对，直到1782年才在大教堂举行周年纪念仪式。为容纳参加大型集会的约1.2万人，木质长廊以昂贵的价格被改造以容纳"一小部分的救济者"。为这些活动筹集必要的资金一点都不困难。圣保罗教堂里筹集的大量善款、伦敦金融城公司做出的巨大贡献，以及1785年从市议会获得的500英镑的捐款，这些都证明伦敦对其虔诚的慈善事业的自豪感在18世纪内丝毫没有减弱。② 威廉·布莱克在他的诗歌《圣周星期四》中所描绘与孩子们相关的场景传达出他满满的自豪和同情：

> 在这个神圣的星期四，孩子们的表情天真而纯净，
> 他们两两走在一起，穿着有红有绿，
> 头发灰白的执事走在最前面，手里握着雪白的指挥棒，
> 他们像泰晤士河水，涌流进圆顶的圣保罗大教堂。
> 这些伦敦的花朵啊，他们看起来是多么壮大！
> 他们坐在一起，闪耀着自己的光芒。
> 那发出嗡嗡之声的人群，不过是成群的羔羊，
> 无数个小男孩和小女孩，把天真的手臂举高。
> 像一阵强风，他们的歌声让他们升入天国，
> 又像和声似的雷鸣，回响在天国的席座。
> 穷人的明智守护者，是他们下面坐着的老人。
> 那么心怀怜悯吧，以免天使被你逐出了大门。③

而美德的展示并不局限于周年纪念活动。在国家的重要场合，比如

---

① 参见1731年4月28日，基督教知识促进会的秘书亨利·纽曼写给哈特伯德伯爵夫人的信，他在信中告诉伯爵夫人慈善儿童的周年纪念会将在第二天上午11点举行。信中写道："如果亲爱的伯爵夫人能和您的同伴一同出席明天的盛会，我相信您会很高兴看到三四百个慈善机构的孩子像被训练的卫兵一样做好准备来一起祷告，而且我相信博尚勋爵和贝蒂夫人将会非常感谢能与您一同看到国家如此繁荣的景象，这是在整个欧洲都没办法看到的。"

② Guildhall MSS. London Journals, July 23, 1783–69, fol. 24.

③ Blake, W., *Songs of Innocence*, circa 1784.

慈善学校运动

乌特勒支的和平庆典，孩子们站成一条线占据显眼的位置，不仅能让他们看到重要的领导人，也能让重要的领导人看到他们，这个场景让观众都非常满意。在100年后，另一场伟大的战争结束的时候，慈善机构的孩子们被展示给伟大的和平缔造者们，普鲁士国王，布里切尔元帅和沙皇亚历山大国王，他们被孩子们的齐声合唱感动得热泪盈眶。①

伦敦的慈善学校作为一个整体，摆脱了其他地方慈善学校发展所受的阻碍。这个城市长期以慈善学校为傲；教会领袖心甘情愿地在周年纪念会上布道，这能够团结富人慷慨解囊，有能力且经验丰富教师的充足供给，伦敦劳动力市场对孩子们的吸纳，这些将伦敦的慈善学校同其他地方的慈善学校区分开来。更重要的是，学校的收入，一部分来自会费，一部分来自捐赠，虽然波动很大，但很少会跌到无法支撑学校的程度。即使有旧的会员离开，富裕的中产阶级群体也使招募新会员变得很容易，而且源源不断的捐赠和资金，让伦敦的慈善学校到19世纪初在部分或全部由捐赠基金资助的学校中稳稳地占据一席之地。到1799年，伦敦和威斯敏斯特的慈善学校数量达到179所，收纳学生的数量达到7108名。②

五 乡村学校

充斥着整个伦敦的"神圣热情"，在大都市之外的城市和乡村地区并没有同样地出现。联合慈善机构的成功取决于良好的运作和饱满的热情，而且在那个既不看邮件也不看新闻的时代里，很难在小城镇和偏远乡村找到一个虔诚的组织。基督教知识促进会在小城镇和偏远乡村投入了很多精力，促进会成立八个月后，当伦敦学校发展迅速时，它把注意力转移到了其他地方。1699年，协会在写给英格兰和威尔士几个郡教士的信件中，告诉他们伦敦在尝试开设慈善学校方面取得成功，并敦促他们"尽最大的努力，去说服国内各个地方虔诚而善良的基督徒奉献出善心和财富，一起推进这份美好而光荣的事业"。③

结果所得到的回应既不一致也不明确。在18世纪，英国的乡村牧师一直是世人的笑柄。伊查德和开普敦的丑恶形象，被菲尔丁教区苏普莱

---

① Allen, W. O. B. and McClure, E., *op. cit.* p.149.
② *Account of the Charity Schools*, 1799.
③ 引自 Allen, W. O. B. and McClure, E., *op. cit.* p.43。

50

第二章 英格兰：有组织的慈善机构

伦敦慈善学校的孩子们在斯特兰德，这是在1713年全国感恩祈祷《乌特勒支条约》的时候

和史沃克姆，以及18世纪道德败坏的牧师们争相效仿。教区里那些冷漠而又放荡的牧师的存在有目共睹，不可否认。然而，有时人们会忘记，18世纪的文学作品也塑造了像韦克菲尔德牧师、哈里森博士、巴特莱特博士和亚当斯牧师这样的人物。从基督教知识促进会的信件，以及很少被用到的教区主教和副主教发给教区牧师的问卷反馈中可以看出，生活在遥远而不知名的乡村里的人们也会具有认真的性格，对工作具有高度的责任感。当18世纪的文学呈现两种截然不同的乡村面貌时，18世纪的相关记录也无法塑造出一个典型的形象。虽然是这样，但是大多数的圣公会牧师都有共同的特征，那就是对热情的恐惧，随之而来的是"缺乏热情和爱心"，这是清教徒在17世纪的过度行为的部分原因；但是这反过来也促进了卫理公会和新教会的复兴。这种态度在18世纪初就有了明确的定义。基督教知识促进会直面整个国家的牧师，创造新的生命和活力，但英国国教的牧师认为这是一种让人不愉快的宗教社会和人们行为改革的混合物。他们感到被冒犯的第一个原因是他们闻到了长老会的味道，他们"支持狂热分子，并与亨利八世作对"①；第二个原因是他们涉嫌与反国教会合作。这两种反对行为对新的教育协会的理想构成了障碍，在这个协会的后面，冷漠和无动于衷才是常态。之所以这样说是因为这样的协会违背了民法和教会法，多样性的生活证明了在相隔遥远的教区承担新的义务是不可能的，贫穷为宗教的冷漠提供了一种有力的经济武器。即使建立慈善学校，孩子也不能停止工作去上学。来自协会通信人员的信件证明了学校支持者所遭到的反对。教区牧师是反对的，因为他们将协会的提议看作对教区的侵犯。"他们不会屈服于那些他们不知道名字的人"；另一些人则对新方案中隐含的谴责感到不满，"要是牧师现在能为这些美好的目标而联合起来，那对他们来说将是一种反思，就好像他们一直忽视自己的职责一样"。惠灵顿的牧师"非常冷酷"，格洛斯特郡的牧师"缺乏热情"，而萨里的牧师"非常令人厌恶"。在城镇，慈善学校运动也遭到同样的反对。在布里斯托尔建立一个牧师协会的尝试失败了；在卡莱尔，副主教反对任何"宣称他们能够影响整个社会的"

---

① S. P. C. K. Abs. of Correspondence, Letter from the Rev. Leevis, Acrise, Kent, Feb. 28, 1699 – 1700.

形式，并阻止所有人加入他们；在普利茅斯，协会成员组建牧师协会的尝试也宣告失败。①

然而，当更有权威的教士开始认同这个计划并鼓励教士和教徒去支持它时，计划实施的进程瞬间加快。虔诚而博学的伊利主教西蒙·帕特里克称赞了剑桥市民和学校师生的努力。在索尔兹伯里大主教吉尔伯特·伯奈特的热烈支持下，威尔特郡和伯克郡建立了许多学校。曼岛的威尔逊主教，在伊丽莎白·哈斯廷斯的帮助下开办了13所慈善学校，他们对那些不将孩子送去上学的父母强制性收取1先令的罚款，从而使学校迎来大量的学生。② 这些年来做出最杰出贡献的是18世纪早期的林肯大主教。在埃克斯霍姆岛的埃普沃斯镇，牧师塞缪尔·韦斯利面对冷漠而放纵的教区居民，"为改革事业做出长达十年的努力"，早在1700年，他就开始在教区传播新的方式，并获准成立了牧师协会和非教徒协会，让人们知道"建立慈善学校是一件非常有利的事"，因为当时人们都相当无知和迷茫，不到5%的人能说出主祷文，而不到1/3的人拥有信仰。在这些学校的帮助下，他期待着当代人和他们的子孙后代都能"被虔诚和美德所救赎"。③ 在当地杰出而卓越的主教威廉·韦克和埃德蒙·吉普森的帮助下，韦斯利在教区的改革工作在更大范围内开展起来。1706年，韦克开始了他的第一次探访，为了做足准备，他给教区牧师写了一封信。这封信虽然简短，但句句击中要害。在信中他问到了诸如"你会多久以及什么时候来一次教会？""在你的教区，是否有任何公众、慈善学校或其他形式的捐赠来维持呢？"等此类的问题，对大教区的宗教和世俗教育的规定表露出相当大的关注。他们发现，要求在全年的星期日和圣日都作为一项职责进行的教义学习，只在大斋节期

---

① S. P. C. K. Abs. of Correspondence, Letters from Dr W. Bernard, Malden, Surrey, April 19, 1700; Mr Tatem, Sutton-on-the-Hill, Derbyshire, June 12, 1700; Mr Mapletoft, Huntingdon, Oct. 12, 1700; Mr Defray, Old Romney, Kent, Dec. 6, 1700; Mr Bedford, Bristol, April 10, 1700; Mr Gilpin, Scaleby, Cumberland, April 23, 1700; Mr John Gilbert, Plymouth, April 23, 1700.

② 参见 Crutwell, C., *Life of Bishop Thomas Wilson*, 2 vols. 1781; *21st Report of the National Society*, 1832。

③ S. P. C. K. Abs. of Correspondence, Letters from Mr Samuel Wesley, Epworth, June 16, 1701. 也可参见基督教知识促进会论文，An Account of the Religious Society begun in Epworth in the Isle of Axholm, Feb. 1, 1701 – 1702。

慈善学校运动

间才会进行；而且大多数的穷人没有把他们的孩子送去学习教义，也有一些教区甚至没有一所学校。接下来 1709 年和 1712 年的两次访问显示了学校和学生数量的显著增长。① 1714 年，基督教知识促进会成员的注意力被林肯教区所吸引，该教区已经建立了 200 多所慈善学校。1715 年至 1716 年 1 月，韦克被调往坎特伯雷，吉普森在林肯教区继续他的工作，在那里他建立慈善学校的热情预示着多年后他在这已是大都会的地方控制这些学校的决心。他在给一名牧师的信中不耐烦地说道，"斯比尔斯拜，布瑞克特，艾尔伽科克，弗艾斯通，都宁顿，菲西托夫特，弗莱姆顿，力克，库珺，史怀茵海德，斯科贝克，辉格托夫特，以及怀博顿，这些地方连一所学校都没有"，一名牧师曾经问过他，慈善教区的居民能为这份慈善事业做些什么。吉普森吩咐这位牧师去五个或更多的地方建立慈善学校，为避免让牧师和赞助人认为他们的责任在学校建立时就结束，吉普森让他们不要理会慈善机构的命令，而"确保责任被用于赋予的目的上"。② 到 1723 年吉普森的主教任期结束时，林肯教区学校的数量达到 268 所。

　　教区主教的态度影响整个运动的进展，但是在伦敦的乡村中，使新计划成功的责任落在教区肩上，而且，在某种程度上，乡村学校依赖于教区神职人员的兴趣和热情。他们发起这场运动，并对建立起来的学校进行管理和监督。来自东南西北各个地方的信件涌入伦敦的协会办公室，信件中讲述着他们所取得的进步，或者遇到的困难。在他们寻求帮助或者是建议的时候，基督教知识促进会的常务委员会都积极地做出回应，他们不仅会在会议上阅读大量的信件，也会指导他们的秘书及时作出回复。这些信件的确来自英格兰和威尔士，但这只是一小部分，更多的证据证明 18 世纪前半叶的牧师，就整体上而言对他们的职责漠不关心。那些对教理教学工作充满热情的人，有杰出的品格和能力。埃普沃思的塞缪尔·韦斯利、索普教区的托马斯·唐纳、洛莱顿的约翰·斯特莱普，布洛克利的伊拉斯谟·桑德斯，以及劳斯的劳伦斯·伊查德等人的来信，都对贫民表现出强烈的责任感，并渴望参与到改善贫民生活的计划中，

---

① 参见 *Speculum Diotceseos Lincolniensis sub Episcopis Gul. Wake et Edm. Gibson*, Part I, 1705 – 1723. The Lincoln Record Society, 1913。

② S. P. CK. Abs. of Correspondence, Letter from Edmund Gibson, Feb. 10, 1714 – 1715.

第二章　英格兰：有组织的慈善机构

这些成就由无数教区牧师共同创造，而他们都默默无闻，以至于同时代的人和子孙后代都不知道他们的名字。任命乡村牧师为协会成员的信件所呈现的18世纪的牧师形象与通常所描绘的完全不同。

大多数牧师的贫困和18世纪的普遍策略，即将多元化的生活作为唯一的救治方式，让牧师协会或慈善学校的成立变得不那么容易。① 然而有些教区实在是太贫困，实在无法资助一所慈善学校，以至于教区的牧师用自己的资金开办学校；还有一些人则为一部分在慈善学校上学的教区儿童支付学费，或为他们提供书籍；那些无力承担教师费用的人，注意到1604年《教规》第78条，则承担起校长的职责，② 或者去说服教区的牧师给穷人的孩子们提供免费的教育。在乡村和集镇，那里没有"足够数量的孩子来上学"，或者父母不让孩子们从白天的工作中抽身出来，于是他们安排"合适的人"在特殊的时间里为孩子们提供教学，按照一定的标准支付给教师2先令6便士的报酬，促使孩子能在5秒钟内背出字母表，能在15秒内回答出教会教义，或者教他们学会写作和计算。他们代表学校布道，或向学校缴纳复活节会费，或允许将这些捐款用于学校。当有一些人穷到无法将孩子送入学校的时候，学校会为他们捐赠衣服，甚至还为父母支付了每周几便士的费用作为他们允许孩子去上学的补助。③ 对一些神职人员来说，在教义问答中指导孩子们是一个

---

① 在18世纪早期的10000个神职人员中，有4000人每年的收入不超过50英镑，他们被免于缴纳相当于自己收入1/10和1/15的款项。参见 Ecton, J. 的 *Liter Valorum et Decimarum*（1711）和 *A State of the Proceedings of the Corporation of the Governors of Queen Anne for the Augmentation of the Maintenance of the Poor Clergy*（1721），有5597名神职人员每年的收入不超过50英镑，其中2122人的收入不超过30英镑，1200人的收入不超过20英镑。100年后，也就是1810年，*Diocesan Returns Respecting Non-Residtnct* 中报告3397人的收入低于150英镑。由于缺少牧师住所和合适的房屋，牧师没有住宅的现象是很常见的。那些没有补贴的牧师，薪水甚至更低。坦尼森大主教在给安妮女王的信中写到，最廉价的副主教，有时甚至以5~6英镑的薪酬为教堂服务。关于18世纪英国神职人员的权威描述，参见 Dr Norman Sykes 的 *Church and State in England in the Eighteenth Century*（1935）。

② From Cardwell, E., *Synodalia*, vol. I, 1842。
参见1604年《教规》第78条："如果哪个教区或教堂的副主教是文学学士或硕士，或者有能力为孩子们提供良好的教学，他们便会自愿为了提升孩子的生活质量而在真正的宗教信仰中培养孩子，我们会给教育孩子们的这些副主教提供一个证书，而且这些证书是只为副主教颁发的。"

③ *Accounts of the Charity Schools*, passim.

惊人的创新。德文郡格鲁伯区的牧师写道："我与孩子们进行问答，这是一种新奇的方式，因为在这些领域中大多数牧师做得更多的是让孩子们不断重复教义的内容……我要是早点知道这个方法就好了。"萨福克郡的斯特拉特福请求提供一些教材，他说："我提倡一种新的方式鼓励阅读，那就是让慈善学校的校长们把书卖给孩子在学校上学的父母。"来自威尔特郡博克斯的主教是一位非常有激情的音乐家，他以对音乐的热爱点燃男女老少对音乐的热情，他写信告诉协会："孩子们的音乐水平远远超过预期，现在可以掌握三十首圣歌和赞美诗了。"①

一所位于堪布斯郡博蒂舍姆的乡村慈善学校

在伦敦的一些乡村，最先遇到的主要问题是资金问题，这通过筹集会费的方式来解决。各行各业的人，无论富贵贫贱，从温莎的第一夫人到诺森伯兰煤矿的小男孩，都为保持学校的经营做出了贡献。但是在一些贫穷且人烟稀少的乡村里，很少有像大力支持伦敦慈善学校那样的从事贸易和制造的中产阶级，加上大量的农业中产阶级对穷人教育表现出公开的敌意，最后只剩下当地贵族和绅士对慈善学校倾囊相助，他们中

---

① S. P. C. K. Abs. of Correspondence, Letters from Mr Cranch, Oct. 15, 1751; Mr White, July 30, 1747; Mr Millard, May 30, 1718.

第二章　英格兰：有组织的慈善机构

有些人在世的时候为孩子们的教育和服装提供支持，并在去世后将他们的遗产捐赠给学校。在基督教知识促进会的早期报道中，例如在博德明顿、奇平科姆顿、切本哈姆、普尔、克兰本和沃本的一些学校，将其成立的原因归功于那些"神圣而有才能的人"。他们有的修建课室并无偿捐赠给学校使用，有的对一定数量的教区儿童进行资助，有的为学校提供管理费用以补充市长和市民的捐赠。但是，慈善学校的数量太少，不足以保证英国乡村运动的成功。伦敦所经营的一些与慈善相关的事业，也不可避免地出现了一些资金和运作上的困难。蒙茅的牧师绝望地写道："我身边只有一个人出现在年度会议上。"只要有一两个会员去世或者是停止捐赠就足以使当地的慈善学校运动走向失败。从教士的口中经常提到的"学校的衰落"，我们可以清楚地看到，"会员捐助者数量的反复变化"是运动失败的主要原因。热情并非那么容易被激发，而居民们也不愿意"一如既往地持续为学校捐那么多钱"，这些都使慈善学校运动很难持续下去。会员可以任何借口停止缴纳会费。"低层阶级"停止他们对学校的支持，是因为学校并没有如他们所期望的那样"减轻穷人的税收"；而"上层阶级"是因为学校的孩子们不适合做劳动者和仆人。

父母的贫穷和冷漠造成了比在伦敦更为严重的困难，因为在伦敦，读写算的教育给孩子们带来一定的市场价值，尽管这个市场价值很低。相反，那些乡村劳动力的主要需求者——农民，却强烈质疑教导农村儿童学习阅读和写作这些"理论成分"的必要性。这些父母的态度介于教士的不满和农民的愤懑之间，境遇好一点的时候将孩子们送去工作，境遇不好的时候就将孩子们送去乞讨，他们也更倾向于不让孩子们去上学。最后，当财政困难和父母的冷漠问题都被克服，孩子也被招收入学时，事实却证明，要想吸引像为伦敦慈善学校做出持续贡献那样的教师几乎不可能。位于威尔特郡哈拉温顿的牧师写道："乡村的牧师无法让学校变得如他们想象般完美。"[①] 这些都是持续的困难，随着时间的推移，这些

[①] S. P. C. K. Abs. of Correspondence, Letter from MrPye, Monmouth, May 11, 1717; Letter from the Rev. Amb. Pimlowe, Rector of Great Dunham near Swaffham, Norfolk, April 29, 1740; Letter from Mr Wright, Oakham, Rutland, March 27, 1714; Letter from Mr Fox, Potteme, Wiltshire, Aug. 9, 1712; Letter from Mr Jackson, Hullavington, Wiltshire, Jan. 23, 1717 - 1718.

困难也在不断加剧。

六 城市学校

在城市和一些大城镇，慈善学校运动进展的情况要好得多。当地为效仿伦敦的成功案例做出巨大的努力。在省城，无知且不受重视的孩子的数量成为公众关注的焦点，于是教士和非教徒就响应学校的号召以他们的名义建立学校。布里斯托尔到 1710 年时，建起六所慈善机构，其中的一所慈幼院和一所学校，被爱德华·科尔斯顿授予"杰出的慈善机构奖"。① 纽卡泰恩在 1712 年创下一个意义非凡的纪录。一位绅士给圣约翰教区的 40 名贫困儿童提供教育和成长经费，每年向他们捐赠 20 英镑。学校的校长，除了不计报酬无偿为学校工作外，还捐赠一座房子永远归学校使用。校长还每年提供 40 先令用来买书，100 英镑的遗产也留给学校；定期捐助资金在 1712 年达到 37 英镑 5 先令 2 便士，教堂筹集的善款达到 18 英镑 2 便士 7 先令。在圣尼古拉斯教区和圣约翰教区里的学校，一所容纳 40 个男孩，另一所容纳 20 个女孩，"为维护这两所学校的运营，一个绅士每年向其捐赠 60 英镑。"在圣安德鲁教区，30 个男孩的教学费用是教会的香火钱来支付的。有 87 个女孩和 3 个男孩的教学费用由市议会承担，还有相当多孩子的费用由私人承担。在万圣教区，提供给 72 名儿童教育和服装经费。出于自愿原则，慈善机构的每一位会员都可以选择为一名儿童提供服装。最后，一位绅士以个人的名义为四个孩子的教育付费，"这样就使所有学校中学生的数量达到 300 个"。②

在工业城镇和矿区，让孩子去上学变得更加困难，因为除了在经济不景气的时候，他们都需要大量的劳动力从事梳棉、纺纱、收线工作，也需要地下矿井的工人。在 1717 年，威尔特郡的布拉德福德镇牧师写给协会的信中提道，"我们的不幸是这里的商业贸易太多，以致于很少有人能腾出时间接受教育。"于是教区牧师和孩子的雇主们签订了一项计划，

---

① 参见 Garrard, T., *Edward Colston the Philanthropist, His Life and Times*, 1852。
除了男童慈幼院和坦普尔街的慈善学校，科尔斯顿对慈善学校的捐赠，不仅包括对圣菲利普、圣托马斯、圣迈克尔、圣奥古斯丁和布里斯托尔的教区学校的捐赠，还包括在莫特莱克的慈善学校和兰开夏郡的 18 所慈善学校。

② *Accounts of the Charity Schools*, 1712 and 1714.

牧师承诺，如果学校能够在每天9点早餐和3点午餐的时候给孩子们提供两个小时的教学，他将每年为学校提供1克朗。在北达拉谟的惠克姆产煤区，即使是这种可怜的妥协也不能奏效。校长1721年写给协会的报告中显示，男人们由于从事繁重的体力劳动通常在中年时期就早早地结束生命，他们的遗孀就只能完全依赖孩子们去从事全职工作，这些孩子往往从六岁起就在地下矿井里工作。他哀叹道，"如果孩子们被严格要求按时到校，那些贫困家庭可能就会因此没有收入而挨饿。所以我们所能做的就是让那些住在学校附近的孩子在他们的工作之余能接受教育"。①

两所大学所在的城镇充分利用自己的优势建立慈善学校。在剑桥大学，数学教授威廉·惠斯顿，早在1702年就有效激发大学和城镇的力量，并根据300名儿童的不同情况为他们提供"基督教和其他知识的教学和实践"，还有圣约翰大学的校长为其中42个孩子提供服装。② 在同样高效的圣约翰大学的约翰·瓦茨的带领下，牛津大学也为新慈善学校的建立慷慨解囊，其中一所学校由副校长和代理人以及一些房东共同管理，另外两所由市长、议员和会员选举委员会进行管理。理事会和孩子们在卡法克斯教堂会面，孩子们在教堂里做了一番表演，表演包括重复教义问答、纳尔逊先生关于圣鲁克节日的礼赞、高年级男生的演讲、赞美诗，以及对学校的歌颂。阿拉伯语的教授"负责检查的部分"，基督教堂的牧师负责布道，然后两名教师拿着盘子站在教堂门口负责接受捐赠。这个纪念活动引起大学的广泛关注，最后他们带着孩子们和理事会成员在安格尔酒店用晚宴而结束所有的纪念活动。

在巴斯和坦布里奇韦尔斯，两所经营有方的学校引起了广泛的关注。学校所获得的支持并不是像布里斯托尔和纽卡斯尔一样来自中产阶级，也不是来自牛津和剑桥的学者，而是来自自告奋勇的贵族阶级。据《1712年账目》记载，坦布里奇韦尔斯的学校是由贵族和绅士来维持。在巴斯的慈善机构里，孩子们的"表演"成为时尚界公认的娱乐活动，

---

① S. P. C. K. Abs. of Correspondence, Letter from Mr Rogers, vicar of Bradford, Wiltshire, July 8, 1717, and Mr Tomlinson, vicar of Whickham, Feb. 20, 1721.

② *A short Account of the Rise, Progress and Present State of the Charity Schools in Cambridge*, 1763。也可参见 Whiston, W., *Memoirs written by himself*, 1753, *passim*。

慈善学校运动

同时也为这个著名的水疗中心增添了新的吸引力。为了给利特尔顿夫人和巴尔克利夫人创造一个罗马假日，女子学校的校长让孩子们"带着崇拜进行表演"。即使是那些不识字的幼童，也能够"回答出教义手册中一些简短的问题"。不愿错过孩子们精彩表演的圣奥尔本斯公爵，说服校长安排学校的孩子进行公开表演，这些表演赢得公爵大人和他的朋友们的广泛称赞。公爵夫人被认为不适合出席这种场合，所以她期待能有一场专门为她安排的表演。这一次，由男孩和女孩一起演出，所以呈现出更精彩的表演。公爵夫人和三四位女士，以及许多先生观看了这场演出，他们看了三个多小时，对表演十分满意，而且在他们离开的时候给每个孩子5个金币，校长和教师每人半个金币。①

为威斯敏斯特的灰衣慈幼院的孩子们所设计，用于出席
哈顿花园尼尔数学学校的慈善学校徽章

1725年底英国各郡都设立了慈善学校。据1704年出版的第一本《慈善学校账目》所记录，协会共建立了50所学校并培养了"大约5000

---

① S. P. C. K. Abs. of Correspondence, Letters from R. Watts, St John's College, Oxford. April 16, Oct. 19, 1709。也可参见 An Account of the Charity Schools in Oxford, 1715; S. P. C. K. Abs. of Correspondence, Letters from J. Leeson, Bath, March 24, 1712; Jan. 22 and March 10, 1712 – 1713。

名"学生。25年后，学校的数量达到1419所，而学生的数量达到22303名。其中5225名学生来自伦敦和威斯敏斯特的132所学校，其余的大部分是城市学校的学生。相比之下，乡村学校的数量和规模都很小，但在这25年里，城市、主要城镇和许多集镇都建立了供穷人接受教育的学校。蓝衣学校、灰衣学校、绿衣学校、红绿蓝女佣学校的建立是城市的一大特征。他们穿着独特的礼服，佩戴着"接受恩惠的徽章"，这是对他们要学会感恩的永久提醒。就像在伦敦和其他一些城市里，一些学校成为相当大的受益者，因为在18世纪，慈善学校的做法改善了学校所处的法律环境和财务状况，这些学校从自营变成公募学校。学校经受住反对和忽视，并利用筹集的捐赠基金为穷人的孩子提供初级的教育。

北安普敦圣教堂墙上的慈善学校女孩像

第三章　英格兰：慈善与纪律

由于从小就习惯敬畏、惩罚和绝对的服从，孩子们被驯服得唯命是从。从这种严格的纪律可以看出，公众期待他们将来能成为正直和勤劳的雇佣者。

——《慈善学校1708年度发展报告书》

一　文学课程

在18世纪，有两种方法可以教育穷人的孩子，其中一种是宗教教育，在基督教知识促进会开始其改革工作时，与该会有联系的大额捐助学校和定期捐助学校采用了这种方法。神的戒律提供了指导原则和教学方法。学校的教科书已经为教师们提供了明确的教学方向，再加上写给孩子们的祈祷文、赞美诗，以及说教布道，这些都清楚地表明，负责推行慈善学校运动的那些人脑海中根本就没有人文教育的概念。根据当时的社会哲学，他们在僵化的阶级制度上构造出一个阶层化的社会。但这并不意味着他们不会鼓励那些少数"聪明的孩子"去读文法学校或者大学。在慈善学校的理想和实践中，带有非常强的社会规则和宗教纪律，就算偶尔有开明的支持者尝试性地为孩子们开辟新的教育途径，也会很快被遗忘。1700年，基督教知识促进会的五位创始人之一，贾斯汀·霍克先生，以及1709年圣奥尔本斯的执事威廉·斯塔布斯，都尝试过把那些优秀的孩子送去文法学校、大学和一些提供技术性指导的机构，但最终都以失败告终，其失败并不是因为孩子们缺乏兴趣,而是因为缺乏资金。① 一份关于基督教知识促进会及其捐赠者,以及英格兰、苏格兰、爱尔兰和威尔士的学校管理者的决议指出,应该为那些"天赋异禀且持续表现优秀的孩子"提供特殊的关照和更高层次的教育,这证明他们在为贫困儿童提供更好的教育机会方面的努力。布里斯托尔主教约瑟夫·巴特勒博士在代表慈善儿童协会的布道宣讲中说,知识逐渐普及,印刷开始普遍使用,文学已经大众化。"如果这是一件好事,我们就应该让穷人与我们分享。"② 但是,这些在荒野中的呼喊并没有影响人们的普遍看法,即如果要让忙于劳动的穷人接受教育,为了他们自己的幸福和国家的利益,就需要为特定目的而设计特定类型的教育。那些从流浪中解救出来的孩子,被清洗和梳理得干净整齐,并按照教义教导他们,使他们在将来承担起成为好男人、女人和有用的仆人的责任。慈善学校的存在并不是为了挖掘他们的潜力,也不是引导他们去寻求机会均等。这些观念超出了他们的认知范围。对贫困劳动者孩子们的灵魂和身体都有益的最好方法就是将他们转变成虔诚而受尊敬的社区成员,呈献给恺撒的事就是凯恺的职责,呈现给上帝的事就是上帝的职责。汉娜·莫尔在18世纪末说,"我努力赋予他们的是处事原则,而不是行为观念",③ 在这一百多年里,她坚持致力于在英国国教和非国教徒中,呼吁公众为贫民的孩子提供教育,使他们能够在生活中获得应有的地位。用艾萨克·瓦茨的话来说,就是要"教导他们懂得谦逊并服从上级",同时教导他们"如何勤奋努力地工作"。④《圣经》中的一小部分内容,比如勤奋、感恩、服从和"美德"被他们视为生活中应该学习的常识。⑤ 诺维奇的主教在一场慈善学校的布道中说:"这个世界上不只要有进行指导的顾问和进行管理的统治者,还要有承担苦力的劳动者(就是《圣经》中所说的伐木和抽水的人)……我们属于这些阶级中的哪一个,尤其是那些较

---

① S. P. C. K. Wanley MSS. vol. 1, Scheme of Serjeant Hook for a *General School*; S. P. C. K. Minutes, Oct. 27, 1709.
② *Sermon preached by the Bishop of Bristol at the Anniversary Meeting of the Charity schools in and about London and Westminster*, May 9, 1745.
③ *The Journal of Martha More*, ed. A. Roberts, 1857, p. 9, Letter of Hannah More to Mr Bowdler.
④ Watts, Isaac, *op. cit.* p. vi.
⑤ *Sermon preached for the Benefit of the Charity School in Gravel Lane, Southwark, by the Rev. S. Chandler*, Jan. 17, 1727 – 1728.

慈善学校运动

低级的阶级，是由我们的出身决定的。贫穷的孩子们生来就是苦力劳动者，他们大部分都是靠挥洒汗水来填饱肚子。很明显，如果这些孩子仅仅是出于接受慈善的目的，而以一种他人所认为合适的方式来培养他们去追求并不想要的地位，这样的孩子反而会对社会造成伤害。"①

在大多数城市的学校里，男孩和女孩穿的校服是很朴素的，目的是让孩子们从贫穷中吸取教训，并学会谦逊和顺从。艾萨克·瓦茨博士说："在一两年内，会给他们发放衣服，这些衣服是最普通粗糙的，这样可以很明显看出他们与上层阶级孩子的区别，他们应该被如此区分。"② "当这一切只是一种妥协和顺从的方式时，对于慈善学校的孩子来说，没有任何感到骄傲和自豪的理由。"牛津市的大主教对瓦茨博士的观点表示支持，他说："没有浓烈的色彩，也没有琐碎的装饰，慈善学校的孩子与其他孩子之间看起来没有任何的区别以至于他们能很好地融入。在他们年轻的时候就学会有所担当，这对他们来说是一件好事。"③ 在1706年，牧师在布道的时候告诉他的听众们，大多数的孩子都是"仪表谦逊而穿戴整洁的，或者至少戴上了他们恩人的徽章"。④

协会的纪律体现在学校的祈祷文和赞美诗中。"让我有责任感，感恩我的恩人，并对我的敌人仁慈。让我有节制且朴素，温柔而有耐心，诚信待人，勤劳守职"，这是谢菲尔德女子慈善学校的开学祈祷。⑤ 对捐赠者表示感谢的赞美诗，是周年纪念活动的固定内容。孩子们在学校里认真学习后在教堂合唱表演。

我们在无知中被低下和卑微的出身所掩盖。
直到基督教的恩赐让我们振作，

---

① Sermon preached by the Bishop of Norwich at the Anniversary Meeting of the Charity Schools in and about London and Westminster, May 1, 1755.
② Watts, Isaac, op. cit., p. 43.
③ Sermon preached by the Bishop of Oxford at the Anniversary Meeting of the Charity Schools in and about London and Westminster, 1743.
④ Sermon preached by the Dean of Ely at the Anniversary Meeting of the Charity Schools in and about London and Westminster, 1708.
⑤ The Poor Girls' Primer: for use in the Sheffield Girls' Charity School, 1789, 引自 Birchenough, C., History of Elementary Education in England and Wales, 1920, p. 190.

并引导我们到今天。

哦，请仔细看看那些帮助穷人的善者！

让他们财源滚滚，让成功为他们加冕吧！①

在18世纪慈善学校为孩子们制定的学习课程中，有一个关于"文学课程"的标题。它分为三个主要部分。首先也是最重要的是宗教教育，它占据了一天6小时在校时间的绝大多数，并要求教师主要讲授这些内容。"学校这样设计的初衷，是为贫困儿童提供基督教知识与实践的教育，就像英国国教所宣称和教育的那样，这样也许能更好地传播基督教；校长的主要任务是在基督教原则下对孩子们进行指导和教育，正如他在教会的教义问答中所主张的，他首先要教孩子们清楚明白地发音，然后，为了便于练习，通过牧师认可的那些巧妙的阐释来尽其所能地加以解释。"② 这些指示是由伦敦的学校为他们的教师制定的，并在全国各地实行。为了更明确地执行指示，基督教知识促进会将管理者和教师推荐给基督教校长，按其要求，斯伯福斯的牧师詹姆斯·塔尔博特博士写了一本书，书中包含18世纪教师在大额捐助和定期捐助学校进行教学的指导手册。③ 塔尔博特博士完全不知道洛克的《教育漫话》，他告诉他的读者们，孩子们的思想就像白纸或蜡一样，他们的职责是在没有片刻耽搁的情况下，把"我们神圣宗教的基本职责"铭记于心。教师们应该抓紧一切时间把这些原则灌输给他最年轻的学子们。"最明智的方法是，在那些不识字的人一入学的时候，教师就不断在他们耳边一边重复教授他们教义和主祷文，一边给出相应的解释。"同样地，年幼的孩子们在每天早晚都要进行一个简短的祷告，在餐前和餐后都要感恩。塔尔博特博士认为，这对孩子的年龄和理解能力来说都合适。当孩子们阅读教义的水平能够随着他们能力的提升而提升时，他们需要接着学习教义问答的全部内容，以便在教堂里能够完全领悟和参透它。

当教师们反复教导宗教原则时，《基督学校校长》要求他们展示信

---

① *Hymn Sheet*, 1792年，在圣玛丽教区教堂的慈善学校周年纪念仪式上印刷。

② *Account of the Charity Schools*, 1704.

③ Talbot, Dr James, *The Christian Schoolmaster*, 1707；也可参见 the *Report of the National School Society*, 1837。

慈善学校运动

条中每一篇文章和摩西十诫中每一条戒律的道德应用。所有正确的方法都被用来阻止罪恶的发端，特别是妄图以上帝的名义进行诅咒，以及亵渎礼拜日。懒惰，是最可憎和可鄙的，应该被严厉地惩罚扼杀在萌芽之中，因为在上帝的福音之下，勤劳是所有教育的主要目的。教师在默记写给孩子们的教科书的过程中，对道德的劝诫也被其中的行为准则所强化。在18世纪末，特里默夫人的名著《教师助理》强调言传身教，说明其在慈善学校课程中的重要性。①

对那些在慈善学校长大的孩子来说，有一系列"特别需要"履行的职责。其中，服从是首要职责，感恩是其最重要的职责，孩子们在每天早晚的祷告中都会以感恩来报答所有的捐赠者。温顺，对于贫困儿童来说也需要特别遵循。"在慈善机构长大的孩子，更应该养成一种特别的谦卑和礼貌。"

协会对孩子们的读写算②的教学没有明确的要求，但已经列入到宗

---

① 参见 The Poor Girl's Primer，用于谢菲尔德女子学校，1789。
　　　　　　　　第五课
　　　　　　学习纺织毛线和亚麻；
　　　　　　学习缝制衣服、衬衫和帽子。
　　　　　　学习编制软管。
　　　　　　学习烘焙、酿造和洗涤。
　　　　　　学习打扫房子和刷锅洗碗。
　　　　　　　　第六课
　　　　　　不要犯错。
　　　　　　偷盗一针一线都是罪恶。

② 不要咒骂，也不要大声嚷嚷。
　不要说脏话。
　尽可能地和所有人和睦相处。
　引自 Birchenough, C., op. cit. pp. 190-191. 也可参见 Mrs. Trimmer, the Teacher's Assistant, vol. 1, Lecture Ⅷ, 关于"道德责任"：
　教师：工人们在工作的时候常常会不假思索地表现出不诚信的行为，那就是浪费他们得到报酬的时间和他们所从事的商业或制造业的材料。同样地，许多家庭佣工也会犯类似的错误，他们抓住一切机会偷懒，一点也不忌讳违反浪费的规定，也不害怕被辞退；有时甚至做得更过分，他们会偷茶叶、糖果和一些他们认为容易被忽略的东西，但是他们应该记住，在上帝眼里什么都是藏不住的，审判的日子终将到来，他们要为他们的一切恶事付出代价。
　问：工人们浪费时间和破坏他们使用的材料和工具是诚实的吗？
　答：不是。
　问：这些东西是属于谁的？
　答：他们的主人。（转下页注）

教和道德的教育计划之中。教师根据《基督学校校长》所制定的教学方法在伦敦的慈善学校中运用得很成功。阅读课程从学习字母表的每一个字母开始，然后继续学习字母拼写，最后以学习"单词拼写和使用作为结束"。这些年龄在 6 岁以上的学童的课本是英国国教的教义问答。在学童练习阅读的时候，通过频繁的重复单词，没有被熟记的部分都能够被了解并熟记。以教义问答的方式，孩子们将继续学习《公祷书》，在书中他们将了解礼拜的日常事务、早晚的祷告、募捐、阿塔那亚和尼西亚的信条。随后要学习的是《祈祷书》版本中的《大卫诗篇》，挑选其中的诗篇，如第一、第八、第十五以及第二十三篇，这些要学好并牢记在心。当学习完这些后，孩子们就会开始学习《新约》，从圣马太福音上的布道、神迹和寓言开始。在《新约史书》中，这些非凡的故事是在礼拜日或祭日中保留下来的。《旧约》被认为是《圣经》的指导性文本。直到阅读的早期阶段后，人们才逐渐了解并悉知。部分的先知书和传道书都必须用心来学习，最后，"一些有用的著作，如《人所当尽的本分》"，有着"有力的论据和简单易懂的文风"，在学年结束时向慈善机构的孩子们展示。①

　　《圣经》和《教义问答》的日常教导并不是孩子们道德和宗教训练的全部内容。礼拜日和主日的时候，教师陪同他们去教堂，并和他们一起坐在为他们预留的长凳上，学校会安排一个有能力的校长和一些热心的管理者，于周日晚上负责在教室里对孩子们进行季度性公开考试，并在

（接上页注②）问：拿走主人的东西不是跟偷窃他们的钱财一样吗？
答：是的。
问：在他们偷茶叶和糖果的时候会被谁看见？
答：上帝。
问：上帝会赞同这种行为吗？
答：不会。
问：上帝会如何对付这些小偷？
答：惩罚他们。

① 《人所当尽的本分》：这本名著出版于 1658 年。又名《基督教礼仪的实践》，整本书以一种最朴素的风格来应对其挑剔的读者；全书分为十七章，每一个主日都要读一节，一年下来可以将整本书读三遍。该书是每个家庭的必备品。它迅速地流行起来，一直到 18 世纪下半叶它都是传播最广的宗教作品。在其发行后的一百年里先后又出版了二十版次，其译本在威尔士、法国、德国以及其他国家也广为传阅。一方面，这是一本小学生的教科书，另一方面它也是必要的宗教读物。因其简洁易懂的文风和对基督教职责实践的直接指导而格外受欢迎。但是本书的作者依然是一个备受争议的问题。参见《神学文献古今藏书》最新版本的介绍。

一些赞助者和会员涌入教室听孩子们背诵并参与到他们的考试中的时候，负责维持纪律。怀特·肯尼特说："你可以在礼拜日晚上，看见他们以最具启发性的方式进行的字母学习和宗教练习，有些孩子能拼写出相当有难度的单词，是那些以英语为母语的成年人都很难拼写出的。有些孩子的朗诵抑扬顿挫、发音清晰，对那些来听的人来说也是一种学习。还有些孩子在进行演讲、对话，或者是轮流朗诵经文的内容，以及背诵国会法案中惩治邪恶和不道德的特定条款。整个现场都萦绕着基督教的氛围，也可以看到那些朋友和邻居，在基督教的安息日度过一个美好的夜晚。"①

只有当孩子们能够"完全掌握"阅读方法时，才会接触到写作。当他们可以独立完成写作时，会教授他们去学习改编《圣经》中一些有用的句子，或者在纪念日的时候，会让他们学习《伊索寓言》，并通过把他们的改造语句和原文进行比较，以此掌握自我校正的方法，让他们能够在把作品提交给教师之前错误就得到纠正。算术是慈善学校男生教育的高级课程，只有很少人有资格学习，因为这门课程在阅读和写作"完善"之前不开放，而且被限制在前四个规则中，但算术的使用"在普通的账户管理"中得到广泛的认可。

音乐，作为一门科目，只在非常短暂的一段时间里以强制的方式进入学校的课程。伦敦，也是开设这个科目的先行地区。孩子们在教区的慈善学校里学唱歌，牧师也鼓励他们在安息日参加教堂的礼拜活动。全国各地的协会都对这一新的实践表现出热烈的支持。乡村神职人员的信件恳求他们找到能够用伦敦教学方法教授唱歌的教师，并报告儿童和成人在学习教会音乐时的"不寻常的快乐"。但是这个新的科目也在很多地方遭到反对。有人抱怨说，如此多的"好歌"破坏了社会纪律，因为"独自歌唱"的孩子们获得了一种自豪感。一向对公众意见十分敏感的协会，敦促废除独唱，并赞成"合唱队"的合唱。伦敦主教埃德蒙·吉普森在1724年对伦敦慈善学校教师的演讲中，忽略了这一细微差别。在他看来，优美的歌声，就如同精细的写作和精细的针线活一样，在学校培养优秀的基督教徒和优秀的仆人的计划里没有任何立足之地。这样的成就会逐渐成长为"一种更有礼貌的教育"，所以必须马上制止。所有

---

① Kennett, White, *True Report of the Charity Schools*, 1706, p. 34.

勇敢的学校管理者完全漠视主教的指示，但是孩子们和教师们的热情却因为吉普森的行动而被扼杀了。唱歌并没有成为小学课程里被认可的一个主题。①

慈善学校的文学课程中也包含职业指导。在女孩的教育计划中，这是最重要的一部分。和男孩一样，阅读和重复教义问答在女孩的教学中也是最重要的，但是写作很少被教授，算术更是罕见。简单的针线活、编织和纺线，甚至有时候是家政，完全占据了写作和算术的时间。家政是一门专门由女孩从事的在家处理家务事的工作，需求量往往非常大。然而，通过职业指导"将男孩转化为劳动力"就不那么容易。在一个快速发展的贸易和商业时代，最受欢迎的方法是为他们进行一些海上工作的指导。立法机构试图授权任何两个或更多的和平法官和城镇市长进行监控，把超过十岁的儿童都送到这个教区去给英格兰船长当学徒；② 在18世纪的前半期，有大量的文献支持他们这样做，敦促他们在口岸、港口和小溪附近建立学校，在那里年轻人可以得到数学方面的指导，为他们成为海员做准备。这是确保"充足水手的唯一方法，为了皇家海军，为了商人，也为了恢复渔业贸易和改善他们的一切"。③

一群伦敦慈善学校的管理人员对航海男孩的需求做出早期的回应。在威灵的法灵顿教区、西部的圣敦斯坦教区、霍尔本的圣安德鲁教区以及其他一些附属学校中特别聪明的男孩，在托管人的安排下，每周被送去位于哈顿花园的尼尔数学学校学习三天，在那里他们接受航海技术方面的职业指导。④ 有幸就读于这所中心学校的孩子们的家长会给10英镑，用以保证让孩子们在完成学业后去海上工作。尼尔的受托人承诺要找到他们的校长，并与慈善学校的管理者一起，为孩子们提供合适的服装和

---

① S. P. C. K. Abs. of Correspondence, Letters from the incumbents of Box, Pottern, Yeovil, Prestbury; Minutes, Nov. 4, 1708; *Directions given by Edmund, Lord Bishop of London, to the Masters and Mistresses of the Charity Schools within the Bills of Mortality and Diocese of London assembledfor that purpose in the Chapter House of St Paul's*, Nov. 14, 1724.

② 2 Anne, c. 6.

③ Brokesby, Francis, *Of Education*, 1701, pp. 47 – 51.

④ 1705 年，约瑟夫·尼尔捐赠了这所学校，为那些在航海技术慈善学校中就读的孩子提供指导，以适应他们的航海服务，无论是在战争中，还是在商业上。这所学校于 1715 年开始运营。

乐器。多佛、布赖顿、艾克塞特、格里玛斯、布里奇沃特和其他海岸上或附近的城镇效仿伦敦的做法,将数学和航海纳入其男孩慈善学校的课程。

然而,除了少数"部分的孩子"外,慈善学校的文学课程仅限于《圣经》和教义问答。只是偶尔通过阅读《伊索寓言》和《人所当尽的本分》来学习宗教、道德和知识。这一限制是故意强加的,因为在18世纪初,唯一可供选择的文学作品是一些廉价的小册子和歌谣。① 那些管理着学校的虔诚男女,并不认为这些廉价的小册子和《闲话报》以及《韦克菲尔德的牧师》一样。在他们看来,青年的腐败"很大程度上是因为"此类散漫和不雅的书籍,例如《常笑发福》是一本最不雅的故事集,还有《爱尔兰的流氓和强盗》,"用最粗鲁的语言"来欢呼拦路抢劫的行为。那些学校的管理者认为,孩子们的道德感是被那些粗俗和不雅的书籍所败坏,孩子们的是非之心被"那些把无法无天的罪犯当成兴趣以引起关注的行为"② 所迷惑。

与廉价的小册子相比,歌谣作为下层阶级最受欢迎的文学形式,在他们看来也不是最适合孩子们的。"世俗和散漫的诗歌用音乐的形式表现出来",就跟廉价的小册子一样,意味着懒散与腐败。在18世纪早期,由于缺乏合适的儿童读物,《圣经》变成学校的必读书。

18世纪中叶以后,慈善学校对孩子们的教导不再只是严格地限制于《圣经》和教义问答。1744年出版的《纽伯瑞的小口袋书》,"书中塑造了一个好男孩汤米和一个好女孩波利"的形象,创造了一个新的文学分支。③《小人国杂志》《情色怡人》《小女子学院》《鹅妈妈的故事》《自命不凡》等都陆续出版。18世纪最后25年里,儿童读物具有很高的文学水平,包括特里默夫人的《知更鸟的故事》、汉娜·莫尔的《儿童宗教剧》在内的童话书在道德上也达到更高的水准。但是没有证据表明慈善学校为学生提供了这样的书籍。④

---

① 洛克在《教育漫话》中提到,很难找到能让孩子们轻松愉悦地阅读的书目,他推荐了两本,《狐狸雷纳德》和《伊索寓言》,洛克说:"这是我知道的仅有的两本适合儿童阅读的书。" Quick's ed. 1902, pp. 133, 164.
② S. P. C. K. Abs. of Correspondence, July 31, 1729.
③ 参见 Darton, F. J. H., *Cambridge History of English Literature*, vol. XII, p. 377。
④ 参见 Appendix I, 6。

第三章 英格兰：慈善与纪律

在教学方法没有那么严格的情况下，这些书籍的缺乏并不会产生太严重的后果。《旧约》和《新约》在孩子们的语言表达和写作中随处可见，这些故事能够凭孩子们的想象力在他们的脑海中生动地展现出来，而且对他们来说也足够简单易懂。但是把《圣经》当作初级读物却打乱了慈善学校最后的教学计划。正确的发音，而不是清晰地理解，成为《圣经》的检验方式。在 18 世纪末，当有各种各样的教科书可供使用、学校的教学方法也有所改进时，特里默夫人对慈善学校的教学方式提出严厉的批评，并对文学课程的内容进行总结。她在 1792 年写道："孩子们首先被教导要在一本拼写书中阅读，课程的内容主要由从《圣经》中收集的句子组成，大多数都是象征性的语言；只要他们能阅读并掌握一点拼写技能，他们就会开始以同样的方式继续学习《新约》，这对阅读技巧的培养没有半点作用。孩子们通过规定的常规任务来学习课本上的拼写内容；在一些学校里，他们也会学习英语语法、写作和算术；每周会对孩子们进行一到两次的教义问答，也就是让他们站在课堂上，轮流回答教会教义问题，并解释他们学习的内容，也许，除了章节、祈祷等，有时还会教赞美诗。他们每周日去教堂两次，要执行固定的任务，同时也会参加周三、周五和假日的活动。当这些学生成为仆人或是学徒离开学校时，会赠予他们《圣经》《祈祷书》《人所当尽的本分》；而且从孩子们上学那几年开始，就期待他们必须具备一定的基督教知识，使他们只要活着，就能一直坚持阅读以保持并取得进步。"[①] 她还补充道，在 1802 年，所有的孩子都习惯把整个章节记在脑海中："现在我们相信，除了在慈善学校之外，我们都放弃了这一习惯。"[②]

---

① Trimmer, Sarah, *Reflections on the Education of Children in Charity Schools*, 1792, pp. 18, 19.
特里默夫人教授阅读的方法，就如她在《慈善学校拼写书》中提到的一样，并没有避免她所批判的错误。第二部分介绍孩子们要学习的双音节词和引导他们的道德训诫，有一些故事模仿《旧约》中的寓言，《旧约》中的地名为专有名词的发音提供了无限的练习机会，比如说：
"他们从密加出发，在哈摩拿歇息。
然后他们离开哈摩拿，在摩西录安营扎寨。
接着他们离开摩西录，最后在比尼亚干停下来。"
接下来的内容是学习福音较难的词汇，圣经术语的定义，教义问答和祷告。

② *Idem*, 1806 ed.

二 劳动课程

由于文学课程被严格限制在读写算、宗教和道德的范围内，慈善学校在18世纪受到近乎毁灭性的抨击和批判。这些批判几乎同时从两方面发出。最强烈和最持久的抨击者反对贫民接受任何形式的教育。他们发源于18世纪的重商主义政策，希望廉价的劳动力能得到充足的供给以满足经济民族主义的基本需要。在重商主义理论中，强调贸易顺差，劳动力的重要性被降到了一个不那么突出的地位，认为劳动力应该足够廉价，让英国的商品在国际市场上与其他国家相比有更大的竞争力。但是在激烈和长期抢占国民经济主导性地位的努力方面，劳动阶级在英国扮演着最重要的角色。所有的可用资本都被用来推动英国的海外贸易。被动接受生活中的低工资和恶劣的工作环境，可以看作是劳动阶级为经济民族主义发展做出的贡献。

18世纪的劳动阶级付出的代价是沉重的，但并没有让这种观念深入人心。穷人的功能是提供体力劳动，这是他们的责任，就像中产阶级的责任是凭借他们的智慧发展贸易一样。从这些前提来看，任何不让穷人从事体力劳动的社会改良方案，对于大多数的中产阶级来说都不能接受。

对慈善学校运动的反对是主流观念。这些孩子们主要来自贫穷的劳动阶级家庭，还有很多孩子的父母靠着贫困救济度日。他们是补充未来劳动力的源泉。改革者强烈要求的慈善学校教育，扰乱了原有的经济秩序，因为学校不利于这些孩子在社会中发挥原有劳动力的作用。对这些学校的批评早就在慈善学校运动的历史中出现。1723年伯纳德·曼德维尔在《慈善和慈善学校》中极力主张贫穷是确保世界上最脏最累的工作有充足劳动力供应的唯一手段，这使对这种观点的支持达到顶峰。半个世纪以后，亚瑟·杨格也认为，下层阶级必须保持贫穷，否则他们就永远不会拼命工作，因为除非必要，否则没有人愿意承担生活中令人不愉快的工作。慈善学校运动试图通过教育转移穷人儿童的劳动，使他们摆脱被认为是命中注定的苦役和肮脏劳动，但这一企图遭到曼德维尔的最猛烈的攻击。"牧羊人和农夫对世界了解得越多，他们将越难以笑对人生的疲惫和苦难。"星期天必须参加的教堂礼拜活动为穷人提供他们所需的教育，并让他们能在星期天自由工作。学习不同于工作。学习使人懒惰，因为在"看书思考"的同时,孩子们的身体也养成懒惰的习惯。"到十四五岁的时候才让孩子们从事有用的劳动,这对于他们长大后成为合格的劳动力来说是一个错误的方法。"①

曼德维尔的文章之所以充满暴力,在很大程度上是由于他对高教会派的强烈反对,高教会派是学校的热烈支持者,但与他的经济学观点有足够多的一致之处,这足以引发并保持公众强烈反对学校的舆论浪潮。他的观点在学校的历史上一次又一次地被重复讨论,而且在19世纪初可以找到更激烈的表达。

第二种反对学校的声音在较小的范围里传播。慈善学校里孩子们的进步是如此明显,他们不仅威胁经济,而且扰乱了社会秩序;他们在慈善学校受到的教育优于普通学校,并且受到赞助人和学校管理者学徒基金的支持,从而能够同比他们更优秀的人开展不公平的竞争。他们将商人的孩子从已经饱和的手工制造业中排挤出来,因为他们能读写和算术,他们强行进入商店和零售业,甚至把上层阶级的孩子从家政服务中排挤出去。

这种批评的根源在于贫民与贫民之间的差别,有一些贫民,他们生活在教区享受着贫困救济金,还有一些贫民不在教区,但拼命想争取到维持生计的救济金。1601年通过的《济贫法》,规定教区官员有义务去训练贫困儿童以习得一门求生的技能,并把他们送去当学徒或者是服务人员,这个责任落在教区官员的身上。随着年龄的增长,"第二种穷人"发现他们的救济不是来自援助,而是来自慈善机构。据称,"新式的慈善学校",为了"把乞丐培养成所谓的学生",将慈善机构的注意力从小店主、落魄商人、寡妇、贫穷主妇的孩子身上转移开,这些人"在他们仅有的物质条件下,很少能教他们的孩子写字、计算,并把孩子送去当学徒。""卡托"在《英国杂志》中强调:"把社会中的人渣败类从人群中分离出来,然后把其中经过良好改造的人重新融入社会,这对公众来说有什么好处呢?"②

反对慈善学校的阵营,在慈善学校运动的历史早期就已经出现。随

---

① Mandeville, B., *Essay on Charity and Charity Schools*, passim.
② "Cato" [John Trenchard], in *The British Journal*, June 15, 1723.

慈善学校运动

之而来的是对在学校接受教育的孩子们行为的苛责，他们"倾向于强调自己的巨大价值"，并"将自己凌驾于任何奴才的工作之上"①。慈善机构的孩子们患上了一种骄傲自大的流行病，而没有学会学校纪律所灌输给他们的谦卑和顺从。在一个无知的世界里，他们可以阅读和计算账户；在一个贫穷而破败的社区里，他们的穿着也十分得体。每逢星期天和周年纪念日，当慈善学校的孩子在街道上列队行进，或坐在教堂里为他们预留的长凳上时，他们发现自己是众人瞩目的焦点。难怪马约莉·弗莱明会说，他们"所有人都是一副骄傲自大的样子"。

在要求慈善学校的孩子去工作时基督教知识促进会刚刚成立，他们可能只是"习惯了工作"，但是，随着对学校的攻击愈演愈烈，学校的支持者们被普遍的批评所困扰，他们开始找各种借口。他们向公众保证，定会竭尽全力培养孩子们从事最差的服务工作。高教会派成员抓住机会在慈善学校的布道中对慈善学校的儿童不应有的精神高度感到惋惜，并敦促在课程中应删除诸如写作和会计等不必要的科目。1739 年，当弃婴慈幼院建立时，委托人慎重申明，对于普通家庭的孩子，父母会以人性、美德和辛勤的劳动来养育和保护他们，而这些弃婴却不能接受同样的教育。② 即使是艾萨克·瓦茨博士，他对教育的观点比同时代的人更加民主，也并不支持慈善学校所提供的教育。"这些可怜的人，没有一个人需要或者是应该要，以胜任高级职位的要求去培养其成为一个熟练掌握写作和计算的人；除非有个别孩子，他的聪明才智和勤劳刻苦能够完全超越他所有的同伴。"③

对贫穷劳动者进行文学启蒙的想法是一种令人满意的改革方法，支持者相对于反对者而言只处于微弱的劣势。早年协会所承诺的改革的礼仪和道德仍在延续，17 世纪末，公众舆论又一次转向协会改革者提出的替代方法。在 1723 年《共同法案》通过后，济贫院迅速出现，紧接着，在洛克的主张下，职业学校也快速发展起来。关于工人道德品质的奇迹般改善以及税率降低的报告，得到广泛传播。圣奥尔本斯济贫院的孩子们，被雇来做马鞭和纺织品，在他们的勤劳和努力下，"该教区和邻近教

---

① S. P. C. K. Abs. of Correspondence, June 6, 1706; Oct. 16, 1725.
② *Regulations of the Foundling Hospital*, 1749.
③ Watts, Isaac, *op. cit.* pp. 37 et seq.

第三章　英格兰：慈善与纪律

区的闲荡和乞讨现象都消失了"。[①] 正如他们热情的倡导者马修·玛丽奥特所断言的那样，"对穷人而言，所有的慈善都是为了他们的灵魂和身体"。亚麻纺纱、粗纺毛线、制作花边、针织袜子、加捻丝线和整理麻絮都是孩子们通常要做的工作。纺纱给他们带来显著的好处。通过一种前所未有的技能转移，孩子们获得了各种各样的劳动技能，比如说编织羊毛、制作胸针、粘贴信封、编织、印刷、制鞋和绘画。在青少年工业世界中，纺纱通常被认为是学习的典型。

在北安普敦郡著名的芬顿纺织学校里，有一种艰苦的劳动生活。女孩们被送去工作、被教导，寄宿在学校里，并完全依靠她们的劳动来维持生活。位于北安普敦郡的阿托巴罗夫职业学校也吸引了广泛的关注，它和芬顿纺织学校处于同一个郡，也同样享有当今模范职业学校的声誉。它的名声归功于了不起的哈里斯夫人，她是学校的第一位女教师，18世纪初，她在附近几个穷人的要求下，以每周1便士的报酬给孩子们上课。阅读和编织是教学的重点，当她的学生掌握了这些，她又开始寻找新的教学主题——纺车。当孩子们的父母了解这一情况后，他们一致认为学校的这位女教师应该获得孩子们两个月的报酬才能报答她，从那之后，"为了鼓励孩子们努力工作，她每周从学习纺纱的人中收取2便士，从学习编织的人中收取1.5便士，从学习阅读的人中收取1便士"，并允许他们保留自己的收入，"有的人一天2便士，有的3便士，还有的5便士"。家长们对这种新的、非常令人满意的教育方法的热情并不亚于学校管理者，在他们看来，这是一种让孩子们，甚至是其中只有四岁的孩子，能够自立的方法，这不仅为孩子们提供最受欢迎的道德规范，并承诺对该镇儿童的生活方式进行改革。因此，为了使穷人能够充分利用这些机会，"两个具有公益精神的人，为63个孩子支付了所有的便士，有的孩子给3个半便士，有的孩子给2便士，让他们能为自己和父母挣到更多的钱。"再加上40位来自"值得信赖的父母"的自费学生，学校的学生数量达到100个。在夏季，学校的工作从早上5点或6点开始，一直持续到晚上8点或9点；在冬天，工作时间从早上6点或7点，持续到晚上7点或8点。在报告中强调，"中途只允许短暂的晚餐时间"。在一天15小

[①] Marryott, M. [*Account of the Workhouses in Great Britain* (*etc.*), 1715, pp. vi] and 119.

时的工作时间里，女教师都一直坚守在学校的教室里，以便能够同时看到两层楼的情况，并且随时对孩子们做出指导和命令。她的职责并非仅限于此。她买纱线和毛线用来编织和纺纱，然后把制成品卖给北安普敦和韦灵伯勒的经销商，这个正直的经销商从不会为了自己的私利而从报酬中克扣一分钱。但在学校的女校长那里遭到反对，便不再与他进行交易。

孩子们的智力和精神上的发展并没有被这个忙碌而高效的女人所忽视。上帝和财神需要同时被服务，孩子们学习教义问答和祷告书，剩下的时间用来学习其他课程，这样就不会妨碍他们的体力劳动。收割的时候，这位不知疲倦的女校长把整所学校的学生都带进豆子场，在那里他们收集足够的柴火，以便在冬天燃烧。在星期天，她听着"孩子们的天堂音乐"，孩子们穿着整齐的衣服，在捐赠者专门为他们而建的教区教堂的走廊里唱着"他们自己最伟大的部分"。镇上的人完全有能力为教堂和学校修建一座画廊，因为学校每年给镇上带来的收益在 500～600 英镑。①

哈里斯在阿托巴罗夫的成功案例能够引起广泛的关注，这并不令人惊讶。她将道德纪律、学校工作、宗教培训和劳动盈利完美结合在一起。加上家长和教师的密切合作，这让孩子们勤勤恳恳埋头苦干，让学校里没有出现逃学、逃课和游手好闲的问题。学校的女校长被要求提供建议的请求所淹没。管理人员和受托人要求他们的教师在上岗前，可以在阿托巴罗夫待上两三个星期，"去学习她的教学方法"。她的成功可以从基督教知识促进会的备忘录和信件中看出来；② 1725 年出版的《济贫院账目》，对这一成功的案例做了精彩的描述。都柏林的分会认为，哈里斯女士的计划是供爱尔兰、威尔士和苏格兰学习的理想模式，这所学校不仅

---

① Rawlinson MSS., Papers of Henry Newman; S. P. C. K. Letter Book, Dec. 15 1722; *Account of the Workhouses* [*etc.*], pp. 155 *et seq.*

② S. P. C. K. Letter Book. Letter of Henry Newman, Dec. 15, 1722。
协会秘书赞扬地写道，"对于任何想要成立一所职业学校的人，非常有必要去看看孩子们在夏天早晨 5 点是多么急切地去上学，去看看他们多么珍惜在学校的每一分钟；他们学习阅读和写作，他们的劳动所带来的收益让他们对学校的工作保持持续的热情，而所有这一切都是在一位年老的妇人的指导下实现的，当她刚成立学校的时候几乎还没有人知道她的名字。"一位热心的支持者送给协会一份学校的纸板模型。

不受经济困难的困扰，而且有自己的盈利方式。政策评估专家计算出，如果将孩子们饱满的精力以这种方式运用到工业上，国民收入将会增加。如果一些文学学校变成职业学校，英国各个郡出现的金矿和银矿就会吸引公众大量的目光，所以不难发现"公众对学校的文学课程都普遍表现出一种偏见"，或者说整个国家都"强烈支持"这一新的办学模式，协会的会员甚至威胁学校如果不撤销文学课程并增设劳动工作，他们将撤回自己缴纳的会费。①

在对穷人实行问答式教育这种最初的设想中，基督教知识促进会发挥了重要作用。但不能忽视的是，公众的支持对学校来说也是至关重要的。人们给风笛手付了钱，所以可以任意选择曲目。大家都意识到将劳动引入课程不仅会有很多好处，而且十分符合大众的需求。让学校依据自己的判断自由选择是否支持慈善学校运动，从一开始就因支持者的反复无常而受到限制。此外，通过允许孩子们保留他们所挣的工资，能够保障父母的配合，也将避免孩子们的不定期出席，这就取代了其他所有为穷人提供教育的尝试，直到义务教育时代的到来。早在1704年，协会就意识到那些让管理者和协会成员有所顾虑的经济因素，在威斯敏斯特圣玛格丽特教区的灰衣慈幼院的影响下，学校的委托人和教区官员联合起来，在教区为孩子们提供宗教指导、服装、生活补贴和劳动，并根据学生的收入，承担一部分合并后的工作和寄宿学校的沉重费用。② 当反对派开始向学校灌输自己观点的时候，协会也开始敦促其负责人对文学教育进行修改，"并尽可能地引入适当措施，让孩子们参与劳动与工作"，为了避免"他们从虔诚的教育中获得好处，就应该让他们不要把太多的价值放在自己身上"。1719年，协会再次郑重地劝诫和恳求学校的负责人，让学校将劳动课程加入教学计划，比如一些农活、纺织、针织或者其他一些有价值的工作；这将"有效地减少对慈善学校的反对，

---

① *Account of the Workhouses* [*etc.*], pp. 89, 162。
  协会在信件中写道："假设英格兰和威尔士有一万名教区居民，但每个教区有十个人都采用新的教学方法，以前无所事事的人都有工作，那么所有的工人人数就会达到十万，如果他们每年工作300天，每天挣到半便士，那么他们在年底的劳动收入就会达到62500英镑。"
  S. P. C. K. Circular Letter, 1736。

② *Account of the Charity Schools*, 1704。

因为协会不想让这些贫民的孩子从事卑屈的公职,虽然公职人员在所有社区中都很必要,但是世界上英明的统治者是由上帝设计的"。① 协会秘书亨利·纽曼在1722年12月的一封信中发表重要的声明,说变革的时代已经到来。在他看来,最初拯救穷人的想法是对上帝和人类失职"最好的补救"。现在有三万多名儿童学会了阅读和教义问答,但"四十年的经验告诉我们,一所职业学校比一所没有劳动的学校更可取,也更符合当前人们的意向"。②

1724年,协会邀请马修·玛丽奥特一起探讨济贫院教学模式的利弊,他被这所寄宿式济贫院所拥有的、比慈善学校更严格的强制性执行纪律所震撼,一年后出版的《慈善学校账目》,热情地向公众介绍这些趣闻。在协会回复的信件中,一些是向有经验的慈善学校征求合适的就业建议,对新的教学方法相对于旧方法而言的优越性大加赞扬,可以看出协会希望在向他们灌输虔诚的劳动纪律的同时,学校资金也能得到增长,因为两者都很具有吸引力。威斯敏斯特圣詹姆斯教区的女子慈善学校被改造成一所工作学校,致力于维持40名贫困女孩的生活并给她们提供教育。斯特劳德和斯托克波特的慈善学校与济贫院合并成为工作学校,这是对济贫院原有特点的一种修改,该特点声称这对与父母同住的孩子在经济上有利,对济贫院里的孤儿在道德上有利。③

在基督教知识促进会所接收到的大量信件中,很少有反对新计划的意见,也没有揭露孩子所面临的危险。由此可见,尽管基督教知识促进会具有巨大的影响力,但学校理事会的经济投入、孩子父母的热烈支持,以及公众舆论都要求慈善机构的孩子们应该为他们教育费用的支付和国民收入的增长做出贡献,试图从其劳动中获得与所需费用和努力相称的贡献是失败的尝试。英国威斯敏斯特的灰衣慈幼院,是第一所引进纺车和纺纱工来训练孩子们进行体力劳动的学校,然而却在1734年放弃了这种做法,因为孩子们挣的钱太少,这对教育造成了非常大的阻碍,所以放弃这一尝试非常明智,最终这30个纺车卖了1英镑。④ 事实上,在工

---

① *S. P. C. K. Circular Letters*, 1712 and 1719.
② S. P. C. K. Letter Book, Dec. 15, 1722.
③ *Account of the Workhouses, etc.*, pp. 59, 102, 135.
④ Minutes of the Grey Coat Hospital, vol. Ⅲ, 1734.

作学校的成功案例中,很少有五个基本要素是完全独立的,也没有完全结合在一起的。这五个基本要素分别是:原材料足够便宜,以尽量减少因试验和非熟练劳动力造成的浪费;能够适应学习者的力量和能力的工作,包括"一些弱者、病者和年轻人";一个容纳孩子们经常生产出有缺陷产品的市场;孩子们按时上学;理事会有空闲对孩子们进行监督,教师有能力对孩子们进行教育,教育的内容不仅包括教义问答和读写算,也包括孩子们的工作技能。慈善学校所涵盖的这些基本要素,仅仅能够让学校承担服装、教学和学徒方面的费用,因为学校要获取资源、运营管理、组织体力劳动,这些都会带来巨大的财务压力。此外,就像格洛斯特的塔克牧师在为数不多的几份公开声明中所说的那样,任何人都可以成为慈善学校的经理,但是具有必备技能的理事却一时很难找到。[1] 只有在女子学校里,学习与家庭劳动结合在一起,才能成功地培养出有素质、有礼貌的仆人,以满足市场的需求。如今找一个称职的家政服务人员让家庭主妇感到苦恼,在 18 世纪她们都是同自己的姐妹共同承担这个工作。像肯德尔的职业学校,他们习惯让年长的女孩做家务,准备饭菜,或者像卡普夫人在约克的学校那样,让女孩接受家政方面的训练,同时接受宗教和道德的教化,这样学校可以维持生计。[2] 然而在其他地方,这种新方法却并不令人满意。即使是在一些杰出的教师手中,比如说阿托巴罗夫的哈里斯太太,或者是在一个"很高兴能有一个合适的方法来雇用贫穷孩子"[3] 的社区里,就像协会在信中写的那样,经济和道德上的改善可以得到保证,但是在个人问题和管理问题的背后是一个艰难的经济事实,那就是对于年轻而缺乏经验的孩子们来说很难找到适合的工作。[4] 迪恩塔克在布道中也提道:"很明显,在我们现有的慈善学校里,建立工作学校或引进劳动力并不像许多人想象得那么容易。"事实上,这些问题确实十分严峻,尽管在这些地区他们随时都能在纺织学校或生产袜子和蕾丝的学校中找到适合自己的产业,但是对问答式学校来

---

[1] *Sermon preached*, at the Anniversary Meeting of the Charity Schools, May 7, 1766; 也可参见 1745 年布里斯托尔主教在类似场合的令人钦佩的讲话。

[2] Cappe, C., *Account of Two Charity Schools for the Education of Girls in York*, 1800.

[3] *Account of the Charity Schools*, 1735.

[4] Gary, J., *An account of the proceedings of the Corporation of Bristol*, 1700.

说组织管理的压力实在是太大,他们很少有或基本没有坚持新方法。关于劳动和文学哪一个主导慈善学校课程的争论,最终以劳动的失败而告终。如果职业慈善学校获得成功,那么不列颠群岛基础教育的历史将会呈现另外一种画面。劳动纪律会进一步加强,而且很可能会取代学校里的文学学科。虽然读写算在建立传统的基础课程上取得了胜利,但是疏远了公众的意见。以至于在18世纪初,支持慈善学校运动的热情也一直低迷不振。

在乡村地区,对学校的攻击更强烈。农业中产阶级坚持反对任何形式的贫困儿童的教育,他们认为孩子们需要在农忙的时候充当临时的劳动力。要想使人相信让劳苦大众进入城市学校学习的做法在经济上并不愚蠢是不容易的,要想让人相信农村慈善学校和教育基金并没有将未年成人从农牧业中转移出来就更不容易。面对乡村慈善学校濒临失败的威胁,教会作为将农村劳动力引入城市学校的支持者,代表乡村学校率先开始这种尝试。他们在各地传教布道,告诉大家乡村学校对劳动力的供应没有任何不利影响。他们指出:"农村学校如此分散",数量又少,根本就不足以造成这样的影响,或者,出生和死亡登记册显示,"在慈善学校创建之前,我们农村产生的劳动力比他们能提供得要多。"所以教会认为,为了满足农场偶尔出现的劳动力短缺而保留一些孩子,这没有必要,因为"贫穷的爱尔兰和人口众多的英格兰,有大量为收割而奔走的劳动力",他们在很大程度上满足了这些要求。艾萨克·瓦茨犀利地发问:"难道只要有慈善学校的地方,犁就会停止不动吗?"在1757年的周年纪念会上,牧师开始了与反对者的对抗战,他们将农业的失败归结于地主的行为。因为地主将他们的资产投入到大农场,结果是"同样数量的土地现在只能养活一个家庭,以前则可以维持着两三个甚至六个家庭的生活。"这种情况的救济也完全掌握在地主手中。① 但是,不仅讲坛演讲的听众人数减少了,学校的数量也"减少了",好多学校都关闭了。在18世纪上半叶,如果没有那么多学校传授宗教和读写算的相关知识,很有可能英格兰乡村的慈善学校运动会以失败告终。正是因为如此,人们将

---

① *Sermons preached at the Anniversary meetings of the Charity Schools in and about London in* 1731, 1738, 1743, 1755, 1757; Watts, Isaac, *op. cit.* p. 22.

铁锹和耕犁的信仰当作神训诫的高级工具,这才进一步限制英国乡村慈善学校运动的发展。

三　教师

缺乏称职的男女教师承担管教儿童思想和品格的责任,这不仅阻碍慈善学校教育的发展,也妨碍18世纪的一切教育工作的发展。令人好奇的是,人类智慧在科学、法律和哲学方面都高速发展的时代并没有出现相应的教育运动。18世纪上半叶的南方和巴特勒,以及18世纪末期的吉本和亚当·斯密,联合起来对大学智力发展的停滞进行谴责。从大学里送出来的教材的质量同教师的质量一样直接影响到文法学校,除少数例外,文法学校的数量和声望都有所下降,这间接影响伦敦和小镇上出现的随处可见的私立学校。至于教区执事和乡村妇女常常会遭到讽刺,他们的学术水平往往不值一提。

慈善学校运动对教育的突出贡献之一是将一种新型的教师引入到小学教学中。伦敦慈善学校要求其所任命的男教师和女教师都能全职出勤,并有良好的道德和智力水平。在慈善学校出现之前,穷人的教师没有任何职业地位。对幼儿进行教导并不是一项全职工作,也不要求其掌握特定的技能。有时,学校的工作是为老年人提供养老抚恤金的一种手段,或者是为"无法胜任其他工作"的人提供工作,正如麦考利所讽刺的,那些被丢弃的仆人和落魄的商人,"他们不会写一封普通的信件,不知道地球是圆的还是方的,也不知道耶路撒冷是在非洲还是亚洲;没有一个绅士会信任他并给他地下室的钥匙,也没有哪个商人会写信给他"。[1]

更多的时候,教师这份工作被认为是与另一份工作同时进行的副业。霍伊特在对他的老师威廉·伍德科克的描述中说到,他吹嘘自己以校长和面包师的双重身份滋养了学生的身心,描绘了他从面包房走进教室,衬衫袖子卷到肩膀的情景。他"会听我们上课,给我们一些指导,然后又昂首阔步地走回去做他的面包。"[2] 克拉布在他的书《自治区》中所纪

---

[1] Macaulay, T. B., Speech in the House of Commons, April 19, 1847. Hansard, *Parliamentary Debates*, 3rd Series, vol. XCI, cols. 1016–1017.

[2] Howitt, W., *The Boy's Country Book*, 5th ed. 1863, chap. xv.

念的鲁本·迪克森，既是一位制鞋匠，也是一所学校的校长。① 教区执事委员会经常与乡村教师合作。即使是在文法学校，教区的公职人员或者是牧师，也经常担任学校的校长。

相反，伦敦慈善学校的校长却被任命为全职教师。他们要把所有的时间和精力都投入到学校的工作中去。基督教知识促进会和伦敦学校的理事会起草的指令要求他们在规定的时间教学，在夏季上午从7点到11点，下午从1点到5点，在冬季上午从8点到12点，下午从1点到4点，"这样就能督促孩子们提高学习能力"，并防止孩子们"因校长不在或缺乏照顾而经常生病"。②

而且，这种新型教师的道德和智力水平也非常适合教育孩子们。慈善学校的管理者并不需要他们具备"语言、诗歌和演讲方面的技能"③，而强调他们必须拥有良好的道德品格和宗教素养。这样一来，慈善学校的校长就和普通学校的校长呈现出一种差别，他们的个人品格和智力水平很少会遭到那些"忙着挖煤和清扫街道"④ 的家长的质疑。18世纪初，基督教知识促进会明确了新学校的教师应该具备的条件，规定慈善学校的校长应该具备以下条件。

1. 英国国教成员，有安定的生活和正常的社交，年龄在25岁以上。
2. 经常出席圣礼。
3. 拥护政府且热情饱满。
4. 脾气温顺，行为谦卑。
5. 拥有良好的教学技能。
6. 了解基督教的起源和基本原则，能够回答教区牧师的问题，并通过测试。
7. 擅长写作，并掌握基础的算术技能。
8. 家庭友爱和睦。
9. 在被授予普通教师资格证之前，必须经过郊区牧师的审核（并注

---

① Crabbe, W., *The Borough*, Letter XXIV.
② *Account of the Charity Schools*, 1704.
③ Talbot, Dr James, *op. cit.*
④ Crabbe, W., *op. cit.*

册成为协会会员）。①

除这些要求之外，《基督学校校长》还补充了一些"特别适合行政工作的特质"，比如耐心和谦虚、睿智和正直、公平与正义、温顺且隐忍、坦率和亲切等。这本书的作者和协会一致认为，拥有这些品质的人不需要再通过学习就能给孩子们言传身教。"这些机构不是用来给校长培养大学学者和专业人才，而是用来给下层阶级和天赋较差的孩子提供教育。"②

对女教师而言，在宗教素养和实践经验上也有相同的要求。基本很少要求她们教授写作或算数，而要求她们熟练掌握编织和"刺绣"技能以进行教学。③

在慈善学校运动早期，基督教知识促进会被学校管理人员和理事会要求为学校寻找教师的请求压得喘不过气来，协会一直致力于寻找在他们看来有能力承担教师工作的人。协会就相当于扮演一个招聘中介的角色，将寻找工作的教师和寻找教师的委托人聚集在一起。协会的书信文簿和会议记录也证实了这种精心安排，让大量合适的人找到了合适的工作。只有那些被协会完全了解的候选人才能得到推荐的资格。④ 从威廉和玛丽统治时期起，宗教协会就吸引了大批属于"中产阶级"的虔诚青年，他们为学校提供了源源不断的男教师。有些申请人是教区牧师，但

---

① *Account of the Charity Schools*, 1704.
② Talbot, Dr James, *op. cit.*
③ 1700 年 1 月 1 日，圣马丁教区女子慈善学校的记录显示：学校的女教师应该具备的资格有以下几个。
  1. 英国国教成员，有安定的生活和正常的社交。
  2. 经常出席圣礼，一个月（至少）一次。
  3. 家庭友爱和睦（如果已婚）。
  4. 服从命令，热情饱满。
  5. 有独创性思维，愿意学习，易于教导。
  6. 了解基督教的起源和基本原则，且能够回答教区牧师的问题，并通过测试。
  7. 精通英语并能教授学生阅读，熟练掌握编织、写作和刺绣，并能对孩子们进行教学，以满足孩子们提供服务或做学徒的要求。
④ S. P. C. K. Letters, Feb. 11, 1720-1721.
亨利·纽曼写给在格洛斯特郡沃顿镇的雷夫·艾德·格雷戈里的信中提道："比克顿先生是一位牧师，他今天和我们一起向你推荐威廉·哈里森。我告诉他，协会不会推荐没有学识或对其过去生活不了解的人，如果他专程来镇上申请教师资格，并能够符合协会的要求，那么协会也有可能推荐他。"

协会和管理人员对那些希望同时担任两个职位的人没什么好感。他们更喜欢那些能将他们的全部时间和精力投入新工作的人,而且由于申请者众多,职位很少,伦敦学校的董事们很容易就找到他们所需要的男女教师。由于申请人太多,协会劝导他们到除伦敦以外的城市去寻找教师的工作。协会秘书在1715年写道:"许多乡村的候选职位还没有人申请。"①

在英国乡村教师的工资高达40英镑一年的时候,伦敦慈善学校给教师们的薪水并没有什么吸引力。在18世纪初,伦敦慈善学校教师的平均工资大约是30英镑一年,会赠送一些煤,有时候会提供住宿。对女教师来说,每年工资最高24英镑,通常还会更少。但是到18世纪下半叶,伦敦教师的收入就涨到50~65英镑一年。有的女教师在结婚后继续从事教育工作,她们和她们的丈夫一起被任命为学校的教师,享受双份工资。②

然而,要找到适合地方学校的候选人并不容易。来自布里斯托尔、埃克塞特、南安普敦、巴斯和其他地方的理事会的来信,证明了在伦敦以外的学校想找到合适的教师很困难。本地仅有的资源很难满足需求。这些学校希望招收一些来自大城市,并接受过新的教学培训的教师,但是却不能提供和伦敦一样的工资水平。在乡村里,工作人员遇到深重的苦难。在塞缪尔·韦斯利看来"完全认可且十分虔诚的人"③是慈善学校运动成功的关键,但是这类人却很难找到。乡村的管理人员提醒伦敦的协会,伦敦以外的地方拥有一些补偿优势。他们认为,"在生活成本比较低的乡村,一年20英镑的收入中每年花费10到12英镑就能和在城中花费30英镑生活得一样好。"④但是这种说法却并不具有吸引力。亨利·纽曼在给协会秘书的一封信中坦率地说:"教师们并不介意去乡下,但是他们会比较城市和乡村的区别。"⑤那些乡村牧师和理事会请求协会帮忙寻找的有资格且经验丰富的教师,这些教师不愿意放弃伦敦待遇优厚的

---

① S. P. C. K. Letters, Oct. 18, 1715.
② S. P. C. K. Letters, May 26, 1713.
③ 塞缪尔·韦斯利撰写的1701年至1702年2月1日在林肯郡艾克斯霍尔姆岛的艾普沃斯的宗教协会的报告,该报告由他送到基督教知识促进会。
④ S. P. C. K. Abs. of Correspondence, Aug. 19, 1719.
⑤ S. P. C. K. Letters Book, May 26, 1713.

长期职位，而去乡下一个任期不确定、薪水较低的职位。① 因此，在大多数情况下，英格兰乡村的慈善和会员学校只能被迫依靠现有的资源。教区执事、乡村的年长妇女、贫穷的宗教妇女、私立学校的校长都被新学校的赞助人保留下来，请他们来给教区所有的孩子教导教义、阅读和写作，而这种工作常常免费的，或者是免费教授一定数量的学生。为了弥补工资上的不足，他们常常会请带薪学者。按照伦敦模式很难筹集到足够的资金来运营和装备学校，这也解释了为什么在早几年里，这项运动在乡村地区收效甚微。与威尔士、爱尔兰和苏格兰高地不同，英格兰慈善学校运动在性质上具有城市特色。

基督教知识促进会不止一次地被寻找有经验教师的需求所困扰，于是他们想要专业的培训学校，直到发现所要花费的资金远远超过预想才放弃这一想法。② 当建立培训学校被证明不可能时，组织专业培训的想法依然存在。学校招聘教师的方法被引入教学；高年级中表现优秀的孩子可以在教师的监督下对低年级的孩子进行指导，如果他们在教学中表现出惊人的天赋，那他们就可以给有资历的教师当学徒，并得到"他们关于教学方法的指导"。③ 新入选的教师被协会按照不同能力、脾气和对孩子们的教学情况进行分级，而且在他们开始新工作之前，要向那些"优秀学校"有经验的教师请教，更好地了解作为教师应该承担的职责。学校的管理者也强烈要求能够给予他们自由，让他们在一周里能有几天去观摩有经验的教师上课，并在他们的监督下进行教学。④ 慈善学校和基督教知识促进会的备忘录中记录了教师们和理事会在执行协会的指令和创造职业精神上所做的努力。乡村学校将教师送去伦敦学习"伦敦的教学方法"，而"一些优秀的伦敦教师"则自愿来到乡村，将他们的教

---

① S. P. C. K. Abs. of Correspondence, Jan. 20, 1718 – 1719.
也可参见 1714 年《慈善学校账目》，其中记录了 19 名由协会从伦敦送去乡村的"优秀的伦敦教师"的名单。他们准备将伦敦学校的教学方法试用于他们即将接收的学生。

② S. P. C. K. Minutes, Oct. 7, 14, 21, 1703; Sept. 14, 1736; Abs. of Correspondence, Oct. 25, Nov. 18, 1708; see also *Sermon preached by Dr Waterland before the Society*, June 6, 1723, and Nelson, R., *Address to persons of Quality and Estate*, 1715.

③ Minutes, St Martin's in the Fields Charity School for Girls, Nov. 15, 1715.

④ *Account of the Charity Schools*, 1704.

学方法带给其他城市和乡村的学校。①

以学校教师作为职业来谋生的男男女女，几乎不受同时代人和后代人的影响。文学作品中很少有人去关注他们，历史也忽略了他们。慈善学校教师可以说是一种十分卑微的职业，任何表扬或者是责备对他们来说都微不足道。在18世纪，他们曾经有一两次从默默无闻的课堂走进公众的视野，却遭到公众的嘲讽。曼德维尔也称他们为最卑劣的人："这些忍受着饥饿和贫穷的混混，他们原本生来就厌恶工作，却为了生存……使自己有资格成为慈善学校的教师。"他的描述塑造了慈善学校教师的公认形象，但是，就像18世纪的牧师一样，18世纪的教师拒绝承认这一形象。不可否认的是，从整体上而言，慈善学校的教师们在教学工作上的准备不充分，或者只有在他们被严格监督和审查的时候，才能取得让自己和学校满意的成果。无知、懒惰、不诚实和没有同情心在这些教师身上表现得淋漓尽致。他们玩忽职守、挪用公款，并且对孩子们做出残忍和恶劣的行为。幸运的是，在英格兰的学校和慈幼院中招收的这种教师，只占很小的比例。② 这些教师在董事会和管理者来访的时候快速地伪装起来，逃过他们的检查，并利用孩子们获取自己的经济利益，从孩子们的供给中克扣出钱财装进自己的荷包。学校的记录揭示了一个令人不安的事实：当理事会和管理者放松管理时，教师们会给那些不配合的孩子一点颜色看看。男孩和女孩在灰衣慈幼院都受到残酷的虐待，最后女舍监被逮捕，且不允许被保释。在同一所学校里，男孩们故意打碎窗户，以确保得到董事会的关注，而女孩们也出于同样的目的，在一些场合公然纵火烧木头。当董事会对这些"反抗的"孩子进行询问的时候，他们得到的答案是，不断的鞭打和持续的饥饿让孩子们"极度的痛苦"，以至于他们再也忍受不下去。③

在18世纪末，约克郡的女子慈善学校也出现类似的情况。30个在校的孩子，遭到学校一名男教师和一名女教师持续的虐待。卡佩夫人在1795年谴责说，孩子们的身体和精神都十分病态，这两位教师极其的无

---

① *Account of the Charity Schools*, 1714.
② 参见 Appendix I, 3；也可参见 the evidence of Mr Fearon before the Schools Inquiry Commission, 1868, vol. Ⅶ, pp. 867 – 868.
③ Minutes, Grey Coat Hospital, Feb. 19, March 11, 1788; June 30, 1789; Jan. 30, 1796.

知，他们的形象极度丑陋并令人作呕。① 很有可能被记录的虐待儿童事件只占真实发生的一小部分，还有更多我们不知道。有太多关于像曼德维尔所抨击的气量狭窄的、如暴君一样统治国家的男人和女人的典故，也有太多关于艾萨克·瓦茨和塞缪尔·钱德勒所谴责的残酷行为的谣言，以至于这些记录中所展示的教师的美好形象都被视为例外。布莱克的诗集《经验之歌》中的一首诗《耶稣升天节》提醒人们，"有的人心是铁做的"：

> 这是一件神圣的事情吗？
> 在富饶而肥沃的土地上，
> 孩子们在冰冷和残酷的手中，
> 遭受着痛苦的折磨。
>
> 那颤抖的声音是一首歌吗？
> 为什么不是一首欢乐的歌？
> 这里有这么多贫苦的孩子，
> 这是一片贫瘠的土地！
>
> 他们得不到阳光的照耀，
> 他们的土地荒凉而贫瘠，
> 他们的道路荆棘遍布：
> 那里是永恒的寒冬。②

然而，虽然在寄宿学校的记录中不难发现教师虐待学生和扰乱纪律的问题，但是在日托学校很少发现教师有类似的行为。确实我们有理由相信，虽然"孩子不打不成器"在18世纪是所有阶层和家长都认可的原则，但是在慈善学校里过度体罚不像在公立学校里那么普遍。巴斯比在威斯敏斯特的"残暴统治"变成一句谚语，什鲁斯伯里市的巴特勒、伊顿市的凯特、诺威奇市的帕尔都因鞭打儿童而臭名昭著。在公立学校中，

---

① Cappe, C., *op. cit.*

② Blake, W., *Songs of Experience*, circa 1794.

| 慈善学校运动

用藤条、皮带和棍棒对孩子们进行责罚是再普遍不过的现象。塞缪尔·班福德在第一所学校就遭到残忍的体罚,但是他既没有感到惊讶也没有感到愤怒。洛维特的故事描述了一名学生因为逃学而被他的教师用两根手指掐住吊起来,而这种惩罚在他们看来已经习以为常。①

有两方面因素可以保护日托学校的儿童免受这些教师的疯狂虐待。一方面,这些学校应该公开募捐并进行公开管理。日托学校接受大量的捐赠和会费,在学校附近招募管理人员和理事会成员,并享有直接提名学生给学校的特权。管理者和理事会是孩子们的保护者。其成员很在意自己的言行和形象,当父母和孩子们跟其抱怨时,他们会及时解决所反映的问题。当感到不满时,他们会要求得到合理的解释,否则就会撤回捐款。在运动开展的早期,协会集中精力对教师的不当行为进行调查。调查表明,当学校管理者严格履行他们的职责时,慈善机构的孩子们所遭受的暴行比他们的同龄人要少得多。②

另一方面,一个班级里的家长通常都希望他们的孩子能够尽可能多地获得教育上的优势,但是不得不把孩子花在学校里的时间看作一种经济上的劣势。和那些自费供孩子上学的父母一样,他们并不在意自己的孩子在学校是否用功读书。从学校的备忘录可以看出,孩子们逃课、逃学和退学的现象非常普遍。学校既不能强迫父母将孩子们送来学校上课,也不能对他们的不配合进行惩罚,学校的教师都拿这些家长和孩子没办法。当孩子们的父母希望他们留在家里或街头帮忙提供服务时,他们就会缺席学校的课程。当一个小孩因为逃学或者是行为不当而遭到惩罚时,孩子的家长,尤其是母亲,都会在校长、教师和学校的管理者面前无理取闹。在学校的报告和记录册中,没有什么比家长和学生的行为更让人觉得惊讶和好笑的了。这里并没有一个受压迫的、口齿不清的劳动阶级,这些人应该感激而谦恭地接受给予他们的恩惠,取而代之的是家长们的漫骂能力比教师和受托人的要强大得多,孩子们也经历了超过他们原罪

---

① Bamford, S., *Early Days*, 1849; *Life and Struggles of William Lovett*, 1876. 也可参见 Barnard, H., *English Pedagogy*, vol. II, p. 336, 书中描述了英国和欧洲大陆的学校在各个时期使用的奇怪和可怕的混合惩罚。
② 参见 Minutes, St Martin's in the Fields Charity School for Girls, Match 6, 1706; S. P. C. K. Minutes, Nov. 25, 1703。

的遭遇。当这些家长拒绝接受惩罚的时候，他们会在孩子们面前公然辱骂教师，用粗暴的语言和"野蛮的方式"打断教师的课堂，并威胁要让他们的孩子退学，而这些孩子并没有不喜欢他们的校服和校徽，反而非常不舍得脱下或去掉它们，除非"法律强行要求他们这样做"。巴斯的"野蛮母亲们"，不管其孩子是在哪个班级还是在哪个年龄段，都十分抗拒学校的功课和训练占据孩子们的时间，她们在学校进行游行并对学校的教师进行威胁，这些行为"严重扰乱学校的秩序"。①

伦敦主教门区慈善学校男孩和女孩的雕像

但是慈善学校的教师们可能也值得更积极的赞扬。在许多情况下，他们的工作都是要持续而有效地解决一些教育所面临的最严重问题，比如说上课时间的限制和不规律的出勤。伦敦的慈善学校所采用的四年课程，都是由基督教知识促进会和基督教校长制定。伦敦模式的成功，在很大程度上都要归结于对学校课程周期的设置。一些大城市的学校纷纷效仿，但在小城镇和乡村里，正如神职人员的抱怨和慈善专员的报告所证明的那样，父母和济贫法官员通常只能保证两年或更少的上课时间。人们记得，孩子们从六岁起就开始上学，并且有"不同层次的奖学金"，

---

① S. P. C. K. Abs. of Correspondence, Aug. 17, 1715.

有些人能够阅读，而有些人却对信件一无所知，只有一个教师进行教学显然不够。他们所面临的更严重困难是学生们没有规律的出勤。乡村学校的教师们发现他们的学校在夏季的几个月里，尤其是在收获的季节里，"几乎没有学生"。在城镇里，父母的冷漠和街头对孩子们的诱惑让教师们败下阵来。只有那些在慈幼院的孩子，他们在学校建立之初就加入学校并一直持续到青少年时期，他们都按时出勤，给教师的教学创造了有利的条件。

慈善学校的教学，由于严格的课程设置而受到限制，加上教学周期的不足和孩子们不规律的出勤，任何衡量成功的标准都只在于对教师数量而非质量的考量，而在学校的记录册和备忘录中，这些教师既缺乏专业知识，又缺乏对孩子们的责任感。西姆斯被亨利·纽曼亲切地称为"慈善学校校长之父"，从协会的记录册中很容易看出他是一个热情的教育爱好者。由于他在 1709 年出版被慈善学校普遍使用的语法书《不要说百合花的坏话》，所以他比大多数慈善学校的校长更有资格被授予此称号。他告诉学校他发现了一个秘诀，那就是他能够在一个小时内教会孩子们字母表，并将 40 个贫困儿童送进学校。他并没有透露这个秘诀，大概是取得了成功。协会的代理人很看好这所学校，而且西姆斯的名誉很好，所以乡村学校的管理者委托他在男孩任职新工作之前对他们进行指导和训练，并急切地任命那些曾在他手下干活的人。霍尔本市圣安德鲁教区的迪克森，也是最受尊敬的慈善学校校长之一，跟西姆斯一样，他是一个相当有造诣的人。在 1761 年他去世之前，他的《英语教学大纲》已经出版了 21 版，其中的课程是"建立在教会教义问答的基础上，向温柔的心灵灌输对上帝、对邻居和自己的责任"。灰衣慈幼院的图书馆见证了教师威廉·迪尔对学术持久的兴趣，正如学校的记录显示，他是一个不太适合担任教师和慈幼院院长双重职务的人。

在学校的女教师中，有一些具有优秀的品质并取得了一定成就。圣马丁教区女子学校的第一名女教师拥有不同寻常的资质和个性。学校的备忘录提道："在学校理事会对其审查的时候，她说她是一名四十岁的单身女性，是英国国教的教徒，每个月参加圣礼一次；除了《圣经》，还读了泰勒大主教、斯考特博士、霍内克博士和夏洛克博士的书；在过去的 20 年里，她培养了一些孩子，并花费大量精力来指引他们获得正确的宗教信仰，因此这些孩子中除了一个人外，其余全部都在 15 岁的时候被带到牧师那里接受了圣餐礼。"不长名单中的另外两名申请者仅读过两本用于祷告的著作，一年只参加三次圣餐会。最后玛丽·哈滨女士被聘任为学校的女教师，每年提供 24 英镑的薪酬并"提供住宿"。每个月的第三个星期四，她都会给理事会发送一篇关于女孩行为的报告，报告"她们的行为举止、穿着打扮和出勤情况"。从学生的考试成绩可以看出这位女教师非常认真负责，自从她到学校工作以来，孩子们都取得了很大的进步。在 16 年的时间里，哈滨女士是"一位不知疲倦的女教师，她的能力令人钦佩，而且工作的各个方面都表现得非常出色"，但是在 1716 年，管理者们非常不情愿地辞退了她，并感到十分惋惜。因为她是一位拒绝宣誓者，她对"现任政府所开创的幸福生活"感到不满，她无法说服自己的良心去教导自己的学生们为乔治国王祈祷，在学校的正式文件中对她的考核录用和解雇都有详细的记载。[1]

巴斯、阿托巴罗夫、布卢伯里和芬顿的四所模范学校的高效运营和所取得的显著成绩，都应归功于这些被委任的教师。虽然如今公众会强烈谴责他们的教学方法，但是教学观念的改变并不能掩盖教师们当时改革的热情和他们全身心的投入。罗伯特·纳尔逊和爱德华·詹尼斯不费吹灰之力就为这一职位找到了合适的人选，因为他们对巴斯学校饱含热情。亨利·纽曼在 1710 年写道："协会非常担心找不到合适的教师人选。因为我们已经面试了一些人，但是我们担心他们不能被录用，因为第一位年龄不够，表现也不够好；第二位已婚，但是其工资要求是一年 40 英镑；第三位是牧师，因此不太可能有时间去履行教师的职责；第四位想要使用伦敦模式进行教学。"[2] 1711 年 6 月，霍尔本的圣安德鲁教区慈善学校的受托人，允许学校的优秀教师亨利·迪克森去巴斯支教一年，"条件是在学校成立后，他就必须结束 12 个月的工作并返回伦敦的学校"。当这位教师开始工作时，人们对他的表现非常满意。到 1712 年 3 月，他给镇上的生活带来了显著的变化。"人们的身心都得到了发展"，在教堂的礼拜日，"一些有影响力的人将他们的孩子送去和慈善机构的孩子们一

---

[1] Minutes of St Martin's in the Fields Charity School for Girl's, Nov. 25, 29, 1716.

[2] S. P. C. K. Letters, Letter of Henry Newman to Robert Nelson, June 16, 1711.

起学习",从这些就足以看出人们对这位教师的尊敬和对他工作的广泛认可。而且当他结束在巴斯 12 个月的工作,准备返回伦敦的时候,巴斯学校的理事会也不想让他离开。罗伯特·纳尔逊在写给迪克森的信中支持他们,"我可以向你保证,你在镇上的所有朋友听说你要离开巴斯时都非常伤心;他们将你的成就视为上帝带来的福祉,你能不能看在上帝的伟大美德上,继续做上帝光荣福祉的传播者?"① 在万般恳求下,迪克森决定继续坚守在他的岗位上,推进巴斯的改革工作,"他以最温柔最深情的方式征服了镇上的孩子们"。在 1712 年,一位通讯员在给亨利·纽曼的信中写道:"他在这么短的时间内取得了如此出色的成就,在很多人看来是一辈子都难以完成的。"他的成就并没有很快被遗忘,"在他老年的时候,许多他培养出的知名人物都骄傲地带着子孙来看望他。"②

在迪克森和他同事的不懈努力下,巴斯成为社区青年教师的培训中心和教育活动中心。在协会的报告中写着:"任何一名男教师或女教师都应该去巴斯好好地了解一下伦敦的教学模式,去和那里的教师进行交流,并学习他们管理学校的方式。"学校的校长们并不满足于偶尔的访问和交流,于是他们将社区里最早的教育社团里的教师们聚集在一起,"这样他们可以学习最好的方法来教育他们的学生。"③

在协会的报告册中,关于这些拥有出色学识和高尚品质的教师绝非仅此一人,"那些拥有重要价值的个人和团体并不少见"。不幸的是,他们没有将自身的道德品质和所需的实践经验相结合,以至于他们最后只能成为"只拥有纪律制裁权,却没有发挥其他作用的普通人"。

---

① Secretan, C. F., *Memoirs of the Life and Times of the Pious Robert Nelson*, 1840, p. 127.
② *The Parent's and Schoolmaster's Spiritual Assistant, for grounding their children and those under their care in Sound Christian Principles according to the Church of England agreeable to the late Mr Henry Dixon's instructions in the Charity School at Bath* [*etc.*], 1761, Preface.
③ *Account of the Charity Schools*, 1712; S. P. C. K. Abs. of Correspondence, May 5, 1716.

第四章 英格兰：慈善与政治

高教会派和奥蒙德万岁！

一 托利党的进攻

1700～1725年，英国慈善学校充当了高教会派和低教会派政党政治游戏中的一枚棋子，这非常不幸。在伦敦慈善学校建立之初，人们对罗马天主教就表现出一种畏惧，而当1685年耶稣会获得詹姆斯二世的许可，在萨伏伊建造一座教堂后，这种畏惧情绪变得更加强烈。他们的长官安德鲁·保尔顿曾为贫困儿童的教育开设了一所慈善学校，据称，这所学校能够容纳超过400人，其中一半以上是新教徒的孩子。[1]这一令人震惊的成功引起英国国教徒和异教徒的广泛关注，西蒙·帕特里克后来任彼得伯勒的主任牧师，泰尼森后来任圣马丁教堂的教区牧师，他们利用慈善捐赠设立了两所英国圣公会慈善学校，一所在圣玛格丽特教区，还有一所位于威斯敏斯特的圣詹姆斯教区。这两所学校后来被认为是英国慈善学校的"起源"。帕特里克在自传中说："耶稣会设立了一所学校，免费教育青年人，我们认为这将使许多人陷入他们的圈套，因此我们也设立慈善学校去给孩子们实实在在的教导。"几乎与此同时，英国异教徒也感受到耶稣会神学院的威胁，他们在萨瑟克区的沙砾巷为水工和渔民的孩子们开办了一所学校，反过来声称自己是大都市的

---

[1] Patrick, Symon, Bishop of Ely, *Autobiography*, 1839, pp. 127 *et seq.*; Clarke, J. S., *Life of James* II, *Collected out of Memoirs out of his own hand*, 1816, vol. II, pp. 79 – 80.

家长慈善学校。① 面对耶稣会的威胁，1658 年英国国教徒和异教徒分别所做的尝试并没有阻止他们联合起来与汉诺威王室的继承者一起对抗共同的敌人。虽然基督教知识促进会的成员只限于英国国教徒，但在与"迷信和暴乱"的对抗中，异教徒也十分支持与他们并肩作战的新教徒。由于无法提供足够的资金让教区与足够数量的学校建立联系，于是圣公会鼓励教区的慈善学校作为反对"荒谬的、限制人类灵魂自由的"宗教传播的第一道防线；② 教区公众把自己的孩子送到学校，尽管这些孩子在那里"以教堂的方式接受教育"，教区公众的捐赠非常慷慨，有时甚至超过学校的圣公会支持者。③

不幸的是，威廉三世和他的主教所期待的国教和非国教的融合，遭到高教会派的反对。在安妮成为女王之后，教会和国家的排他性政策取得稳步进展。确立自己的地位至关重要。教会联合宗教团体，并下定决心要占领这些学校。为争夺学校财产的艰苦斗争可以看作是高教会派之间旷日持久战斗中的一次小冲突。这些高教会派成员主要是从低级神职人员中招募而来，这些低级神职人员对汉诺威王朝和自由主义的上级非常反感，一方面他们中的许多人是狂热的正统主义者。另一方面是被称为低教会派的人，这些人对新教传承极为忠诚，将汉诺威议会视为象征，并对异见者持容忍态度，持续反对托利党和詹姆斯二世党人。在 1710 年，人们因为萨谢弗雷尔博士的审判而对高教会派爆发出强烈的热情后，托利党在同年的选举中获得胜利，英国高教会派发起运动攻击支持慈善学校的异教徒，"当传教士在运动初期以谨慎、温和和节制而著称时，这些传教士被那些轻率抨击异教徒的人所取代，并且非常不合时宜地宣称慈善机构将在很大程度上结束圣公会的分裂"。④ 讲坛的指责极大地冷却了人们对学校的反对热情，随后 1711 年开始上议院托利党的改革，再加上《临时从众行为反对法》出台，改革在《1714 年分裂法案》中达到高

---

① Chandler, S., *Sermon preached for the benefit of the Charity School in Gravel Lane*, Southwark, Jan. 2, 1727 – 1728, p. 40.
② Milner, J., *Sermon preached for the benefit of the Charity School in Gravel Lane*, Southwark, 1743.
③ Wake MSS. Arch. W. Epist. 15,《大学、慈善机构和宗教协会，1713 – 1718》。代表慈善学校起源和设计的纪念物，支持慈善学校的第一种方法，即由圣公会会员支持慈善学校。
④ Memorial, *op. cit.*

潮，他们试图禁止异教徒去开办学校，即使是为他们自己的孩子提供教育也不行。这一严厉而又不合情理的法案，显示了安妮统治时期宗教自由所受到的威胁，愤怒的低教会派成员写道："这种做法完全疏远了异教徒，据我所知，现在所有的异教徒都撤回他们对学校的捐赠，也没有人试图去改变这一局面。"①

高教会派的排外政策并不只限于消除异教徒对学校的支持。当高教会派成功地打败反对联盟阵营的时候，其通过聘任教师将低教会派彻底分离出来，这些教师没有丝毫掩饰他们对詹姆斯二世党人的同情，他们还聘请了一些利用慈善学校布道来宣扬圣公会政治立场的牧师。与此同时，低教会派成员也开始撤回他们对学校的捐赠，充满敌意的宗教情怀和党派仇恨取代了学校早年的友好协议。1710年拉尔夫·索尔斯比在他的日记中写道："到处都充斥着圣公会和低教会派之间的激烈争执，即使是在最亲近的人之间。"② 对于学校的低教会派的支持者来说，这似乎不可避免，对他们来说，圣公会和詹姆斯二世党人没有什么区别，他们为了维护汉诺威的殖民地而建立慈善学校，如果没有采取任何措施来阻止他们的话，学校会完全落入心怀不满的人手中，他们在没有任何阻力的情况下用煽动性的原则毒害儿童。1715年，他们的这种猜测被确定无疑。在5月的布伦特福德选举中，"孩子们背上戴着相同的慈善徽章"，站在骚乱和喧嚷的街道上，③ 而且在叛乱的那几个月里，慈善学校的男孩们，穿着他们特有的制服，成为大街上高教会派暴徒的一部分。他们戴着支持王位觊觎者的帽子，为"高教会派和奥蒙德大声呼喊着"。教师们也让学校声名狼藉，亨利·纽曼作为基督教知识促进会的秘书，在写给林肯大主教的信中不情愿地承认了这一点。④ 有传言称，伦敦和乡村学校使用了非誓从者的教义，其中包含天主教会原则和对政府的反抗，这引起了极大的恐慌。⑤ 乐观的辉格党建立了一小队驻军来抵御罗马天

---

① Memorial, *op. cit.*
② Thoresby, Ralph, *Diary, 1677–1724*, vol. II, p. 69, ed. J. Hunter, 1830.
③ 参见 *The Flying Post*, April 26, 1715; S. P. C. K. Minutes, April 28, 1715。
④ S. P. C. K. Abs. of Correspondence, Letter from Henry Newman to Edmund Gibson, May 31, 1716.
⑤ S. P. C. K. Abs. of Correspondence, Dec. 24, 1718, 指较早时期的信件，也指 Letter Book, Jan. 27, 1718–1719。

慈善学校运动

主教和叛乱,然而在内部就出现了反叛的危险。

1715年,在普莱斯顿的反政府武装被击败后,英国国教暂时停止其猛烈攻势。在同一年,最有才能的汉诺威主教之一,威廉·韦克从林肯来到坎特伯雷,满怀信心地与辉格党进行真诚的联合。在低教会派看来,这是伦敦慈善学校对高托利派进行有力反击的绝佳机会。

18世纪的前半期,詹姆斯党的力量显而易见。那些公开支持王位觊觎者的人少,但是在他们背后有一群同情他们的人,人数未知,其活动非常秘密和低调。但是,就像韦克的手稿以及基督教知识促进会的信件和记录所显示的一样,他们中的许多人在宗教社团和大都市的慈善学校里找到了避难所和生存的机会。现实曾经不止一次地表明,对慈善学校的受托人和教师的指控没有根据,媒体和宣传人员的断言仅仅是在这个时代政党斗争中的政治武器。虽然辉格党派和低教会派会经常针对詹姆斯二世党人,极大地夸大事实和观点的重要性,但是有相当多的证据表明,詹姆斯二世党人的地位已经在伦敦的许多慈善学校中根深蒂固,他们的存在对辉格党政府,甚至是像韦克和吉普森一样稳重冷静的牧师,还有基督教知识促进会的执行委员会来说都是一种威胁。

宗教协会的性质发生了变化,这给学校带来不少他们的理事会成员和教师,这种变化在韦克调任坎特伯雷签字任职仪式举办后不久,就受到他的关注,这是由基督教知识促进会的创始人托马斯·布瑞签署的。这个纪念仪式表明,自从萨奇维尔博士的审判以来,宗教协会在威廉国王时代所拥有的虔诚、积极而谦逊的品质已经退化;他们变成对教会和国家不满的团体,"比神学院更急切地号召我们的年轻人加入詹姆斯二世党人"。位于怀特查佩尔的宗教协会因"政治上的不满情绪而臭名昭著";圣劳伦斯·普尔尼教区的宗教协会"为王位觊觎者喝彩";瓦尔德的宗教协会中有不少詹姆斯二世党人;在瓦尔德举行会议的慈善学校校长协会,也有同样的印记。后来一份请愿书敦促政府,"应该对他们严加监管,严格管制那些对国王进行恶意攻击的年轻男子"。[①] 我们很容易把这些报告和类似的报告写成辉格党人和被罗马危机困扰的低等教士的夸

---

① Wake MSS. Arch. W. Epist. 15. 在宗教团体、詹姆斯二世党秘密团体、天主教神学院的领导下,一个纪念碑介绍了伦敦及其附近的詹姆斯二世党人和教皇主义者,第二次报告发表于1716年8月24日。

张言论，如果大主教对这些宗教协会"陷入教皇腐败"，以及"争论和决议王子权力"的宗教和政治活动进行强烈谴责，这些就确认了对宗教协会提出的煽动叛乱和不满的指控。韦克认为："宗教团体最好应该完全解散，而不应该允许这种自由被剥夺……出于这样的原因，我永远无法保证这些人都是虔诚的基督教徒、他们的会议具有宗教协会性质。"①

二 辉格党的攻击

辉格党对慈善学校的攻击开始于1716年对《维斯塔斯法案》的斗争。自17世纪最后10年以来，要求改革大城市中一些已经撤销或十分优秀的教区委员会受到立法机关的关注。一个半永久的政治寡头对教区带来的恶劣影响归因于没有任何领导寻求补救措施，任由当权者独断专权并控制公共资金和股票，自1716年起，大都市中那些出色的教区委员会就成为托利党、国教徒和詹姆斯二世党人的据点，辉格党政府准备肃清这些混乱的局面，在清除顽固敌对势力的同时，通过开放选举，将原先由寡头掌握的权力转移到每一个由教区居民选出的代表身上。改革的提议"实际上是为了使牧师从以往的参政传统中分离出来，使这位教区最原始的长官回归到一个完全服从于教区委员的位置上"，② 并将权力转移到选举产生的机构，使其拥有任命教区慈善学校教师和招募学生的权力。这个法案经过各种尝试，却没有发挥任何作用。于是马上就有人开始呼吁，教堂正处于危险之中，无论是圣公会、高教会派还是低教会派，都反对宗教人士对学校的控制。由伦敦和威斯敏斯特的学校管理人员组成的伦敦慈善学校理事会，采取了有力的行动。他们在呈递给上议院的请愿书中宣称，慈善学校虽然在教区内却不归教区管理；理事会还得到了会员的志愿支持，因此他们获得了任命教师和推荐学生的资格。将这些权力移交给一个选举出来的机构，不仅可以对招募的会员进行审核，而且会对上述学校"产生一些消极影响"。③ 该法案在下议院成功获得通

---

① S. P. C. K. Abs. of Correspondence，1718年4月3日坎特伯雷大主教写给伦敦及附近宗教团体来访管理人员的信。这封信重复了1716年写的一封信，但我找不到，在1716年基督教知识促进会给其通讯员的通函中提到了这封信。
② Webb, S. and B., *English Local Government from the Revolution to the Municipal Corporations Act. The Parish and the County*, 1906, p. 255.
③ 1716年6月5日伦敦和威斯敏斯特慈善学校理事会的请愿书。

过,尽管基督教知识促进会的成员一直致力于反对它;① 在上议院,当大主教意识到教区正处于危险之中后,他就不止一次地强调他和辉格党政策的独立性,一位异教徒的史学家艾德蒙·卡拉米说,大主教以"非辉格党同盟的身份"发表了一场反对该法案的演讲,他在"很多人都放弃的情况下,依然有勇气坚持为它说话"。② 混乱的局面依然没有被肃清,托利党依然控制着教区委员会,学校的理事会成员和管理者被保留下来。

像这样的胜利并不是没有危险。大主教写信给伦敦学校委员会主席爱德华·詹尼斯,并警告他说,政府未能建立起学校的控制权,他们有责任去清理,避免他们涉嫌具有煽动性的言论或行为并引起理事会的不满。"我现在很高兴地告诉你们,我昨天代表所有的慈善学校向下议院递交了你们的请愿书,而且所得到的结果如我所期待的一样令人高兴。这个法案已被否决,因而威胁到这些虔诚的托儿所的危险已经不复存在。但是如果你不采取一些有效措施的话,我不能保证这种局面能够维持多久,因此你必须将那些向孩子们灌输党派性和煽动性原则的教师清除掉,并且对孩子们和教师进行严格监督,防止他们出现冒犯政府的行为,这将成为这些动乱和暴动事件中的丑闻,也会让人们对这个和平稳定的国家产生怀疑。"③ 大主教要求理事会认真调查关于学校遭到反对的根源,随后他写信给基督教知识促进会,要求将其成员资格仅限于那些积极拥护国王及其政府的人,除非乡村学校的教师也以同样的方式被肃清,否则拒绝为他们提供帮助。一些会员的忠诚度令人质疑,基督教知识促进会因此遭受极大的困扰。基督教知识促进会谴责了一些校长和教师的行为,认为他们"在这个关键时刻,如此自由地为罗马教祈祷、欢呼和宣誓";基督教知识促进会还要求其秘书向乡村的通讯员发送调查问卷,调查的结果表明,乡村地区的不满情绪并不严重;最后基督教知识促进会

---

① S. P. C. K. Minutes, May 10, 1716; Letter Book, May 10, 1716, Letter to Sir Richard Marsham, M. P.
② Calamy, E., *Historical Account of my own Life*, 1829, vol. Ⅱ, pp. 352 – 353;也可参见 *the House of Lords Journal*, May 25, 26 and June 1 and 5, 1716, vol. ⅩⅩ, pp. 365, 366, 368, 372, and Oldmixon, J., *History of England*, 1733, vol. Ⅱ, p. 633。
③ S. P. C. K. Abs. of Correspondence, 1716 年 6 月 6 日, 坎特伯雷大主教给爱德华·詹尼斯和值得尊敬的伦敦与威斯敏斯特慈善学校理事及主任的信。

还制定了一项规定:"除非基督教知识促进会对这个人对政府和国王的拥护程度感到满意",否则任何人都不会被承认其为教区居民或通讯员。大主教的劝诫加上同基督教知识促进会的合作,结果却收效甚微。① 由理事会成员组成的伦敦慈善学校委员会召开会议对大主教的禁令进行讨论,然而在经过大量的讨论之后依然没有什么结果。他们对学校进行检查,并发现阿尔德盖特市的圣安妮教区、威斯敏斯特的圣安妮教区以及贝纳德沃德的慈善学校的校长有反抗和煽动的行为,并建议受托人将他们解雇。他们以"伪造、虚假、诽谤和恶毒"的罪名对这些校长进行疯狂的指控,全体投票一致认为,校长总体而言都十分拥护国王和政府,同时在报告中建议,一些男孩子将弯弓的标志戴在帽子上,或者是为了香烟而乞讨,或者是大声呼喊"高教会派和奥蒙德万岁",或者是学其他孩子使用"挑衅的语言",这些行为都应该受到惩罚。②

然而,如果认为这些可怜的受害者就像是被不满言论淹没的鱼,那就太不明智。在理事成员委员会中,显然有一些人对教会的教义不太赞同,他们对王权的忠诚度也让人怀疑。尽管有可能,但是的确在大主教的告诫下,学校的管理者被建议去诚心劝导那些有反叛意图的教师和学生,因为他们没有权力将其开除。每所学校都有自己的制度;学校教授读写算课程并不需要获得许可,学校的管理者也可以按照自己的意图行事,而不用担心受到主教和普通公民的干涉。基督教知识促进会在慈善学校的建立过程中发挥了重要的作用,本应该可以给予一些建议并进行说服;然而它也没有权力对一些不配合的理事执行规定,其中一些理事还是基督教知识促进会的成员。因此,不难发现实际上具有反叛意图的教师同经过委员会审查和革职的教师数量并不一致。学校的记录册中将这些对国王和政府有反叛意图的名字隐藏起来;在基督教知识促进会的

---

① S. P. C. K. Abs. of Correspondence, Aug. 21, 1716; Wake MSS. *loc. cit.* 从几封信的摘录,显示出慈善学校在职人员对现任政府的良好感情;基督教知识促进会 1716 年 8 月 30 日会议记录。
② Wake MSS. Arch. W. Epist. 27。伦敦和威斯敏斯特及其周边地区的慈善学校受托人大会;1716 年 11 月 2 日,贝纳德·沃德城堡慈善学校管理人托马斯·怀尔德案;对从事骚乱的儿童的惩罚;几所慈善学校的受托人的决议;等等。也可见 S. P. C. K. Letters. Letter from Henry Newman to the Bishop of London, July 10, 1724; *The Evening Post*, Oct. 6 – 9, 1716; *The British Gazetteer*, Oct. 13, 1716。

慈善学校运动

通信稿以及日报和周报中,都有对那些命运未知的人的控诉,即使一些指控缺乏令人信服的证据,也会有足够的理由来支持"慈善学校的教师在散布毒药"这一结论。在6月和10月,理事成员委员会建议将贝纳德·沃德城堡慈善学校的校长解雇,因为他不再适合在任何慈善学校任教;但在11月,这位声名狼藉的校长仍在学校工作,尽管委员会向基督教知识促进会和大主教汇报了此事,但学校的理事们并没有表现出要把他开除的倾向。①

由于大主教和基督教知识促进会在管理受托人和教师方面缺乏控制力,加上政府发生巨大变化,低教会派开始呼吁对学校进行有效的管理,他们的纪念仪式对慈善学校运动的早期活动做了宝贵的评价。回想起当初,当教会成员和异教徒联合起来建立和支持学校,他们要求詹姆斯二世党人和其他心怀不满的人应该结束对当时学校的管理,即要么对学校进行监管,要么由他们完成对学校的整顿。首先学校的课程设置在他们看来不明智,因为把成千上万个无助的孩子带到街头不仅会给政府带来麻烦,而且会提升具有反叛意图的政党的支持率。因此,他们提出,作为改革的基础,国王应该制定一份宪章将其认为合适的人纳为学校的受托人和管理人员。在大主教的任期内,基督教知识促进会应该被赋权去任命和解聘教师、对学校进行审查并禁止在学校进行慈善布道,"有些人在他们的布道中以他们对教会和政府的偏见对人们的思想进行毒害";应该对所有慈善学校基金进行监督,以保证不会出现不合理的贪污和挪用公款;最后,应该赋予基督教知识促进会对伦敦进口煤块进行征税的权力,作为一种弥补会费和捐赠不足的手段。如果这些改革措施被引入,请愿者将会自信地认为,许多由于近期的混乱而退会的老会员,无论是圣公会教徒还是反对者,都将继续缴纳会费。② 但是,这位大主教显然

---

① 1724年亨利·纽曼在给伦敦主教埃德蒙·吉普森博士的信中写道:"我于1716年10月寄去理事委员会会议记录的一份副本,您在这份副本中将会看到他们是怎样在宣判所有的校长无罪之后又开始对一些校长进行谴责,圣凯瑟琳教区的帕克先生,圣安妮教区的布鲁斯特先生都在和邪恶的人一起等着看这次会议的结果。怀尔德先生是一名被学校解雇的校长,他在被解雇后继续享有工资,而且现在又恢复了学校的工作。" S. P. C. K. Letters, 1724。

② Wake MSS. Arch. W. Epist. 15. Memorial Representing the Origin and Design of the Charity Schools [etc.].

第四章　英格兰：慈善与政治

不喜欢任何改革方案，他承认，即使是让政府干预学校的薄弱环节，也会让他的政党感到失望。基督教知识促进会的计划最终未能获得他的支持。他通过要求理事委员会主席做出承诺来满足自己，让他们保证所有对学校有控制权的人都应该通过以下声明来证明自己的忠诚："我完全拥护乔治国王及其政府，我要感恩上帝的恩典，举止得体，为我们的国王和政府做出积极的贡献。"

韦克大主教的观点遭到反对，理事委员会回答说，他们完全同意这个提议，但在这样的时刻，"为免被否决"而提出这样的方案是否合理，最终大主教明智地放弃了提议。相反，他要求基督教知识促进会[1]仔细考虑这件事，并找到解决方案。基督教知识促进会在其1718年的慈善学校报告中发表声明，并要求其居民和相应的成员严格遵守其规定，但是尽管有主教和基督教知识促进会的不断努力，心怀不满教师的行为继续引起"慈善捐助者之间的猜忌"。诚然，一些教师会因为他们政治上的不满而被开除，但是，正如基督教知识促进会联络人所哀叹的那样，那些被开除和没被开除的人其实没有区别。

詹姆斯二世党人对1718年的夏天充满期待。但两个不安分和不满足的欧洲大国，不愿意将詹姆斯二世党人的事业作为他们野心勃勃的计划中的一部分。伊丽莎白·范尼斯和卡迪纳尔·阿尔贝罗尼承诺对西班牙进行帮助；瑞典国王查理十二世将领导英国的詹姆斯二世党人。拜恩在帕萨罗战胜西班牙舰队；斯坦诺普在外交上取得胜利，成功与法国、奥地利和荷兰结成四国联盟，这两个事件暂时缓解了政府的焦虑。但是英格兰的局势依然十分紧张。不确定性带给人前所未有的恐惧，没有人能够评估詹姆斯二世党人的力量，也没有人能够否认詹姆斯二世党人成功的可能。罗切斯特的主教阿特伯里，是公认的最高教会派领袖和大多数神职人员的偶像，受到詹姆斯二世党人的强烈怀疑，尽管直到后来，人们才发现他的叛国行为在当时受到怀疑是很有道理的。1717年末，他写信给玛尔说，"某种解脱就近在咫尺"，[2] 而且，随着紧张局势的加剧，辉格党和低教会派严厉查处各种各样的叛国行为，最后在缺乏支持的情

---

[1] S. P. C. K. Minutes, June 5, 1718; S. P. C. K. Abs. of Correspondence, May 22 and June 2, 1718.

[2] Doran, J., *London in Jacobite Tines*, 1877, p. 299.

况下，并没有达成他们想要的效果。国王和王后被严格监视而不能私自采取行动，那些不幸的小卒又被拖到行动中去，这一次是针对学校的一个无聊事件，特别是阿尔德盖特市的圣安妮教区学校。这所教区学校的管理人员要求齐斯赫斯特的校长允许他们派一支教区的慈善儿童队，以及一位代表学校布道的讲师到学校向齐斯赫斯特的教堂布道。如果圣安妮教区的学校没有因其校长的反叛行为而臭名昭著，如果阿特伯里没有成为齐斯赫斯特的教区牧师，那么这一不寻常的做法可能会被忽视。这两个事实的结合，使学校的要求和校长的许可变成詹姆斯二世党人的阴谋。当这支监察队伍来到齐斯赫斯特的时候，他们被带到乡镇的高级长官和两名辉格党法官的面前，长官和法官以没有许可在这个乡镇逗留和乞讨为由，拘留了其中一位受托人。在齐斯赫斯特教堂的晨祷结束时，学校的理事会拿出盘子开始募捐，两名法官从座位上站起来，禁止了这一行为。那些充满同情心的会众，毋庸置疑拒绝服从法官们的压制；他们也从座位上站起来，把善款丢到盘子里，在一场不体面的斗争之后，法官们把盘子从理事会成员手中扯了过来，命令会众们解散。这件事并没有就此结束。校长、教师和受托人都被拘留，并被遣送到季度会议上，但是由于大家都十分同情这些被告，以至于法官无法提出一个真正反对他们的法案，最后在第二次立法会议上才撤销对他们的指控。很显然，这些被拘留的人不能被判为叛国罪，因此他们被指控为在该国非法游荡，以及在他人的教区里非法索要3英镑的慈善捐款。控方律师在一次演讲中揭示了这一指控的真正意义，该演讲描述了这一邪恶和非法的筹款计划对汉诺威条约的灾难性影响，如果继续下去，将使慈善学校能够"与政府对抗"。控方律师请求陪审团记住，尽管这些被拘留者是在一个小小的齐斯赫斯特教区收集了3英镑，但试想如果英格兰的1万个教区都做出类似的行为，他们将筹集足够的资金"承担骑士前往意大利的费用，并帮助詹姆斯王子完成与索别斯基公主的婚姻，然后他们将繁衍出新的王位觊觎者，这将对新教利益造成极大的威胁"。法官利特尔顿·波伊斯说，这个案件提出的疑问现在已经得到回答，主教和领圣俸者以前允许他们在乡镇逗留并募集善款的请求，现在被驳回；圣安妮教区法规第十四章第四条和第五条就对其有明确的规定，这些善款是未经合法授权而募集，未来将对那些有类似行为的人处以重罚。尽管最高法院注重强调此案的这一方面，掩盖其真正的重要性，但人们都意识到，如果辉格党律师和法官们主事的话，"他们将会压制整个英格兰所有的慈善学校"。①

五年之后，卡托在《独立的辉格党》，伯纳德·曼德维尔在著名的论文《慈善和慈善学校》中再次对齐斯赫斯特教区非法募集慈善资金者进行猛烈的攻击。对反叛行为的攻击并没有在1718年停止，但是齐斯赫斯特的案件是一个警告：理事会大多数会员的势力不可无视。他们表现出强烈的愿望，要同大主教以及基督教知识促进会合作消除"反叛的根源"，甚至声称他们在确保教师的良好行为方面不可或缺。尽管他们更加小心谨慎，但詹姆斯二世党人的同情反而成为学校怀疑的目标，尤其是在詹姆斯二世党人阴谋盛行的时候。齐斯赫斯特事件再次爆发的直接原因"是1722年又发现詹姆斯二世党人的另一个阴谋，阿特伯里显然也参与其中"。1720年南海泡沫事件的爆发，给政府声誉带来严重的损害，同时王位觊觎者儿子的诞生，再次点燃詹姆斯二世党人的希望。1723年夏天，公众的兴奋情绪差点使萨谢弗雷尔骚乱重演。在伦敦的教堂里，为阿特伯里献上祈祷；大家在诗篇中将他和劳德大主教进行对比，"在基督教赐予的勇气下，让他除了敬畏上帝外无所畏惧"，诗里对他的荣誉进行赞美，他在监狱里的照片，手里拿着劳德大主教的画像，在拥挤的人群中有他的支持者，希望他能通过威斯敏斯特的审判。当审判结束时，英国的高教会派因他们领袖叛国的阴谋而蒙羞，曼德维尔和"卡托"将主要精力集中在慈善学校对普遍不满的贡献上。在1723年之前，高教会派和低教会派为争夺学校控制权而进行的斗争一直处于十分胶着的状态。现在，那些在当时被最广泛阅读的犀利言论将学校完全曝光在公众的视野下，媒体和小册子为1723年的整个夏季的激烈争论做好准备。"卡托"在《英国杂志》上直接对高教会派进行猛烈的攻击，谴责他们"新奇的慈善机构"破坏了共同原则，对公众安全来说是一种威胁。"在孩子们刚学会说话的时候，就教会他们高呼'高教会派和奥蒙德万岁！'，这意

---

① Wake MSS. Arch. W. Epist. 27. 关于齐斯赫斯特事件的报告，未注明日期。也可以看 Howell, T. B., *State Trials* [*etc.*], vol. XV, cols. 1407 – 1422, 以及关于审批的报告，*The Weekly Journal*, Dec. 6, 1718. 丹尼尔·笛福在他的小说《旅行》中对这一非凡事件作了最好的描述，*Charity still a Christian Virtue, or The Impartial Account of the Trial and Conviction of the Rev. Mr Hendley for Preaching at Chislehurst* [n. d.]。

慈善学校运动

味着孩子们还没弄清楚叛国是什么,就被引导去加入这种行为。"他断言,天主教将不再是一种威胁,因为神职人员腐败的部分已经成功地利用这些学校来破坏对天主教的敬畏,并影响到革命和建制派。这些管理人员被谴责为"坚定的詹姆斯二世党人教徒或愤怒的高教会派信徒",他们通常生活放荡和毫无原则,他们雇用的教师是制造城市暴徒的头目,并把孩子们培养成替觊觎者去战斗的人。①

毫无节制的谴责最终让自己走向失败。低教会派建立起学校,高教会派对学校进行占领,理事会对学校进行管理,会员给学校提供资金,这些人都遭到了"卡托"的攻击而十分愤慨。米德尔塞克斯大陪审团以诽谤罪指控《英国日报》的作者、出版商和印刷商为学校辩护,称其亵渎了上帝和宗教,污蔑和诋毁基督教慈善的伟大职责,使所有虔诚和善良的基督徒蒙受耻辱并感到被冒犯,更奇特的诽谤和中伤是针对英国国教徒为了给贫困儿童提供教育而建立并维护慈善学校的虔诚行为,这本应该是一种值得称赞的做法,因为这种做法不仅传播了上帝的福祉,也发散了我们整个民族的荣耀和福利,几乎所有的异教徒都认为它们是最值得称赞的慈善机构。但是这些诽谤者竭尽全力去恶意暗讽,以不虔诚的神学院为代表,他们开始威胁公众,宣扬罗马天主教教义,强行将他们的意图强加给这些无辜的孩子,所有国王都知道这些孩子从小就只了解朴素的基督教义,从来没有接触过其他的法则。因此,我们应该让那些最傲慢、邪恶和可耻的诽谤者在正义原则审判下得到应有的惩罚。②

伦敦新闻界完全推翻了大陪审团的攻击。《英国公报》愤怒地否定"卡托"的观点,强烈要求他拿出论据来证明他的断言。《英国公报》强调:"我们有机会认识不止一所学校的董事,并认识几位正直且有影响力的人,他们不愿支持任何有不忠或派别倾向的事情。"《周六邮报》全文报道大陪审团的陈述,并得到强烈的反响。《阿普尔比周刊》对这一论

---

① *The British Journal*, June 15, 1723。约翰·特伦查德化名"卡托",有时独自一人,有时与他的抄写员托马斯·戈登合作,出版 *The Independent Whig* and wrote in *The London Journal* and *The British Journal*。这两个人都是高教会派的坚决反对者;参见 *The Fable of the Bees*, or *Private Vices*, *Public Benefits*, by Bernard Mandeville, ed. F. B. Kaye, 2 vols., Oxford 1924。

② *The Report on the Presentment of the Grand Jury of the Co. of Middlesex* on July 3, 1723, is printed in full in *The Saturday Post* for July 20, 1723.

调表示称赞，并表示希望能通过普及一些公共课程惩罚这些罪犯。《伦敦杂志》在 7 月 21 日强烈谴责"七年前愚蠢教师的行为"差点"毁了这份最高尚的慈善事业"，并在接下来的一周再次批判"卡托"培养具有反叛意图的教师的行为。"如果在理事会的监察下，有任何一位被证实对政府有反叛意图的教师继续在学校工作，或者有任何一位教师拒绝教导孩子们服从并拥护君主……那我将满足凯蒂的要求来关闭学校并将校长革职。""斐洛—布列塔尼库斯"在 7 月 27 日为学校申辩，称其为"最伟大的传播宗教和美德的媒介，是反对罗马天主教最有力的武器，是教导人们接受上帝恩惠最好的指引"。他指出，"卡托"对教士和学校的攻击，是源于对宗教的敌意。基督教在捍卫新教教义的阵营里遭到攻击。《周六邮报》在同一天将超过一半的专栏文章用于为慈善学校进行辩护，称赞其为对抗罗马天主教最可靠的堡垒，是为穷人争取机会平等的唯一方法，并使"自由思想家、狂热分子和无神论者受到鼓舞，使他们坚信慈善学校会加强英国国教的力量"。[①]

更强烈且持续的谴责进一步压倒了伯纳德·曼德维尔和他所做的贡献。《蜂蜜的寓言》是他最广为人知的一首诗，在 1714 年首次出版时引起巨大的轰动。它的第二版在当时被刊印成册，并且在一百多年的时间里一直是讲道坛上最受欢迎的读物。就像曼德维尔悲哀地承认的那样，《蜂蜜的寓言》的突然成名，不是因为这首诗的内在价值，而是因为它被刊印在曼德维尔所写的《慈善和慈善学校》一文中，在文中他发起对最受欢迎的慈善形式的攻击，新闻界和神职人员、受托人、教师和广大的会员都开始反对他的言论。《蜂蜜的寓言》强调的是大众教育的社会和经济风险，而不是政治风险，但是曼德维尔却对学校的支持者们做了一番嘲笑和挖苦。《蜂蜜的寓言》对"具有抽象思维的"知识分子的美德和宗教信仰进行攻击；同时野蛮且清晰地声明，他们不需要学着去被理解。在鞭子的抽打下，被他鄙视的那些民众开始对他进行反击，而曼德维尔发现自己面对的是两股联合起来的力量，一股是大众对教会的热情，另一股是大众对慈善事业的热情。在 1723 年的激烈争论中，没有什么比学校

[①] *The British Gazetteer*, June 22 and 29, 1723; *The Saturday Post*, July 27, 1723; *Appleby's Weekly*, July 20, 1723; *The London Journal*, July 20, 1723.

慈善学校运动

和它们的支持者打败可怕的对手更令人关注的了。7月底,"卡托"被迫辞去《独立的辉格党》编辑一职;8月,曼德维尔的书,就像"卡托"的杂志一样,被美国的"大陪审团"视为公敌,他在《伦敦杂志》上为他的作品进行辩护,抗议自己被歪曲了。对慈善学校的攻击最终以失败而告终。[1]

无风不起浪,对这些牧师支持者的无情攻击激起了民愤,因为这掩盖了一个事实:十多年来,这些学校一直是低教会派和辉格党政府的怀疑对象。毋庸置疑,学校是传播宗教和美德的媒介,宗教和美德所灌输的是汉诺威式的理想,既不明确也不太可能实现,在经过最近对学校的激烈辩护后,正如他们的支持者现在所担心的那样,这种不满情绪已经玷污了学校的忠诚,使学校不再受到政府和当局的关注。[2]

政治上的不满情绪并没有被给予机会继续蔓延。当政府准备对阿特伯里采取行动时,汉诺威的主教埃德蒙·吉普森从林肯调到伦敦任职。从这一刻开始,学校的暴乱就被彻底清除了。在吉普森博士看来,罗马天主教的威胁只能通过联合所有男女老少新教徒,只能一起来对抗共同的敌人才能消除。这一次不再会对具有反叛情绪的学校理事会成员有折中的政策和迂回的方法。作为基督教知识促进会最老的成员之一,埃德蒙·吉普森十分赞同他的朋友怀特·肯尼特博士和他的老师德尼森大主教的观点,他们在慈善学校中发挥着"作为圣公会教徒的一小部分来对抗罗马天主教"的功能。[3] 作为兰贝斯的教区牧师和奇切斯特的牧师,他非常清楚学校对于教会的价值以及教会对学校进行控制的必要性。在林肯教区,他追随韦克大主教的脚步,投入大量的时间和精力在建设慈善学校的运动当中。韦克主教在1714年向基督教知识促进会报告有200所学校,在吉普森任职期间学校数量稳步增长。1716年,他在伦敦慈善学校的周年纪念会上宣讲布道,题为"对支持慈善学校的特别表扬和奖励",毫无疑问,在他的听众心中学校的功能是教导孩子们"不要说别人的坏话,要尊敬权威,并服从于荣耀和权力。"[4]

---

[1] 参见 *The British Journal*, Aug. 3, 1723 and *The London Journal*, Aug. 10, 1723。

[2] S. P. C. K. Letters, Letter of Henry Newman to the Bishop of London, Jan. 27, 1718–1719.

[3] Kennett, White, *Sermon preached at the Anniversary Meeting of the Charily Schools in and about the Cities of London and Westminster*, May 16, 1706.

[4] Gibson, E., *Sermon preached at the Anniversary Meeting of the Charity Schools in and about the Cities of London and Westminster*, May 24, 1716.

第四章　英格兰：慈善与政治

主教的新职务不仅让吉普森控制了全国最重要的主教教区，而且，随着大主教与政府之间的关系变得越来越冷淡和疏远，他成为"汤森德和沃波尔的积极合作伙伴"。① 用吉普森的话来说，这种伙伴关系是建立在"辉格党教会的明确底线"上，即"新教徒的继承权，建立教会和宽容"，这种关系一直持续到1736年，直到"专横的希尔德布朗二世"拒绝为了辉格党牺牲他自己的教会。②

在1723年，政府和其教会顾问一心将这些虔诚的托儿所作为"堡垒来捍卫我的改革"。吉普森博士在他的办公室对国务卿汤森德公爵说，作为伦敦主教，"要时刻注意到城市和教区的慈善学校，以及学校的校长和教师，这至少会让他们意识到他们正在被监督，并且不会随意冒犯政府。"他说，他会把他们召集到圣保罗教堂的牧师会礼堂，并支付给他们一笔"看起来不错的费用"。汤森德非常赞同这个提议，并认为这对教堂和政府当局来说大有裨益，主教召集所有在他教区的伦敦慈善学校的校长和教师，并且向他们明确教会和政府赋予其的职责。吉普森指出，学校在宣扬宗教和美德方面发挥了突出的作用，以至于所有的虔诚和善良的人都希望看到这些慈善学校继续繁荣壮大。因此，如果在这些校长和教师中间发现了任何形式的虐待或腐败，那么谨慎和虔诚的做法就是对其进行改革，而不是将这种做法摧毁。在全国各个地方，学校数量的迅速增长使其"备受全国瞩目"，因此"他们在宣扬其宗教目的时，并没有对政府产生任何的不良影响。"尤其是在伦敦和威斯敏斯特这两座城市的学校更直接受到政府的监督，对其他发展中的学校来说这是学习的典范。然而，在城市和乡村学校，到处都在抱怨这种方法"既不方便也不适用"。吉普森曾召集教师们一起来讨论这些反对意见，并通过起草教师未来行为的规则来消除这些不满，以让教师没有抱怨的理由。

吉普森主教阐述的第一部分内容，很好地处理了引入这一社会实验后，有可能会使孩子们的生活变得更加困难和更加艰辛的危险倾向。更严重的是，"一种强烈的反对意见，以及政府几乎要关心的一个问题"，是对学校的反抗情绪。"我希望并确信，现在不像几年前那样，让我们的

---

① Sykes, N., *Edmund Gibson, Bishop of London, 1663 – 1748. A Study in the Politics and Religion of the Eighteenth Century*, 1926, p. 83.

② Bishop Gibson Pamphlets, xv, 16, Sion College Library.

慈善学校运动

慈善学校成为滋生反叛的土壤。然而新教的继承问题仍然具有不确定性，而且没有什么能够打败它，有些人，他们的观点尽管和其他善良且有美德的人不同，但是他们努力使慈善学校的管理权掌握在自己手中，使慈善学校在发起和宣扬反对新教继承权的过程中起着重要作用。"虽然在当时，教师和儿童的不当行为依然臭名昭著，但是，主教认为大部分历史遗留问题已经解决了。"在过去的几年里，大部分的孩子都遵纪守法，教师们也在不断学习以证明他们对政府的真诚拥护。"只要他们以这种方式继续下去，政府就会保护他们，但他们必须保证，反叛之心"永远不会在我们的学校里存在"，否则这样的教育场所将不能被容忍。这一明智的声明，告诉民众过去就是过去，也促使他们站在政府这一边。接下来主教就学校未来管理提出建议，这将使他们不再被怀疑对政府有违抗意图。为此，孩子们在早上和晚上为国王和皇室祈祷，在他们的祷告词中添加这些或类似的语句："我们恳求你，赐予我们仁慈的君主乔治国王和所有的皇室家族最慷慨的祝福。保佑他们能够长久而幸福地统治我们的国家，在这个国度绝不会有任何一个人企图谋权篡位，整个民族在国王的福祉下维持着单纯的宗教信仰。"

任何明显对国王和皇室不尊敬的言论都会被阻止，无论他们是表现在文字、歌曲还是图片中，对此类冒犯行为的惩罚将会"以一种公开的方式进行，这样既可以为诋毁学校的不忠行为进行辩护，又可以给其他人以警示"。学校也不会浪费任何机会对孩子们灌输"国王、皇室以及整个政府机构的公正美好形象，或者让他们对教皇统治时期的状态产生恐惧并形成在教皇统治下新教徒遭受残酷迫害的印象。"最后，吉普森主教忽略了他的建议所涉及的矛盾，他建议教师让孩子们知道"对抗政府的罪恶，以及参与他们不该参与的事件是多么愚蠢和罪恶的行为"，吉普森主教还警告教师们，其行为将时刻受到监督。"我认为我的职责是不时地询问这些校长和教师的行为。"①

吉普森博士的这一声明是针对他自己教区的学校所做的，由基督教

---

① *Directions given by Edmund., Lord Bishop of London, to the Masters and Mistresses of the Charity Schools, within the Bills of Mortality and Diocese of London, assembled for that purpose in the Chapter House of St Paul's*, Nov. 14, 1724. Reported in full in *The Daily Courant for Monday*, Nov. 16, 1724.

第四章 英格兰：慈善与政治

知识促进会的代理机构广泛传播。每一所与协会有联系的学校都收到了一份副本和一封信，希望他们培养出十分忠诚的孩子。在韦克失败之初，吉普森成功了。艾萨克·瓦茨博士，这位对英国国教创办慈善学校持强烈批评态度的人，在四年后最终接受了大主教的声明，并承认以前学校里残留的"反抗情绪"已经基本上"被清除"了。① 在18世纪剩下的75年里，基督教知识促进会在其报告中，要求理事会努力践行对汉诺威国王的责任，去对学校的孩子们进行教导，而且时不时地会在教会的慈善布道中提醒他们，学校仍然是改革的堡垒，但是，当詹姆斯二世党人不再对新教的继承权构成威胁时，这种命令和指导就没有存在的必要了。在主教和协会的共同努力下，那些误入歧途的学校重新安全回到了汉诺威王朝的怀抱，并和它永不分离。

> 吃饱，学好，然后怀着虔诚的热情，
> 来报答我们神圣的教会和人民。②

以上就是孩子们的责任。他们很好地吸取了教训。即使是1745年的叛乱，学生和教师们也没有再牵涉其中。

三　异教徒的反抗

尽管经过伦敦大主教的有效净化后，詹姆斯二世党人在学校的历史上基本没有留下什么印记，但是为反抗他们而做出的斗争却对英国慈善学校运动产生了永久性的影响。影响明显地体现为基督教知识促进会逐渐退出其在慈善学校运动中所扮演的角色。基督教知识促进会的工作在受到社会和经济的批判后，为了避免再遭受到政治上的攻击，大量招募了高教会派和低教会派的成员，最后，随着基督教知识促进会对海外传教事业和国内出版工作的热情高涨，便不再涉及政治。更值得注意的是，在詹姆斯二世党人阴谋取得短暂胜利后，学校疏离了低教会派的支持者；

---

① Watts, Isaac, *op. cit.* p. 45.
② *Charity in Perfection this side Heaven, or the Great Happiness and Advantage of Erecting Charity Schools.* A Poem, by J. B., under-master of the Charity School at St Alban's, Holborn, 1716. In Sion College Library, 45. A. 6, No. 4.

慈善学校运动

当詹姆斯二世党人的希望破灭时,学校又疏离了高教会派的支持者,最终慈善学校运动失去了两个主要的供给来源。最后也是最重要的一点是,学校使教会和非国教徒在基础教育的问题上产生分歧,至今依然没有缓和。许多异教徒给予英国圣公会学校慷慨的支持,后来当这些异教徒自己有能力时,就撤回学生和资金,并开办属于自己的教会学校。①

在安妮女王统治时期,对异教徒的猛烈攻击使国教和异教徒在贫困儿童教育上的友好合作出现破裂,从17世纪末期以来这种状态就未曾改变。"慈善学校对异教徒怀着非常大的敌意",以至于著名的异教徒、哈尼克区马尔街教堂的牧师马修·亨利强烈要求他的异教徒同盟们效仿已经建立的教区学校来创办属于自己的慈善学校,在学校里给所有的孩子传播慈善和节制的思想,以美好的事物来化解邪恶。他于1714年去世,与此同时《分裂法案》通过,该法案禁止任何非英国国教徒创办公立或私立学校,这使他所有的努力都功亏一篑。②

异教徒的慈善学校,表达了这些热心和忠诚的异教徒的决心,他们致力于在其所管理和控制的学校里为贫困儿童提供相应的宗教教育。为数不多的一些记录显示,他们的支持者也同样受到虔诚的宗教精神和纪律的影响,这使英国圣公会慈善学校的支持者深受感动。进而,人们对罗马天主教的恐惧和对英国国教的不信任感更加强烈。在詹姆斯二世统治的最后几年里,位于萨瑟克区的沙砾巷慈善学校是异教徒为应对罗马天主教的威胁而做出的回应之策。位于拉特克利夫公路莎士比亚街区的慈善学校,最初位于圣保罗教区的沙德韦尔,是1712年由会员捐赠者"出于同情、仁爱以及维护宗教自由的热情"而建立。位于萨瑟克区的霍斯利顿的学校是浸信会教徒、无党派人士和长老会教徒联合反抗安妮女王统治时期高教会派排外政策的象征,"当时教会拒绝给予非国教徒公开教导自己孩子如何敬拜上帝的权利"。③

---

① S. P. C. K. Abs. of Correspondence, Nov. 14, 1716; Jan. 21, 1716 – 1717; *Letter Book* xx, July 28, 1730.

② Henry, Rev. Matthew, *Reasons for Promoting the Interest of Charity Schools* [n. d.].

③ 参见塞缪尔·钱德勒牧师于1728年1月28日为萨瑟克区沙砾巷慈善学校所做的布道;以及彼得·罗宾逊牧师于1779年3月3日为位于霍斯利顿的新教异见者举办的慈善学校所做的布道;也可以见 Bourne, M. A., in *The Educational Record*, Feb. 1902, and Ivimey, J., *History of the English Baptists*, 1824, vol. III, p. 116.

第四章　英格兰：慈善与政治

位于碎石巷持不同政见者举办的慈善学校的内部

在1718年，《分裂法案》被废除之后，异教徒的主要成员艾萨克·瓦茨、塞缪尔·钱德勒以及菲利普·多德里奇再次鼓励建立异教徒的慈善学校，孩子们在学校里不会被教导着去憎恨政府，或者"去涉入新教继承的问题，要使学校成为大不列颠的荣耀、宗教改革后的保卫者和欧洲自由的捍卫者。"[①] 在这些呼吁下设立的异教徒慈善学校的数量并不明确。在19世纪早期，经慈善机构调查委员会审核的非圣公会捐赠的慈善学校有38所。[②] 由于总体上数量还是太少，除依靠捐赠资金而开办学校外，还应再增加一些学校。由于大多数异教徒都是"贫民"，而捐赠的学校是为穷人开办，所以可以断言，慈善学校在异教徒中大受欢迎，但是异教徒创办的慈善学校中很少有学校能像圣公会学校一样，为自己的学生提供服装。[③] 不幸的是，没有类似于英国国教的统一报告来证明异教徒慈善学校的数量和范围。这些学校的存在被记录在代表异教徒教会的布道中，或者在伦敦、布里斯托尔、唐斯特、圣奥尔本斯、曼戈茨菲尔德、北安普敦、里切斯特、凯恩、普顿和达文特里的地方历史上，代

---

① Watts, Isaac, *op. cit.* p. 44.
② 参见 Appendix I, sect. 3。
③ Watts, Isaac, *op. cit.* p. 41.

111

表着被遗忘的少数人的名字。

18世纪上半叶异教徒教会由于缺乏共同的努力和足够的重视,其创办的慈善学校没有得到迅速的发展,随着威胁安妮女王统治的危机被消除,这一切都在预料之中,但是18世纪过度的自治对年老异教徒的生活进行了限制,这使他们除了祈祷和宗教体验的交流之外,无法开展其他任何形式的合作。对他们中的一些人,结盟被认为是对公民和宗教自由的致命打击。除了这三个教派组成的伦敦校长协会,他们的兴趣主要集中在政治上,在各教派之间进行有组织的合作。因此,这所由三个不同的非国教派共同努力而建成的位于萨瑟克区的著名学校,是18世纪异教徒联合办学的罕见案例。[①]

对于异教徒创办贫民慈善学校的更严重障碍是异教徒对高等教育的浓厚兴趣。非国教教会成员们沉重的财务负担,使得他们中的一些人不愿意承担更多的社会责任。除了要维护整个教会的运营和支付牧师的费用,由于刑事立法和大学章程已经规定不再给异教徒提供高等教育,所以他们还有义务为这些年轻人提供其他的教育途径。[②] 随着时间的推移,在异教徒设立的学院中,除了牧师的候选人,还有越来越多的世俗的学生,他们在这里不仅接受传统的文法学校和大学课程的教育,而且还学习新式的课程,这是异教徒在18世纪对教育做出的突出贡献。[③] 这种贡献不仅来自"足够丰厚的"资金,还来自个人的努力。相比之下,贫困儿童的教育显得不那么重要。正如艾萨克·瓦茨所哀叹的那样,有一些异教徒,他们打心底里就认为穷人应该把他们的孩子送到教区的圣公会学校,那里不仅提供教育,还提供服装和学徒费。他们认为,两者的区别"不是特别大也不是特别明显,但是贫民就应该让他们的孩子接受这

---

① Ivimey, J., *op. cit.* vol. Ⅳ, p. 39; vol. Ⅲ, p. 116.
② "在牛津大学,入校时要求学生们签署39条校规,并宣誓其为最高权威。在获得学位后,这一做法不得不重复,并加入了对《三十六正典》三篇文章的订阅。在剑桥大学,入学是免费的,但为了获得文学学士学位、法学学士学位,或医学学士学位,须以'I. A. B.'的形式声明,声明'我是英国国教的忠实会员'。而对于所有其他的学位,有必要订阅《三十六正典》的三篇文章。" Bellot, H. H., *University College, London, 1826 - 1926*, p. 5.
③ 参见 Parker, I., *Dissenting Academies in England*, 1914; McLachlan, H., *English Education under the Test Acts, 1662 - 1820*, 1931.

样的教育，因为他们在没有其他人帮助的情况下是无法将孩子们抚养成人的"，① 而且，随着18世纪初宗教仇恨的消失，通过为穷人的孩子提供学校来唤起他们对宗教自由的捍卫变得越来越困难。异教徒强大的中心，比如布里斯托尔和北安普敦，这里聚集了大量的异教徒，教堂繁荣发展，他们致力于发展他们的学校，但让人质疑的是，18世纪异教徒的慈善学校的数量是否可观。② 当卫理公会复兴旧的非国教教会，重新唤起人们对教育的兴趣时，他们建立起来的慈善学校，全部或部分是由慈善机构资助。直到1820年，异教徒的支持者成功地撤销了布鲁汉姆勋爵的法案，该法案要求建立一个由国教神职人员控制的收费资助学校体系，并将自愿主义体系引入小学教育，异教徒学校的人数和力量才得到发展。18世纪后期这些学校的数量没办法用一个确切的数目来表示，但是学校数量众多且分布广泛是无可争议的。

---

① Watts, Isaac, *op. cit.* p. 42.
② 在布里斯托尔，"长老会教徒们通过自愿捐款筹集了4000英镑，建立了一所慈善学校，为孩子们提供服装、食物和当学徒的服务"。这是迪·斯托克斯·克罗夫特学校。参见 S. P. C. K. Abs. of Correspondence, June 27, 1721.

第五章　英格兰：慈善和宗教复兴

主日学校的首要价值在于对心灵的启迪而不是对头脑的训诫。
——来自1785年切斯特主教拜尔比·波蒂厄斯写给主教教区教士的信

一　卫理公会

18世纪早期，在基督教知识促进会的指导下，慈善学校运动提出应该使基础教育成为"举国关注的焦点",[1] 但是批判家们对学校的课程和宗教党派进行双重攻击，而且随着基督教知识促进会的热情逐渐消减，慈善学校早期发展的步伐延缓了。在它能够从这一伤害中恢复之前，18世纪最强大的两股力量联合起来转移了公众的注意力，这对想为贫困儿童建立足够数量主日学校的努力造成沉重的打击。

值得注意的是，在18世纪，有影响力且组织高效的卫理公会社团，对教育的普及运动几乎没有直接的贡献。在18世纪的前30年里，少数认真尽责的世俗之人和神职人员缓慢而艰难地建立起普及教育的传统。在建立这一传统的过程中，英国国教扮演着重要的角色，但在继承旧传统的过程中，卫理公会并没有做任何有组织的尝试，而在开始主日学校教学的新传统中它也只是扮演着次要角色。

然而，在英格兰没有人比约翰·卫斯理和乔治·怀特菲尔德更关注

---

[1] Gibson, E., *Directions given by Edmund, Lord Bishop of London, to the Masters and Mistresses of Charity Schools, within the Bills of Mortality and Diocese of London, assembled for that purpose in the Chapter House of St Paul's*, Nov. 14, 1724.

贫困儿童的境况了。在他们长期担任牧师的早些年，他们就以自身对贫困儿童教育的兴趣和热情，感染着同时代的虔诚人士。在埃克斯霍姆岛的埃普沃斯和瓦根，约翰·卫斯理见证了一个教区牧师的早期努力，他设立慈善学校，为孩子们提供问答式教学。① 怀特菲尔德是基督教知识促进会的早期成员，托马斯·布劳顿在1743~1777年担任基督教知识促进会的秘书，是他们共同的朋友。牛津的圣洁会对其原型——威廉和玛丽统治的旧宗教社会——所做的虔诚实践表现出同样的兴趣。圣洁会的成员照顾患病者和囚徒，为了照顾穷人的孩子，一些人进入村庄，"把孩子们召集在一起，教他们祈祷和教义问答"。② 卫斯理的朋友甘博尔德说，卫斯理在牛津开了一所学校，教孩子们教义问答、编织和纺纱；他给学校的教师提供工资，给一些孩子提供衣服，③ 而且，他在1723年去位于赫恩胡特的摩拉维亚定居点的旅行中，特地绕道去哈勒拜访赫尔曼·弗兰克的儿子。他在日记中记录了著名的孤儿院和学校给他留下的印象，在他的设想中，他计划着在纽卡斯尔设立孤儿院。④ 1736年，怀特菲尔德接管了由卫理公会派管理的两所或三所小型慈善学校，当他作为传教士的名声广为传播时，伦敦和其他地方慈善学校的教会委员及学校管理人员"不断借着"他的名声来向孩子们宣传教育的益处。他在日记中提道，"这些穿着蓝色衣服的男孩和女孩，把我当作他们的恩人"，因为他拥有让他的听众为孩子们倾囊相助的力量，甚至比曼德维尔赐予圣公会主教的权力更大。他在1737年的报告中说："人们如此慷慨地给慈善学校捐款，在这段时间里，除了一些捐赠物和会费，教堂筹集的善款将近1000英镑。"⑤ 他们的兴趣并不止于此。两个人都在乔治亚建立了一所孤儿院，因为他们在传教之旅中发现，许多孩子面临着悲惨的境遇，没办法接受教育，而且"受到不良恶习的误导"。怀特菲尔德说："我认

---

① 基督教知识促进会的文献：从1701年1月到1702年的基督教知识促进会的报告，该促进会位于埃克斯霍姆岛的埃普沃斯；也可参见 *Speculum Dioceses Lincolniensis sub Episcopis Gul. Wake et Edm. Gibson*, Part I, pp. 157, 175。

② Wedgwood, J., *John Wesley and the Evangelical Reaction of the Eighteenth Century*, 1870, p. 56.

③ Tyerman, L., *The Oxford Methodists*, 1873, pp. 158 - 159.

④ Wesley, J., *Journals*, ed. N. Curnoch, 1909 - 1913, vol. II, pp. 50 - 52.

⑤ Whitefield, G., *Journal*, ed. W. Wale, 1905, pp. 67, 80, 81.

慈善学校运动

为只有为这些可怜的孩子提供一方庇护他们的房子和土地,才能表达出我对上帝和祖国的尊重,让孩子们在这里学习劳动、阅读和写作,与此同时,让他们在上帝的恩赐和敬告下长大。"① 在金斯伍德,两个人合作为煤矿工人的孩子创办了一所慈善学校,这些人作为"狂野凶猛的种族"使布里斯托尔的居民感到恐怖,因为"他们对上帝和人类没有任何畏惧之心"。② 在学校里,孩子们被教导读书、写作和计算,而且"更特别的是,他们能在上帝的福祉下去了解上帝和耶稣"。③ 但是,早期卫理公会创始人对贫民教育的个人兴趣并没有被转变成为孩子创办学校的积极努力。他们的日记和信件中没有任何证据表明,基督教知识促进会开创其工作的信念是,"相比较上帝的荣耀和人类的福祉来说,尝试有组织地为穷人的孩子建立学校是更大和更有效的保障"。在教区的基础上,卫斯理和怀特菲尔德显然都认为,国家教育体系的改善仅仅在于提高低层神职人员的境遇。④ 对基督教知识促进会缺乏有组织的努力的解释是,人们对孩子们精神和道德的成长漠不关心,这在很大程度上归因于基督教知识促进会对其巧妙而高效的组织所产生的惊人影响。贫困儿童的境况不断激起基督教知识促进会中慈善组织人员的忧虑,而且,像卫斯理和怀特菲尔德以及他们庞大的追随者可能会忽视对孩子们灵魂的拯救,这是难以想象的。反过来,资金的匮乏也不能作为一种解释。事实上,卫理公会在18世纪从贫困阶级中吸纳了大量追随者,虽然有些人可能很难每周交出一笔钱,但是,卫理公会几乎从一开始,尤其是在18世纪中不断吸引着中产阶级、专业人士和上层阶级,这些人可能为有组织的努力进行捐款。在威尔士,怀特菲尔德的一位朋友格里菲斯·琼斯,如怀特菲尔德和卫斯理所知,他在"没有任何固定的基金"⑤ 支持的情况下,在全国范围内建立了一套"火车头学校"体系,而且两位伟大的卫理公

---

① Tyerman, L., *Life of the Rev. George Whitefield*, 1890, vol. I , p. 348.
② Wedgwood, J., *op. cit.* p. 180.
③ Wesley, J. *Journals*, Nov. 27, 1739; 也可参见 Whitefield, G., Journal, under date March 29, 1739。在金斯伍德为矿工和村里其他居民建立的慈善学校不应该同金斯伍德学校混淆,金斯伍德学校同卫斯理的名字密切相关,它于1748年开放,提供中等教育,每年收费14英镑。
④ Southey, R., *Life of John Wesley*, 1820, p. 176.
⑤ Whitefield, G., *Journal*, March 9, 1739.

会派教徒在英格兰做过的工作，格里菲斯·琼斯在"贫困的威尔士"也能做成。

其他的世俗事务也不是理由。卫理公会教徒深刻而强烈的精神意识并没有影响他们对世俗事务的兴趣。"最重要的是"，卫斯理紧急呼吁，"不要把未来的事情作为一种借口来忽视现在的责任。"① 老清教徒的完美标准是日常工作的勤奋和个人行为的节俭，这种标准要求他们将注意力集中在现世的万物中，新清教徒的经济和社会地位的稳步提升证明他们的确获得了现世的奖励。

在为穷人的孩子建立学校的过程中缺乏有组织的努力，这主要是因为改革的热情被集中在成年人身上，因为这被认为是一种更快更有效的民族复兴之道。这是由亨廷顿伯爵夫人明确提出的，她在艾希莉和马克菲尔德共同创办的两所慈善学校在1742年之后就关闭了。她在写给卫斯理的信中说："许多意见一致同意我把学校设在马克菲尔德，为此我已经开除了原来学校的教师。显然，时机还未到……但是我相信长时间的沉淀和观察将会证明这个不可否认的事实，学校永远无法回答任何关于神圣福音的问题，因为能让孩子们的父母成为基督教徒就足以说明这一切。父母会被孩子们影响，而不是孩子们被父母影响。"②

作为卫斯理支持这一观点的证明，就是在纽卡斯尔的孤儿院里没有孤儿，这很重要。40个贫困儿童和教师对慈善学校的建立投以完全的信任，"这是卫斯理完全没有预料到的"。1855年理事会要求慈善信托委员会给出信息得到的回复是，"应该有一个针对这40个贫困儿童而制定的条款，但在卫斯理先生的一生中这个条款都没有被制定和执行。"③ 在孤儿院设置讲道坛、窗体和教室，并被用作布道室，显示贫民从婴儿到成年人兴趣的转变。直到卫理公会为成年人进行的改革和救赎完成后，他们才满怀热情地转向大众教育事业。

然而，对成人的兴趣并不意味着孩子的精神和道德的再生被忽视。

---

① Wesley, J., *Collected Works*, ed. 1872, vol. V, p. 390.
② *The Life and Times of Selina, Countess of Huntingdon*, 1840, vol. I, p. 51.
③ Stamp, W. W., *The Orphan House of Wesley*, 1863, pp. 16, 228. 这个说明并不完全真实。在1848年的《卫斯理公会杂志》中有一封卫斯理写给阿特莫尔顿的信，信中写道，1799年在孤儿院中建立的主日学校的孩子达到800名。

慈善学校运动

事实远非如此。如果能计算出在18世纪后半期卫理公会派教徒建立的慈善日校的数目，或者能表现出他们发起主日学校运动的热情，就不难证明他们对贫困儿童宗教教育的关心。加入基督教知识促进会的父母们，被期待着"为他们的孩子们做好准备"。他们的职责是看到孩子们在课堂上学习卫理公会手册的课程，就像牧师在家庭里和课堂上对孩子们的功课进行检查的职责一样。当一个班里的孩子达到十个后，牧师每周要分两次去拜访他们。他们强调："不是以一种枯燥、无趣和刻板的方式，而是尽可能地投入你的热情。"[1]父母和牧师的职责是教导孩子们阅读《圣经》和其他宗教文献。一种被索西称为"直接、及时和有效的"方法能解释为什么在很长一段时间里公众阅读量的显著增长，这也是当代人有目共睹的。[2]

认为卫理公会缺乏为普及教育进行有组织的努力的第二个证明，是在卫理公会对慈善事业的态度中发现的。在社会生活的各个方面，约翰·卫斯理的教学方式都更有力和明确地指向了人类获得上帝信任而获得福祉的责任上。最近一位作者对慈善学校运动评价说："基督徒被告知，他有权追求自己和家人的合理愿望，但除此之外，他再也没有理由要求用财产来满足自己的欲望了。"[3] 其余的，按照卫斯理的教导，是要通过穷人交付给上帝。他们要将财富交给上帝然后再由上帝来满足他们的需求。在他的著作和演讲中，他一次又一次地强调财富的道德功能。不是1/10、1/2，也不是3/4，而是所有在购买生活必需品之后剩下的财富，都要给那些需要它的人。卫斯理在他最具号召力的一场演讲中说：

---

[1] 1766年8月12日卫理公会会议记录，卫斯理公会会议是最初由已故的约翰·卫斯理于1744年在伦敦召开。

[2] 在18世纪末，售书商和出版商詹姆斯·雷克顿见证了公众阅读量令人瞩目的增长，他说："我不禁注意到，在过去的20年里，书籍的销售有了惊人的增长。据我估计，我认为现在卖出的书的数量是20年前的4倍多。那些贫穷的农民甚至是贫困乡村的村民，过去在冬天的晚上只能听有关女巫和妖怪的故事，现在也开始听他们的子女讲神话和爱情故事来打发时间；而且走进他们的房子，你可能会在他们的书架上看到汤姆·琼斯、罗德里克·兰登的著作和其他一切有趣的书；当一个农夫背着一堆干草去集镇，他一定会被要求不要忘记带回一本《匹克尔冒险记》，或者当一个农妇去市场卖鸡蛋时，她总是会被嘱咐带回一本帕梅拉·安德鲁斯的历史书。总之，各个阶层和职业的人都开始了阅读。" *Memoirs of the First Forty Years of the Life of James Lackington*, 1791, p. 350。

[3] Warner, W. J., *The Wesleyan Movement and the Industrial Revolution*, 1930, p. 208.

第五章　英格兰：慈善和宗教复兴

"那些不这样做的人，不仅是在对上帝进行掠夺，不断侵占和浪费主的财物，腐蚀着自己的灵魂；同时也是对贫苦大众、食不果腹或者身无分文者的掠夺，对寡妇和孤儿的压榨，他们可能会遭遇苦难和痛苦，却无法将其解除。"①

这一特征不仅强调基督徒对慈善的社会责任，而且也同样强调要采用的方法。如果要将福音快速地传播给那些被黑暗和死亡阴影所笼罩的人，高度的组织和有效的控制必不可少，但慈善事业的开展并不需要有组织的控制和指导；慈善完全是一种个人行为，取决于给予者的精神。那些"热衷并渴望做好事的人"应该让他们进行自我修炼。它明确指示，无论做什么，都应该"以尽可能隐秘且不招摇的方式"②进行。因此而建立一种对慈善的态度，而非组织上的管理，这就在很大程度上证明卫理公会对拯救人类苦难，无论是贫穷、疾病、监禁或是奴役而做出的贡献；同时，这也证明他们在解决所有社会问题上都缺乏有组织的努力。

这两个特征结合起来使我们无法对学校的数量进行准确的估计，这些学校由卫理公会支持去为贫困儿童提供教育。由他们建立的慈善日校和主日学校由当地的捐款资助，并由当地的社团控制。没有一个中心组织对学校的数量进行统计，也没有进行宣传。但在卫理公会社团领袖们的日记和信件中，在卫理公会社团的地方历史上，以及慈善专员的报告中，都提到他们为贫困儿童专门设立的走读学校。通过伦敦、布里斯托尔、布拉德福德、艾恩布里奇和雷顿斯通提供的相关学校的信息可以看出，在18世纪下半叶，这些学校已经可以与其他城市和城镇的学校平起平坐了。③《卫斯理日记》见证了他对主日学校的兴趣和支持。其追随者的兴趣并未因为他的去世而消退，这在乔纳森·克洛泽被公认的声明中得到证实，在19世纪早期，"卫理公会教徒在建立、支持、教导和鼓励

---

① Wesley, J., *Collected Works*, vol. V, p. 375.
② Ibid., p. 330.
③ 参见 *Methodism Vindicated. A reply to Clapham by a Member of the Church of England*, 1795, p. 55："尊重孩子们的教育"，这位感恩的英国圣公会教徒写道："众所周知，没有任何基督教团体比卫理公会更努力地去实现如此有价值的目标，金斯伍德崇高的神学院，在伦敦和其他地方众多的慈善学校就是明证，除此之外，他们每周一次从他们会面的传教士那里不断得到指导。"

主日学校方面做得比其他教派都多"。① 然而，当对那些没有工作记录的学校给予补助时，却无法否认在 18 世纪卫理公会教派对大众教育的直接贡献产生了令人奇怪的负面影响。它没有提供任何领导，也没有建立任何组织，而仅仅只是满足于让孩子们在家里、班级接受教育以及在学校里学习《圣经》和教义问答。此外，它转移了 18 世纪中期公众对贫困儿童教育的注意力，那就是要教贫困儿童读写算，然而当 18 世纪末这些传统的指令需要被重申时，它又使得主日学校不得不进行痛苦的妥协。

二 主日学校

在 18 世纪，卫理公会对普及教育所做的贡献并不仅限于创建读书会和建立慈善主日学校。新的福音，伴随着人们精神追求和个人主张的深化，打破了圣公会和非国教徒的冷漠。随着世纪末经济和社会条件的提升，这对贫民教育提出新的要求，这些要求促使英国国教带头为贫困儿童建立问答式学校。两名虔诚的英国人，罗伯特·雷克斯和萨拉·特里默，在 18 世纪早期，复兴了与教会有关的普及教育的传统。这个想法在英格兰国教中得到特别的支持，但新方法的成功，很大程度上归功于卫理公会派和非国教徒的合作。当雷克斯刚开始投身这份工作的时候，卫斯理已经八十多岁高龄了，主日学校在当时"是欧洲几个世纪以来最高贵的学校之一"。② 他不止一次地代表主日学校对学生宣讲布道。

在 1782 年春天，雷克斯刚开始在格洛斯特工作时，英格兰和威尔士的主日学校随处可见，就像在基督教知识促进会成立后的慈善学校一样遍地开花。陶顿市的约瑟夫·阿雷恩、弗莱克雷修道院的贝维夫人、卡特里克的西奥菲勒斯·琳赛、海威科姆的汉娜·巴尔、布雷肯的托马斯·斯托克，都是最早为贫困儿童创办主日学校的人。雷克斯通过个人努力创办的《格洛斯特报》从一开始就以其慈善精神而引人注目，后来通过他在《绅士杂志》上发表的文章和信件，将一个地方为贫困儿童设立的特殊机构转化为一个教育系统，主日学校的数量和受欢迎程度足以说明 19 世纪早期的宣传人员倾向于用主日学校的方式来解决穷人的教育

---

① Crowther, J., *The Methodist Manual*, 1810, p. 214.
② *Wesleyan Methodist Magazine*, 1845, p. 118, 卫斯理写给查尔斯·阿特莫尔的信。

问题。①

主日学校运动，是18世纪后期表达慈善精神的方式之一，是早期慈善学校运动的复兴和延续。它还补充了18世纪初贫困学校数量上的不足。这是一场自愿发起的运动，就像早期的慈善学校运动一样，以中产阶级的会费和捐款为支撑。这是一场救援运动，旨在拯救贫困儿童的灵魂。就像其最初的发展状况一样，主要在城镇中进行；它的教学方法紧随慈善学校的规定；它的课程，也和慈善学校一样，是建立在圣经和教义问答的基础上。这两种慈善学校的不同之处不在于建立的初衷，也不在于建立的方法，而在于主日学校只能在每周日这一天进行教学指导。

把周日作为教学日的选择，是由工业革命的发展决定的，而且工业革命的发展通常被认为是加剧了18世纪工人阶级的痛苦。一项关于工资与价格关系的定量研究，或者说是贫穷与圈地关系的研究，以及对18世纪后期持续战争所造成痛苦的认识，都清楚地表明，工业革命本身并不是造成工人阶级苦难的根源。然而，这场无限蔓延且不断改变的运动对农民产生了深远的影响，这在很大程度上要归因于18世纪末英格兰儿童和成人因工业和农业的发展而遭遇的令人唏嘘的生活环境和劳动形式。就儿童这个群体而言，他们的就业并没有发生革命性的变化。笛福在18世纪初描写到这样一个状况，尽管教育改革者努力让孩子们尽可能多地学习知识，直到他们长大可以接受学徒教育，但是滥用童工的问题仍在继续。在整个18世纪，随处可见6~18岁的孩子在田间、矿山和工厂里工作；事实上，资产阶级对慈善学校持续抱怨的原因是，他们把廉价的和无须技能的工人从劳动力市场中转移出来了。然而，尽管使用童工并不是什么新鲜事，但活到成年的儿童和从事工业的儿童人数的增加在18世纪末呈现出一种新的特点。

作为工业革命的两个特征，人口的增加和城镇人口的集聚，这些并不是工业革命造成的真正弊病，真正的是伴随着工业革命而来的身体和精神问题，其中最重要的是现有学校明显未能为新城市无产阶级的子女

---

① 参见 Malthus, T. R.：“将英国最低阶层的教育完全留给几所主日学校，这无疑是一个巨大的国家耻辱。” *Essay on the Principle of Population as it affects the future improvement of Society*, 1798, Book Ⅳ, chap. 9；也可参见詹姆斯·凯-沙特尔沃思爵士的评论："主日学校是我们走读学校制度产生的根源"，Smith, F., *Life of Kay-Shuttleworth*, 1923, p. 6。

慈善学校运动

提供教育。现代权威人士指出，死亡率的降低，而非出生率的上升，是对1780年人口空前增长的主要解释，并将其归因于18世纪后期卫生和医学技能革命的兴起。但无论原因是什么，人口的增长都是不可否认的。在生活的各个领域里，没有什么比贫困儿童更让人关注的了。汉韦在18世纪60年代写道，"很少有教区的孩子能活着成为学徒"，① 但从80年代开始，就不再依靠死亡来迅速消除不想要的婴儿了。没有机会接受教育的孩子，以及被制造业所吸纳的"济贫院的小鬼"和"无所事事的孩子"，这些孩子在12小时的工作日里完全与父母待在一起，这是一个比18世纪初更难解决的问题。② 然后，"街道上脏乱的未成年人，像野兽一般聚集在一起，完全不知道上帝和信仰为何物"，这种现象引起了许多虔诚人士的痛惜和怜悯。一个世纪以后，当相同肤色的人们看到"不计其数的孩子"在工作日的工作时间后，从星期日中午到晚上，都漫无目的地在街道上徘徊，用冷漠的态度对待神圣的安息日时，他们也感到了同样的痛心。③

卫理公会和福音派复兴运动中的新清教徒和他们的前辈一样，在良心上受到了震动。贫穷是强烈、无情且让人备受折磨的。为了帮助穷人减轻贫困，人们建立施粥场、捐衣所和互助会，但是这是一种不良的倾向，是对穷人亟待改变的懒散和放荡习性的纵容。在18世纪末，懒惰和放荡的传教士和宣传者，仍然无法明确出现这种现象的根源，而将原因归结于那些"反社会"和"不作为"的行为，这些人充斥在监狱里，"给了刽子手一份悲哀而可怕的工作"，"他们的这种习惯让邻国感到震惊"。④

为了遏制"这个时代的罪孽"，社会改革者在18世纪末建立新的社团对礼仪进行改革，并开始努力通过一场抵制"贫民低级趣味"的运动来改造一个没有宗教和信仰的成年人，但是社会和宗教改革的努力再次集中在孩子们身上，"他们的脾气、性情和行为举止在人们看来与猛虎野

---

① Hanway, J., *An Earnest Appeal for Mercy to the Children of the Poor*, 1766.
② 18世纪初的问题是弃婴导致的死亡率比较高。现在的问题是孩子们在家劳作而很少有接受教育的机会。——译者注
③ *The Universal Magazine*, Letter from Robert Raikes, June 5, 1784.
④ *Sunday Schools Recommended. A sermon preached by George Homey D. D. Dean of Canterbury and President of Magdalen College*, Oxford, 1785.

兽没有什么不同"。① 资金筹集起来，自愿提供的帮助源源不断地涌入，学校以非常快的速度开始为穷人提供教育，但是由于贫困的状况是如此严峻，人们迫不得已要去劳作，所以18世纪晚期的改革者们不得不接受主日学校公认的局限性。机器不能在工作日给孩子们腾出时间，但是在星期天，孩子们就像开始像复仇一样，扰乱了城镇和乡村里安息日的平静。这样一个能把孩子们从巷口和街道赶进学校的组织，受到农村和城市中产阶级的热烈欢迎。

就像在18世纪初，各种各样的人再一次将热情投入到这个新计划。虽然卫理公会派教徒、福音派教徒和非国教徒在教条上没有达成一致意见，但他们的愿望只有一个，那就是希望把穷人的孩子从他们所憎恨的邪恶中解救出来。他们对遍布在街道上可怜的孩子表现出同样的同情，同样都付出大量的时间和精力，不同的是他们对教导孩子们遵循社会规则的渴望，"这样可以让孩子们愉快地服从于他们的社会地位"。主日学校的支持者罗伯特·雷克斯说："主日学校的目标是进行一场社会改革……只有在早期建立起责任和纪律的概念，才有可能实现这场改革。"②

主日学校的设立和这一目标非常契合。在不扰乱经济秩序的情况下，它将每周工作日的劳动纪律和安息日的宗教戒律完美地结合在一起。同时，它也满足宗教虔诚和纪律的要求。主日学校的早期支持者向公众保证："学校的目的是为较贫困的地区提供教学机会而不干涉任何行业的日常工作，让孩子养成去教堂并且体面而又修养地度过周末的习惯。孩子们会被教导去阅读，并接受基督教的明确职责，以特定的眼光来看待他们未来作为劳动者和仆人的角色。"③

新学校的成立让人想起慈善学校运动的开端。在格洛斯特，罗伯特·雷克斯和他的助手托马斯·斯托克，圣约翰浸信会的副牧师，一起去拜访孩子的父母，希望他们把孩子送去上学，并对孩子们进行说服，这些可以为自己每天挣得面包的孩子，比"无业的孩子"更不愿意接受

---

① *The Universal Magazine.* Letter from Robert Raikes, June 5, 1784.
② *The Gentleman's Magazine*, vol. LIX, Letter from Robert Raikes, Nov. 25, 1783.
③ *Sermon preached in the Church of St Nicholas, Rochester, on the Occasion of the Introduction of Sunday Schools, June 24, 1785, to which is added an appendix containing various arguments on the Utility and Importance of the Institution* [etc.].

父母的控制。雷克斯在给一位记者的信中写道:"我走到贫困家庭的住所,去关心孩子们的行为表现,对那些顽皮和不听话的孩子进行指责,教导他们请求父母的原谅,并告诉他们通过这种反省,可以让他们通过自己的力量来改善自身的处境,提高自身的幸福感和舒适度。有时候,我会将一些书、衣服和鞋等送给他们作为奖励。"经过早期一些"嘲弄者和讽刺者"的抵制,这一反响非常引人注目。孩子们在星期天早上,成群结队地来到学校。他们的出勤非常有规律,无论是严寒、黑暗还是暴雨都没能阻止他们去学校。他们将学到的章节和赞美诗牢记在心中,培养出如此单纯而虔诚的孩子是每一个人的骄傲。雷克斯在1784年写道:"更不同寻常的是,在这个月,许多孩子非常规律地在每天早上7点钟出现在教堂里祈祷。我相信今天早上有50个人。他们聚集在教师家里,两两一组组成队伍和教师一起来到教堂,队伍像士兵一样浩荡。我通常在教堂里,他们在礼拜之后都会对我行鞠躬礼,如果有什么不满也会向我倾诉。"①

全国各地都有类似的故事。资金是通过会费和捐赠以及教堂在礼拜日的募捐而筹集。每个地方学校和孩子的数量不等。在威尔士和英格兰北部的工业区,孩子们成群结队地来到学校。尤其是在制造业重地约克郡、布拉德福德和利兹,主日学校格外受欢迎。约翰·卫斯理说:"在彬格莱,学校里有250个孩子,每个星期天都由几位教师教导,并由副牧师负责照管;这么多教区的孩子聚集在这里可以减少犯罪,或者至少可以教他们一些礼仪,或教他们阅读《圣经》。我发现无论我去哪里,这些学校都在不断蓬勃发展。"② 在约克郡,热情的孩子们每周日早上8点在学校集合,在2个小时的学校教育之后,他们和教师定期去教堂做礼拜。下午2点,他们又再次回到教室,然后一起来到教堂,夏天直到7点放学,冬天6点放学。布里斯托尔的神职人员和商人都对这个新计划投入了热情。坎特伯雷为孩子们建立学校备受关注,因为学校让孩子们能在工作日的时候编织羊毛和纺纱。在著名的新会议部长约瑟夫·普里

---

① Raikes, R., MS. Letter to the Rev. A. Price of Northleach, Dec. 13, 1785, in Ely Diocesan Registry; 也可参见 *The Gentleman's Magazine*, 1784, vol. LIX。
② Wesley, J., *Journals*, July 18, 1784.

斯特利博士的带领下,伯明翰也开始投入到这份事业中。①

关于儿童和成人礼仪与道德显著改变的报道紧跟在学校的落成典礼之后。在曼彻斯特,"宁静、庄重和有序取代了嘈杂、渎神和邪恶";迪恩森林的煤矿工人是"最野蛮的种族",他们的孩子也在学校里接受文明的洗礼。格洛斯特郡佩恩斯威克附近的乡村,在一个富裕的布皮制造商引入主日学校之后,得到了彻底的改变。从前,孩子们一直是"这个地方的累赘"。他们无知、顽皮、吵闹、脏乱且缺乏管教。每逢星期天,当农夫和其家人要去参加在佩恩斯威克教堂的礼拜仪式时,都不敢离开没有护卫的果园。农夫和其仆人必须待在家里以保护他们的财产。不得不说,这两年内发生了"明显的改变"。为了把主日学校推广到其他社区和乡村,曾经推动佩恩斯威克建立学校的雷克斯,根据古老的习俗,选择当地的传统节日(9月19日之后的第一个星期天)开展学校的周年纪念活动,以前,"在这一天人们喝酒、欢呼,暴动和扰乱充斥着整个城镇"。地方官员、绅士、农夫、牧羊人、手艺人和"其他庆祝节日的人们",都来观察这么多年轻人的真实动人的景象,他们原来比田野里的牛群更容易被忽视,现在变得干净、安静、遵守秩序、顺从、彬彬有礼。教堂里挤满了人,画廊和走廊就像游戏厅一样热闹,而农夫的房子则是空的。教堂门口筹集的资金出人意料地达到57英镑,学校也开始繁荣壮大。②

主日学校的支持者们不断地施加压力,促使孩子们去上主日学校。城镇和乡村的雇主是学校的会员,他们或为教师支付工资,或为他们雇用的孩子建造学校,在牧师和他们助手的共同努力下将孩子们送去学校接受教育,但会员们的行动并不能说明孩子和家长也对学习具有热情。一些不愿上学的学童,他们不规律的出勤扰乱了校长的日常管理,直到强制方法的出现,这种现象似乎在教育史上消失了一段时间。学校的新奇性为这种改变提供了一种解释;有书籍和服饰作为奖励是原因之二;其三是"对大众的同情";最后是负责人和教师对教育的热情和投入,但是相对于这些引人注目的特点,18世纪末贫民对教育的渴望才是引起父母和孩子兴趣的主要原因。激进思想的稳步发展,作为18世纪后期标

---

① *The Origin of Sunday Schools*, 1841.

② *The Gentleman's Magazine*, vol. LVII, p. 73.

慈善学校运动

志的科学、数学和经济学的快速发展，卫理公会的复兴，这些在激发父母和孩子对教育的渴望方面发挥了巨大的作用，而人们有时会忘记复兴的卫理公会所发挥的作用。早期慈善学校运动的局限性，在很大程度上是由于贫民对教育的漠视或是敌意。主日学校运动的成功是因为贫民对学习的渴望，加上主日学校创造了一种能使他们在不减少收入的情况下获得教育的方法，他们在为期6天的工作日中就能获得"足够的收入"。

但是无论这种热情的主要原因是什么，它从一个群体扩散到另一个群体，孩子们的兴趣足以支持新的教育计划的推行。学校这一天的课程量让人震惊。在整个安息日，孩子们在学校和教堂里，安静而有秩序地学着知识和纪律。特里默夫人突破了一个世纪的惯例，为学校的孩子们写书，改进了教学方法，但在通常情况下，主日学校和慈善学校一样，无论是"初级的"还是"高级的"学生都使用《圣经》、普通的祈祷书、教义问答和一种或更多的圣经注解作为教科书。坎特伯雷市北门街道的圣阿尔菲和圣玛丽的教区牧师写道："我检查最拔尖的孩子，并解释教义问答和祈祷书的使用。我训练他们跟着我重复主的祈祷和信条，以及所有的问答。此外，我们也一起学习《福克斯》《公众敬拜及其导论》等，还有《关于克洛斯曼的介绍》《教会教义问答简编》《曼恩的教义问答》等。通常使用的教材是《启蒙书》和《费雪或迪克森的拼写书》，之前提到的教义问答主要是《曼恩的教义问答》，还有虔诚而卓越的艾萨克·瓦茨博士的《神曲》。每个孩子在去教堂的时候都会带上一本祈祷书和圣约。"① 这是孩子们的精神食粮。如果缺乏供给，给那些对学习完全没有兴趣的孩子提供虔诚的食粮能让他们保持健康。

孩子们的热情配得上神职人员和其助手所付出的努力。解释《圣经》是每天必备的教学任务，不能由私人教师来教学，所以主日学校招收了大量教师。在格洛斯特的主日学校，在雷克斯和斯托克的监督下，"有四名体面的、接受过良好教育的女性在学校里教书"。这样的教师很容易找到，而且很愿意以每周日1先令或1先令6便士的薪酬接受这份新工作。她们可以教导学生写书信和阅读，但是很少能够提供新计划所要求的解释性的宗教教学。在城镇，尤其是在乡村，主日学校的负责人

---

① *Sermon preached by the Dean of Canterbury, ut supra.*

抱怨说，一般学校的教师都"完全不合格"。教区牧师和受人尊敬的神职人员，都感受到对主日学校进行监督和检查的责任。他们仔细阅读了雷克斯对格洛斯特和帕特的学校的描述，并跟随他的领导，拜访教区的贫困家庭，与家长们沟通交流，筹集资金支付教师工资，同时对学校进行监督。坎特伯雷市北门街道的圣阿尔菲和圣玛丽的教区牧师写道："当学校开始上课时，我就来到教堂。由我来进行监督。然后我一直待到 11 点，我们再一起去教堂。我会挑选 30~40 个最优秀的孩子，听他们朗读诗篇、祷文、书信、福音以及当天的课程，帮他们解释不懂的问题。下午 1:30 我们再次来到学校，然后 2:30 来到教堂，结束教堂的祷告后我们所有人都回到教室去上课。"① 肯特县辛勤工作的牧师鲍顿·布利恩写道："那个牧师特别幸运，有一位在教区里受人尊敬的普通人愿意为这位牧师提供资金支持，并帮他分担监督的责任。"②

在主日学校运动的早期，雷克斯的女同事——令人敬畏的萨拉·特里默夫人，在布伦特福德建立了学校，这使特里默夫人名声大振，后来她在温莎市的一所学校还获得了乔治国王和夏洛特女王的资助。她在她的畅销书《慈善经济学》中呼吁上层社会的年轻女士们为学校提供支持，并对孩子们施加正面的影响。她向她们保证，无知不会成为学校教师的障碍，因为这并不是为了让穷人的孩子接受严格的自由教育，而仅仅是教会他们用英语阅读福音书。这种"恶劣的环境"，伴随着所有衣衫褴褛的孩子，是不会对她们的健康造成危害的，因为脏乱的环境虽然让人不愉快，但不会传染；她极力主张，不要害怕任何危险，这不能够阻止基督教徒去从事上帝号召的事业。③

在主日学校运动中，在教区创办学校的神职人员最受人关注。学校把衣衫褴褛、生活混乱的孩子们改造成干净、体面、有秩序的社会成员，让他们把这些不良习惯与之对照，这只是一种自然的、可以令人信服的自负，但神职人员对不信神、不守纪律的孩子所承担的责任似乎很少，如果有的话。他们骄傲地说，那些自从受洗礼后就从未进过教堂的孩子，现在都能够"有规律且庄严地"参加礼拜。目前，教规仍然规定孩子们

---

① *Sunday Schools Recommended*, *ut supra*, Appendix I.
② *Sunday Schools Recommended*, *ut supra*, Appendix II.
③ Trimmer, Sarah, *The Economy of Charity*, 1787, vol. I, pp. 71, 72.

慈善学校运动

应该于礼拜日在教堂进行教义问答，主教大声训斥他们的神职人员，敦促他们对孩子们进行教义问答，就像在 18 世纪初他的同伴所做的那样。许多神职人员在主日学校里开展教义问答似乎是一个新鲜而受欢迎的想法。他们的欣喜若狂一扫教会复兴前人们的冷漠。

大致上，主日学校运动是早期慈善学校运动的翻版。这种相似性一直延伸到中心机构的成立，也就是在 1785 年，主日学校协会开始对学校进行系统化的管理和协调。与基督教知识促进会不同的是，这个新的协会没有任何教派特征。乔纳斯·汉韦以及罗伯特的好友，一名非国教徒——威廉·福克斯是协会的创始人；著名的伦敦银行家、克拉姆教派的主要成员之一，亨利·桑顿任第一届主席。该组织的目标是向那些致力于建立主日学校的牧师和神职人员提供经济援助，直到学校能够站稳脚跟。在协会的计划书中，"采纳了最自由的天主教原则"，是希望"将所有具有新教信仰的人团结起来"。[①] 这项计划受到公众的热烈欢迎和热情支持。在 6 个月的时间里，协会共接收到了 1000 英镑的捐赠资金，而且在伦敦新开设了 5 所主日学校，协会的行动得到兰达夫和索尔兹伯里主教的热情支持。林肯教区的主持牧师向诺丁汉大教堂的牧师推荐这一做法；伯明翰的普里斯特利博士对这一想法表示欢迎，并为之付出"他所有的热情和精力"。在教会和非国教徒的热情资助下，主日学校以惊人的速度发展起来。科尔切斯特建立了一个无教派的主日学校，而斯托克波特的主日学校则是一个联合行动的明显例证。在精心设计的全新的学校建筑里，学生们一早就来到学校里，然后被教师带到教堂或礼堂，在礼拜结束后又重新回到学校上课。斯托克波特的主日学校具有最大的办学规模，它能容纳 1800 多名学生。[②] 到 1787 年，雷克斯称有 1/4 的孩子进入学校。[③] 虽然这个数据不能被证实，但是这个运动的迅速发展在主日学校协会的报告中可以得到证实。截止到 1787 年，总共有 201 所主日学校被建立起来，10232 名儿童被送入学校；到 1797 年，学校达到 1086

---

① First Circular Letter of the Sunday School Society, 1784, 刊印在 *The Origin of Sunday Schools*, 1841。
② Wild, W. I., *History of the Stockport Sunday School*, 1891.
③ Gregory, A., Robert Raikes, *Journalist and Philanthropist. A History of the Origin of Sunday Schools*, 1877, p. 92.

所，学生达到69000名。①

早期主日学校运动的标志是教会和非国教徒的合作，不幸的是，和早期的慈善学校运动一样，这种合作在法国大革命和非宗教思想出现之后就不复存在。在18世纪接近尾声的时候，政局十分动荡，早期主日学校的无教派趋势受到清查。英国圣公会怀疑卫理公会派教徒和非国教徒在学校传播煽动叛乱和无神论的雅各宾主义原则。为了保护教会免受所谓的反社会和反宗教的威胁，英国国教的领袖们责令教区牧师退出同非国教徒的联系，并在他们自己的控制下建立主日学校。罗切斯特主教在1800年对他的教区牧师的指控中断言："在这个国家，与雅各宾派宗教和雅各宾派政治相关的学校在慈善学校和主日学校中比比皆是。"雅各宾派眼中的"最低命令"思想，教导他们要鄙视对所有宗教和法律的服从。他宣称，对雅各宾派学校毒药的正确解药，是为同一阶层的孩子建立在教区牧师管理下的学校。主日学校必须在牧师的监察和控制下建立。

诸如此类的声明起到立竿见影的效果。就像詹姆斯党摧毁早期慈善学校运动一样，雅各宾主义也摧毁了主日学校运动。历史不断重演，但却有所不同。在18世纪初，非国教徒退出教会，而这次却是教会退出非国教徒的团体。教会学校的教师被投以"警惕的目光"②。对不忠的恐惧激发那些漠视无知和邪恶的人的行动，接着圣公会的神职人员和他们的助手又开始新的努力，他们建立由自己控制的学校，并从法国不断输入的恐惧中解脱出来。无宗派主义的尝试最终以失败告终。

就像卫理公会一样，主日学校也将公众的兴趣从早期的传统学校教育中转移出来。早期的主日学校确立了一种信念，使19世纪全日制教育的支持者们发现，人们都认为礼拜日对贫困儿童来说是最适合用来接受教育的时间，这种观念很难去改变。但如果说18世纪的主日学校作为教育机构没有发挥什么作用的话，那么其作为一种社会改良手段的重要性就很难被认可了。普遍性也许是主日学校最显著的特征。主日学校是全国性的机构，但在某种意义上来说，慈善学校在数量上受到限制，虽然能够为一部分学生提供教育，但是还有很多孩子从来没有接触过教育。

---

① *Plan of a Society...for the Support of Sunday Schools*, 1787 and 1797.
② *Charge of the Bishop of Rochester to the Clergy of the Diocese*, 1800.

新的学校以提供自由而普遍的教育为显著目标，并致力于此。此外，主日学校还向成千上万的成年人和未成年人传授简单而人道的基督教义，在当时，战争的压力和新的工业主义威胁到社会底层的人性，使他们很难得到宗教和道德教育的熏陶。"对阶级利益的误解而产生的强烈敌意"[①] 在某种程度上被儿童、教师和雇主对主日学校的共同热情所超越了。

三 职业学校

并不是所有参加主日学校的学生，工作日的时候都在工作。雷克斯在他的日记中说，他的注意力从格洛斯特监狱的囚犯转移到街头的流浪者，他们在工作日里每天都无所事事。在每个周末，由于大量的孩子从工作中解放出来，街头流浪者的队伍迅速扩大，而混乱也随之增加，"他们满嘴脏话粗暴咒骂，在任何庄重的人看来这里就像人间地狱一般"。[②] 没有工作的孩子们制造出一个又一个麻烦。在制造业不发达，或者没有高度发达的地区，这些孩子甚至连在田间或车间接受纪律管教的机会都没有。在 18 世纪末期，他们的困境似乎受到社会改革家们的关注，他们需要的是一种比主日学校能够给予的更持久、更密集的管教。因此，在 18 世纪末，职业学校又重新出现。

如果 1795 年皮特的济贫法计划得到批准，教区的工业学校就可以强制那些接受救济的父母送他们的孩子去上学，这样一来，慈善机构就没有必要建立学校。但是既得利益集团的势力太强大，没有让皮特的法案通过，因为工业生产对未成年劳动力的需求过于强烈，所以人们无法热烈地欢迎这场运动，而且这一运动将把他们从矿山和制造业中转移出来，通过自愿原则建立起让孩子们"习惯劳动"的学校。这次的尝试不是为了将劳动力转移到慈善学校的课程之中。这样的努力已经尝试过而且最终失败。这一新式学校是职业学校，除了一小段时间用来学习阅读，学校的其他时间都是用来工作的。学习的地位被降低，孩子们只有在安息日去主日学校学习。

但是，第一次建立职业学校的尝试是失败的。在没有慈善或救济金援

---

① Unwin, G., *Sanmuel Oldknow and the Arkwrights. The Industrial Revolution at Stockport and Marple*, Manchester, 1924, p. 41.

② Raikes, R., Letter to Colonel Townley, Nov. 25, 1783; 引自 Gregory, A., *op. cit.* p. 57。

助的情况下，要求孩子们在车间里受到劳动纪律的约束时，想要引起他们对职业教育的兴趣不容易。但这并不能将特里默夫人打败，她延续18世纪末对主日学校运动的热情，极力向工厂宣扬职业学校的优势。工厂对职业学校给予支持，而且随着工业的进一步发展，职业学校也迅速发展起来。

如同坚信这个国家的宗教幸福与主日学校紧密相连一样，特里默夫人对职业学校的道德价值同样充满信心。在她看来，宗教纪律和劳动纪律相结合，是治愈这个时代罪恶的唯一途径，但是她认为劳动纪律的道德价值最重要，所以她对工厂为童工们制定的纪律感到愤怒。与那些言行举止都很糟糕的成年人进行日常接触是对儿童道德的颠覆。当孩子们听到且不加约束地使用这些亵渎的语言时，劳动培训的价值就消失了，而且特里默夫人强烈反对雇主们完全漠视给予他们雇用的孩子们生理上的关心。她写道："我无法想象这些在车间工作的孩子，连最起码的关心都得不到"。当看到"应该灿烂绽放的花朵们"变得"苍白而脆弱"，我们无法忍受，也无法忍受看着他们本应该笔直、健壮而活跃的四肢，发育迟缓且长期以一种奇怪的坐姿扭曲着。他们所接受的劳动培训，并不能补偿他们工作中面对的恶劣的道德环境，也不能弥补他们健康受到的影响。她知道，在工厂里孩子们会被安排在"某一特定部门工作，几年后他们的身高将不再适合继续在原来的部门，为了谋生他们将会被带到新的部门学习新的技能"。她恳求道，将孩子们的劳动从工厂转移到职业学校将是一种慈善行为，在那里，孩子们的生理和道德的健康发展将得到老师的关照，而且还可以"一边学习一边工作"。①

路易舍姆、班伯勒城堡、埃平、老布伦特福德、切斯特、奥克汉、博尔德、肯德尔、韦斯顿（萨默塞特）、圣奥尔本斯、林肯、汉丁福特博格、诺威奇、艾治威道以及伦敦的学校，在18世纪后期的改革者看来，值得称赞和效仿。②有些孩子纺织亚麻和羊毛，还有些孩子制作胸针或者是靴子和鞋袜。他们织长袜、做衬衫，女孩们则学习一些需要在家中用到的缝纫和烹饪技能等。学校会为他们每星期支付1先令6便士，甚至是2先令6便士。支持者的热情进一步高涨。他们做了和17世纪末

---

① Trimmer, Sarah, *The Econormy of Charity*, vol. I, pp. 190 – 200.
② 参见 *Reports of the Society for the Betterment of the Poor*, 1797 – 1800；也可参见 *The Economy of Charity*, vol. I, pp. 193 – 296。

期政治计算学家一样的精密计算，计算出孩子们的劳动对国民经济的贡献。他们假设，10万名工作人员每天只获得1便士的报酬，在300天的时间里，他们的工作总量能达到62.5万英镑。他们呼吁建立一个全国性的职业学校体系，并呼吁公众注重提高学校所在地人们的礼仪和品行水平。

在班伯勒城堡和路易舍姆的这些学校，就像70年前的阿托巴罗夫和芬顿一样，只是取得暂时性的成功，因为这些学校掌握在狂热分子手中，他们认为可以用石头来做出面包，让玫瑰在沙漠里绽放。特里默夫人特别关注布伦特福德，因为这里没有任何工厂，孩子们总是衣衫褴褛、脏乱无序地在街头闲逛。第一所女子学校在这里设立，在学校里一位仁慈的女士教授孩子们织毛衣和一些简单的针线活。在两年的时间里，这所学校以经济失败而告终。随后又开设了一所男子学校，教授20个男孩梳理和纺织羊毛。每周有两晚，一位教师会用两个小时的时间教他们读书写字。这所学校持续了两年，然后让特里默夫人苦恼的是，学校忽然关闭了。[①] 在18世纪末为女孩提供家政培训的学校，比任何时候都要成功。[②] 但是，除了适合的地区外，其他职业学校在经济上都是亏损的。在许多见多识广的人看来，纺纱这一职业学校的常规工作，对孩子们的健康和幸福都有害，就像特里默夫人所控诉的在商店和工厂的工作一样。根据托马斯·伊登爵士的说法，纺纱学校的经济价值可以忽略不计。他在1797年写道："长达8年的实践证明，尽管在创始人的热情推动下，职业学校有可能发展一段时间，然而几年后，学校只剩下没有激情的管理者来监督，学校逐渐沦为教区贫民院的状态。"[③] 1803年，在《罗斯法案》的推动下，议会的救济覆盖了英格兰和威尔士的绝大部分地区，在5~15岁的儿童中有188794名接受教区的救济金。其中，有20336名儿童曾经接受过，或正在接受职业学校的教育。[④]

如果没有对福音派"伟人"汉娜·莫尔工作的记述，18世纪晚期的基础教育研究就不完整。汉娜·莫尔的工作结合了18世纪的改革者们所

---

① Trimmer, Sarah, *The Economy of Charity*, vol. I, pp. 296-310. 也可参见 *Some Account of the Life and Writings of Mrs Trimmer*, 1786。

② 参见 Cappe, Catherine, *Account of Two Charity Schools for the Education of Girls...in York interspersed with Reflections on Charity Schools and Friendly Societies in General*, 1800。

③ Eden, Sir T., *The State of the Poor*, 1797, vol. II, pp. 400-401.

④ 43 Geo. III, c. 144; *Parliamentary Returns*, 1803.

强调的两个目标：为穷人的孩子提供宗教和劳动的指导。玛莎·莫尔的日记，以及汉娜·莫尔的信件和小册子展示了18世纪末在萨默特的乡村生活场景，如果这是英格兰其他地区的典型特征，那就无法让人相信18世纪社会和宗教上取得的进步。那里有同样无知和贫穷的劳动人民，同样专制的农业中产阶级，同样冷漠和懒惰的神职人员，这在18世纪早期就显现出来了。在1787年，汉娜·莫尔的注意力被门迪普镇的威尔伯福斯所吸引，她发现这些人几乎都是异教徒，野蛮、堕落、本性残酷、行为残暴。有13个相邻的村庄基本上没有任何神职人员。切达的每一所房子都没表现出"最大的无知和罪恶"。西普汉姆和罗伯洛，是门迪普镇最糟糕的两个采矿村庄，和切达一样落后而野蛮。没有哪个警察敢冒险来这里执行公务。布莱格登向来以"博特尼湾"或"小地狱"而得名。考虑到改革者们的共同倾向，往往会将事件的背景描绘得非常黑暗，同样莫尔姐妹俩所揭示的门迪普镇的劳动阶级的状况，也弥漫着一种无法克制的悲观情绪。1789年夏天，威尔伯福斯提出他已经为这一"实践虔诚的工作"寻找所需的资金，在他的煽动和罗伯特·雷克斯与萨拉·特里默之前案例的影响下，他们租了一间房，在切达设立了一所学校，并任命"优秀的巴贝尔夫人"为学校的教师。当初步实施这些措施的时候，他们要勇敢地面对神职人员的联合反对，这些神职人员解释他们是为了反抗两个带有法国激进主义和卫理公会狂热主义的中年女士而做出的无私行为，是为了那些无法容忍的农民，他们认为宗教是一件"非常危险的事情"，会对农业造成破坏；也是为了那些贫穷的劳动者，他们怀疑这样的做法要将他们的孩子变为奴隶。

在接下来的十年里，这两姐妹建立并控制着十多所学校。[①] 她们将主日学校的特点和职业学校相结合，在学校里孩子们也学习阅读和宗教知识，不再从事体力劳动，而是接受一些可能适合他们去做仆人和去夜校教成人阅读的指导。汉娜更直接地说，她们的目的是"训练下层阶级劳动的习惯和美德"。出于这个原因，写作，这项不必要的成就，被禁止了。

没有什么比在这个时代里教育爱好者努力给儿童和成人带来的影响

[①] 贝尔蒙特、布莱格登、阿克斯布里奇、巴恩威尔、切达、肯格斯百利、考斯利普格伦、巴里伍德、法拉克斯伯顿、罗伯洛、西普汉姆、韦斯顿、韦德莫、温斯科姆、雅顿等地的学校。参见 Thompson, H., *The Life of Hannah More*, 1838, p. 95。

更能说明，在 18 世纪末，一些人，至少是劳动阶级，受到了社会的排斥和忽视。当汉娜和玛莎的虔诚和真挚消除了萦绕在门迪普的贫困劳动阶级中的恐惧和敌意后，他们争相来到职业学校，就像城镇里的孩子蜂拥至主日学校一样，因为他们发现社会福利和宗教福音依然离他们很远。在两姐妹的组织下，学校开展对优秀行为的竞赛和奖励，举办学校宴会、互助会和联谊会，使乡村的生活团结紧密而富有活力。村民的反应显示他们在努力改变自己的生活习惯，以获得指导者的赞赏，这不仅能估计村民们的需求，也能衡量姐妹俩为满足他们的需求而做出的努力。在整个 18 世纪，特里默、雷克斯和莫尔都难免遭受攻击。尤其是汉娜和玛莎姐妹俩，也处在这样一个被反对和攻击的时代，人们对她们的宗教观点几乎没有认同感，对她们宣扬的社会哲学也加以强烈的批评。这些评论者太有优越感，太自以为是，又太挑剔了；更糟糕的是，这些评论者对自己所批判的罪恶产生的根源充耳不闻，将一个阶级的无知和堕落归因于他们缺乏信仰和宗教知识，而完全不考虑混乱的社会环境和经济不平等。然而这更有可能成为 18 世纪清教徒的宣言，作为一个团体，他们怀着对贫困和无知大众的强烈责任感，投身于拯救他们的事业之中。其中，勇敢、无私而富有同情心的汉娜·莫尔最受人们关注。[①]

在 18 世纪末，为贫困儿童而创办的慈善学校总共有三种类型。它们的相同之处在于，都是为同一阶级提供教育的学校，而且其主要目标都是提升孩子们赖以生存的工作能力。在同时代人的心目中，他们为下层社会构建了一套严密、完备的教育体系。但是主日学校和职业学校的建立，分别以非常有限的教学和非常有限的课程为特征，而之前完全依靠捐赠和会费的慈善学校被赋予了新的地位。它们不再是唯一为贫困阶级提供免费教育的学校。在慈善学校之后，主日学校和职业学校也作为教育机构应运而生，随着 18 世纪尾声的临近，可以清楚地看到，老牌慈善学校也逐渐将自己转变为一个新的状态。它们的学生不再是教区的小混混，而是一些能够承担孩子上学的费用、能够接受没有报酬的劳动且不

---

① 莫尔姐妹的工作参见 *The Mendip Annals, the Journal of Martha More*, ed., with additional matter, by Arthur Roberts, 1859; *The Letters of Hannah More*, ed. by Brimley Johnson, 1925; *Memoirs of the Life and Correspondence of Hannah More*, by W. Roberts, 1835, 以及 *the Works of Hannah More* in eleven volumes, 1854。

第五章　英格兰：慈善和宗教复兴

需要接受低级的手工业培训的经济条件较好的贫民；他们的孩子也将接受更好的教育，以让他们去适应更优越的工作。当主日学校的孩子满足矿上和工厂对劳动的需求时，工匠和商人已经开始要求男孩们能够阅读、写作和计算。工业革命最显著的特征是零售贸易的增加。正如托马斯·伯纳德爵士在弃儿慈幼院所发现的，无论是在主日学校，还是在孤儿院，孩子们都会接受劳动培训，在学生数量足够多的自费学校也是这样，以使孩子们可以胜任工作，但是慈善学校的男孩不仅要学习"文学课程"，还要对工作培训给予足够的重视。[①]

这种等级较低的学校向18世纪末的教育工作者建议，根据孩子们的社会条件和智力素质给他们分级是明智的。特里默夫人在一篇让人奇怪地联想到可恨的曼德维尔的文章中说："世有贫富之分。如果不加区别地教育上层阶级的孩子是不恰当的，那么毫无疑问，不考虑孩子父母的不同情况，也不考虑孩子们自己的天赋和能力，把所有穷人的孩子放在同样的地位上也是不恰当的。"新式的主日慈善学校为这种混乱的现象提供了一种解决方案。他们旨在筛选贫困阶级的孩子。他们的工作是试用。通过试用可以测试出孩子们的能力。他们中"迟钝和能力较差的孩子"，适合在制造业工作，或者在一些低级的办公室做普通的工作，这些孩子就可以被送去职业学校，在那里他们可以接受到专业的培训。另外，接受捐赠和赞助的慈善学校可以用来接收"能力较强的孩子"。慈善学校提供的综合教育可以让他们胜任不同类型慈善学校教师的工作，或者是在高级的贸易行业当学徒，抑或在体面的家庭里提供家政服务。[②]

在18世纪末为贫困阶层的孩子提供不同层次的学校教育，可以被视为18世纪劳动阶级境况得到改善的证明，但不能忽略的是，早期慈善学校的概念虽然狭窄，但与工业主义和福音派在18世纪末建立的主日学校相比，早期慈善学校提供了更自由的课程和更慷慨的教学计划。

[①] Bernard, Sir T., *Account of the Foundling Hospital*, 2nd ed. 1799, pp. 66–67; *Report of the Society for Bettering the Condition of the Poor*, 1799, p. 277.

[②] Trimmer, Sarah, *Reflections upon the Education of Children in Charier Schools*, 1792, passim. 也可参见 J. S. 豪森牧师的观点，他是1861年在英格兰大众教育问题委员会前作证的证人，见 on "working upward" class tendency of the endowed elementary schools, vol. XXI, Part IV.

第六章 苏格兰：慈善与"文明"

也许在此之前从来没有哪个民族像苏格兰一样，通过最后的征服和随后出台的法律，能让民族礼仪程度得到如此快速、巨大而普遍的提升。但是我们没有赶上那样的时代，看不到我们所期待的那些独特的人和古老的生活方式。这个民族的原始特征几乎已经没有什么保留了；他们的性情变得温顺，他们军事扩张的欲望逐渐消失，追求独立的品格被压制下来，他们不再蔑视政府，不再唯酋长是从。他们从最后的征服和扩张中保留下来的，只剩下他们的语言和贫困。他们的语言受到各个方面的攻击。现在在学校里只用英语教学，最近甚至有一些人认为应该废除苏格兰语版的《圣经》，这样他们就连一个母语的信仰物也没有了。

——来自《苏格兰西部岛屿之旅》，约翰逊博士，1773

一 偏远地区

独立于大不列颠群岛的苏格兰，在18世纪初提出了自己的国家教育体系。从字面上看来，这个体系还是挺不错的。约翰·诺克斯的《第一本书》教导所有的父母，不管他们的社会地位如何，都应该让他们的孩子接受知识和美德上的训练，并且计划建立一种分等级的学校为孩子们提供教学，而教区学校就是这个模型的基础。"应该用一定的时间学习阅读和教义问答，用一定的时间学习语法和拉丁语，一定的时间学习艺术、哲学和其他语言，然后还有一定的时间用于学习必须掌握的职业技能以

第六章　苏格兰：慈善与"文明"

谋求大众福利。"①

要将这一全面的义务教育计划付诸实践，与16世纪相比，在18世纪苏格兰需要更为一致的目标和更充足的资金。教会和政府分别从不同的立场解决教育问题。改革后的苏格兰教会声称，要将教会的税收和全部遗产都用于兴办教育、创办学校和扶助贫民。三级会议虽然批准国会去遵循新的信仰，却拒绝"这些虔诚的想象力"。他们反对《第一本书》的理念，而顽固的苏格兰贵族也宣称他们的战利品是他们应得的，拒绝分割给其他任何人。教会的遗产渐渐被蚕食殆尽，直到只剩下一点零星残余用来资助国家的教育计划。然而，苏格兰教会面临着资金不足的困扰，宗教分歧的阻碍，以及底层人民的极度贫困，但仍对大众教育的价值表现出一种坚定的信念，这对政府来说也是一个持续的挑战。正如全体大会的记录所见证的那样，他们为大众教育付出了坚定的努力。当1638年基督教长老会再次复兴的时候，建立学校的运动重新开始。三级会议在1646年再次对《1633年法案》进行重申，规定在每个教区建立一所学校是教会遗产继承者的法律义务，继而著名的《1696年法案》不仅规定教会遗产继承者必须建立一所学校并有支付校长薪酬的义务，而且还任命地方长官来确保其有效执行。② 然而尽管如此，还是出现了许多违约的现象，整个进程十分缓慢而无常。苏格兰教会会议的记录显示，在法案通过后的一百年里仍然有一些教区完全忽视这份工作，直到18世纪末，有一些低地教区没有成立任何教区学校。③

然而，综观高地的情况，实际情况和先前计划之间的差距显而易见。在偏远的高地和岛上的教区，继承人无视他们的职责，完全脱离同农民的联系和委员会的指示。地主、富裕的租户和佃农，通过在家里雇用私人教师，把他们的儿子送到国外留学，寄宿在附近的城镇或私立学校来解决他们孩子的教育问题，但对于社区中较为贫困的阶层来说，却没有条件这样做。他们的孩子"缺乏宗教和教育的熏陶"；④ 对他们来说，法

---

① Knox, J., *First Book of Discipline*, 1560, ed. C. Lemox, 1905, p. 384.
② Acts of the Parliament of Scotland, 1633, c. 5, vol. V, p. 21; 1646, c. 45, vol. VI, p. 216; 1696, c. 26, vol. X, p. 63.
③ Sinclair, Sir J., *The Statistical Account of Scotland*, 21 vols. 1790 – 95, vol. II, p. 69; vol. III, pp. 140, 420; vol. IX, p. 387.
④ *Sermon preached before the Society for Propagating Christian Knowledge in Scotland*, 1735.

律手段是失败的，最后，在 18 世纪只能通过一些法律无法做到的自愿行动来为之努力。

可想而知，在没有一个专门推行机构的情况下，苏格兰低地人的生活，本身就已经为苏格兰高地进行教育普及提供了充足的动力。在处于南方的苏格兰低地人看来，他们的物质条件和精神文明状况都很糟糕，这对苏格兰低地人来说是一个持续的挑战。然而，我们很容易夸大改革的艰难，就像夸大改革的价值一样。一个在高原风光中发现美的时代，在高原质朴中发现魅力的时代，对高原忠诚的高尚道德品质视而不见的时代，很难欣赏 18 世纪早期的高原生活改革家的心态。1822 年，加思的斯图亚特将军正式宣布，这些对他们同胞的控诉毫无根据，而最近关于高地人社会历史的研究也在某种程度上支持他的观点。①

另外，不可否认的是，低地人和英格兰人，享受着亚当·斯密所说的商业文明带来的福利，相比而言高地的社会和经济生活很容易遭到批评和谴责。人们一开始对高地地区"原始的地理风貌"很反感。高地的风光在他们看来毫无吸引力。群山中弥漫着"令人惊讶的粗俗和可怕的阴郁"。② 在这些方面，他们看到的不是美，而是"文明"渗透的障碍。在没有桥梁的湍流中，容易突发洪水，阻断了高地与文明高度发展的南方的来往。即使在马背上前进，也是一个十分缓慢而痛苦的过程。推车和马车更不为人所知。因为这里能走的路很少，而且路况非常差，沿着岩石和河床延伸，遍布沼泽，任何对环境不熟悉的人都不敢穿越它，只有在这里土生土长的人才敢"用脚试探地面"来测试安全性。在 18 世纪末，一位勇敢的学校督察员每天都不遗余力地践行着他的实验，他平均每小时穿过雷伊勋爵所在乡村附近的同一条河 24 次。③ 南方"恶劣的气候"是加剧人们对其文明误解的另一个物理障碍。

比地理和气候更令人不安的是贫困阶级所面临的悲惨和肮脏的生活

---

① Stuart, D., *Sketches of the Character, Manners, and Present State of the Highland of Scotland, 1822*, passim; 也可参见 Grant, I. F., *The Story of an Old Highland Farm, 1769–82*, 1924; Cunningham, A., *The Loyal Clans*, 1933。

② *Letters from a Gentleman in the North of Scotland to a Friend in London* [written about 1726], 2 vols. 1754, vol. II, p. 10.

③ *Abstract of the Proceedings of the Society in Scotland for Propagating Christian Knowledge*, 1800, p. 179.

第六章　苏格兰：慈善与"文明"

环境。一个接着一个来自南方的旅客，一般都是政府官员、具有好奇心的外国人、耶稣会团人员或者基督教知识促进会的通讯员，他们都对北方高地穷苦的人们表达出深深的同情，这些人缺乏最基本的生活条件，几乎无法维持生计。对于这种情况，苏格兰农耕生活所带来的独有特征——宗族关系负主要责任。正如马歇尔所言，他们"嵌入"了一种对人们进行有限控制的体制。为了让这些企业主、土地主或者是"绅士的中间商"为自己提供所需的劳动力，这片土地上有太多的"佃农"，这远远超过土地所能承载的范围。[①] 沃克在1802年报道，一个30英亩的农场，一般会有10名佃农，以及他们的家人和仆人，总共大约有70人。如此多的人靠农业生活在这么小的土地上，这是其他地方很难见到的景象。土地是由地主短期租赁的，或者更普遍地说，为了维护他的尊严，土地主从他的分租客、农民、佃农和农场主那里获得了超过他支付的租金和服务，据沃克估计，这些租金和服务占了分租客全部劳动的1/3以上。[②] 对冷漠的农民来说，他们的兴趣不在于提高农业的经济效益，而在于增加租户的数量，这些土地主应该对这里的贫穷和苦难负有很大的责任，而且，土地主对佃户的教育毫无兴趣，导致了农民对教育也缺乏兴趣。恶劣的气候和贫瘠的土地造就了佃农艰难的生活。农民的方法原始而低效。高海拔地区的土地直到2月或3月才开始耕种；播种也相应地推迟，随后秋雨伴随着迟来的收获季节而来。他们使用的耕作工具同样不尽如人意。阿伯丁郡的耕犁有一种"无法描述的落后"。[③] 在斯凯岛和高地的其他地区，人们通常使用"铬锄"和脚犁。哈勒斯勋爵说，有时将犁系在马的尾巴上，是"为了引起笑声，而不是为了加快耕地的速度"。[④] 谷物被高高抛起，通过风来簸选。

在一定程度上，由于这些情况，粮食供应常常短缺且不稳定。高地地区很多地方的农业以燕麦、黑麦或者是混合谷物为代表，这让来自以小麦为主要农作物地区的旅行者感到非常惊讶。耶稣会传教士向罗马天

[①] Marshall, W., *General View of the Agriculture of the Central Highlands of Scotland*, 1794, pp. 25, 33.

[②] Walker, J., *An Economical History of the Hebrides and Highlands of Scotland*, 1802, vol. I, pp. 52-55, 180, 240.

[③] Anderson, J., *General view of the Agriculture of the Aberdeen*, 1794, p. 77.

[④] Kames, Lord, *The Gentleman Farmer*, 1776, p. 46.

慈善学校运动

主教会的神职人员报告，在夏天，人们以牛奶为食，在冬天则去寻找动物来吃。[1] 在春天，当食物匮乏、缺少燕麦或肉类的时候，人类和野兽往往都非常可怜，而当整个国家面临饥荒，比如从1696年到1703年的"七年"，或者其他被史学家所忽略的时代，许多家庭的成员被发现死在沟渠和树篱后面。总的来说，苏格兰和爱尔兰一样在历史上都很危险，大部分高地人生活在饥饿的边缘，这不可否认。农场的规模十分小且经营不善，即使是在好的年景，也只能勉强维持生计。伯特，是韦德的将军之一，在1726年修建新的军用道路的时候，对比英格兰和低地的劳动阶级的体格，发现高地人的身材明显更矮小。他强调说："他们也不太可能比其他人高大，因为他们在子宫里就开始承受饥饿，而且在此之后也没有吃饱过。"[2]

下层租户和佃农的住房条件同样十分有限。"屋子小到人们必须要蜷缩其胳膊和膝盖才能勉强进入"，而且在冬天还要和母牛和小牛挤在一起睡觉。他们极度缺乏一个舒适和清洁的环境。伯特这样描述当地人的生活状况，当高地的寒冬降临人们不得不待在室内的时候，人们就如同生活在烟熏火燎之中。

那些来自南方的旅行者，对这种生活状况的怜悯和鄙视并不只是针对高地人。在威尔士和爱尔兰，威斯特法利亚或皮卡迪，也有类似"矮小公民"依靠着土地勉强糊口的描述，在英格兰和低地城镇的贫民窟里同样也可以找到那些让高地上游客们悲叹的场景。在城镇里，这样的境况常常被忽略；但是在高地，这样的境况总是能引起穿越山区的人的注意，这就在慈善家们心中埋下了改革的种子。这些闲散的人，对低地邻居来说是一种麻烦，他们喂养家禽只是为了养活自己；他们的存在也是一种政治威胁，因为这些"破釜沉舟的人"乐意服务于任何有野心的领导。对清教徒的道德攻击仍然是"懒惰、吝啬和自以为是的生活方式"，这让南方的改革者们认为非常可悲且难以理解。[3] 高地人经常缺少食物，

---

[1] Stonyhurst MSS., 1702年耶稣会苏格兰代表团的报告，来自 Forbes Leith, *Memoirs of the Scottish Catholics during the Sixteenth and Seventeenth Centuries*, vol. II, pp. 293 et seq.。

[2] *Letters from a Gentleman*, vol. I, pp. 85, 120；也可参见耶稣会苏格兰代表团的报告，Forbes Leith, *op. cit*。

[3] Laing MSS., Edinburgh University Library, Div. II, No. 623.

但他们并不缺乏"想要的优越感"。①高地的改革者试图对如此奇怪的现象进行解释时认为,这并非不合理,而是因为一种社会的组织形式,高地改革者认为在高地地区,人们最引以为荣的职业直接违背了自己的信仰,即劳动是上帝的旨意,劳动表现是对这种恩典的考验。这对道德和经济的改善造成阻碍。如基督教知识促进会蔑视地认为,"照看奶牛"根本不能算一项工作。②特别是在夏季从五月到八月这段时间,男人、女人和孩子们都带着他们的牲畜和家庭用品从冬季居住的房子里走出来,来到海边、高地牧场、林间或者是夏季大牧场,他们蜂拥至这里,花费大量的时间"在阳光下或者是在酒吧里谈笑风生,让本国的主食——黑牛,在草地自己觅食。"③

同样可悲的是人们对工业和贸易的漠不关心。批评者认为,落后的国家提供了农业、渔业、制造业、手工业和航海业的就业机会。不仅供应了充足的鱼,还有充足的羊毛用于发展长袜贸易、大量的海藻用于制作玻璃、有非常适合亚麻和土豆生长的土壤,人们更喜欢在没有劳动的情况下生活,"在生活中漫步"。④高地是否无法在"商业时代"铺设的线路上前行,这是值得怀疑的,但是18世纪,工作的福音打破了人们追求舒适和实现抱负的冷漠。法国的旅行者西蒙发现这种骄傲的懒惰,激发了新教改革者的努力,使他们开始想向成年人和儿童灌输勤奋工作的理念。和法国人不同的是,新教改革者认为高地的贫困"需要被同情,而不是鄙视"。⑤

同样让高地的清教徒改革者感到不安的是迷信和想象力的混合,这在丰富的神话传说和异教仪式中得到了体现。长老会预言,罗马天主教"迎合异教",试图重新建立其在高地上的地位。⑥通过动摇信念,它让

---

① Simond, L., *Journal of a Tour and Residence in Great Britain*, 1810 – 11 – 15, p. 398.

② *State of the Society in Scotland*, 1729, p. 38.

③ Laing MSS. *loc. cit.*

④ *Account of the Rise, Constitution, and Management of the Society in Scotland*, 1714, p. 5; 也可参见 *The Highlands of Scotland in 1750*, from MS. 104 in the King's Library, B. M., ed., 1898 年安德鲁·朗写的导言。这可能是布鲁斯先生的一封信,他是一位政府官员,在45 年后负责调查高地被没收的庄园和其他的地产。

⑤ Simond. L., *op. cit.* p. 398.

⑥ *State of the Society in the Scotland*, 1748, p. 53.

慈善学校运动

那些不快乐的高地人失去了真正的宗教信仰。与老牧师不同，新长老们，他们满怀激情地决心要把高地人从仙女和鬼怪、水妖和棕精灵的束缚中解救出来，这些人反复无常，有时甚至作出恶魔般的行为，给他们的生活带来生动而戏剧化的田园式效果。对这些自然力量的诅咒、献给猎物的祭品、每年不同季节举办的纪念盛宴和奇特仪式，都没有引起人们的同情，而是使一些人产生深刻的痛苦，因为高度智能化的宗教形式已经被幼稚的事物所席卷。高地人认为，他们"还没有尝到过上帝的恩赐"，而且，为了拯救那些不愿意自救的人，"牧师和教师都被要求去探访那些黑暗的地方，并通过解除罪恶来指明救赎的道路。"①

懒惰和迷信这对孪生恶魔本身就能刺激具有清教徒思想的人采取行动，但是，使他下定决心将南方"文明"介绍给野蛮人的是他们与政府共有的信念，即只有通过对高地的控制，才能使汉诺威的王权和新教的继承权得到保障。高地的法律是族长意志的体现；对很多高地人来说，忠诚意味着服从于斯图亚特王朝。因此，当高地的法律和忠诚被激起的时候，可以为英格兰的敌人打开入侵英格兰的后门。每年一度在爱丁堡和伦敦举行的代表苏格兰基督教知识促进会的布道，以及在17世纪上半叶向政府提交的请愿书，都透露出低地人和英格兰人对凶猛而好战的高地人的恐惧，他们"厌恶劳动，习惯于掠夺"，"蔑视和平的艺术"，"为每一次大胆而绝望的行动做好准备"。除了"对他们的首领的盲目依赖"之外，他们已经习惯了将"对政府造成威胁的观念，巧妙地灌输到他们的思想中"。"盗窃和抢劫只被认为是一种狩猎，而不是犯罪，复仇和谋杀也被看作一种英勇的行为。"② 政府制定了一系列法令和命令，并辅之以在大峡谷修建堡垒（后来称为威廉堡和奥古斯都堡），韦德将军修路以及从17世纪开始建立永久武装力量的定期尝试，最终建成了被称为"黑守望"的军事设施和法律手段，这些都是政府用来限制北方高地酋长权力和在北方高地行使政治控制的法律和军事手段。

同样迫切的是对牧师的权力进行限制，因为詹姆斯二世党人在政治

---

① *Sermon preached before the Society in Scotland*, 1741.
② *Memorial Concerning the Disorders in the Highlands*, 1703.

第六章　苏格兰：慈善与"文明"

上的运动与苏格兰罗马教会的反改革运动相吻合。① 虽然改革宗教会忽略了高地，但是"穿越陆地和海洋进行传教的""不安分的"天主教使者，已经做了一项持续而勇敢的尝试，试图恢复罗马天主教在北部的地位。他们在 17 世纪的进步相当可观。爱尔兰的方济会和遣使会的信徒在北部的耶稣会会士和世俗教士努力的基础上进一步做出贡献。他们把信仰带到了"野蛮的赫布里底群岛"的"外岛"、尤伊斯特岛、卡纳岛、埃格岛和斯凯岛，以及内陆地区，如莫伊达特、阿里塞格、诺伊德特、格伦加里，并在格伦加里和巴拉岛建立了学校，这里的首领命令人们去"敬畏上帝和纯洁他们的信仰"，并"引导他们坚定地反对异端邪说"。②

　　影响更为深远的罗马天主教的活动是，在1694 年任命尼克尔森主教作为天主教的名誉主教和苏格兰主教——这是自改革以来第一位被任命的罗马天主教主教。罗马教会新的行动是在这个活跃和热心主教的任命之后进行的。在《使命与法则》中，他制定了教会工作的规则和条例，之后教会的工作将依此进行，将国家的任务划分为地区的任务，劝诫牧师去引导和启迪基督徒的生活，用公开的惩罚来威胁他们并且剥夺一些父母的抚养权，因为他们允许孩子在异教徒的教导下成长。在1700 年，有报道说在斯凯岛有不少于 6 个教士，只有 5 个牧师。在南尤伊斯特、卡纳、诺伊德特、莫伊达特、格伦加里和邻近的教区，几乎所有的居民都是天主教徒。1700 年，尼克尔森在夏季穿越高原的路途中，声称已收纳超过 3000 名天主教徒。5 年后，为了协助尼克尔森的工作，詹姆斯·戈登被教皇克莱门特十一世任命为助理主教兼名誉主教。1707 年，戈登向"宣传会"报告说，在这一年的高地之行中，他已确认招纳了 2740 名天主教徒。正如最近的分析所显示的那样，这些数字是无法持续的。然而，这些事实却明确显示，"一系列罗马教会的大胜利"发生在弗内斯的大格伦及其周边地区。③

　　天主教复兴更重要的标志是，1712 年在格伦利弗莱的布拉埃斯为当

---

①　最近对苏格兰罗马教堂的研究参见 Maclean, D., *The Counter-Reformation in Scotland, 1560 – 1930*, 1930。

②　摘自 1700 年苏格兰牧师兼使徒托马斯·尼克尔森给教众进行宣传的一份报告，刊印在 Bellesheim, A., *History of the Catholic Church of Scotland*, trans. by Hunter Blair, 1883, vol. IV, Appendix VIII。

③　Maclean, D., *op. cit.* p. 196.

慈善学校运动

地想要进入罗马教会，却又无法承担出国学习费用的贵族建立了一所神学院。对他们来说，没有比这所大学更好的选择了。学校被群山环绕，切断外界的一切干预，它控制边境上的七个教区，在半个世纪里，它成功地将一个主要是新教徒的地区改变为几乎完全是天主教徒的地区。①

罗马教会的活跃性与苏格兰教会的被动性形成鲜明的对比。由于自身内部的不和，公开与新教圣公会为敌，以及缺乏在高地组织教会所需的资金（就像它在低地建立时一样），苏格兰教会在一个"没有真正宗教"的国家只取得了很小的进展，苏格兰教会的牧师哀叹道，"在苏格兰的一千个教区"中，北方只有不到两百个。② 这里幅员辽阔，"就像低地各郡县和德国一样"，尤其是那些西部高地和岛屿，人口分散在不同的农场和乡镇，不仅需要依法任命的教区牧师，还需要一名穿着七里靴的神职人员。有些教区南北延伸60英里，东西贯通20英里，山脉的"尽头好像碰到了天堂"又投入到"海的怀抱"，蜿蜒盘旋在内陆数公里，阻断了往来的交通。为了让它的英国支持者去领会利维坦教区的规模，以及北方交通的不便，苏格兰基督教知识促进会说："那些陌生人把高地看作是少数的山脉和一小部分的峡谷，但这样的人会被告知，从琴太半岛的马尔岛到斯特拉斯内弗的法罗海德是一条直线，从南到北，超过200英里，不计算转弯、半岛和深入到陆地的海湾，从法罗海德到约翰·奥格鲁特之家有超过60英里的海岸线，在这些海岸边有许多可供人居住的岛屿，有些岛屿很大，居住人口较多。"③

缺乏足够的神职人员反映在教区教堂的稀缺上，教堂与分散的社区之间的距离通常如此之远，以至于很少有人能享受到常规的宗教教育。通常会众都是在田野里进行礼拜，但是当冬天降临后的好几个月里，他们没有机会聚集在一起进行宗教礼拜。

在18世纪早期，由于罗马教会的活动，苏格兰教会和领主也相应采取行动以应对危险。1700年，议会重新颁布了旧的法律，这些法律已经

---

① 参见 Blundell, Dom Odo, *The Catholic Highlands of Scotland*, 1907, pp. 24 *et seq.*; *Ancient Catholic Houses of Scotland*, 1909, pp. 186 *et seq.*; Hunter, H., *Brief History of the Society for Propagating Christian Knowledge in Scotland*, 1796。

② Chambers, R., *History of the Rebellion of 1745 – 6*, 1827。

③ *State of the Society in Scotland*, 1729, p. 36。

失效，针对的是耶稣会会士和"非法加入的天主教徒"，他们的恶意和狡猾是国内外阴谋的根源，法律还规定，任何人都应该解除他们的武装，并抓住他们，如果这些人被定罪，还可以获得500马克的奖励。①议会试图通过打破仪式而不是遵守规则来限制罗马的宣传，但是收效甚微。在这个时代，议会通过一项建设性的计划，在高地建立新的长老会；其中罗恩在1704年成立，泰恩在1706年成立，多尔诺克在1707年成立，凯思内斯在1709年成立，斯凯岛在1712年成立，丁沃尔在1716年成立。从1724年开始，当皇室的慷慨帮助充实亏空的国库时，更多的牧师、巡回传教士、问答式教学者被任命并指派到偏远地区。如果资金允许，大教区的划分以及新教堂和学校的建立将会形成一个有效阻止天主教发展的屏障。但教会并没有进行大规模改革的手段或精力。教育，是柏拉图《政治家》中树立正确观点和消除错误想法的辅助方式之一，在"宗教福祉和宪法原则"的自愿基础上通过组织教育来帮助建立武装和法律，人们确信通过这种方式可以将一个不忠诚的、叛逆的人变成一个和平且忠诚的人。

二 1709年协会在苏格兰传播基督教知识的第一个特许权

在特威德以北，慈善学校运动为它的三重任务发展了一个独立的组织。根据历史学家伍德罗的说法，1698年在爱丁堡成立的一个祈祷协会，是苏格兰基督教知识促进会的起源。②在其成员中，"有几位有分量且与众不同的绅士"，他们从基督教知识促进会在英格兰进行宗教改革的方式和"被放逐"的主教派牧师詹姆斯·柯克伍德身上吸取经验，使英格兰基督教知识促进会在苏格兰的成员、来自伦敦的基督教知识促进会成员以及越来越多的英格兰改革者相信，对贫困儿童进行教育是解决社会、宗教和政治问题的灵丹妙药。柯克伍德曾经是布雷多尔本的牧师，他对高地被忽视的情况非常了解。他先后说服弗朗西斯·格兰特、卡伦爵士、罗伯特·贝利、乔治·梅尔德伦等"一些知识渊博、虔诚和富有的人"建立一个自愿的协会，在高地建立学校和图书馆。③他们筹集资

---

① Act of the Parliament of Scotland, 1700, c.3, vol. X, pp. 215-219.
② Wodrow. R., *Correspondence*. vol. III, p. 193.
③ The Kirkwood MSS., Church of Scotland Library, Edinburgh, L. S. 16.1.3。感谢唐纳德·麦克林牧师让我注意到这些苏格兰社团的管理。

慈善学校运动

金并任命一位校长在"这个天主教国家的中心"——阿伯塔夫教区开办学校。18个月后,学校被关闭,因为校长遇到"当地居民反复的反对"。① 但是爱丁堡的绅士们没有共同承担学校的失败。"在发现靠他们个人的力量不可能完成如此伟大和众所周知的工作后",他们在1703年起草了一份纪念册来描述高地和岛屿的混乱状况,并提出教堂的空闲津贴、私人基金会以及全国各地的一般募捐,都应该授权为"慈善学校"筹集资金,"通过创办慈善学校,宗教和美德可能会被传授给老人和年轻人"。② 争取得到议会支持的努力失败了,但在接下来的一年里,一直对社团努力表示同情的苏格兰教会给予协会所保留的财产,并对其进行支持。苏格兰教会大会命令其教育委员会探索高地对教育的需要,并找出不同地区可能会给予的鼓励,如果有可能在这些地区建立学校的话。收到这些报告后,苏格兰教会大会就会向国内的长老和有影响力的人发征询意见书,请求他们协助在苏格兰高地、岛屿和偏远地区筹建基督教知识促进会。③

1708年,法国支持"老王位觊觎者"的入侵以失败告终,这导致人们对行动的漠不关心。1709年,来自贵族和平民、牧师和非教徒以及苏格兰教会和领主的热烈响应,使爱丁堡的绅士们得以向皇室申请社团注册证书。根据1709年的第一项特许权,在众多定期捐助会员中,上议院议长和其他议会议长有权提名新协会的前82名成员,所有这些成员都是新教中能参加圣餐礼的成员,从这个团体中,任命1名主席、1名秘书和1个由15名董事组成的委员会,他们担任新组织的执行人员。④

相比较英格兰的基督教知识促进会,爱丁堡基督教知识促进会完成任务所面临的困难要大得多。英格兰的基督教知识促进会将学校的控制权交到当地选举的受托人和管理人员手中,苏格兰的基督教知识促进会从一开始,就是其赞助下建立的所有学校的中央组织和控制机构。苏格兰基督教知识促进会在高地筹集并提供推行教育的资金;它决定学校应该在哪里设立,以及这些学校应该持续多长时间;负责课程的起草以及

---

① *Account of the Constitution and Management of the Society in Scotland*, 1714, p. 8.
② *Memorial Concerning the Disorders in the Highlands*, 1703.
③ Acts of the General Assembly of the Church of Scotland, Act 5, Sess. 5, 1707.
④ 参见 *An Account of the Society in Scotland*, 1774, Appendix I.

第六章　苏格兰：慈善与"文明"

教师的任命、薪酬和解雇；负责接收当地委员会的报告，并不时派出人员对学校进行监察。通过社团注册的特许权，基督教知识促进会被宣布有能力购买和拥有土地、物业，可以租赁土地、房屋、牧场，可以拥有特许区域和特许权力，以及每年不超过2000英镑的使用权。由于受特许权限制不得侵占其资本，苏格兰基督教知识促进会筹集并运营学校的收入；该社团的资产并没有受到影响。直到社团资金增加，才建立新的学校。因认识不足或判断失误而造成的损失迅速减少，而且由于基督教知识促进会工作人员的费用被限制在每人25英镑，其中包括财务主管、书商和职员，所得的收入都用于兴建学校，只有当财政状况允许的时候，才能在美国印第安人中间传播福音，才能在国内出版盖尔语圣经。由总部控制的基督教知识促进会资金没有像英格兰学校那样受到侵占和挪用，英格兰的许多学校都受到不诚实或不称职的当地受托人和管理人员的控制；也没有像爱尔兰的联合协会一样，苏格兰的基督教知识促进会牢记稳健财政的首要原则就是量入为出。一年一度的布道在爱丁堡的高教会派教堂里进行，无论是圣公会教徒还是非国教徒都加入到位于伦敦的联络社，并进行捐款。苏格兰教会的会员大会通过苏格兰所有的教区募集资金，英国皇室每年资助1000英镑，由国王支付给议会以改革高地和岛屿，以及其他一些充斥着天主教和无知民众的地方，这笔钱主要用于增加校长的工资。在英格兰和低地，慈善家、地方官员和教区牧师被基督教知识促进会的伟大目标深深感动，他们纷纷以慈善为目的进行捐赠，或为某所特定学校进行捐款。[1] 所有的这些努力依然无法改变基督教知识促进会贫困的现状，其工作常常受到资金不足的限制。直到18世纪的最后十年它的收入每年还不到2000英镑。[2]

整个18世纪以来，学校数量缓慢而稳定地增长。从1711年的5所学校开始，到1715年学校数量增加到25所。反抗行动为政府和基督教知识促进会在高地提供教育的问题上增添了新的动力。一项更为有效地

---

[1] 参见 Hunter, H., *op. cit.*。

[2] *Abstract of the Proceedings of the Society in Scotland for Propagating Christian Knowledge*, 1792。该协会宣布，1791年的捐款中有1万英镑"来自一位最慷慨但不为人知的捐助者"，还有2万英镑来自荷兰已故的范维荷文勋爵。在18世纪的最后十年里，它还留下了大量的遗产。

慈善学校运动

维护苏格兰高地治安的法律在乔治一世执政的第一年颁布,由国王任命授权专员,要求对高地的教育进行全面的报告。① 该报告在第二年发布,指出除已建立的学校外,必须再建立 151 所学校,并要求每年向校长发放 20 英镑的工资。1718 年和 1719 年的《国会法案》规定,将没收的叛乱财产归王室所有,供公众使用,并且有 2 万英镑用于在苏格兰的高地上建立学校和维护学校的运营。② 尽管国民议会和基督教知识促进会做出了努力,③ 但是这 2 万英镑中基督教知识促进会没有收到一分钱用于教育工作。

当政府有所迟疑的时候,基督教知识促进会开始有所行动。到 18 世纪中叶,基督教知识促进会已经建立起 150 所学校,并提出了一项提供职业教导的新方案。8 年后,根据第一特许权建立的学校数量达到 176 所。1751～1775 年,皇家奖金不再为基督教知识促进会提供捐款,该捐款自 1729 年起支付给校长,校长要进行问答式教学。因此,基督教知识促进会不得不减少开支。"除了那些教皇党人居住的教区",学生人数只要少于 35 人的学校都被关闭。到 1760 年,学校的数量下降到 146 所。但是在几年内,捐款和会费让新学校得以建立,基督教知识促进会很快从这一挫折中恢复过来。

1776～1800 年,一项意想不到的资金提供给基督教知识促进会所控制的 24 所学校,这 24 所学校是根据第一特许权建立的。政府对教育的兴趣与日俱增,并将其作为促进和平和"文明"的手段,这在 1745 年后的教育政策中得以体现。反叛结束后,立即通过了解除高地武装,废除可继承的司法管辖权、监护权和高地服饰的法案,几年后又出台了对宗教、工业和教育具有深远影响的补救性立法。④ 没收的叛军财产和收益被用于"改善苏格兰的文明状况和生活状况"。国王将这些遗产的管理委托给地方专员,资金被分散使用,"公立学校"在这笔资金的基础上得以建立,或者用于在苏格兰高地和岛屿的其他地方,教年轻人"学习用英语阅读和写作,同时学习一些农业和制造业的技能"。一般来说,这些学校都建在没有其他学校的地方,"或者只有一所慈善学校的地方,它

---

① I Geo. I, c. 54.
② 4 Geo. I, c. 8; 6 Geo. I, c. 11.
③ MSS. Church of Scotland Library, Edinburgh, Portfolio 42.
④ 20 Geo. II, cc. 43, 50, 51; 25 Geo. II, c. 41.

第六章 苏格兰：慈善与"文明"

能使邻近的几个农场受益"①，这些学校对北方的忠诚、美德和"文明"的形成做出了相当大的贡献。但是，尽管这些学校具有良好的记录，但当1784年国王被授权将没收的和被兼并的地产归还给前领主或他们的继承人时，它们却被遗忘了。② 自从这些地产被兼并以来，所有其他由专员雇用的官员都得到了财政拨款，但是，由于缺乏适当的代表，这些国家控制的学校的教师希望赔偿的要求被忽略了。基督教知识促进会意识到教师被剥夺的工作价值，对政府的忽视感到十分愤慨，于是为了维护教师的利益而采取了一些行动。基督教知识促进会自愿提供服务，并支付给教师遗产专员以前就允许其支付的工资，条件是遗产专员们要向基督教知识促进会提供2500英镑的资金。当董事会进行审议时，"基督教知识促进会意识到学校的校长在拿到资金之前可能就已经举步维艰"，于是他们先从自己的资金中拿出一部分，当苏格兰的财政大臣们在1785年上交所需的款项时，在第一项特许权中增加了16所学校，而在第二项特许权中则增加了8所。③ 1809年，在英国皇家学会授予该协会特许权一百年后，在苏格兰，在第一项特许权之下成立了189所学校，其中约1.3万名儿童接受了教育。④

---

① H. M. General Register House, Forfeited Estates Papers, Portfolio 6.
② 24 Geo III, c. 57.
③ 附属于庄园的学校，见1786年《社团议事录摘要》附录：

庄园	学校	庄园	学校
珀斯	斯特雷利茨	洛希尔	金洛查凯格
	克雷格涅奇		斯特拉思洛奇
	格伦纳特尼		马莫尔
安普赖尔	斯特拉西尔	克卢尼	克卢尼
洛赫加里	洛赫加里	克罗马蒂	科伊加克
			南尤伊斯特
斯特罗恩	金洛克兰诺赫		
	芬纳特		
	格伦诺奇蒂		
	卡马格兰和凯莉		

也有纺织学校在：

	克里夫		博格洛特，靠近卡伦德
	穆锡尔		金洛克兰诺赫
	奥赫特拉德		克卢尼
	卡伦德		邓布兰

④ 参见 Abstract of the Scheme of the Society's Establishments for the year 1809, p. 47。也可参见附录1和2。

慈善学校运动

基督教知识促进会总务委员会以及规模较小的执行董事会的备忘录，见证了基督教知识促进会的会员建立学校的持续一致的兴趣。伦敦基督教知识促进会的热情从最初热衷建立学校转移到了热衷向国外传教和在国内出版宗教文学作品上，而苏格兰的基督教知识促进会则不同，其在享受这些利益的同时，并没有偏离其最初的目的。在他们看来，有限的资金在国内的工作比在国外更有优势。他们声称："在高地上维持十所学校运营的费用只够在印度进行传教，而且他们这样的做法效果更明显也更有必要。"[①] 从18世纪末的记录册可以看出，他们对教育工作的热情丝毫没有减弱。

学校数量的增加，虽然证明了基督教知识促进会的持续兴趣，但在很大程度上被高原和岛屿人口的增长所抵消。18世纪下半叶，由于移民和放羊的许可，人口数量在总体上迅速增加。赫布里底群岛的人口数量几乎翻了一倍。学校紧随人口增长的步伐，但是在提升学校地位方面的努力却相对失败。在1728年、1758年和1808年，学校孩子的数量分别为2757名、6409名和13000名。[②]

高地慈善学校运动有两个特点特别引人注目。正如该协会谨慎地告知其支持者的那样，这些学校并不是法律学校的竞争对手。协会没有提议免除继承人履行支持教区学校的法律义务，尽管这些继承人是冷漠或敌对的。协会坚持拒绝派一名校长到没有教区学校的教区去。许多遗产继承人对他们义务的冷漠和忽视严重地阻碍了基督教知识促进会的工作。1761年海德曼博士在苏格兰高地的苏格兰教会大会上作报告，他对全国大部分没有教区学校的地区表示遗憾，"没有教区学校，就不能从这个优秀的学校中得到任何帮助"。基督教知识促进会不会轻易承诺建立一所学校，除非继承人或者足够多的居民能够保证为校长提供住所和教师，有足够的粮食可以喂牛，足够的干柴用来生火。这些慈善学校是教区学校的"补充"或"辅助"，这些慈善学校专门设立在远离法律学校的地方，"以避免相互影响"。[③] 此外，基督教知识促进会的学校并不是永久性的机构。修正传统学校的"不当行为"是基督教知识促进会的宗旨。沃克

---

① Appendix to *Abstract of the Proceedings of the Society*, 1784, p. 45.
② Hyndman, J., Report to the General Assembly of the Church of Scotland, 1761.
③ S. P. C. K. Minutes, March 18, 1731.

第六章　苏格兰：慈善与"文明"

说，人口分布稀疏，加上高原地理上固有的困难，使得这里固有的学校都是"极端分布"在西北的大陆和岛屿上，可以毫不夸张地说，除了奥本、威廉堡和斯托诺韦没有任何地方可以被称为村庄。① 这些学校只为周围邻近地区的孩子提供教育，而其他偏远地区的孩子，以及"同一地主的分租者因此同样在野蛮无知中长大"。② 为了让穆罕默德深入山区，基督教知识促进会提出流动学校的概念，随后在威尔士取得显著的成功。在人口较多的教区里，学校在一个地点固定2~3年，然后移到另一个地点；在那些孩子很少的地区，孩子们分散居住，四处漂泊的校长在几个月的时间里，做了他能够做的事情，然后就离开了。③

然而，从18世纪最后25年的基督教知识促进会年度报告来看，学校的流动特征并没有得到统一的维护。有的学校在一个地方年复一年地长期存在。例如，在18世纪80年代，高地地主对羊群泛滥造成皈依新教地区人口减少而感到愤怒时，支持流动学校的争论被重新提出来，基督教知识促进会将学校从那些以前有很多成人和儿童，但是"现在只剩下牧羊人和他的牧羊犬"的地区转移到其他地方去，那里仍然有很多工作要做。④ 到19世纪初，许多学校已经停止流动了。重要的是，盖尔语协会将流动学校的明智做法介绍给他们的支持者，推荐他们将威尔士的流动学校作为学习的典范。⑤

学校的地方管理，由基督教知识促进会、继承者和居民的共同行动建立起来，由特设委员会负责。在每一次长老会中，基督教知识促进会都会提名成员，并指导他们在一年的时间里，在主持人的任期内召开四次会议，在充分考虑"国家现实的情况下"，就该在哪里设置学校，以及何时该增加或减少薪水向基督教知识促进会提出合理的建议。在与部

---

① Walker, J. , *op. cit.* vol. Ⅰ , p. 53.
② 关于财政部官员向基督教知识促进会支付2500英镑时所要求的职责及其履责规定的备忘录，见没收不动产的文件包，第二册。
③ 在创建人选定的地点设立的捐赠学校不受该规则的约束。雷宁斯的学校和普通的基督教知识促进会学校不同，它不是流动的而是固定设在因弗内斯。伍德罗说交给基督教知识促进会的"这1000英镑的基金"对苏格兰教会大会来说是"羞辱的"。基督教知识促进会发现在高地建立分散的学校不方便，因为"孩子们并不擅长英语，这会让他们以后变得毫无用处，"所以固定在因弗内斯建立了一所学校。*Analecta*, vol. Ⅲ , p, 357。
④ Forfeited Estates Papers, Portfolio Ⅱ .
⑤ *First Report of the Society for the Support of Gaelic Schools*, 1812, p. 15.

151

慈善学校运动

长和苏格兰教会会议，有时是贝利或其他民事法官合作的时候，特设委员会成员每个季度都会来到学校，对教师和学生们进行严格的检查，测试教师教授写作、算术和音乐的技能，学生们读、写和算的熟练程度以及他们对宗教改革原则的认识程度。特设委员会成员核对出勤名单，听取校长的抱怨，并规定基督教徒和天主教徒父母必须将他们的孩子送去学校接受教育，要求当地居民在资金或土地上，或多或少做出点贡献。① 委员会的报告，连同证明校长努力工作的"长老会证书"每年都要呈递给基督教知识促进会，只有报告反映校长的工作和行为让人满意，基督教知识促进会才会支付其工资。②

如此仔细而彻底的检查方法并非始终如一。当地的委员会常常因为疏于职守而受到基督教知识促进会的指责，尤其是他们没有报告那些不履行义务的继承者。然而，相对于慈善委员会报告中所记录的英格兰当地受托人的冷漠和无能、爱尔兰联合协会委员会的重大过失，苏格兰高地的地方教育机构，就像爱丁堡的中央机构一样，是效率和责任的典范。

三　高地校长

在"野蛮人、詹姆斯党和天主教"的三重袭击中取得成功，离不开大量高素质的教师。在国家偏远地区和天主教的地区，基督教知识促进会不遗余力地找到合适的人来守护这些小驻点。基督教知识促进会对教师的素质并没有做出严格的规定，根据《1696年法案》，这是由教区校长来规定的，所招收的教师通常是市立学校和大学的学生，他们不仅教授小学课程的公认科目，有时还会教授男孩一些初中课程。这些人以他们对希腊和拉丁语的了解，以及对神学、哲学和文学的精通而自豪，被认为是世俗化的牧师。有时，他们的社会地位与其智力是平等的。与他们的合作源于苏格兰低地人对教育的浓厚兴趣。当基督教知识促进会渴望给高地和岛屿带来被政治和地理因素剥夺的宗教和教育上的优势时，该协会却仅仅满足于从候选人中挑选智力水平较低的。所有的教师被分为两类，一类是"固定教师"，他们在两年或者更长的时间里教授孩子

---

① S. P. C. K. Minutes, March 18, 1731.
② 参见 the Statutes and Rules of the Society in Scotland, 1732, pp. 36 – 37。1790年，敦克尔德长老教会检查了27所学校。

第六章 苏格兰：慈善与"文明"

们用英语阅读、写作和计算；另一类是"流动教师"，他们只要掌握阅读技能就具有教书的资格。以拉丁语作为评定教学金标准的做法被废除。对于慈善学校的教师来说，这是没有要求的，因为拉丁语被明确禁止教给学生。[1]

另外，基督教知识促进会对教师宗教、政治和道德条件上的要求要严格得多。所有的候选人都必须完全拥护政府，而且其生活方式必须得到他所居住地的长老的认可。教师个人的虔诚、忠贞、审慎和信念是基督教知识促进会所要求的，它还要求那些距离不是太远和花费不是太多的候选人，在爱丁堡参加考核。[2] 由于教育在苏格兰被赋予特殊的意义，教书育人的机会很少能够吸引到苏格兰人，以至于基督教知识促进会在寻找教师的过程中可能会遇到一点困难，但是通过精心安排的助学金计划，基督教知识促进会从自己的会员中吸纳了大量教师。此后，再也不缺乏雄心勃勃要成为教师的"小伙子们"。有些"缺乏修养"的人被爱丁堡委员会任命为一个合格的教师，以缓解基督教知识促进会的财政压力。[3]

基督教知识促进会相关的备忘录和报告支持了历史学家的观点，那些被任命为校长要独自承担繁重工作的人，是"能力出众、受人尊敬且富有责任心"的，而且必须忠于汉诺威王朝和改革后的宗教。这些人中有一些才华出众者。1745年，亚历山大·麦克唐纳离开了他的学校和教堂，成为查尔斯·爱德华王子的桂冠诗人，他是一位优秀的古典学者；杜

---

[1] *Rules, Directions and Orders of the Society concerning the Schools*, 1729, p. 43.
[2] S. P. C. K. Minutes, Nov. 1, 1711; March 6, 1712.
[3] S. P. C. K. Minutes, Nov. 3, 1720; June 6, 1723.
1732年《基督教知识促进会章程和规则》第16条，内容如下：基督教知识促进会想要鼓励一些具有超凡学习能力的贫困好学的学生进入神学院，他们被要求不仅仅在里面教书，同时他们可以帮助自己的校长（这些校长在许多学校任教）教授其他的贫困学生，这些有超凡能力的贫困学生的选择、维持和额外费用应该适时地调整，基督教知识促进会规定……不对这些选定的学生每周的生活费用和额外奖金做任何要求，但是必须要经过推荐和批准，不仅需要当时教他的校长，还需要教会和长老会任命的学校的校长的认可……"这些贫困好学的学生父母要承诺在孩子们有能力的时候，在高地和岛屿的任何地方担任校长。基督教知识促进会在收到资格证和责任书后要按时签署，"当这些贫困好学的学生整一周都在教课时"要支付给他们每天12便士，承诺出勤满两年后，会提供一套衣服和一双鞋，而且，如果他们"还能继续坚持到第三年，他们就会得到每天18便士作为奖励……否则他们将被送到因弗内斯的雷宁斯学校上学，并留在那里度过第三年……"

慈善学校运动

加尔·布坎南、埃文·麦克拉克伦也是杰出的诗人教师；在伯诺伊特，靠近格兰·厄克特的慈善学校里，约翰·麦克唐纳是名声在外的神学家。[1] 在他们当中，有许多人忠实于斯图亚特王朝，而不是致力于为基督教知识促进会和汉诺威王朝服务，当对他们进行考查的时候，他们就会离开学校去帮助斯图亚特王朝。而且他们中也有许多教师被发现道德冷漠，不负责任，对学生严厉粗暴。但是，如基督教知识促进会所宣称的，以及1755年教区牧师的报告和那些统计数据所显示的那样，总体上而言，他们是"一群勤劳刻苦且值得举国称赞的人"。[2] 作为一种规定，在长老会和苏格兰教会的监督下，教师们没有太多机会去玩忽职守和漠视职责，而且必须注意到的是，除非来访专员的报告令人满意，否则他们无法得到中央办公室支付的工资。

这些高地教师的指导方针与伦敦基督教知识促进会为英国圣公会慈善学校的教师们设计的那些规定非常相似。课程和教学方法也被做了严格的限制和规定。宗教教育是课程的支柱。只有具备较高的宗教素养，才能成为基督教知识促进会的一员。教师被要求通过频繁的重复和阐述较短的教义问答，来训练他们的学生掌握改革后的宗教知识和原则。每天早晨和下午，他们都要带领孩子们进行祈祷。他们鼓励学生们各自祈祷，以祈求上帝的保佑，鼓励他们在除了夏天三周"洗礼日"外的时间里，都进行餐前祈祷；除此之外，教师每天都要教学生们学习英语单词的拼写，进行音节的划分，同时学习如何区分重点和停顿。《圣经》中的一部分每天都要用英语阅读，当孩子们阅读能力得到很好的提升时，就会有书写和算术的教学。在礼拜日，校长要将他的学生送去教堂，并维持他们在教堂的良好表现；在周日早晨，学生需要通过一个考查来检验他们对牧师冗长而又教条的论述的关注度。

到目前为止，高地校长的职责与他的英语教师的职责相一致，但与英语教师不同的是，他的工作并不会因学生离校而停止。他们将教师和教义问答者的工作结合在一起，然后将孩子们召集到教区的主日学校里，在那

---

[1] Maclean, Magnus, *Historical Development of the Different Systems of Education in the Highlands*, p. 169。格拉斯哥盖尔语协会出版物，1895 – 1906；Mackay, W., *Education in the Highlands in the Olden Times*, 1921, Inverness, *passim*。

[2] *Report of the Secretary to the Corresponding Board of the Society in Scotland*, 1803, p. 56.

第六章 苏格兰：慈善与"文明"

里教他们阅读圣经并进行公开的教义问答。为了那些不能在白天离开工作的仆人和成年人，校长在所在地区创办夜校。而且在周六下午，当他的学生们享受假期的时候，他被要求去拜访那些不能来教堂的老人和病人。

校长的智慧和审慎，决定了学生们的出勤率。苏格兰教会和长老会的权威只能在一段时间里起作用。当学生不想去学校的时候，校长只能依靠他的个人影响力来说服父母，父母这样的行为往往是由于对孩子的教育漠不关心，或者需要孩子在田野里帮忙干活，所以不想他们浪费时间去上课。在这个时代，人们认为用棍棒教训孩子是必要的，而苏格兰的基督教知识促进会却有一种令人惊讶的人道，它的理念远远走在时代的前面。基督教知识促进会对教师的行为进行严格的控制，通过细致的规定，对惩罚的类型进行限制。用拳头击打头部或用身体的其他任何部位都被禁止；当需要进行惩罚时，只允许敲击手掌或者是鞭打臀部。对"天主教地区"来说，最困难的就是说服信奉天主教的父母把他们的孩子送去学校。高地罗马教会和长老会教堂记录的不宽容及迫害被学校明令禁止，这是该协会的永久纪念碑。它禁止雇用的教师对天主教徒的孩子施加任何形式的强制。此外，还命令他们只能使用温和的说服手段，并且在他们来到学校时，就"给予这些孩子加倍的照顾"。[①] 不幸的是，这并不意味着基督教知识促进会的指示是一致执行的，或者是在宽容的精神下解释的。据耶稣会宣传史团说，威胁、对物质利益的偏好和承诺是顽固的长老会牧师和学校教师常用的手段，而且当宗教苦难降临的时候，家长和孩子不可能逃脱牧师和校长给予的道德或生理压力。另外，越来越多的天主教儿童，在他们的牧师同意后，在18世纪末参加了学校的"文学指导"，这表明基督教知识促进会对宗教不宽容的谴责不仅仅只是一种虔诚的表达。[②]

对既繁重又责任重大的工作来说，即使按照18世纪浮夸的工资标准来衡量，其报酬也是合理的。1696年，教区校长的薪水不低于100苏格兰马克（约5英镑11先令1.3便士）或者超过200苏格兰马克（约11英镑2先令2.6便士），1711年，基督教知识促进会的一项决议规定，

[①] S. P. C. K. Minutes, Nov. 1, 1711; June 4, 1724; Aug. 3, 1732; Jan. 6, 1715; Jan. 7, 1731; *Statutes and Rules* [*etc.*], Art. 14.

[②] Report of Dr John Kemp, printed in Hunter, H., *op. cit.*

慈善学校运动

基督教知识促进会学校中固定教师的最低工资是 100 苏格兰马克；而流动教师最高工资为 100 苏格兰马克，但是也有可能出现有的教师多一点有的教师少一点的情况。巴达瓦夫学院的校长每年有 22 英镑的薪酬，但是他在霍伊岛的同事，其个人工资根据基督教知识促进会的可支配资金的不同而变化，这是最令这些教师不安的。诗人校长亚历山大·麦克唐纳，其 1729 年的工资是 16 英镑，1732 年是 18 英镑，1738 年是 15 英镑，1744 年是 12 英镑。①

基督教知识促进会所支付的低额工资是对其有限的资源和当时教师职业标准的一种衡量。基督教知识促进会所支付的薪酬，并没有像协会所认为的那样，成为足以维持生活的来源。不像教区学校的校长，他们在法律的允许下可以自发筹集资金，这样的做法往往能够带来可观的收入，而在慈善学校运动的早期，慈善学校的校长被明令禁止向学生收取任何财物，必须对所有的学生实行免费教学。只有"对一些绅士或经济条件富余的人，他们愿意将孩子送去慈善学校，并为他们的教育买单"，② 在这种情况下校长才能接受其费用。中产阶级的缺失，人们普遍的贫穷以及这些人对教育的漠不关心，使得这一小小的经济价值得到了认可。在基督教知识促进会成立的早期，许多家长"对教育的关心太少了，以至于基督教知识促进会不得不想办法让他们将孩子送去学校"。

基督教知识促进会的本意，并不是希望这些教师将所有生活来源完全依赖于学校的工资。在学校成立之前，基督教知识促进会坚持应该由继承人或者其他有影响力的人为校长提供一所房子和一个带草地的庭院，以供其居住。③ 基督教知识促进会在高地的工作范围受限的原因是多方面的。正如报告所显示的，当地的地主和大量的租户没有兑现他们的承诺。在 18 世纪末，有一些继承人对平民教育提出强烈的反对意见；当有一位不幸的教师，来到位于遥远的山区或岛屿的新教学点时，发现这里既没有学校，也没有住所、庭院和草地，以至于他不得不用不高的工资来为自己和家人准备这些必需品。缺乏地方的支持是基督教知识促进会做出 1765 年决议的主要原因，这项决议对继承人和家长提出了一种正式

---

① Mackay, W., *op. cit.* p. 36.
② *Rules, Directions and Order of the Society concerning the School*, 1729, No. 9.
③ *Statues and Rules of the Society*, 1732, p. 38.

的义务，即在校长到来之前对其提供经济上或其他形式上的帮助。

薪资微薄的教师，经常采用非正式方法来弥补其工资的不足。有些人用土地代替了草地，或者是在附近租了农场用于经营，当农忙的季节需要他们在田野里进行工作的时候，他们甚至会派其他人去完成学校的工作，而他们自己却会缺席。① 直到18世纪末，无论是薪水还是捐赠，都无法满足教师的基本生活。18世纪80～90年代，物价稳步上涨，尽管工资也在上涨，但两者之间的差距让教师们的薪酬变得更加微不足道。虽然大部分神职人员的生活水平得到大幅度的提升，但是在牧师一次又一次的统计数据报告中，教区和基督教知识促进会学校的工资并没有增加。"普通的商人和工人挣的钱比一般的教师要多得多。"② 基督教知识促进会在1799年曾经表示，在基督教知识促进会学校中教师的平均工资是12英镑一年，而一份临时工的工资就已经达到了一天1先令2便士。基督教知识促进会的秘书在1790年对高地进行考察时说，许多教师的处境非常悲惨，因为这里有大量贫困和不幸的人在拖累着校长的生活。这些人拒绝为校长的贡献支付报酬，并且将校长食宿和供给的生活压力都扔给同样遭遇不公的人，他们反过来又把校长当作"压迫的引擎"。③ 面对这种困境，基督教知识促进会呼吁社会捐赠资金，这只是在一定程度上取得了成功。在1800年，基督教知识促进会决定将学校的数量从208所减少到198所，以此来增加留下来的教师的工资，但是在学校数量削减之后，教师在1803年的平均工资也只是13英镑，乞丐般的微薄收入并没有吸引到基督教知识促进会想要的教师。毫不奇怪，1800～1825年，基督教知识促进会为教师们的低效率所困扰，它宣称，其中一些教师相对来说是文盲，还有一些人对慈善学校的主要目标漠不关心。

四 英语还是盖尔语？

基督教知识促进会规定其所聘任教师的职责和报酬。在基督教知识促进会的章程和规定下，教师们被派去为汉诺威王朝和苏格兰长老会而

---

① S. P. C. K. Misc. Papers, 252；基督教知识促进会就罗斯主教会议允许斯泰内斯校长旷课提出抗议。
② Sinclair, Sir J., *op. cit.* vol. XI, p. 161.
③ *Abstract of the Proceedings of the Society*, 1792.

慈善学校运动

战,以反对"不忠贞、无知和无宗教"势力的联合。高地上最偏远、最落后的地方被特意选为新学校的教学点。在圣基尔达,当地居民"在离希斯登不远的地方进行了改革","在校长到来之前,他们基本不知道什么是福音",① 这里是 1709 年的第一次尝试。在阿伯塔夫,在凶悍而野蛮的当地居民对新教校长抵制的前几年里,这里被慎重地选为第二次尝试的地点。基督教知识促进会和教师都不缺乏勇气。纵然 40 年后,阿伯塔夫和格伦加里的居民仍然是南方官员的眼中钉。到处充斥着酗酒、争吵、粗暴和野蛮的行为,他们被视为"人类的灾难"和"邻人的瘟疫",② 当厌恶詹姆斯二世党叛乱者的辉格党人在 1745 年后给予慈善学校校长适当的补助时,那里的情况仍然如此,他们的敌意不可能使慈善学校校长的生活变得轻松。

教师们并没有被当地人的敌意吓倒,他们继续前进到高地的阿伯丁郡,并在马尔的布拉埃斯以及顿河和迪河的河口建立了两所学校。同年由萨瑟兰伯爵夫人资助的第四所学校,在萨瑟兰长老会辖区内设立;第五所学校先是在杜伊里和法尔教区,然后在凯思内斯郡的长老会辖区设立;第六所学校位于斯凯岛的长老会辖区;"依照上帝的指示第七所建立在阿索尔公爵高地上"的布莱尔阿索尔镇;第八所位于格莱内尔格教区;第九所位于奥克尼的小群岛和陆地上;第十所在北泽特兰。在 20 世纪中期以前,学校已经覆盖到北方的 24 个长老会辖区和一些偏远的低地长老会辖区。③

虽然长老会肩负着学校在当地的责任,但据基督教知识促进会透露,在早期长老会的责任并没有得到一致的认可,宗族首领,尤其是天主教徒,要么充满敌意,要么十分冷漠。在阿伯塔夫建立一所学校的新尝试遭遇失败。基督教知识促进会既无法说服地主去修建学校,也无法说服天主教父母将他们的孩子送到学校。斯凯岛长老会辖区的埃利斯博格学校和格莱内尔格学校,在 1713 年也遭受巨大的挫折。1714 年,阿伯拉的牧师们建立了一所竞争性的学校,他们的"傲慢"历来就让慈善学校的校长感到头疼。一位位于萨瑟兰郡拉格地区的基督教知识促进会教师在

---

① *Account of the Rue Constitution and Management of the Society in Scotland*, 1714, p. 18.
② Lang, A. (ed.). *The Highlands of Scotland* [etc.], p. 108.
③ MSS. Church of Scotland Library, Edinburgh, Portfolio 42.

来信中表示，他对人们"忽视教育"深感遗憾。休斯敦夏普的领主拒绝基督教知识促进会在当地设立学校的请求。① 在洛瓦特特地区的洛瓦特特勋爵，于1750年向委员会报告，他采取了很多措施恢复自改革以来就开始衰落的氏族精神，并坚持反对学校的建立。"他宣称自己是所有教育孩子的人的敌人。"②

天主教牧师和传教士的反对对慈善学校造成的威胁，远不及这些首领们的冷漠和偶尔的敌意。苏格兰长老会一直宣称，天主教在高地的信仰持续存在，他们的信徒数量不断增加，韦伯斯特1755年的人口普查和十年后沃克的报告证实了这一点，这对新教来说是一种长久的威胁。为了阻止天主教精神的扩散，皇家学院的问答教师和慈善学校的教师都建立起了坚固的防御体系。高地新教对他们感激不尽。但是，与爱尔兰罗马教会积极而持续的教育政策相比，高地的天主教教会显得动力不足。牧师们并没有对基督教知识促进会设立的学校漠不关心，而且他们还意识到长老会这一新手段的危险性。尼克尔森主教在给传道总会的报告中表露出他极度的焦虑，他说公众对基督教知识促进会贡献出巨大的力量，希望这些学校能够终结英国的天主教。但是天主教虽然承认"一场以宣传、推广耶稣为名的新教运动在未开化和野蛮的地区展开，在这些区域大多数人信仰传统的天主教"③，但并没有试图去面对危险，就像罗马教会在爱尔兰所做的那样，它支持建立一个对立的学校体系。正如基督教知识促进会的报告所证明的那样，它唯一但却不总是使用的武器，是威胁对公众进行惩罚和剥夺那些允许孩子们去上学的父母的圣礼。④ 但是当地的基督教知识促进会委员会很少会报告天主教学校的存在。作为高地许多地方唯一的教育机构，新教校长确实能吸引许多罗马教徒的孩子来学校接受教育。

基督教知识促进会已经做好反对天主教贵族和神职人员的准备。通

---

① S. P. C. K Minutes, June 3 and 6, 1714; March 12, June 4, 1713; August 12, 1714; June 3, 1714; Jan. 6, 1714; July 13, 1713.

② Lang, A. (ed.), *The Highlands of Scotland* [etc.], pp. 188–189.

③ Archiv. Propag. Acta, fol. 175, 9 April 1726, 引自 Bellesheim, A., *op. cit.* vol. IX, p. 169。也可参见 *Instructions for Mr John Tyrie, Roman Catholic Missionary to the Highlands*, 1731, revealed in a letter to the Duke of Newcastle, London, 1747。

④ S. P. C. K Minutes, August 12, 1714.

过"上帝的恩典"这一切终将被打败,这是"真正的宗教"获得胜利的一个优势。但是更难克服的是基督教知识促进会自身的障碍,它反对盖尔语。在以英语为母语者的信仰中,英语是上天赐予传播宗教和文明的媒介,所以在基督教知识促进会成立的早期就将根除盖尔语作为改革的第一步,基督教知识促进会认为"高地人野蛮而粗鲁的语言,是高地和岛屿居民野蛮和不文明行为的主要原因之一"。① 校长们时刻被提醒,学校的主要目的之一就是教授这些贫民说英语。他们被禁止教孩子阅读或讲授盖尔语,"除非把它转化成英语",并被要求从年龄较大的学生中指定审查人员,这些审查人员的职责是"对违反规则的人进行检举"。半个多世纪以来,高地学校的校长一直在为这项艰巨的任务而努力,坚持教一个不识字的农民阅读《圣经》并用英语进行教义问答。

这是18世纪上半叶基督教知识促进会发展的主要障碍。爱尔兰人和威尔士人对教育的热切渴望,在高地并没有出现。偶尔会有些居民发出请愿书,要求建立一所学校。爱尔兰报告讲述当地父母强烈恳求基督教知识促进会将他们的孩子带入学校,《韦尔奇的虔诚》中也描述着,这里的男女老少都争前恐后地挤进教堂接受教师的教学,然而在高地,连他们的山羊都拒绝吃英式的食物。相反,在基督教知识促进会的报告中,满是"高地人对教育根深蒂固的偏见","人们对学校与生俱来的厌恶",以及学校附近居民不愿意为学校教师提供帮助的抱怨。直到1766年,委员会才建议废除禁止使用盖尔语教学的规定,并要求学校的校长"在那些通常说盖尔语的地方"教孩子们尽量同时使用英语和盖尔语。②

1766年政策的改变并不是由于将英语作为宗教和文明的传播媒介这

---

① Act of the Privy Council for Erecting Parish Schools, Dec. 10, 1616;也可参见 S. P. C. K. Minutes, March 6, June 6, 1766.

② 1800年,该协会的督学报告称,"苏格兰北部东部不同地区之间的语言划分"是"一种从未得到充分解释的、令人震惊的现象"。在雷伊勋爵所管辖的地区,盖尔语是普通公众使用的唯一语言。在凯恩内斯郡和长老会十个教区中的六个,英语是通用语言。在其他四个教区盖尔语是平民的方言;在萨瑟兰、罗斯和克罗玛蒂等郡的所有教区都是如此,只有三个教区例外,即克罗默蒂、罗斯玛吉、雅沃克,那里讲英语。在穿过默里湾之后,除了在乔治堡和因弗内斯的陌生人和更时尚的人说英语之外,盖尔语立即恢复其影响力,并继续沿海岸一直到奈恩。盖尔语盛行于整个因弗内斯郡、布雷马沿线的阿伯丁高地以及珀斯郡到敦克尔德,在那里它让位给了纯粹的英格兰人。Appendix to the *Report of the Society*, 1800, p. 15。

第六章 苏格兰：慈善与"文明"

一立场的转变，而是由于人们控诉，在孩子们被教导用英语朗读这些经文的时候，他们并不知道孩子们读的是什么。多年来，教师们根据基督教知识促进会的规定，教授他们的学生拼写单词、区分音节、掌握重点和停顿，以正确地阅读英语，"直到他们能够流利地阅读英语，由于对英语的完全不理解，他们几乎不知道自己读的是什么意思"。①

方式不当所带来的后果，不应该怪罪于校长。在长达半个世纪的时间里，学校的教师和来访者，都对这一方法的功效有所怀疑，除了通过英语，他们没有其他任何方式来教授《圣经》。没有任何一本《圣经》，或是教义问答和不包括诗篇在内的其他宗教文学，是用盖尔语的。比德尔大主教的爱尔兰语《圣经》的副本非常少见，而且爱尔兰方言和盖尔语有很大的区别，人们常常"无法完全理解它"。② 所以为了阅读《圣经》，孩子们不得不学习英语。在1739年的第一次尝试是帮助学校出版盖尔语－英语词汇书，但是直到1758年，基督教知识促进会的一位校长才开始提供盖尔语版的《母亲的教义》，然后直到1767年，詹姆斯·斯图尔特翻译的盖尔语《新约》才准备好印刷出版。在1766年以前，基督教知识促进会就意识到需要一个盖尔语版本的《圣经》，但是为了维持学校数量的稳定增长，大量的资金被占用。1767年，基督教知识促进会花费大量的资金印刷了1万册《新约》，"希望孩子们通过学习将盖尔语翻译成英语，从而在英语知识方面取得更大的进步"。③

在翻译版《新约》发行后的几年里，又出版了一种盖尔语版本的《摩西五经》，这本书"被人们疯狂地阅读，激发出人们前所未有的对知识和英语的渴望"。④ 1782年，基督教知识促进会和苏格兰教会的全体大会联合呼吁所有的教区筹集1300英镑印刷盖尔语的全版《圣经》，但是

---

① *Proceedings of the S. P. C. K.*, 1780, p. 78.
② *Sermon preached before the Society in Scotland*, 1765.
③ *Sermon preached before the Society*, 1765。如此重大的政策转变不是仓促做出的。一些基督教知识促进会的成员反对将经文翻译成盖尔语，这引起塞缪尔·约翰逊博士的愤慨。他写信给买书给爱丁堡基督教知识促进会的书商威廉·德拉蒙德说："先生，我没想到会在一个为传播基督教知识而召开的集会上听到这样一个问题：任何一个没有宗教信仰的国家是否应该接受教育；或者，这种教育是否应该通过将神圣的书籍翻译成自己的语言来传授给他们。这是推动基督教义普及最为有效的方法，迟一年或者一天，都是犯罪。" Boswell, *Life of Johnson*, Globe ed. pp. 181–182。
④ *Abstract of the Proceedings and Correspondence of the S. P. C. K.*, 1784, p. 35.

当时国家极度贫困，以至于许多教区都无法出资。最后，完全版的盖尔语《圣经》从提出到实现，经历25年，而且具有讽刺意味的是，当用盖尔语进行教学的尝试即将实现的时候，人们却表现出一种明显的厌恶感。基督教知识促进会不得不承认"人们对使用盖尔语作为教学语言存在普遍的偏见"，因为它在一百年前就被禁止在学校教学中使用。19世纪初，高地的家长意识到英语的优势，他们决定让孩子"去学校接受英语教学"。[1]

五　1738年的第二个特许权

在18世纪上半叶，向农民灌输改革后的宗教理念以及英语语言构成学校的主要任务，但是人们对教义问答的信仰和语言作为传播文明媒介的信念，被持续的政治动荡和不断上升的家族反对势力所动摇。学校并没有对1715年的叛乱进行清查。事实上，如长老会牧师所承认的，虽然学校在高地的偏远山区建立起来，而高地人"就像一股黑暗的洪流，穿过一片宁静的土地，将恐惧和死亡传播到每一个角落"。[2] 尽管学校数量在不断增加，但是"不文明的现象"仍在延续，最后清教徒改革者和政府官员发现这是由高地人"难以改变的懒惰和闲散"所造成的。因此，基督教知识促进会在第一项特许权的基础上提出建议，对学校在农业和工业方面的教育进行补充，这一建议很快得到相应的回应。

两个因素促进了学校技术教育的建立。在18世纪30年代，当基督教知识促进会向国王请求权力扩张时，对技术学校的热情在英格兰和爱尔兰达到顶峰。通过通讯员的联络，苏格兰的基督教知识促进会总是和英格兰的基督教知识促进会紧密联系在一起，而且，苏格兰的基督教知识促进会意识到爱尔兰新成立联合协会的进步性，他们也采取行动，效仿爱尔兰教育贫民的新方法。学校将在"这些年轻人思想还稚嫩、性情还温顺的时候"就教育其学会劳动，这就提出一种改革高地和偏远地区的方法，这尚未在其他地方使用过。它对世俗之人和神职人员都很有吸引力。他们的布道和报告都表达出对这一方法的认同，因为这一方法将宗教和劳动相结合，为人类的低等阶层服务。牧师说，"劳动纪律将会教

---

[1] *Report of the Sub-Committee of tie Society on the Visitation of the Schools*, 1825, p. 26.
[2] *Sermon preached before the Society in Scotland*, 1750.

第六章 苏格兰：慈善与"文明"

会他们以最大的理性来信仰上帝"。[1]

促进学校开展技术教育的第二个因素，是1707年土地所有者和富有的中产阶级继英格兰和苏格兰联合政府之后对土地改革表现出极大的兴趣。产生于18世纪之前的苏格兰农业的"进步运动"在18世纪引发了一场农业革命。为了种植和放牧，陆地上的土地被围了起来，但是随着时间的推移，农业也得到进一步发展。如果能够解决冬季喂养黑牛的困难，高地黑牛就能在英国市场占领无限的商机。因此，人们越来越关注为牛提供人工牧草和块根作物作为冬季的食物。18世纪早期，还只是像戈东斯通的罗伯特·戈登爵士和莫尼马斯科的亚历山大·格兰特爵士等人的个人努力来推动农业发展，到18世纪20年代，人们联合起来成立苏格兰农业知识促进会，共同推动农业的发展。两个相似的团体，一个是巴肯农民组织的，一个是奥米斯顿农民组织的，18世纪30年代它们在本地区出于同样的目的而工作。爱丁堡的艺术、科学和农业知识促进会成立于1735年。人们的热情普遍高涨，即使是在高地和偏远地区也没有受到影响。[2]

与改善农业运动密切相关的是试图增加亚麻和亚麻制品的生产。从17世纪开始，这一产业成为苏格兰的主要产业，并在18世纪受到国家越来越多的关注。布料的质量不佳，贸易也因此受到影响。联合政府建立两国间的自由贸易，这对苏格兰一直受到保护的羊毛工业造成打击，但是，与此同时，把苏格兰亚麻布出口到英格兰和殖民地，却给予这个行业很大的鼓励。根据习俗，亚麻普遍在低地种植，而且被认为特别适合于在小范围的高原地区生长，这样亚麻的生产能保证收益的回报。这样的习俗也能使"纺织工和编制工很容易被改良为艺术家"，因为他们的操作，亚麻被漂白，梭织不断地在大厅和小屋穿梭着。考德威尔的缪尔小姐，回忆起18世纪20~30年代的场景："每一个女人都把自己的织布编织在网上，然后把它漂白"。[3] 这需要国家的支持来使亚麻布料成为苏格兰工业的支柱，1727年，根据《鼓励和促进苏格兰渔业和其他制造

---

[1] *Sermon, preached before the Correspondent Board in London of the Society in Scotland*, 1787.
[2] 参见 *An Essay on Ways and Means for Inclosing and Planting in ... Scotland*, 1729, *Select Transactions of the Society of Improvers in Scotland*, ed. by R. Maxwell, 1743, XLIII–XLVII.
[3] *The Caldwell Papers*, 1854, vol. II, pp. 260 *et seq.*

业及改进法案》，制造业董事会成立。①

在1707年以来的20年中积累起来一些资金，这些资金来自根据《联合法案》为改善苏格兰工业而提供的拨款，以及在麦芽税年收益超过20000英镑时从麦芽税中计提的额外款项。4000英镑的收入被分配到新兴制造业上。部分收入用于亚麻制品的生产。对种植棉绒和麻籽的人给予奖励，并向制作亚麻布料的家庭主妇颁发了奖品。基于董事会的计划，拨款50英镑建立纺织学校；随后有4所学校在高地建立起来，每所学校花费10英镑，在这里人们早已习惯懒惰和贫穷，而纺纱的工作是"最不能被理解的"。②

正是在这个阶段，高地人民对土地和亚麻的热情以及改善行为习惯的热情都得到提高。早在1726年，苏格兰皇家自治城镇大会在建立联盟到成立受托人委员会时就将工业和贸易至于其羽翼之下，并有将纺织引入慈善学校的想法，同时他们建立了一所能够容纳30个学生的学校，"用来鼓励年龄在8到14岁的学生去学习纺织，整理棉布、亚麻和粗羊毛"。③ 基督教知识促进会当然不会反对这个想法，但是，由于其特许权被排除在技术指导基金的使用范围外，以至于它不得不开始寻求权力的扩张。1738年，基督教知识促进会向国王提出申请，并从国王那得到第二项特许权，使它能够筹集资金并在合适的地方设立学校来"培养年轻人手工制作、商务贸易和生产制造等方面的技能"，这些经验表明，这些技能训练不仅对年轻人自身有利，"对整个国家也是同样有利的，为提升人们的虔诚和美德提供了更好的指引"。④

为了让自己的新权力发挥出最大的优势，基督教知识促进会通过爱丁堡报纸，邀请公众向其提供资金和建议。基督教知识促进会大量寻求土地和亚麻的供给，到1742年，已经有充足的资金让基督教知识促进会

---

① 13 Geo. I, c. 3.
② Warden, A. J., *The Linen Trade, Ancient and Modern*, 1867, p. 447.
③ *Records of Convention of Royal Burghs*, vol. Ⅴ, p. 427；引自 Dean, I. F. M., *Scottish Spinning Schools*, 1930, p. 59。
④ 最近对18世纪苏格兰教育的研究参见 Dean, I. F. M., *Scottish Spinning Schools*, 1930, 和 Mason, *History of Scottish Experiments in Rural Education*, 1935。我感谢梅森博士提醒我注意那些依靠没收的遗产而设立的学校，并使用了他的手稿材料，这些材料与基督教知识促进会的学校有关。

对新的教育方法进行初步的试验。在珀斯郡的梅西尔教区，一名校长呼吁向学生教授农业知识，这标志着第二项特许权的诞生。地主承诺为基督教知识促进会指定的校长免费提供"一所房子和一个小农场"，可以让孩子们在那里学习所有的畜牧业技能。附近郊区的校长"在英格兰从事这方面的贸易很多年，对农场的所有工作都十分了解"，于是他被任命驻扎在奥奇特尔的新学校，在这里劳动被加入到教学课程之中。尽管有一个充满希望的开端，但这个尝试最终还是失败了。这一策略本身就存在一些问题，当学校被移到卡伦德的时候，这些问题并没有消失。这个农场坐落在"贫瘠的旷野"之上，它太偏远以至于很难吸引到学生，而且需要花费大量的资金进行初步的改进，最后，校长似乎也没有能力应付他的工作。在教区牧师的心目中，校长既不是一个合格的农民，也不是一位称职的管理者。这个尝试于1744年突然停止。

1745年的叛乱让实行技术教育的计划暂时终止，直到恐惧和混乱平息，高地文明才真正开始。利用被没收的财产，皇家委员会建立了15所学校，这些学校的教学结合宗教、文学和技术等方面的课程。① 这样做的目的是维护"新教的发展、政府的威严，促进工业和制造业的发展，维护对国王和其继承人的忠诚和拥护，等等"。8所为女孩们设立的纺织学校也在这笔资金的基础上建立起来。②

政府的活动并没有降低基督教知识促进会的积极性。相反，这场叛乱的失败给了它一个机会来证明学校在这场混乱中扮演了积极的角色，因为大多数"普通人"的情绪并没有像1715年那样被煽动。他们声称，叛乱的推动者主要来自那些受慈善学校影响最小的人，这就能明显看出增加慈善学校数量的必要性。同时他们还认为，"知识的普及、对工业和劳动力的影响"都还没有发挥出他们所期待的效果。③ 因此，叛乱后的第六年，基督教知识促进会在新特许权下开始第二次尝试，这次是在杜宁纳德的罗伯特·斯科特领导下，与当地的绅士和农民协会合作，提出一套以基督教、良好道德、英国历史、农业、园艺、几何和土地测量为原则的指导计划。1752年，一位校长根据发起人的要求致力于在蒙特罗

---

① S. P. C. K. Minutes, April 1, 1742; Jan. 6, March 17, 1743; March 23, 1744.
② 25 Geo. II, c. 46.
③ *State of the Society in Scotland*, 1748, p. 54.

的克雷格实施计划，这位校长的年薪只有12英镑。然而4年后，由于基督教知识促进会无法从斯科特或他的朋友那里获得任何关于学校进展或学校校长的工作报告，于是它收回了对学校的支持。①

与亚麻行业的合作取得了更大程度上的成功。半个世纪以来，有影响力的渔业和制造业委员会开始在高地建立小的聚居区，"使这些国家的居民远离他们懒惰和不喜欢政府的坏习惯"。引人注目的是在当地积极的继承人中，德斯克福德勋爵对这项工作给予了很大的支持，他是亚麻董事会的成员之一，还有芬勒特的伯爵，也是班夫郡的著名"推进者"。1751年在波特索伊建立了一个胚芽工厂，在德斯克福德勋爵的要求下，基督教知识促进会对一位绝对忠诚于政府的校长进行资助，这位校长必须在早晨教授孩子们宗教知识和读写算技能，然后在下午对孩子的工作进行监督，根据孩子们的年龄和能力，安排他们在纺织学校，或是在织布机、织袜机上工作，孩子们也有可能去协助渔夫和园艺师的工作。②随后在洛吉赖特也实行了相似的计划，同年，在珀斯一家公司的要求下，成立了一所技术学校。③

根据1755年《纪要》的记载，第二项特许权授权基督教知识促进会进行技术教育的范围被一些措施所限定。尽管第一项特许权的资金在当年达到18000英镑，但是第二项特许权的支出仅被限制在336英镑14先令5便士。如果基督教知识促进会想要在高地的经济重建中发挥作用，就需要更多的资金支持。在对20个高地长老会的调查中，对教区牧师的问卷调查为基督教知识促进会提供了关于高地教育需求的大量信息，并激发了他们计划在洛赫卡伦和葛兰莫里斯顿建立制造业村庄的雄心。④

洛赫卡伦的著名尝试是地主、制造商和基督教知识促进会共同努力的结果。董事会从地主手中租借100英亩土地，其中有12英亩在尽可能靠近苏格兰教会的地方建立制造业村庄。在中心位置，为董事会任命的

---

① S. P. C. K. Minutes, March 19, 1752; Minutes of the Committee of Directors, Jan. 25, 1756.
② S. P. C. K. Minutes of the Committee of Directors, Dec. 8, 1750.
③ S. P. C. K. Minutes, Jan. 5, 1751; Minutes of the Committee of Directors, Dec. 8, 1750; *State of the Society*, 1752, p. 45.
④ S. P. C. K. Papers. 1755年，由苏格兰基督教知识促进会教区校长写的报告。

第六章　苏格兰：慈善与"文明"

主管修建一间住宅、一间石头和板岩垒起来的储藏室，在村庄的外围，为工匠们修建由黏土制成的小屋。想要使洛赫卡伦的尝试取得成功，需要考虑两个主要条件。第一个条件是吸引对政府绝对拥护和忠诚的南方工匠，并让他们对新的工作环境感到满意。为了达到这个目的，洛赫卡伦的地主主动承担起保护工匠们的责任，因为工匠们身处这些不友好甚至是充满敌意的居民中；同时以当前的价格为工匠们提供夏季的青草和冬季的饲料，并让工匠们警惕当地居民会偷他们的牛、马和羊。在承办人的帮助下，这些工匠要学会种植棉花和亚麻，同时承办人要支付工匠们工资，监督他们的工作并负责他们的食宿。

第二个条件，相比第一个条件来说更为简单，是为了吸引当地的孩子们到新工厂去。为了顺利地推动这次尝试，地主们根据董事会的建议，向基督教知识促进会求助。其声称，居民们"警觉到学校教师需要用写作和算术来教育他们的孩子"，由于他们对制造业很有好感，所以建议孩子们也应该被教授手工艺技术。

在深思熟虑之后，基督教知识促进会对高地的技术教育做出第一个重大贡献。它不仅根据第一项特许权以每年 15 英镑的薪酬任命 1 位校长，并以同样的薪水聘请 1 位农夫来协助他的工作，然后以每年 10 英镑的薪酬聘请 1 位鞋匠、1 位修车工和 1 位铁匠，同时还聘请 1 位纺纱工，其工资是按 1 个孩子 1 季度 1 先令来算。为了鼓励偏远地区或经济条件太差的父母让他们的孩子去接受教育，基督教知识促进会要求洛赫卡伦的每一位教师都去招收 5 名学生，并承诺每年发放给他们 5 英镑的住宿和生活费用。但是，无论是技术纯熟的教师还是相应的生活津贴，都没有成功地突破高地人的顽固保守主义。虽然学校里挤满了来学习读写算的孩子，但是工匠们却只能一直等着学生们的出现。承办人在 1756 年向基督教知识促进会报告，铁匠和修车匠的每一个学徒都在等待雇主的签约，而鞋匠"却没有收到任何学徒"，还有一位农夫在种植燕麦、大麦和土豆的时候，他先进的方法受到当地人的好奇和关注，但是他只有招收"1 个学徒的机会"。纺纱的女主人没那么不受欢迎。她可以夸耀自己有 3 个学生。到 1760 年，5 年的实验期结束了，基督教知识促进会决定结束这个尝试，那些将南方先进工业技术引进高地的工匠，

慈善学校运动

只能无奈地返回家乡。①

葛兰莫里斯顿的实验开始于同样的热切期望,但也遭遇同样的失望。葛兰莫里斯顿是由主要承办者推荐给亚麻董事会的,因为对于亚麻工业来说,这个地区是工业殖民地的一个合适的"集中点"。它坐落在距离因弗内斯以西20英里的地方,在离主高速公路很远的内陆峡谷的怀抱里。董事会再次呼吁基督教知识促进会一起合作办学。他们的呼吁,反映了由于格伦当地居民的无知和无信仰,基督教知识促进会并没有唤醒他们关于基督教知识促进会早期在阿伯塔夫所做努力的记忆。在那之前的半个世纪里,他们的第一个校长在暴躁而冷漠的麦克唐纳继任后退休了。1755年,"无知和无信仰"仍然是居民最显著的特征。亚麻董事会的承办人向基督教知识促进会报告说:"他们只知道有一个上帝,如果再问他们更多的问题,就会发现他们和美国的野蛮人一样无知。任何一个自称信仰宗教的人都是粗鄙的教皇党人,因为这里没有学校,他们被剥夺了接受知识和教育的途径,没有牧师来教导他们,也没有公开的传道,因此,那些被忽视的不知疲倦的天主教牧师,他们腐化了人民的思想和道德,灌输了他们的反叛原则,破坏了我们幸福的宪法和革命的原则。"这里的居民曾参加过1715年和1745年的叛乱。②

承办人认为,聘用校长、鞋匠、裁缝、修车匠、铁匠和农民进行教学,能够很好地改善现在当地的混乱状态,并提供一种有效的教化民众的手段,这一提议给基督教知识促进会留下深刻印象,但这样做的支出却远远超出现有的规模。基督教知识促进会聘请1位校长,每年给机械工发放10英镑的薪水,每位机械工要带5名学徒,就像在洛赫卡伦一样,基督教知识促进会还为董事会和管理人员提供津贴。在经过5年的尝试之后,这个实验也被认为是失败的。当时只有2位学徒最终同雇主签订了七个月的合同;绝大多数人都去参军了;最后,到1762年,基督教知识促进会不再对葛兰莫里斯顿的实验进行资助。

这两次代价高昂的失败限制了基督教知识促进会在技术教育方面做

---

① S. P. C. K. Minutes of the Committee of Directors, Feb. 6, March 5, 1755; March 3, 1756; Oct. 10, 1759;也可参见 Minutes of the Board of Manufactures, July 18, Aug. 2, 1754,引自 Dr John Mason, *op. cit.* pp. 12 *et seq*。

② S. P. C. K. Minutes, June 5, 1755; Minutes of the Committee of Directors, March 20, 1755.

第六章　苏格兰：慈善与"文明"

进一步的尝试，剩下不到2000英镑的遗赠，基督教知识促进会再次向公众咨询使用公共资金的最佳方式。新的遗赠直接被指定用于第二项特许权，而这笔资金将用于支出，而不是投入到股票中。通过《爱丁堡时报》，基督教知识促进会再一次向公众寻求建议，而且在经历过两次试探性的实验之后，基督教知识促进会决定将部分遗产用于学校来培养有前途的学生，他们将高地农业和贸易与低地的农民和工匠相结合，当孩子们的学徒期结束后，他们应该带着改进的技术回到高地。35位来自苏格兰高地和岛屿的年轻小伙子被指派去做农民、织布工、亚麻工、木匠、车匠和铁匠，另外有一些人在1769年做了工匠；而且根据基督教知识促进会的账目，他们中有一些人在学徒生涯结束的时候回到高地，但是在后来的记录中很少提到基督教知识促进会这一方面的工作，[1] 这表明这方面的尝试是受到严格限制的。这些遗产中，有1200英镑用于教育女孩，她们已经学会在基督教知识促进会学校里读书、纺织以及制造长袜。在这个项目中，基督教知识促进会聘请了20名纺织工，每教授100名学生可以拿到15英镑的工资，但是为了教会学生纺纱和编织，其中大部分的钱都用在购买织轮和卷轴上。为了解决学校出勤率不高的问题，教师就像第一项特许权中的一样是巡回的，他们一段时间里在一个教学点教授手艺。[2]

从基督教知识促进会1774年的报告可以看出，高地妇女并不欢迎手工艺教学，这表明被聘请的12个女教师中没有一个能招收足够的学生使她们拿到最高15英镑的工资。直到1783年，在高地上已经建立了20多所纺织学校。到1787年，当基督教知识促进会接管这些受遗产资助的学校时，其数量已经增加到36个。十年之后，在两大遗产的帮助下，总共有大概94所学校被"建立起来，这些学校的反馈并不像第一项特许权那样有规律和精准，到目前为止总共教育了2350名年轻人，主要是女性"。[3]

正如基督教知识促进会所承认的那样，在第二项特许权下建立的学校"普遍都失败了"。[4] 土地改革在边远和落后地区进行。1773年，安德

---

[1] *State of the Society in Scotland*, 1769, pp. 14, 15; 也可参见 Mason, John, *op. cit.* pp. 32 *et seq.*
[2] S. P. C. K. Minutes, March 3, 1763; *State of the Society*, 1769, p. 13.
[3] *Abstract of the Proceedings of the Society in Scotland* [*etc.*], 1797.
[4] Hunter, H., *op. cit.* 1795, p. 68.

鲁·怀特在巡视被没收的土地时，他对戈登公爵庄园和芬勒特伯爵庄园的改进大加赞赏，在那些不那么贫瘠的殖民地和岛屿上，改革者取得了一些进步，但是，高地农业没有受到18世纪改良运动的影响，而且由于贫瘠的农村几乎没有进行农业生产的希望，农业革命的动机也就缺乏了。1778年，怀特形容，"苏格兰的农夫们在老旧的小道上无精打采地走着"。①

工业化的结果并不令人满意。然而，如果将苏格兰基督教知识促进会为高地年轻人提供手工技术指导的努力与那些在英格兰盛行的慈善学校相比，一些成功的预期可能是合理的，对于当地的地主和承办人来说，他们迫切希望这个实验取得成功，并心甘情愿地雇用一些专业教师，他们掌握了好几个手工艺必要的技术。但是，在这两个优势下，大规模种植亚麻并把布料从遥远的地方运到市场依然具有很大的难度。这两个困难都是高地人长久以来反对手工业的重要原因。尽管这些学校是在当地人中建立起来的，并且提供津贴和学徒费吸引那些远离学校的孩子，但这依然不能说服父母允许他们的孩子放弃传统的生活方式，父母们认为这种生活方式是新的和奇怪的。在拉甘的格兰特夫人的描述中，手工制作是在房子里的久坐不动的职业，因此不适合男性，因为他们"从来不会放松地坐在织机上，这样就像把一只鹿放在犁中一样"。② 手工制作被视为妇女的工作。在纺织学校和基督教知识促进会的共同努力下，受托人和地主在高地建立起工作学校，这在很大程度上都要归功于他们把学生吸引到适合女性的工作领域之中。将轮子和卷轴作为礼物送给上学的女孩，这种方式能将手艺扩展到妇女中间，据1802年的社会巡视员报告，其中许多人以前受雇于"最不适合她们性别的田地劳动，现在正从事纺织、缝纫和编织长筒袜等适当的工作"，这使她们能够"让自己获得一定的生存能力"。③

六 18世纪末期

在近半个世纪的时间里，几乎从来没有发生过如此快速且彻底的转

---

① Wight, W., *Present State of Husbandry in Scotland*, 1778, vol. I, p. 185.
② Mrs Grant of Laggan, *Letters from the Mountains between 1773 and 1807*, vol. I, p. 103.
③ *Report of the Secretary of the Society in Scotland*, 1803, p. 55; *Account of the Funds, Expenditure and General Management of the Affairs of the Society*, 1796, p. 53. 另参见 Sir John Sinclair, on the influence of the dame schools at the end of the century upon the home industries of knitting and spining, 载于 *The Statistical Account*, vol. I, pp. 244, 580。

第六章　苏格兰：慈善与"文明"

变，高地人的兴趣和性格被彻底地改变了。在 18 世纪末之前，他们已经不再是新教和政府的政治威胁。1745 年之后的惩罚法规，引起人们对国王的反对。在平定高地的政策中更有效的是 1752 年的《治愈法案》。①1784 年通过恢复被没收的财产，让这项实行 30 年的政策最终终止，随着国家在新的政治环境下安定下来，北方也效仿南方的做法，从效忠于斯图亚特王朝转向效忠于汉诺威王朝。自由的立法可能在 18 世纪末变动不安的政治氛围中占据一席之地。

比政治变动更引人注目的是在高地人的社会生活中所发生的变化。用当时的话来说，即使他们没有马放南山，也已经"融入到和平的队伍之中了"。②

18 世纪低地的转变通常被认为是受到一个占主导地位的宗教、一个异常有效的教区学校体系，以及一个广泛的工业化组织的三重影响，但是在高地上，教区太庞大，加上这里牧师太少，人口太分散，教会没办法像在南方一样控制人们的生活，或者像在低地一样让布道和辩论在道德教化和智力发展方面发挥重要的作用。虽然工业文明促进南方商业文明的发展，但并没有让北方的商业文明得到发展。

受到教育以及下半个世纪新的经济环境的影响，高地发生如此巨大的变化，这让同时代的人们都感到十分震惊；在促进南方"文明"发展的进程中，不同机构都对教育的普及做出了贡献，慈善学校在其中发挥主导作用。但将教育的推进只局限于基督教知识促进会的努力，也是不合理的。由于缺乏足够的资金，基督教知识促进会的工作受到了很多限制，这在一定程度上影响其作用的发挥。18 世纪末，在乡村和偏远地区随处可见的牧师，教义教学者，以及教区学校、皇家学校、爵士学校和在遗产上建立的学校中的教师们，他们所作的努力也不可忽略。牧牛人从他们穿越边境的旅程中返回，商人用他们的商品提升人们物质享受的标准，被军事之路的传说所吸引，从而来到高地的充满好奇心的旅行者，从非洲大陆的高地军团休假归来的服役士兵，这些人都被公认为是南方文明的传教士。所有这些人的努力都有助于打破高地人的孤立和无知。然

---

① 25 Geo. II, c. 41；24 Geo. III, c. 57.

② *Sermon preached before the Society in Scotland*, 1759.

而，对于慈善学校的校长来说，他们的工作并没有得到应有的认可，因为他们承载着更大的责任。他们深入到最偏远和最落后的地方，一方面要教授《圣经》，另一方面要教读写算，就像在威尔士一样，他们在教导和传教的过程中，吸引了一些能够阅读《圣经》并能够教授《圣经》的人帮助他们。但是对于基督教知识促进会和其教师的努力，盖尔语协会在其1811年的《第一次报告》中说，"他们在很大程度上，将取代教育手段"。①

我们很难去估算这些学校对高地的宗教、政治和经济的发展到底产生了多大的影响。他们可能会说他们向人们灌输宽容的宗教精神，因为他们在这个时代，在一个宗教仇恨深重的国家里，坚决反对被迫害和改变宗教信仰。所有的教师都会被建议不使用这两种手段进行教学，但是，对基督教知识促进会声誉产生重大影响的是，基督教知识促进会的巡查员讲述了在18世纪末对高地进行巡查的时候，天主教牧师的帮助与合作，并且该国天主教地区的商人十分欢迎他，"因为这些天主教牧师的宗教观点并没有妨碍他获得认可与支持"。②

在北方的政治史上，要想确立学校的地位就更困难。基督教知识促进会声称，"底层人民"在1745年并没有像1715年那样对斯图亚特王朝

---

① *First Report of the Society for the Support of Gaelic Schools in the Highlands and Islands of Scotland*, 1812, p. 11.
② *Report of Dr Kemp, Secretary to the Society, upon his Tour of Inspection of the Schools in the Highlands and Islands*, 1791, p. 61. 秘书在1787年、1790年和1791年的旅行路线说明了学校的"偏僻性"，基督教知识促进会的报告强调了这一点，以及运输的困难，因为考察只能在夏季的几个月进行，以下是摘要：

1787年。从珀斯出发，到克里夫和基林，再从洛恩海岸到穆尔岛以及附近的许多岛屿；返回大陆，由阿平和威廉堡，经过洛哈伯到奥古斯都堡；从那里经过洛涅斯北侧，进入罗斯和克罗马蒂郡，经过萨瑟兰和凯斯郡；由因弗内斯、乔治堡、斯特拉斯佩和巴德诺返回。

1790年。参观珀斯郡、斯特拉泰伊、布雷多尔本、格伦里昂、伦诺奇和阿索尔高地的学校。于是，来到拉甘教区的斯皮的前面；沿河而行，参观了金古西、杜希尔、罗西穆尔丘斯、阿尔维、阿伯内西和克罗姆代尔教区的学校，以及在因弗内斯和因弗内斯镇附近的教区的学校。在那里，他走了一条非常迂回的小路，"跟随学者们的指示，无论他们带领他去哪里"，他走遍了奈恩、默里、班夫和阿伯丁的高地，并由斯特拉斯登、克洛马尔、布雷马、格伦谢伊和福法尔返回。

1791年。从珀斯和斯特拉森出发，穿过卡伦德、阿伯福尔、布坎南、卢斯、阿罗查尔和罗切戈黑德等教区，前往因弗瑞。参观了小镇以西的教区，从琴泰半岛骑马到坎贝尔镇；航行到阿伦岛；回到琴泰半岛；越过洛希芬进入考瓦尔，从琴泰半岛回到因弗瑞。

第六章　苏格兰：慈善与"文明"

的诱导做出反应。要证明这种所谓的差异不容易，但是至少在影响"英语语言的传播"、"基督教原则的传播"以及"引导人们拥护君主和政府"方面，基督教知识促进会在18世纪40~50年代发挥了重要的作用。①

慈善学校运动对高地人民的社会经济状况的影响更为可观和更值得肯定，因为它与18世纪下半叶不断变化的经济状况共同承担着煽动冒险精神离开这个国家的责任。尽管高地的人口减少导致18世纪后期到19世纪牧羊业的终结，但是在整个18世纪里，高地人一直都在缓慢而持续地向低地迁移，而且，从18世纪初奥格尔索普在北美佐治亚州的殖民运动开始，越来越多的高地人开始离开故土去海外寻找新的家园。

大量移民的一个重要原因是国家无力支持大范围的原始农业。1745年的叛乱用社会的经济组织取代军事组织，这加速了人口的外流。租金上涨是军事服务消失的结果，更重要的是，地主重新开始租赁，是为了提升租金。他们把小范围的土地组合成更大的区域，然后租给带来先进农业技术的南方农民，或者是随着18世纪末土地增值速度的加快，他们直接在草地上放羊。在18世纪60年代，阿吉勒和因弗内斯郡移民开始大规模的迁徙。18世纪70年代见证了斯凯岛、伊莱、奥克尼、赫布里底群岛和北部大陆家庭的大批离去。1782年和1783年的大移民加速了1786年和1788年的饥荒，这仍然是被人们所牢记于心的历史。在18世纪的最后十年里，高地的大部分地区都经历了人口减少的过程，许多人曾经居住的地方，现在都被羊群占据。② 这种变化使高地人慢慢觉得，移居国外是解决他们长期在家而缺乏工作这一问题的另一种选择。

在高地的一些地区，人口增长的幅度和租金上涨的幅度相吻合。让人怀疑的是，在不通过战争和狩猎获取资源的情况下，经过改良后的农业技术是否能够支撑18世纪上半叶人口的供给需求；很显然，农业技术的提升无法应对18世纪下半叶人口的增长，当时有大量的人口长期处于饥饿和死亡的边缘。随着生活手段缓慢的退化，高地人渐渐离开这个国家，留下的是对群居生活更加依赖的人们，这些人或是由于缺乏勇气，

---

① S. P. C. K. Minutes. June 4, 1747.
② Forfeited Estates Papers, Portfolio Ⅱ；也可参见 Adam, M. I., "The Causes of the Highland Emigrations, 1783"，和 "Eighteenth Century Landlords and Poverty Problem"，载于 The Scottish Historical Review, vols. ⅩⅧ and ⅩⅨ, 1921-1922。

慈善学校运动

或是没有面临困境，或是缺乏向往的城市，最终没有加入移民的大潮。

慈善学校在这些留下来的人中也发挥了相当重要的作用，它不仅鼓励人们积极行动，还为他们提供宗教慰藉。苏格兰基督教知识促进会主要关心如何向高地和岛屿的人们传达南方的文明福祉，这与英格兰的基督教知识促进会不同，他们的主要目标是通过宗教指导建立社会规则。为了达到这个目的，基督教知识促进会帮助他们掌握英语，而且这样的做法为他们提供了离开祖国的冒险精神，并促使他们把财富带到国外。基督教知识促进会的记录和报告显示，在18世纪下半叶，当基督教知识促进会不再坚持在其课程中包含英语学习的内容时，有部分的农民对学习英语充满热情和渴望，这是由于他们认识到这样一个事实，英语是促进人们移民到英语国家的重要工具。[1] 基督教知识促进会称，在18世纪末，来自地主和农民对学校的反对声音越来越大。尽管移民通常受到遗产继承人和养羊人的欢迎，但也有一些人，由于担心缺乏廉价劳动力，拒绝支持当地学校，主要是基于"为普通民众提供教育会使他们放下手中的铁铲和耕犁，把他们的财富带到国外"这一事实。[2] 对于那些决心要"接受教育"的坚定的人们来说，那些没有同情心的继承者对学校的反对反而是对移民行为的一种刺激。来自莫伊达特、阿里塞格、诺伊德特和莫雷尔南北部的移民明确地宣称，这是他们离开自己家乡的主要原因之一。[3] 对教育的兴趣也不仅仅局限于有移民欲望的人。那些不太喜欢冒险的人，他们太贫穷以至于无法满足基督教知识促进会的要求，即为校长提供一所房子和一间教室，他们只有通过自己的努力来建立文法学校和慈善学校。他们在邻近的慈善学校，挑选"有资格成为教师"的孩子，为他们提供食宿以代替工资，让他们轮流在乡村里教孩子们学习。[4]

在高地人的努力下，高地慈善学校的进展应该得到一定的好评。当18世纪刚开始的时候，高地人既不感兴趣物质上的发展，也不欢迎智力上的提升。由于宗族关系，高地人与英格兰或低地农民相比，在与上层

---

[1] Appendix to *Report of the Society*, 1825, p. 26.
[2] Appendix to *Report of the Society*, 1800, p. 22.
[3] *Abstract of the Proceedings of the Society*, 1792, pp. 46–7.
[4] *Report of the Secretary to the Society*, 1789, p. 67.

第六章 苏格兰：慈善与"文明"

阶级的交往中有更多的自由，但是他们极度的贫困和对酋长的忠诚，使他们难以从更大的社会独立中获得优势。18 世纪下半叶见证了旧社会组织的瓦解和消失，在没有任何补偿的情况下剥夺了农民阶级的传统社会关系。在 18 世纪末，农民阶级的地位不像早期那样令他们满意，这与对他们不利的经济环境的变化相吻合。由酋长转变的地主，几乎没有给他们什么实质性的帮助或建议来改善他们的处境。事实上，由于马铃薯的引进以及他们反对移民的态度，18 世纪下半叶，高地地主希望继续保有大量未就业的劳动力。伯特在 18 世纪初对高地首领进行简短的批评，他说，"他们所坚持的丑恶的格言是让人们保持贫困，这样能够维护对他们的忠诚"；在 18 世纪末，基督教知识促进会依然提出同样的批评，他一语中的地指出，对慈善学校的强烈抗议完全是一些绅士贵族出于自身利益的考虑，他们希望"普通民众固步自封并保持绝对的顺从"。①

英语版本和盖尔语版本的《圣经》曾经为这种难以忍受的境遇提供了两种解决方案。慈善学校非但没有破坏高地人特有的独立性，还为他们提供了将这种独立性转化为有效行动的唯一手段。对那些充满活力和勇气的人来说，英语为他们提供了一个全新的世界；对于那些留在学校里的人来说，他们可以亲身感受到《圣经》的慰藉。

在 19 世纪，苏格兰在文化和教育方面享有应有的声誉。慈善学校的教师和他们的高地学子都获得了人们的高度赞赏。

---

① 参见 *Abstract of the Proceedings of the Society*, 1792, p. 44："有些地主甚至到现在也不羞于承认他们的原则，即除了与日常生活相关的职业知识之外，所有其他种类的知识不仅是无用的，而且对粗俗的人有害，这使这些粗俗的人对自己的状况不满意，并希望在国内外更好地改变它。"

第七章 爱尔兰：慈善与改变信仰

"谁能想到，父母的极度贫困恰恰会是打开保护儿童成长和信仰之门的钥匙呢？"1747年4月2日，约翰·托马斯在圣保罗大教堂代表爱尔兰新教举办的工读学校的布道中这样说。

一 新教的统治

18世纪爱尔兰特有的政治和宗教环境，对爱尔兰慈善学校运动的悲剧性失败负有责任。在爱尔兰，人们对穷人的怜悯和对改革的热情比英格兰和苏格兰的早期运动更加强烈，在同时代的人看来，这里的贫穷、无知和堕落民众的呼唤比欧洲其他任何地方都要强烈。不幸的是，爱尔兰的援助以一种几乎没有改善无知条件的形式展开，而且它在很大程度上加剧了宗教和政治的分歧。

爱尔兰的慈善学校运动主要是在乡村展开。它主要关注的是较底层的佃农，特别是以投标定租的佃农为主体的农民下层阶级。[1] 他们的悲惨境

---

[1] 凯恩斯教授于1873年发表在《政治随笔》上的《论爱尔兰碎片》一文中写道："对爱尔兰投标定租的佃农犯下的最奇怪、最不幸的错误之一，就是把他们和农民地主混为一谈，将其笼统地描述为佩蒂文化的代表。事实上，在构成它们最重要的属性——耕种者对他所耕种的土地的利益性质上，这两种土地所有制是完全相反的：而实际结果与条件形成强烈的对比。芒斯特和康诺特两地农民与欧洲大陆大部分地区（如挪威、比利时、瑞士、伦巴第）的人们的生活方式差别之大令人难以想象，前者生活不节俭、肮脏，长期处于半饥饿的状态，后者节俭、整洁、充满活力，无论外部条件如何也能将沼泽和沙漠变成花园……分成制佃农和投标定租佃农之间的差别比较大，前者的租金是固定的，由习俗决定，而投标定租佃农是通过竞争来确定租金——我们重申，这种竞争是穷人在避免未来去流亡或成为乞丐的压力下竞标的结果……因此，投标定租佃农制（不考虑个人自由的条件，仅从经济角度来看）实际上就是降低了货币标准，并通过竞争加以修改的农奴制。" pp. 159 – 166。

第七章 爱尔兰：慈善与改变信仰

遇是18~19世纪爱尔兰社会历史发展的显著特征。农民阶级贫困、卑微和没有财产的境遇并不是18世纪的产物。爱尔兰的农耕历史在时代早期就存在。它是爱尔兰社会中"永恒不变的要素"，因为"一场暴风雨摧毁了城堡，席卷整个屋子"。[1] 战争和土地征用将地主打入"地狱"，而农民阶级并没有受到太大的影响。他们仍然不断地为新主人干着伐木和抽水的活，其生活条件几乎没有受到变化的影响。在17世纪末，威廉·佩特先生估计，在全部120万的人口中，农民阶级的人数达到了60万，从18世纪开始其队伍不断壮大。[2]

佩蒂和史蒂文斯的描述表明，这个阶级十分落后，他们的生活和高地人一样艰难。[3] 这里有同样的原始农业，同样较差的住房条件，同样较低的生活水平，但是相比之下爱尔兰的农民还承受着物质和精神上的额外劣势，这使他们成为基督教徒和文明人中"最贫穷、最不幸和最一无所有"的人。[4] 在17世纪的叛乱后，国家实行新的土地制度，国王将所有土地收归国有，这一制度对新教地主进行简单的收费，对解决当时的困境做出了显著的贡献。强制收取高额地租成为地主和土地持有者的典型特征。居住在英格兰的地主代理人和中间商，虽然长期租赁土地，但是他们不像高地的地主一样，会让他们的土地保持肥沃和丰饶，爱尔兰的地主对土地的耕种漠不关心，而且为了保护某些租户的利益他们需要降低租金。地主把他们的小农场进行短租，通常是一年，在这个以土地为主要竞争目标的国家，往往缺乏对土地使用权的保障，而且在许多地方，维持生计的唯一来源严重匮乏，"小农户"只能通过支付超出他们所能承受的租金避免被驱逐。这样一来，农民的租金总是会拖欠，他们的生活不仅没有因此而改善，反而因此而受到抑制。通常情况下，该驱逐的人最终还是被驱逐出境，但是这些小租户还是使原本就数量巨大的小农阶级进一步膨胀起来。

---

[1] Sigerson, Dr G., *History of Irish Land Tenures*, 1871, p. 36.
[2] Petty, Sir W., *Political Anatomy of Ireland*, 1672, p. 9. 对他的数据的批评参见 Obrien, G., *The Economic History of Ireland in the Eighteenth Century*, 1918, chap. I。
[3] Petty, Sir W., *op. cit.*; *Journal of John Stevens, 1689 – 1691*, ed. by R. H. Murray, Oxford, 1912.
[4] Berkeley, Bishop, *The Querist*, 1735 – 6 – 7, in Frazer, A. C., *Life and Works of Bishop Berkeley*, 4 vols., 1901.

为了仔细核查爱尔兰的土地所有权，18世纪的刑法禁止天主教徒通过交换、购买和继承的方式从新教徒手中获得土地，或者转租土地获得租金，这一规定为改善农民的萧条状况做出了贡献。① 通过这些措施，天主教贵族被排除在"持久而营利性的土地使用权限"之外，而将他们的劳动主要集中在放牧业，因为放牧需要较少的资金和劳动力。这种"自我防卫的政策"快速带来成效，而且"有利于那些完全依赖于非固定财产的人"。② 对新教地主来说，这同样有利，但对耕作的农民和工人来说，这是一场灾难。根据当代的观点，上半个世纪牧场战胜农业，主要是由于人民的痛苦和懒惰，以及舒洛格族的分散，这些勤劳的管家群体在英格兰被称为自耕农，他们是爱尔兰佃农的脊梁。③ 当租约到期时，他们无法保留自己的农场，也就进一步扩大了小农阶级的队伍。对部分土地所有者和中间人的漠视，加上自耕农的水平比较低，使这个国家的主要工业失去领导和指引。亚瑟·杨格在18世纪末说，"工党的支持率在不断下降"。④

在缓解由土地制度和农业衰落所带来的痛苦上，国教做出了应有的贡献。当支付什一税的人是他们所支持的教会成员时，什一税是正当的。对一个大多数人都不是教会成员的民族来说，什一税是一种不可容忍的负担。他们必须为供养服务于他们的天主教神职人员，从而相当于供养了"两套神职人员"。⑤ 什一税中牧地的免税权加重了纳税人的不满。而大型的放牧人，他们完全可以承担英国国教的税收，丝毫不受其影响，这种征税方式增加了小型自耕农的痛苦，缴税变成他们的主要负担。什一税很少由神职人员亲自收集。有时什一税被交给农民收税人，"即神职人员的中间人"，⑥ 这些中间人既糊弄牧师又压榨农民。更常见的是由神

---

① Irish Statutes, 2 Anne, c. 6; 8 Anne, c. 3.
② Taaffe, Viscount, *Observations on Affairs of Ireland from the Settlement in 1691 to the Present Time*, Dublin, 1766, p. 12.
③ Taaffe, Viscount, *op. cit.* pp. 12, 13.
④ Young, A., *Tour in Ireland…made in the years 1776, 1777, 1778*, ed. C. Maxwell, 1925, Part II, p. 198.
⑤ Wakefield, E., *An Account of Ireland, Statistical and Political*, 2 Vols., 1812, vol. II, p. 809.
⑥ O'Brien, G., *op, cit.* p. 144.

第七章　爱尔兰：慈善与改变信仰

职人员的代理人代为征收,他们在当代爱尔兰文学中臭名昭著。用弗鲁德的话来说,他们就像是兽性大发的肉食性鸟类,他们不断捕食着爱尔兰农民的尸体,这是最卑鄙的,也是最受诅咒的。①

上帝之手进一步加重了人们的苦难。在 18 世纪上半叶,饥荒普遍存在,这一直是爱尔兰潜在的危险。斯威夫特、谢里丹、伯克利、博尔特、多布斯等人都在文学作品中讲述了自 1726~1729 年饥荒后人们骇人听闻的苦难,成千上万的人离开自己的家园,到各个地方去求得食物填饱肚子。② 斯威夫特在 1727 年写道:"他们每天都因寒冷和饥荒、污秽和寄生虫而死亡和腐烂;年轻的劳动力没有食物能够为他们提供足够的营养,即使偶然碰到被雇用的机会,他们也没有力气去做。"③ 在这些悲惨的岁月里,"穷人们陷入极度贫困和痛苦之中"。④ 更糟糕的是在 1739 年底的大萧条之后。据当时的报道,"每个人的脸上都表现出极度的渴望和痛苦;富人无法救济穷人,街道上到处都是尸体和奄奄一息的人"。⑤ 最终导致大量的灾民从一个地方迁移到另一个地方寻找食物。到 18 世纪中叶,疾患的情况有所缓解,但是当地食物的短缺问题依然长期存在,莱基就此提出建议,他们应该让这些漫步在街头的乞丐,在渴望继续生存下去的压力下去追寻自己想要的生活。亚瑟·多布斯在 1731 年估计,这些灾民的数量已经达到 34000 人。⑥

大多数爱尔兰农民,在精神层面上和在物质层面上一样匮乏,作为天主教成员,那些身患残疾的人最多也只能对一小部分的高地人产生影响。政府出台了一项政策,目的是要将天主教牧师和不合法的校长逐出城市,这样的做法并非毫无道理,它将公众舆论的产生归因于新教的崛起。刑法禁止天主教神职人员在国王的领导下担任民事和军事职务、行

---

① Froude, J. A., *The English in Ireland*, 1881, vol. II, p. 493.
② Swift, J., *Short View of the State of Ireland*, 1727; *Modest Proposals for Preventing the Poor of Ireland from being a Burden to their Parents and Country*, 1729; Sheridan, T., *The Intelligencer*, No. 6, 1728; Frazer, A. C., *Life and Works of Bishop Berkeley*, 1901; Dobbs, A., *Essay upon the Trade and Improvement of Ireland*, 1729 – 1731; Doulter, Archbishop, *Letters*, 1770.
③ Swift, T., *Collected Works*, 1752, vol. IV, p. 232.
④ Sheridan, T., *op. cit.* p. 3.
⑤ *The Groans of Ireland*, 1741.
⑥ Dobbs, A., *op. cit.* vol. II, Part II, pp. 45 – 48.

使议会和市政特权，也禁止成为议会、大学、同业公会和市政委员会成员，这个刑法不符合农民的利益；[1] 但是《1697年法案》禁止了教皇神职人员的继任，从而威胁到爱尔兰天主教神职人员的存在，这对他们产生直接和间接的影响。[2] 1704年宣誓效忠国王的1000名牧师被登记，并在他们所在的教区得以保留下来，但是，为了任命新的牧师，没有一个主教被允许留在这个国家，由于不允许海外人员的进入，人们一开始就预料到，将没有人能取代在1704年宣誓就职的那一代人。据报道，到1710年，教皇的神职人员明显地减少，而在几年内，整个继承权的消失都是有可能的。[3] 在1709年的法令中，教皇的指令被禁止，政府对发现和逮捕未注册的神父和非法校长的行为提供奖励。[4]

17世纪两次血腥叛乱的记忆，以及18世纪上半叶外国入侵的威胁，解释了对天主教活动进行限制以保护英格兰新教继承权和爱尔兰新教统治的法律的重要性。就政治措施而言，爱尔兰的刑法比天主教多数人强加于新教少数群体（如法国）的，或新教多数人强加于天主教少数群体（如英格兰）的刑法更加具有正当性。在一个天主教和新教比例为2∶1的国家，罗马天主教有权解除臣民对世俗统治者的效忠，这就产生了非常真实和尖锐的警告，并且为不宽容提供了一个更好的理由。[5] 另外，少数人企图禁止一个民族的宗教应该受到更大的谴责。禁止罗马神职人员的继承权和限制罗马天主教徒创办"教学学校"的法律是为了消灭牧师和校长并剥夺人们对宗教的信仰而制定的。都柏林大主教威廉·金承认，"如果我们用法律来衡量我们的性情，我觉得就不用宗教裁判所了。"[6]

然而，在18世纪上半叶，一项关于天主教教育的研究表明，法律和

---

[1] 2 Anne, c. 6 [Irish Statutes]；3 Will, and Mary, c. 2 [English Statutes]；10 Will. Ⅲ, c - 13；7 Geo. I, cc. 5 and 6；2 Anne, c. 6；7 Will. Ⅲ, c. 4；2 Anne, c. 3 [Irish Statutes]。
[2] Irish Statutes, 9 Will. Ⅲ, c. 1.
[3] 参见 Memorial present to the Duke of Ormonde in 1710 printed in Mant, R., *History of the Church of Ireland*, 1840, vol. Ⅱ, pp. 220 – 227。
[4] Irish Statutes, 8 Anne, c. 3, reinforcing 7 Will. c. 4。
[5] Petty, Sir W., *op. cit.*, 1672年罗马天主教徒同新教徒的比例是8∶3，1731年的比例为2∶1，到1805年，这个比例超过8∶3，参见 Newenham, T., *A Statement of Historical Inquiry into the Progress and Magnitude of the Population of Ireland*, 1807。
[6] Letter of Archbishop King to Bishop Burnet [n. d.], 引自 King, C. S., *A Great Archbishop of Dublin*, 1906, p. 90。

性情并非总是一致的。有时，在意志和力量上都缺乏对法律的执行力；有时，教堂和地方官员对违法行为睁一只眼闭一只眼；有时，新教徒不喜欢这些法律，并将其故意破坏。新土地制度下的新教乡绅从他们的队伍中选出地方执法官，这些人通常不会与天主教邻居发生暴力对抗，也不想去扮演告密者。在 18 世纪的前半叶，虽然在爱尔兰的罗马主教还能不受干扰地生活和工作，但是未注册牧师和非法学校教师的数量不可能再继续增加，由于新教的冷漠，他们慢慢忽视了早期所做的承诺。值得注意的是，立法机构最谴责的是那些新教学校的校长，他们为了吸引学生到学校工作，直接违反法律，并让罗马天主教会和助手在他们手下工作。[1] 时间和地点在爱尔兰的反天主教立法中发挥了作用，就像英格兰和苏格兰一样，1748 年之后，这项法律也被废除。然而，埃德蒙·伯克的描述令人印象深刻，他将刑法描述成"一种精心设计的机器，用来镇压人民的贫困和堕落"，这在牧师和学校教师身上都施加了沉重的压力。[2] 法律十分严厉，因为它的执行不可估量。牧师和校长经常像野兽一样被猎杀；他们受到间谍和告密者的摆布，常常被要挟和敲诈。他们在制定法律时的勇气和奉献精神，使其与农民有了密切的接触，这加深了牧师与校长和农民群众的普遍感情，并帮助其在往后的岁月里成为人民的领袖和利益捍卫者。每发现一个天主教牧师或教师，政府都将悬赏 10 英镑，但人们不仅给天主教牧师和教师提供食物和住所，还支付他们能负担得起的费用。[3] 在当地农民的帮助下，这些人带着他们特有的宗教和政治指导，在乡镇的小巷里为人们讲课，或者像亚瑟·杨格在 18 世纪后期所看到的那样，在乡村的沟渠和树篱间教学。[4]

二　早期慈善学校

爱尔兰的慈善学校运动与限制天主教教育的刑法有直接的联系。人们渐渐意识到当地的爱尔兰人所遭受的损失是由于禁止了信仰天主教的

---

[1] Irish Statutes, 7 Will. III, c. 4; 8 Anne, c. 3.
[2] Burke, E., *Letter to Sir Hercules Langrishe*, 1792.
[3] Irish Statutes, 8 Anne, c. 3; 也可参见 *Charge to the Grand Jury at Bandon Bridge, Co. Cork, Jan. 13, 1740*, by Sir Richard Cox of Dunmanway, 3rd ed., 1741.
[4] Young, A., *op. cit.* Part II, p. 202.

校长和未登记的牧师，新教改革者承认，如果没有他们的教导，"孩子们就会陷入对基督教知识和道德责任的极度无知之中"，同时意识到英格兰慈善学校运动成功地解决了贫穷和忠诚的双重问题，爱尔兰的新教徒在慈善学校里发现了一种方法，可以使"整个国家的民众都变成新教徒，让英国人和所有由宗教、语言和利益的分歧而造成的叛乱在未来都有可能被避免"。[1]

爱尔兰在近代被称为"英国教育的实验室"。[2] 在慈善学校运动开始前的两个世纪，都铎时代的政府发起了一项教育政策，这提供了地方立法的最早例证之一，在法律惩戒下对青少年的教学进行指导。[3] 在爱尔兰，早在1537年，《亨利八世教育法案》就将维护教区学校的责任放在帕莱教区牧师的肩膀上，在教区学校里"那些以狂野的方式和行为生活的粗鲁无知的人可以学习英语发音、文字、秩序和习惯"，如果牧师没有履行职责，在第一次和第二次发现时将被分别罚款6先令8便士和20先令，一旦第三次被发现违反规定将直接剥夺他们的俸禄。[4] 1570年伊丽莎白女王的补充法令要求国内各教区的教会人员建立和维护学校，在这些学校里，由副校长任命英语教师，而且他们认为通过"良好的纪律"将有可能避免发生"可恶而恐怖的错误"。[5] 这两种法案预示着教区神职人员足以教会教区的孩子们，或者有足够富有的人来为教区校长的开销做出贡献。但都铎王朝和斯图亚特王朝时代教区牧师的情况让所有的成功都变得不可能。在进行宗教改革之前，暂时的篡权往往不为人所知，但是在都铎时代教会财产的移交者成功地剥夺了教会的统治，使教会无法继续保证充足合格的神职人员。埃德蒙·斯宾塞在1569年写道，"福利本身却是相当吝啬，他们不会为牧师提供任何有力的维护，几乎不会给任何牧师购买礼服"，[6] 而且温特沃斯和劳德大主教的通信也表明，这

---

[1] *Methods of Erecting, Supporting and Governing Charity Schools. An Account of the Charity Schools in Inland and Some Observations thereon*, 1718, 1721.

[2] 参见 Balfour, G., *Educational Systems of Great Britain and Ireland*, 1903, pp. 78, 82。

[3] 参见 de Montmorency, J. G., *State Intervention in English Education*, 1902, p. 125。

[4] Irish Statutes, 28 Hen. VIII, c. 15.

[5] Irish Statutes, 11 Eliz. c. 1.

[6] Spenser, Edmund, *View of the State of Ireland*, *1596*, ed. by H. Morley, 1890, p. 127.

第七章　爱尔兰：慈善与改变信仰

一个世纪里，这些情况几乎没有什么改善。①

根据《1537年法案》，教区学校将通过向拿薪俸的神职人员征税并获得学费资助，但在这样的条件下，这些学校不可能繁荣发展。教区居民、可怜的穷人甚至主要是有同情心的天主教徒，给牧师提供少量的财政支持，这让人不得不怀疑，在1835年前一直被强制执行的《亨利八世教育法案》在17世纪和18世纪是否产生了任何实质性的影响。在1695年，《亨利八世教育法案》再次被重新制定，"以至于没有任何理由或者借口可以用来解释这里为什么没有足够数量的学校"，② 仅有600个穷困的神职人员，在1740年为2300人的教区提供服务，新修订的法案被完全忽略，就像他们的前任忽略最初的《1537年法案》一样。③ 在自愿的原则下，只有少数的新教狂热者才会承担起国家失败的教育事业。

早期爱尔兰慈善学校运动的目的是建立学校，在英国国教的学校里让天主教徒和新教徒的孩子们可以穿着体面的衣服，用英语接受有用的教育，学习读写算和基督教的宗教原则。有些学校只针对新教徒；还有一些学校则偏爱那些父母是现有教堂成员的孩子，"他们周围都是天主教徒和异教徒的孩子"；其他的学校，主要是为天主教徒子女设立的，他们明确申明，"他们将用温和而谦逊的方式欢迎那些在家中被独自照顾的孩子来这里接受教育"。④ 通过模仿英格兰建立起慈善学校，科克和都柏林的慈善学校的创始人——这两位慈善家进行了长期而热情的书信往来，爱尔兰的学校也提供类似的宗教和道德培训以及类似的课程。在学校，一天中大部分的时间都用来阅读《圣经》和用英语进行教义问答。令人奇怪的是，在这段时间里，语言问题从18世纪中期的高地，贯穿到整个世纪以来的威尔士，一直都是学校历史上的一个重要问题，但在18世纪的爱尔兰，这一问题几乎没有受到新教或天主教的关注。约翰·理查森的提议，是19世纪以前为数不多的几次有组织的尝试之一，目的是动员英格兰和爱尔兰的公众舆论，认为有必要为爱尔兰的英国圣公会教堂服

---

① Strafforde, *Letters and Despatches*, 1737, vol. I, p. 187.
② Irish Statutes, 7 Will. III, c. 4.
③ *Sermon preached by the Bishop of Drotnore in Christ Church Dublin*, Oct. 23, 1733. 布尔特大主教在他的信中，第一卷第179页，给出在职人数为"约800人"。
④ *An Account of the Charity Schools that have been erected and are now erecting in Ireland*, 1719.

务，并向无法阅读英语的本地成年人提供圣经、教义、祈祷书和其他虔诚的作品，但这些建议并没有延伸到他们子女的教育中。① 新教徒对这一做法表示反对，他们认为这破坏了理查森的成人教学方案，声称这不仅将推翻亨利八世时期政府的政策，从而威胁到英格兰对爱尔兰的利益，而且他们认为这完全没有必要，用爱尔兰语读《圣经》对"原住居民来说完全就是一纸空文"，因为"与他们的英格兰房东交易和往来"，他们"都对读、写、说英语充满渴望"。② 无论是否真的如此，18世纪在爱尔兰没有出现将母语引入新教学校的任何组织化的努力，也没有出现任何试图将英语排除在天主教学校之外的努力。虽然爱尔兰语是他们的教学手段，英语却成为他们日常课程的一部分。③ 语言作为一种政治工具的价值被天主教教师所认可，自然而然忽略了爱尔兰语。爱尔兰的圣公会牧师和天主教牧师都非常擅长使用英语。④

在财务和管理方面，爱尔兰的慈善学校遵循英格兰的方法。捐赠的慈善学校由会员委员会进行管理，他们的资金主要源于礼拜日在教堂门口的募捐、对违法犯罪行为的罚款，以及大教堂分会和城市公司的捐赠。都柏林脏乱的贫民窟和小巷里的孩子们同伦敦的孩子一样贫穷无知，1704年在这里成立了第一所慈善学校，到1717年已经有15所慈善学校建立起来。在英格兰，捐赠学校是由其资助人控制的。一些进步的新教贵族发现自己在土地重新安置之后，和那些未开发的地产的所有者或租户一样几乎没有什么劳动技能，在学校里，他们希望"培养贫穷租户的孩子们，让这些孩子能够帮助进行交易，处理他们新的不动产"。斯特拉班的阿伯康伯爵、纽马克特的德莫特·奥布莱恩爵士、科克郡的珀西瓦尔爵士和绅士们把孩子们送去学校，并为他们支付学徒费，当他们学徒期结束

---

① 尊敬的理查森牧师是基尔莫尔教区贝尔特比特的首席神父，他1712年建议通过印刷《圣经》《祈祷书》《教义问答的阐释》和其他在爱尔兰有用的文章……以及通过建立慈善学校免费用英语和新教理念教育儿童，从而让爱尔兰本地人的信仰由天主教转为新教。也可参见 Mant, R. , *op. cit.* vol. 11, pp. 217 – 230, 和 King, C. S. *op. cit.* pp. 292 – 295。

② *Sermon preached by the Bishop of Dromore*, Oct. 23, 1733；爱德华·尼克尔森写给基督教知识促进会的信，其中有关于理查森的计划。

③ 参见 *Report made by His Grace the Lord Primate from the House of Lords Committee appointed to enquire into the Present State of Popery in this Kingdom* [etc.], 1731。

④ 关于大主教金的观点参见 King, C. S. , *op. cit.* pp. 293 – 295。

的时候，会出租给他们一小块土地，这就是这些资助者所说的"孩子们的境况因此得到了很大的改善"。在其他地方，比如在斯莱戈郡的基尔马科文和阿尔马郡的泰尔格汉，英国国教的神职人员对学校进行直接资助或为学校筹集资金。在斯莱戈郡周围，在充满爱心而又有激情的爱德华·尼克尔森的努力下建立起8所学校，他大力倡导社会上流人士和城镇居民为学校捐赠资金。梅奥郡的霍利芒特慈善学校，是由蒂厄姆大主教爱德华·辛格建立起来的，他从自己的财产中设立一笔基金以维护学校的运营。①

在早期，更多的支持来自亚麻布董事会的理事，该董事会在1710年的《国会法案》下建立，以鼓励在以阿尔斯特为主的南部省份的亚麻品制造。②董事会还在此基础上设立纺织学校。现存的慈善学校提供了一个合作的机会，亚麻委员会以及学校的赞助人和管理者也积极地配合起来。在阿尔马、基洛赫和其他一些地区，纺织被引入到学校的课程中，这是董事会和学校管理者们共同决定的结果。③在董事会的领导下，私人赞助商也没有对此表示反对。17世纪末，埃奇沃斯小姐十分真实地描绘了绅士们的生活，他们赞成将纺织课程引入学校是为了满足其慈善冲动，并以较少的费用为自己的家庭提供所需的亚麻布。城堡里的孩子们被免费教导"阅读和写作"，而且他们也会"很好地掌握纺织这项技能"。④ 1720~1730年是亚麻委员会建立纺织学校非常活跃的时期，许多慈善学校都在课程中加入纺纱的学习。⑤

在早期的慈善学校中，位于科克市圣玛丽·香敦教区的绿衣慈幼院最引人瞩目，这里的捐赠者十分慷慨，对孩子们也照顾有加，当时科克市蓬勃发展的供应贸易使其成为爱尔兰为数不多的繁荣的中心城市之一。在1715年，科克市的慈善学校将宗教、学习和劳动结合在一起，这种做法得到所有人的赞赏。这所学校的光辉历史在整个爱尔兰都很有名。它的故事被记录在《皮埃塔斯·科卡吉恩斯》之中，这本书就像是弗朗克的《皮埃塔斯·哈里恩西斯》的复制品，其在本质上与弗朗克所描述的

---

① *Methods of Erecting, Supporting and Governing Charity Schools* [etc.], 1721.
② 参见 Gill, C, History of die Linen Industry in Ireland, 1925。
③ *An Account of the Charity Schools* [etc.], 1718.
④ Edgeworth, M., *Castle Rackrent*, 1799; 1895 ed. p. 5.
⑤ *Accounts of the charity Schools*, 1720-1730.

慈善学校运动

爱尔兰科克市慈善学校绿衣慈幼院的大门和雕像

贫困学校一样。亨利·莫尔确信"伟大的奥古斯都·弗朗克"在哈勒为贫困儿童所做的事情在科克市也能做到，亨利·莫尔是教区里十分热心且有能力的牧师，后来成为米斯郡和德罗摩郡的主教，他是爱尔兰慈善学校运动公认的领袖，为教区慈善学校招募会员并筹集资金。为建造一所大型的、宽敞的校舍，他贡献场地和建材，一位"不愿意透露姓名的"的人捐助了所需的木材，铺地板的砖块、孩子们一年里所需的衣服以及图书馆所需的书籍都由镇上的居民捐献。而且由于这些信男善女并不希望自己的施舍被高调宣扬，在他们的信仰和习惯里，会在合适的时机将募捐箱放在学校的大楼外，箱子的一面刻着"我赤身裸体，请你们施舍我"，另一面写着"像你们曾经的施善那样施舍于我"。源源不断的善款以一种不可思议的方式，从未知和意想不到的地方注入不断枯竭的资金池，这让发起人确信，是上帝在保佑他们的事业。每年有100名儿童学习基督教教义和读写算，并接受手工作业的指导。在与亚麻制品委托人的合作下，使用织布机的机会是为男孩们准备的，女孩则成为纺织亚麻的女纺织工。在这种模式下，学校的主要职责是"挖掘孩子们的天分，并使他们能够从事适合自己的职业，无论是海洋产业、畜牧业、商业还是服务业"。①

莫尔博士的工作并不局限于绿衣慈幼院。在1717年，他还与图姆大主教爱德华·辛格，以及伦敦基督教知识促进会在爱尔兰的通讯员斯特恩准将一起，成立了一个为促进基督教知识传播的志愿社团，以"推进慈善学校更广泛地建立"。② 该协会在其年度报告中对这些学校进行广告宣传，并鼓励神职人员和非专业人士对他们进行支持。截止到1717年底，在协会的努力下共建立100所学校，容纳约2000名学生；两年后，学校的数量增长至130所；到1725年，学校的数量增加到162所，而学生的数量并没有以同样的速度增长，只有大约3000名。接着出现了一个瓶颈期，学校发展近乎停滞。在1725年之后的5年时间里，只有9所新学校成立，而孩子的数量几乎保持不变。志愿协会的力量似乎已经耗尽。

爱尔兰早期慈善学校的失败是两个无法改变的事实造成的。首先，缺乏足够的资金支持让运动一开始不可能取得进展。英格兰社会的热情和苏格兰社会的持续安定在爱尔兰都不存在。在英格兰，庞大而富裕的中产阶级在资助和管理这些学校，而爱尔兰却没有。事实上，在18世纪的大部分时间里，爱尔兰缺少中产阶级。亚瑟·杨格在1762年如此描述爱尔兰社会，"一个来到爱尔兰的旅行者就能很容易区分出拥有大量财富的人和普通群众，而像在英格兰社会中出现如此大范围、如此数量众多的受人尊敬的中产阶级，在爱尔兰的数量几乎少到不会引起任何人的注意"。③

爱尔兰社会中产阶级的缺失是因为英国在18世纪对爱尔兰实行商业限制。与农业政策和刑法不同，他们对新教徒和天主教徒的态度是公正的。经济民族主义下盛行的重商主义政策，使爱尔兰沦为殖民地的地位，它的职能是向英格兰提供所需的原材料，并避免与其在贸易和制造业方面进行竞争。曾经繁荣一时的毛纺制造业遭到破坏，这使绝大多数的人

---

① *Pittas Corcagiensis, or a View of the Green Coat Hospital and Other Charitable Foundations in the Parish of St Mary Shandon, Corke* [etc.], 1721.

② S. P. C. K.. Abs. of Correspondence, Letter from Henry Maule, Oct. 8, 1717.

③ Young, A., *op. cit.* Part II, p. 201.

慈善学校运动

口都被限制在土地上，而在当时的土地制度下，人们很难去寻求其他更体面的谋生手段。这些城镇在很大程度上仅仅是集散中心。唯一允许在爱尔兰盛行的产业是食品和亚麻品制造业。都柏林，还保留着羊毛制造业盛行的余温；科克，享受着繁荣的贸易；而在19世纪后期，贝尔法斯特成为亚麻工业的中心，在城市普遍萧条的情况下，贝尔法斯特成为极少数的例外。[1] 在这个小而落后的工业世界里，慈善学校的孩子们可以阅读和写作，算术还无法涉及。即使是在相对发达的自治城市，他们也没有什么对应的工作要做。在集镇，当学校和学生的新奇感消失后，捐赠大量减少，学校也就此消失。

同时，爱尔兰也没有来自教区神职人员的稳定支持，这是慈善学校运动在英格兰、威尔士和苏格兰顺利开展的标志性力量。就此而言，贫困再次成为主要原因。大主教金和博尔特的信件也证明了教区神职人员十分匮乏和贫困，就像一个世纪前的劳德和斯特拉福德一样。1712年，大主教金写道："在弗恩斯主教管区，有131个教区，其中71个教区不受教职人员的管教，28个教区被分配给主教、达官贵人和教堂前的教士进行管理，32个教区归属于神职人员，这些教区通常最糟糕，所以修道士们很少自寻烦恼。这些教区也没有设置主教、院长和副院长。这其中只有13位牧师，9位助理牧师，每年给牧师大约30英镑，而这些牧师的待遇都不太好，我不知道有没有5位牧师每年能拿到100英镑的报酬"。[2] 就像在英格兰一样，爱尔兰多元化的生活被用作缓解治疗贫困的良药，这使国家的教育政策无效。牧师在八英里、十英里、十二英里甚至十四英里长的教区里不能充分履行其教会职责，当联合起来都支付不起助理牧师的最低报酬时，小教区也不能充分履行其教会职责。都柏林大主教和德里主教在乔治一世的纪念仪式上写道："主教们常常被迫管理3个、4个，在某些地方甚至是毗邻的10个教区，而每年只为他们提供50英镑的薪酬。"[3] 允许交换教会附属地、合并或分裂教区、恢复什一税和其他

---

[1] Ferrar, J., *The Prosperity of Dublin displayed in the State of the Charily Schools in Dublin*, 1796.

[2] King, Archbishop, Transcribed Correspondence, Trinity College, Dublin. June 7, 1712。也可参见大主教鲍尔特的信，vol. I, *passim*。

[3] 爱尔兰国家文件（P. R. O. 贝尔法斯特），388卷。都柏林大主教威廉·金和德里主教圣乔治·阿什纪念馆向乔治一世提交关于影响神职人员的皇家租金提案。

教会税，以及增加牧师薪酬等方面的法律并不缺乏，但是改革的进展依然十分缓慢。① 在法律的制定和执行之间，存在一个巨大的鸿沟。

要对爱尔兰历史进行概括非常困难，尤其是爱尔兰圣公会的历史，因为条件和人员都不一样。教区的大小不一，从毫不起眼的平原到广袤的荒野，还有像阿尔斯特这样繁华的大教区。教区神职人员薪酬不统一，不在任职地居住，也不具有一个统一的习俗，1731年和1733年奥索里和拉福主教的探视权的恢复证明了这一点。② 虽然斯特拉福德在17世纪谴责爱尔兰神职人员是一群"没有学识"的人，③ 但在一位能干和有见识的观察家看来，并不是所有人都这样，他们只是缺乏"足够多且值得被称赞的常识"。④ 在他们看来，找到高品质和忠诚的人是不可能的。⑤ 然而，现有的大部分事实呈现一种晦涩的景象，即解决教会的贫穷问题只是一纸空谈，教会高层人员对于他们的艰巨而繁杂的任务缺乏充分的准备。教义问答基本被忽视，而且除了少数外，教区神职人员很少努力为贫困儿童建立学校。

标志着高地和苏格兰慈善学校运动开始的是高级神职人员的长期支持，这在爱尔兰同样缺乏。威廉·金是18世纪都柏林最伟大的圣公会大主教，但他对慈善学校持十分冷淡的态度。作为爱尔兰人的代表，与英格兰人或外国人不同，他的兴趣在爱尔兰，他坚定不移地支持英国国教在这个国家占主导地位，在这个国家里，教皇党人占多数，新教非国教徒是一个不可以忽略的因素。在金看来，维持新教徒的继承权要求对一些人的政治自由进行限制，那些人出于良心无法支持宗教信仰，但他相信宗教容忍是一种皈依的方式。在写给大主教韦克以及伦敦和都柏林的基督教知识促进会的一系列信中，他表达了对慈善学校教育的不信任。⑥

---

① Irish Statutes, 2 Anne, c. 10, 8 and 9 Anne, c. 12, 1 Geo. II, c. 19, 1 Geo. II, c. 19, I Geo. I, c. 13.
② *History of the Church of Ireland*, ed. W. A. Phillips, 1933, vol. III chap. v.
③ Strafforde, *op. cit.* vol. I, p. 187.
④ Rundle, Thomas, Bishop of Derry, 参见 *History of the Church of Ireland*, ed. W. A. Phillips, 1933, vol. III, p. 216。
⑤ 参见 Burdy, S., *Life of the Rev. Philip Skelton*, 1816。
⑥ Wake MSS. Arch. W. Epist. 12. Ireland, Sept. 2, Nov. 21, 1717; Archbishop King, Transcribed Correspondence, *loc. cit.* Mar. 18, Dec. 20, 1719.

慈善学校运动

1710年，下议院提出一项激进而令人吃惊的建议，即强制天主教儿童在新教慈善学校接受教育，这对威廉·金来说无法接受。① 他谴责这种"将不同肤色、区域和信仰的人以任何方式联系或结合在一起的做法"。他的不信任还体现在对爱尔兰教育的普遍批判之中。在他看来，如果神职人员的职责是教孩子们教义问答，那就没有必要；他认为"过早给贫困儿童一种超脱世俗的优越感，而在他们长大后却无法给他们提供合适的岗位"是不公平的；而"为穷人减轻孩子的负担"也并非明智之举，因为这样做"只会给房东留下涨租金的借口"；而最重要的是，在英格兰，慈善学校已经被"那些对政府和革命不满的人"所掌控。在对爱尔兰运动状况的失望下，金与大主教韦克以及伦敦和都柏林基督教知识促进会的成员进行联络。这与英国高教会派对学校的热情支持形成鲜明的对比。大主教预言，"一旦学校获得合法地位和固定捐赠，它们将被作为其他慈善机构进行管理。"②

第二方面的困难是刑法在限制教皇和校长行为上的失败，这比新教的冷漠表现得还要顽固。这些限制非但没有减少他们的热情使他们气馁，反而激发了他们的热情。没有正式登记的道士和修道院外的教师私下里对教区牧师进行帮助，一旦地方官员和士兵逼近，他们就躲起来了。1727年，博尔特大主教估计他们的人数超过3000人。③ 与此同时，无数信仰天主教的校长正慢慢地被带走，而在一些地方，新教教徒的孩子也进入慈善学校。上议院委员会要求对该国天主教的地位进行调查，这让教会和政府日益焦虑。调查的结果在1731年公布，这一结果显示教皇派

---

① 下议院决定在本王国的每一个教区或联盟内，除已由法律规定的学校外，还必须指定一所或多所主教和牧师认为方便的其他学校，在这些地方，可免费教导这些本地人的子女讲和读英语，使他们接受基督教教义的教导⋯⋯最后，这种学校的慈善设计不可能被顽固的天主教徒所击败，爱尔兰语也可能最终被彻底废除。下议院决定，凡王国内信仰天主教的人，如果没有价值50英镑的不动产或个人财产，或不以租赁方式持有每年价值10英镑的土地，则在每年的四个月内，有义务将7岁以上的孩子送到上述公立学校学习，直到他们长到12岁。为了更好地鼓励上述学校，由治安法官征收每月的罚款，并交付给每个教区的牧师及教会督导员，由他们自行处置。引自 Corcoran, T., *Some Lists of Catholic Lay Teachers and their Illegal Schools in the Later Penal Times*, 1932, pp. 16, 17, 也可参见 Mant, R., vol. II, pp. 226 – 230; Richardson, J., *op. cit*。

② Archbishop King, Transcribed Correspondence, *loc. cit.* Mar. 18, 1719. 也可参见 Dec. 20, 1719 and Wake MSS. *loc. cit.*。

③ Boulter, Archbishop, *Letters*, vol. I, Feb. 13, 1727.

学校和新教学校之间不均衡，这足以引起人们对"公正合理"的担忧。粗略估计，非法学校的数量高达 549 所，报告还清楚地表明，许多学校和校长都没有经过正式的鉴定。克朗佛特的大主教说，几乎每一个教区都有一所天主教学校。来自蒂厄姆的地方报告表明，几乎每 2 到 3 个村子里就会有一所天主教学校，如此一来，"一个新教校长，就很难有办学的机会了"。在科克市，市长回答说，他无法统计出天主教校长的数目，因为这一数量实在太大了。在都柏林，有不少于 45 所非法学校。天主教学校取得如此令人震惊的成功与"新教学校的缓慢发展"形成鲜明对比。① 如果"想要新教在这个国家中普遍存在"，就需要进行新的努力。② 这一次，孩子们成为受害者，而且在莱基看来，这种方法一旦被采用，给人们带来的痛苦是任何刑法都不能相提并论的。③

三 爱尔兰联合协会

爱丁堡促进会为新的尝试提供了榜样。当地的倡议行动和对英格兰计划的控制都失败了。1733 年所提方案的基础是一个由皇家组织成立的国家组织，它能够有效利用当地的资源，并不受当地反复无常和漠不关心的捐助者以及定期捐款者的影响。在这个想法被接受前，已经讨论并被拒绝了两次。1712 年，一份向总督和《世界报》提出的请愿书要求建立一个在皇家宪章基础上的促进会，以便在爱尔兰的每个教区建立慈善学校，这是促进天主教徒皈依新教最有效的方法。④ 然而这个方案却遭到了政府的忽视。莫尔博士在 1716 年向爱尔兰总督提出的建议也遭受同样的命运。⑤ 直到 1724 年布里斯托尔的休·博尔特主教被调职至阿尔马成为代表英国利益在爱尔兰的常驻管理者，新的计划才初具雏形，大主教坚决反对的态度才有了转变。⑥

新的大主教被上议院委员会的报告所揭示的天主教徒惊人的增长速

---

① *Report made by His Grace the Lord Primate from the House of Lords' Committee*, loc. cit.
② Boulter, Archbishop, *Letters*, vol. II, Feb. 19, 1736.
③ Lecky, W. H., *History of Ireland in the Eighteenth Century*, 1892 ed. vol. I, p. 234.
④ 参见 King, C. S. op. cit. pp. 296–298.
⑤ S. P. C. K. Abs. of Correspondence, 1717 年 7 月 5 日，H. 莫尔·科克的信，随函附上博尔顿公爵阁下的提案。
⑥ 参见 Dunlop, *Ireland from the Earliest Times to the Present Day*, 1921, p. 135。

度所困扰，他对莫尔博士的计划表示热烈欢迎。在他的支持下，计划终于成功地开展起来。新教中的知名教士在爱尔兰展开密切的合作，沃波尔和英格兰政府也对其进行友好地接待。1730年，一份忠实地表达倡议者提议的请愿书提交给了国王。① 其内容如下：

> 在这个王国中绝大多数地方，无论是绵延不绝的山区还是广袤无垠的荒地，几乎都遍布着天主教徒。而且在大部分地区，尤其是在莱因斯特、芒斯特和康诺特等地，天主教徒的人数远远超过新教徒。而天主教徒们普遍对宗教的认识和理解都十分有限，但他们对其下属的神职人员在宗教问题上的指导，似乎完全是为了自己的利益和偏好，他们不仅无知，心中还常常愤懑不平，对于我们神圣的陛下和政府，他们无时无刻不在觊觎陛下的宝座。因此，如果没有有效的方法来指导这样一群人去感受真正的宗教和信仰，那他们的人生将会永远失去方向，而这种迷信世俗、盲目崇拜以及政治上的不满也会在他们之间代代相传。
>
> 在让这些可怜的被欺骗的人接受教化、转变信仰并使他们（通过神的祝福）成为好的基督徒和忠实的臣民的方式中，其中一个最有必要也是大家认为最有效的方式就是，建立足够数量的英格兰式新教学校，在这里爱尔兰人的孩子可能会被教导学习正确的英语发音和真正的宗教原则，这些都是他们以前从未接触过的。
>
> 为了实现这一目标，教区的牧师们通常会尽力在各自的教区为这些学校安排校长，就像法律所要求的那样；但是有钱的天主教徒通常拒绝把他们的孩子送到这样的学校，而更大一部分的贫困人口，却无法按照法律的规定支付他们的孩子上学的费用，以至于这些学校的校长，虽然已经被安置在各个教区，但很少能够生存下来，所以在大多数地方，校长们都不再愿意继续从事这样的工作；正如我们所设想的那样，如果不给这些英国新教学校一些有效的鼓励，常驻的新教牧师基于他们各自的利益，是无法对这种不断增长的邪恶进行有效抑制的。

---

① State Papers, Irel, 396; Brit. Departmental Correspondence, 2970, Ireland.

第七章　爱尔兰：慈善与改变信仰

　　为了让这个王国的年轻人能够在真正的宗教和信仰下成长起来，我们，作为陛下最忠实和忠诚的臣民，十分谦卑地恳求陛下，出于您的仁慈宽厚，而授予皇家宪章将这些人纳入您的王国，让他们接受福利、祝福和土地，赋予其陛下认为适当的价值；在这样的规则和指导下，他们将来才有可能劳有所得，如果陛下批准支持和维护这样的学校，让它在最有必要的地方建立起来，这样穷人的孩子才可以得到免费的教育。

　　而且，我们从同样的方法已经取得的成功中得到更多的鼓励，这让我们能够更加广泛地推行下去，我们希望（通过上帝的祝福）能够在英国北部的臣民中得以推行，而且在某种程度上，我们在这个国家已经看到的，在一些地方，这样的学校受到慈善机构的欢迎和支持。[1]

　　请愿书是由耶和华大主教，大法官，都柏林、卡谢尔和蒂厄姆的大主教，6个伯爵，5个子爵，12个主教，6个男爵以及100多位绅士和神职人员共同签署的。1733年，在爱尔兰总督的劝说下，被提议的促进会的受托人将从这个国家等级最优越的人中选出，英国皇家学会在都柏林成立了一个名为联合协会的"带有政治色彩的社会团体"，以促进英国新教学校在爱尔兰的推广，"也为了促进这个国家中人们对真正的信仰和新教的兴趣"；由爱尔兰总督作为主席，以大主教作为财务主管，还有一个有影响力的贵族团体组成执行委员会，这个联合协会在都柏林城堡的议会大厅里举行了盛大的庆祝活动。

　　人们对这个崭新而强大的团体充满热情。政治家们称其为"最具有智慧且最富同情心的慈善机构"，[2] 并在整个世纪里领导教会在圣徒聚集的基督教堂进行布道，颂扬他们"自古以来勤奋而虔诚的习惯"，谴责"那些对宗教和政府不满的行为"，呼吁人们捐赠资金以"从迷信世俗和

---

[1] *A Humble Proposed for Obtaining His Majesty's Royal Charter to Incorporate a Society for Promoting Christian Knowledge among the Poor Natives of the Kingdom of Ireland*, 1730.

[2] 这句话是爱尔兰总督切斯特菲尔德伯爵所说。引自1744年的《联合协会的会议记录》，后文称为《会议记录》。这些《会议记录》在都柏林出版，它们是协会进行布道时为发放材料的附录而印刷。

盲目崇拜的危险中拯救成千上万子民的灵魂，从懒惰和乞讨的苦难中拯救他们的身体。"韦克菲尔德说，"在都柏林，经常都能见到许多年轻的摩登女士在这些场合中无所事事的样子"。按等级或个人魅力区分的女士们被挑选来收集聚集在教堂里的捐款，"所有那些最自命不凡的人"都挤到了服务的中心区域。①

皇家授权使联合协会在财政上有了令人满意的基础。在一个金钱从来都不充裕的国家里，最常见的福利应该是土地。在18世纪结束之前，有价值的土地都基于或一般或特殊的目的而归属于地主乡绅、有事业心的制造商、城市企业家，以及按照《1722年法案》分配给已经建立的教会的神职人员。② 协会的资金主要来自爱尔兰的会费和捐款，以及博尔特大主教在伦敦建立的分设机构，他们向那些"英国血统、信仰着英国国教"的外地地主募集捐款，而且每年从伦敦分设机构收集到的资金总额远远超过了爱尔兰。1738年，由于所收集的资金还不足以实行协会精心的计划，大主教向国王请求拨款，获得官方每年1000英镑的资金支持协会的工作，直到1794年。政府的回应为保障"资金的稳定"铺平了道路，这也是协会一直以来努力追求的目标。这位不知疲倦的大主教在1736年写道，"如果我们能够在国内几个偏远地区设立20所工作学校，并施以恰当的教学方法，我们将得到议会的支持和鼓励"。③ 为了达到这个目的，协会早期的工作以此为方向。

从1734年开始，它的第一所学校在基尔代尔伯爵的土地上建立起来。它建立校舍，同时招收20名学生，第一所学校的建立为其他地区树立了一个很好的榜样。1735年，协会在梅奥郡的美能达地区展开第二次尝试。约翰和威廉·布朗在他们的庄园里种植亚麻，他们永久性地提供10英亩的土地。同年，一座精美的校舍在利默里克郡的香农格罗夫建立起来，土地是由地主威廉·伯里提供的。唐郡的巴利纳学校所占用的2英亩土地来自德罗摩，而位于蒂龙郡考尔菲德城堡的学校所占有的1英

---

① Wakefield, E., *op. cit*。"募捐通常是在布道之前进行的"，韦克菲尔德报道，"但是，在宣讲慈善布道时，直到牧师的悲哀和口才引起了会众的感觉时，才进行募捐。"Vol. II, pp. 788 – 789。

② Irish Statutes, 8 Geo. I, c. 12.

③ Boulter, Archbishop, *Letters*, vol. II, Feb. 19, 1736.

亩土地，是由教区的现任牧师赠予的。在接下来的几年里，学校的数量增长飞快。这段时间里，阿尔马郡的克莱尼格、安特里姆郡的巴利卡斯尔、威克洛郡的坦普尔斯坦、唐郡的基洛赫、利默里克郡的基尔芬尼以及梅奥郡的巴林罗布都相继建立起了学校。1740~1750年是这个协会最活跃的时期，20所学校被建立起来。①

当地的贵族和神职人员为了体现他们的贡献，将土地、金钱或其他东西作为捐赠。在18世纪40~50年代，当"改良"的农业方法和工业技术在一小群爱尔兰地主中应用起来时，协会与他们进行合作，建立他们的庄园。理查德·考克斯在邓曼威进行著名的实验，罗伯特·斯蒂芬森在他的日记中宣称这是"除阿尔斯特以外的最好的计划"②。由理查德爵士为40个孩子建造的特许学校，在改变国家面貌和居民性格方面发挥了巨大的作用。大片的农田被围成一小块农地，用于种植亚麻，同时为亚麻产量最高者和编纺亚麻的人提供奖励。乞讨者会受到严厉的惩罚，假期相应减少，男女老少的道德受到了高度的审视，每个人都必须进行合法劳动。随之，人们的语言、衣着和行为都得到惊人的改变。"干净整洁的房舍代替了烟熏破败的小黑屋"。在英利沙农，考克斯的朋友兼邻居托马斯·阿德雷爵士也致力于类似的改革。对协会而言，他租用土地，并提供费用为40个孩子建造了一所学校。③ 截止到1754年，38所学校被建立起来，而且它们的价值也得到了国王、教会和贵族的认可。在1747年都柏林议会休会之前，通过了一项具体的法案批准拨款，这是英国历史上第一次议会对小学教育授权拨款。

来自议会的拨款，标志着协会的发展进入到一个新的阶段。从1733年起，它就一直在国内外爱心人士非常有限的支持下生存着。从1747年起，它得到立法机构无限的资源支持，从那里得到越来越多的保障。1751~1761年，议会的拨款达到平均每年3500英镑，而1794~1804年，拨款总额超过11000英镑。在协会成立的91年里，从1733年开始到1824年对其财务状况的调查可以看出，政府已经向其注入100多万英镑，此外从私人渠道获得超过50万英镑的资金。到19世纪初，其收入削减

---

① 参见 Appendix Ⅲ, 2。
② Stephenson, R., *Journal of a Tour of Inspection in the Southern Provinces*, 1755, p.185.
③ Letter of Sir Richard Cox to Thomas Prior, Esq., Dublin, 1749; *Proceedings*, 1752, 1753.

至不足1万英镑。①

四 爱尔兰特许学校

联合协会从私人和公共来源获得的巨额收入，与爱丁堡促进会的有限收入，或威尔士慈善学校支持者可支配的微不足道的款项，以及他们的计划和教学方法，都有很大的不同。爱尔兰促进会是在英格兰和苏格兰对全日制教育的幻想破灭和对劳动课程的热情高涨时建立起来的，他们决心通过建立工作学校和寄宿学校来解决贫困和改变宗教信仰的共同问题。为了达到这个目的而被赋予了相当可观的土地所有权，他们花费大量的资金建造大量的学校建筑，这些建筑可以容纳20或者40个孩子，还可以供校长和他的家人居住，他们还设计了一套课程，使学校的教学时间能够投入到农业和工业劳动中。在早期，在议会资源得到利用之前，学校的存在与他们的自我支持机构密不可分。据估计，一个容纳20到30个孩子的校舍要花费300英镑；家具和其他材料要花费35英镑；服装和保养，工资和修理费至少每年要花费100英镑。促进会向支持者保证，相对于孩子们的成长和获得劳动能力的价值，这些花费都不值一提。在整个过程中，人们都认为学校会承担所有的费用，只有这样，孩子们的努力才能被继续加以引导。他们3/4的时间都在劳动。男孩的主要工作是提供食物，女孩的主要工作是制作衣服。

17世纪前半叶发表在《协会会刊》上的一份报告，讲述了孩子们每天都要进行大量的手工劳动，他们的年龄从4岁到14岁不等。将爱尔兰乡村建成果树和林木苗圃的愿景让联合协会非常感兴趣，同时代的皇家都柏林协会对此也非常感兴趣，该协会成立于1731年。学校校长被要求

---

① 1751~1808年的议会补助金如下：

第一个十年平均补助金	每年3500英镑
第二个十年平均补助金	每年5800英镑
第三个十年平均补助金	每年6100英镑
第四个十年平均补助金	每年9000英镑
第五个十年平均补助金	每年11800英镑
过去七年左右平均补助金	每年20000英镑

见 First Report of the Commission of Irish Education Inquiry, 1825, Appendix 172。另见载于《1755年会议记录》上的《1754~1755年法人社团账目摘要》。

留出学校的部分土地作为苗圃，在那里，孩子们被教导如何种植和培育这些树。1734 年，来自巴利纳学校的报告显示，这个梦想已经变成了现实。种植园内种植了 200 棵沙果树，200 棵樱桃树，200 棵梅子树，100 棵梨树，600 棵柳树，60 棵榆树，30 棵梧桐树，30 棵白浆果树，还有大量无法估计的醋栗树和茶藨子、白蜡树、山楂树、桦树、胡桃木、栗树、马栗树苗，此外还在沟渠中种了 1800 棵白刺树、2000 棵槐柏树以及 1800 棵白蜡树。种植园的挖掘、围建、挖沟渠、围栅栏等工作都是由男孩们完成的。美能达学校的委员会报告说，已经有五英亩的学校土地被孩子们用来种植亚麻、土豆和燕麦。在斯特拉德巴利，男孩们在没有任何外界帮助的情况下，将将菜园的地进行翻土、播种和除草，使 5 英亩的土地平整干净，然后播下亚麻籽，还收割并储存了 40 箱干草。新罗斯的男孩们取得了更了不起的成绩，他们像特洛伊人一样勤奋工作，他们饲养牲畜，然后收集肥料，耕耘土地种植亚麻、小麦、卷心菜、豌豆、土豆、防风草等；他们开沟、平整土地、铺紧草皮；他们梳理、浇灌、收割亚麻；最后还梳理羊毛并纺织长袜。给谷物脱粒这类劳动超出了他们的能力范围。

　　学校的女孩们也同样忙碌。她们的工作是打扫、做饭、洗衣服，然后纺织亚麻和羊毛，用来做成学生们穿的衣服。在新罗斯，男孩们的勤奋努力树立了很好的榜样，女孩们除了家务劳动，还在一年之内纺了很多细麻纱和 73 磅的粗亚麻；编纺了 8 块羊毛布和 14 块亚麻布。在香农格罗夫，这些女孩在这一年纺出了足够的亚麻布来为学校的孩子们做衣服，此外，她们还生产了 67 码的细麻纱布，这让当地的制造商很高兴，于是在星期天给每个女孩买了一顶新帽子。在美能达，在总共生产出来的 231 码布料中，女孩们用 83 码亚麻和山羊毛来做裙子，然后用 88 码羊毛为男孩们做衣服，还有 60 码的亚麻布用来做备用衣和衬衣。一些学校能部分自给自足，另一些则完全能够自给自足，这让基督教知识促进会感到满意。促进会看到这些小小的劳动群体不仅如荒野中绽放的玫瑰，而且看到了新一代训练有素、勤劳的工人，他们取代了懒惰而不可靠的父母。在无知和无耻校长的引导下，最终孩子们的努力使得学校在经济上的成功只是暂时的。1750 年之后，关于孩子们工作成果报道的空白，具有非常明显的标志意义。也许这一天标志着终结的开始，正如 1782 年约翰·霍华德所描述的那样。①

在评估联合协会的工作时会认为，在它的倡导下推行宗教政策的工作比在工业上给孩子们提供培训更重要。通过 1733 年宪章，联合协会被授权在全国最偏远的地区和天主教地区建立学校，"通过教导穷人英语和真正的宗教原则，联合协会让那些被欺骗的穷人成为好的基督徒和忠实的臣民"。在英国的教区慈善学校中，英国国教教义问答是教学的支柱，但是英格兰和高地学校的目的是在教义中加强新教儿童的宗教信仰，并且将福音传播给野蛮人和那些"尚未被福音之光点燃"的人，而爱尔兰特许学校则像是一个"新教徒制造厂"。博尔特大主教说，"我们的特许学校所努力追求的，是在这个王国为推动新教的发展而做出的最理性的努力。"② 为了实现这一目标，学校被特意安排在国家最偏远和天主教最盛行的地区，并向学校的地方委员会下发通知，只录取那些"父母是天主教徒的孩子，或者至少父母一方是天主教徒，抑或其父母曾经是天主教徒，还有其父母都去世了的孤儿，以及被父母遗弃在天主教徒的养育下长大的孩子"。③ 在 19 世纪早期，这些指令被撤销了，理由是它们没有得到宪章的授权。但是，邪恶的力量已经悄然滋长。这些做法让爱尔兰农民的脑海中有了与英国国教的信仰联系在一起的想法，这种联系在为孩子们编写的新教教义中得到很好的回应，一直到 1812 年，在韦克菲尔德的学校这个问题依然存在。

"问：天主教是一个健全而圣洁的教会吗？

答：不，它的教义、敬奉和实践都充满了堕落的成分。

问：你如何看待天主教徒如此频繁地在胸口画十字进行祷告？

答：他们是自负而迷信的。对十字架或者是基督在十字架上的形象进行崇拜是盲目的崇拜，对十字架本身的崇拜和祈祷，是天主教所有堕落的根源，是最令人恶心和无法忍受的。"④

在促进会成立早期，当学校把学生从附近的农民家里吸引过来的时

---

① 参见 1750 年至 18 世纪末的《会议事录》。
② Boulter, Archbishop, *Letters*, vol. II, Feb. 19, 1736.
③ *Proceedings*, 1752。联合协会的决议参见 *First Repot of the Commissioners of Education in Ireland*, 1809 – 1812, vol. V, Appendix。
④ Wakefield, E., *op. cit.* 411。这是一本《新教教义问答》，分四部分阐述了罗马教会的主要错误。由爱尔兰促进英国新教学校联合会于 1767 年在都柏林发布。

第七章 爱尔兰：慈善与改变信仰

候，他们受到了来自爱尔兰当地居民非常热烈的欢迎，对他们来说，对学习的热情是长久以来的传统。而且有足够的证据表明，为孩子提供免费的膳食寄宿和学校教育会让父母们很高兴，因为他们太穷了，根本无法负担这些学校校长们的薪酬。报告还显示有的父母跪在地上恳求促进会成员接受自己的孩子，还有的父母在被拒绝的绝望中离去，因为没有足够的空间来接收他们的孩子，以至于大量的父母非常急切地去申请即将出现的空缺名额，这在学校成立的最初几年是很普遍的。① 想要理解为什么当地居民对教育如此支持并不难。贫穷是最主要的因素，而18世纪30～40年代可怕的饥荒，虽然在历史上几乎没有引起注意，这也加重了当地人的普遍不幸。在这种时候，食不果腹的父母们当然很高兴能为他们的孩子找到食物和住所。② 而学校作为签订合同的回报，承诺孩子在上学期间和学徒期都不收取任何费用，事实证明食物、衣服、教学和书本费用对许多天主教家长来说都是极大的诱惑。促进会给每人补贴2先令的壁炉税以激励父母继续将他们的孩子送来学校，如果学校的学生将要和新教徒结婚，他们还会提供5英镑的奖金。③ 然而，将所有的孩子完全转化为新教徒的可能性不大，而牧师和家长的影响则可以使新教的氛围和学校的圣公会教义得到中和。无论是家长还是牧师都不相信新教的布道会赢得来自天主教的儿童皈依者。

然而，父母的支持是短暂的。早在1735年，当有足够多的学校建立起来的时候，促进会就试图把孩子们从他们家附近的学校搬到远离父母和天主教徒的学校去，这样一来，牧师和父母的影响就会被削弱。④ 贫穷又使孩子们成为这种无情政策的牺牲品，在1739年的大霜冻之后，连续两年的饥荒，到1741年，这些孩子被迫远离家乡。当他们被录取时，

---

① 朗德伍德的报告说，"贫穷的居民对他们的孩子所获得的利益感到非常满意，因此当出现空缺时，他们会为其他人提出大量的申请"，基尔马洛赫的报告说，"在这个国家，较低阶层的人非常相信天主教，但他们对让孩子入学感到非常满意"。克莱格尼学校的报告说："尽管牧师们一如既往地忙碌，但天主教派家长的偏见却在消退"。*Proceedings*, 1737-1738。

② "他们是如此贫穷以至于他们认为相对于同孩子们分开，更好的方式是给孩子们提供住宿，让他们吃饱饭，穿好衣服，接受教育，并在适当的年龄让他们自食其力。" *Proceedings*, 1735。

③ 《1748年会议记录》的导语；1748年3月28日的联合协会的决议。

④ *Proceedings*, 1749.

199

就被送到遥远的学校，为了方便迁移，他们会被暂时安排在都柏林工作室停留，然后被运送到全国各地，"到那些需要他们的偏远学校"。①

天主教会迄今为止一直对学校保持着密切的关注，当这项政策普遍施行的时候，他们的斗志也被激发了。他们的牧师拒绝再跟那些允许孩子去学校的父母进行交流和救赎，结果导致学生的人数开始持续减少。韦克菲尔德在1812年写道，"天主教徒在经过这些学校的时候都是以戒备的眼光来看待，然后在诅咒中发泄他们的感情，他们的嘴里不停地咒骂着，'这些可恶的新教徒，抢走了可怜的贫困的孩子们，让他们在自己的宗教信仰下成长'"。② 在强大的压力下，父母不得不和孩子们分开。当时间久了以后，他们鼓励孩子们逃离学校，或组织救援队伍埋伏在十字路口，等待着运送孩子们到远方的马车。③

因此，学校急需转变方式以进一步发展。迄今为止，爱尔兰试图减少日益增多的乞丐的努力收效甚微。1750年，联合协会被授权将5岁到14岁的乞讨儿童和父母中有一方是天主教徒的孩子送到最近的特许学校去学习。④ 为了使法律生效，1758年，联合协会从国会获得一笔5000英镑的特别拨款用于在四个省分别设立一所幼儿园，"这其实就像一座仓库"，可以将那些被遗弃的孩子安置在那里，直到他们长大后再被送到所剩无几的学校中去，从这一时期开始到18世纪末，学校里大多数不快乐的孩子都是流浪儿童，既没有父母也没有牧师来保护他们。坎贝尔在1775年报道说："我确信，现在天主教即使承受任何损失也不会将他们的孩子送去这样的学校。这就是这些被蛊惑者的偏执，他们绝不允许让他们的孩子接受这样的教育，他们认为这危害了他们对自我灵魂的救赎。"⑤

18世纪下半叶，农民的生活条件逐渐改善，邀请孩子们入学的难度进一步提升。虽然贫穷和肮脏仍然是爱尔兰农民生活的特征，但早期的沉重苦难和18世纪末的贫穷之间有着明显的区别。不同于18世纪30~40年代，饥荒不再是长期而尖锐的问题。在18世纪，大量的土豆和牛

---

① *A Brief Review of the Rise and Progress of the Incorporated Society*, 1743.
② Wakefield, E., *op. cit.* pp. 410 – 414.
③ 参见 *Sermon preached before the Incorporated Society by the Bishop of Killala and Achonry*, March 28, 1761。
④ Irish Statutes, 23 Geo. II, c. 11.
⑤ Campbell, T., *Philosophical Survey of the Smith of Ireland*, 1775, Letter I.

第七章　爱尔兰：慈善与改变信仰

奶，是爱尔兰农民的日常食物，这使他们远离生死边缘。亚瑟·杨格在70年代对英国劳动者和爱尔兰农民进行了比较，结果发现爱尔兰农民的优势是他们"至少能填饱肚子"。"爱尔兰人将盛放着土豆的碗放在地板上，全家人围着这个碗席地而坐，以不可思议的速度狼吞虎咽地吃完这顿饭，好像生怕被乞丐抢走一样，而且家里所饲养的猪、公鸡、母鸡、火鸡、鹅、狗、猫甚至是牛都是吃一样的东西。没有人能经常见到这种场景，而且很难相信这种现象是如此的普遍而充满欢乐。"如果特许寄宿学校不改变信仰，那么农民们就不可能再继续支持他们。但正如亚瑟·杨格所说的那样，既然家里有足够吃的食物，在爱尔兰孩子并不是父母的负担，他们应该待在家里。①

　　直到18世纪的最后25年，孤独的山区和高高的石墙把特许学校与外面的世界隔离开来。在18世纪的前半个世纪里，协会的检查员和附近学校的旅行者们偶尔会去拜访这里的学生，并对他们表示赞许。诸如此类的零星信息表明，这些学校总体上是良好的。史密斯和哈里斯在1744年，分别对沃特福德郡和唐恩郡的特许学校进行描述，详细介绍了孩子们在学校所做的功课，最后他在总结中赞扬了"这是一个充满幸福的机构"，还对那些"充满公共精神的绅士们表示钦佩"。②波科克主教在1752年游历爱尔兰的日记中，对他所访问的24所学校做出类似的评价。③但是，在18世纪中叶以后，就很少有人再试图去对学校进行研究访问，而且就算有人这样做了，也会缺乏兴趣和公众精神来发表他们的研究成果。慈善学校的布道和报告是唯一的公共信息来源，正如约翰·霍华德的证据所显示的那样，它并没有描述这些学校的真实情况，而只是传达传教士的想象。④但仅凭这些就想让公众信服并不太容易。卫斯理于1782年

---

① Young, A., *op. cit.* Part Ⅱ, pp. 186, 200.
② Smith, C., *History of Waterford*, 1845, pp. 78–80; Harris, W., *The Ancient and Present State of the County of Down*, 1744, p. 77.
③ 在英利沙农的学校"建得非常好"，克伦梅尔的学校"非常豪华"，斯特拉德巴利有"一个非常漂亮的学校"。Pococke, R., *Tour in Ireland*, 1752.
④ *Journals of the House of Commons*, Ireland, April, 14, 1788, vol. Ⅻ, appendix, p. DCCCXVI。在第一次拜访时霍华德带着《1781年拉福主教代表学校布道》。"让仁慈的爱国者和基督徒听一听，"牧师说，"在这些学校里，每年有2200多名儿童，否则他们一定会成为社会的祸害，这会增加注定要毁灭的灵魂的人员数量。"据霍华德报道，学校的实际学生人数是700人，不到公布数字的1/3。

在爱尔兰旅行的时候,听到了令人不安的谣言,① 约翰·霍华德在1779年到1782年对爱尔兰监狱进行视察时,被迫转移到学校去进行检查。

霍华德在监狱改革事业中所做的贡献已经得到全欧洲改革者的认可,但人们总是会忽略他的改革所带来的影响力有多普遍,还有好多人几乎忘了他的贡献。在圣保罗大教堂的雕像脚下流传着这样的传说,"他走出了一条通往永生的坦途",在这些少有人走的道路上,他发现了被孤立和忽视的爱尔兰特许学校,并为改革做好了准备,他打算惩治最恶劣的虐待行为。

霍华德在1782、1784、1787和1788年,分别访问了这些学校,并在委员会指定调查他们的虐待行为之前就收集了证据。爱尔兰的偏远地区,"确实比俄罗斯的荒野更野蛮",这是一项十分耗费精力的工作,但更让人筋疲力尽的是,总有一股"邪恶势力"妨碍着他的调查。"其中一所学校得到主教的庇护,另一所得到领主的庇护,为了党派的利益完全不顾学校的荣誉和诚信。"② 学校里的既得利益者很强大,但是霍华德得到更加强大的支持,来自国务大臣奥德,新的总督威斯特摩兰伯爵,以及三一学院院长赫里·哈钦森的支持。

按照霍德华或菲茨帕特里克的设想去游历,是要对特许学校有一个深入的了解。一个强大而无情的慈善机构的700名受害者被带到公众面前,而公众之前几乎已经忘记了这些孩子的存在。他们身体虚弱,肮脏不堪,营养不足,也没有受过什么教育。从表面上看,学校丝毫没有意识到其内部出现的状况。正如这个协会在早些年所说的那样,坚固的建筑物和高耸的石墙给了学校一个类似监狱的外表,这样也"很好地适应了学校的目的"。学校内部的混乱统治不会被打扰;墙壁和地板上满是灰尘,到处都是寄生虫,医务室被用来作猪舍或燃料房,这种场景仿佛在大声宣布他们几个月没有打扫卫生,为客人准备的也是那些令人恶心的床和破烂不堪的床单。在这些塞满稻草的床上,三个或更多的孩子通常蜷缩成一团,在晚上相互依偎在一起,而在工作日里他们得不到任何温暖。

除了少数例外,几乎所有的学校内部都是这样一幅令人作呕的场景:

---

① Wesley, J., *Collected Works*, vol. Ⅳ, pp. 307–308.
② Howard, J., Letter to Dr Price, March 24, 1788, 引自 Baldwin Brown's *Memoirs of the Public and Private life of John Howard* [etc.], 1818.

缺水，没有厕所，孩子们衣衫褴褛，看起来几乎是赤身裸体。更糟糕的是那些体弱多病的孩子，长期营养不良、身体状况非常的糟糕。因忽略环境和不注意卫生而引起的疾病很普遍；孩子们由于长时间工作在大的旋转轮上，四肢被长时间的工作所扭曲，身体被无休止地使用，唾液用来滋润亚麻纺纱而被榨干。手上的疾病，瘙痒和头皮癣都很常见。几乎所有人都忽视身体的清洁，长时间的工作时间，没有足够的温暖，缺乏新鲜空气和锻炼，这一切都解释了孩子们的病态外表，但也许最主要的原因是他们的食物不充足且不健康。霍华德和菲茨帕特里克在放学后从学校传唤证人来证明他们所遭受的长期虐待。① 学校的物质条件极大地引起了参观者的注意，以至于他们完全没有在意学校存在的理由。在约翰·霍华德的"特定叙述"中，有三次提到学校生活中有关宗教的内容；第一次是在斯特拉德巴利学校，他对一位值得尊敬的牧师福斯特先生发表了评论，称赞他的热心和不同寻常的善举；第二次是他将在巴林罗布的孩子们的进步，归因于牧师对他们的关心和照顾；第三次的描述是在卡斯特利马提尔，他说这里的教室里连一本圣约书都没有。② 菲茨

---

① 参见 Journals of the House of Commons, Ireland, loc. cit.：约翰·霍华德和耶利米·菲茨帕特里克爵士的证据。
考尔菲德城堡：几个孩子的头很痛，女孩们在吃热土豆。
克隆塔夫：亚麻布稀疏，手上有皮肤疹。
卡斯尔巴：孩子们几乎赤身裸体，被单急缺；没有水泵。几乎所有人都有瘙痒和头痛。孩子们都弱小且多病。
康诺特托儿所：孩子们身体呈现病态已经 2~4 年，瘙痒，烫伤的头，疼痛的眼睛。
卡斯特里德莫特：房子没有维修了。没有餐桌，女主人也没有听说过。
克隆梅尔：孩子们几乎饿死了。
城堡岛：孩子们吃得很少。
邓德尔克：从孩子们的表情看似乎吃得不饱。
邓曼威：主人为自己不跟我一起进卧室找了个借口，说他怕染上疾病。床垫沾满了污垢。孩子们生病了。39 名男孩和女孩挤在 12 张床上。
弗兰克福特：房子很糟糕。厨房里满是鸡、鸭和猪。孩子们生病了。
法拉：孩子们很脏，水太远，衣服破烂。
戈尔韦：没有毛巾。房子修好了，但想粉刷一下。
英利沙农：房子失修；孩子们感到瘙痒并患有其他皮肤疾病。
洛赫雷：40 名儿童挤在 16 张床上。床舖脏臭恶心。
莱因斯特托儿所：孩子们很脏，头发乱糟糟的。
特瑞姆：面包很糟糕，孩子们穿得很差。

② Howard, J., Account of the Principal Lazarettos in Europe, 1789. Section Ⅶ.

帕特里克只提到，在罗斯康芒，女孩们从早上6点到9点，一直坚持学习教义问答和课程，在洛赫雷是下午5点到7点；而且，由于距离的问题，纽马克特的孩子很少去教堂。在没有相反证据的情况下，可以假定孩子们通常在星期日上教堂，而且很可能在礼拜结束后，传教员会在教堂里对他们进行检查。而孩子们是否接受到任何真正的宗教教育，这值得怀疑。很难相信神职人员会为此或任何其他目的访问学校，而且，忽视他们所负责的世俗课程教学的校长和教师们似乎也不太可能给自己找麻烦，所以除非在极少数情况下，他们才会对孩子们进行宗教教学。菲茨帕特里克描绘的是这样一副场景，孩子们在饥肠辘辘的清晨或者是在疲惫不堪的深夜，还要坐下来用心学习即将到来的教义问答，这就是他们所接受的宗教教育的全部内容。

更糟糕的是学校也忽视了对世俗课程的学习。拜访者的相关调查显示，学校根本没有开展任何实质性的教育学习。1785年，约翰·卫斯里在访问巴林罗布学校之后不禁提出疑问，"他们到底教了什么？——就我所知，是什么都没教。"①霍华德曾经有一两次，发现一所学校里对学习有一点点的关注度，但是总的来说，他和菲茨帕特里克的报告与卫斯里的观点一致。入学很多年的孩子，无论是年幼的还是年长的，几乎都无法写出自己的名字；一些孩子的阅读能力很差，还有的孩子不会书写。书籍、钢笔、墨水和纸张的缺乏，以及教师不足的情况，都表明促进会对这方面工作的忽视。引用菲茨帕特里克的话来说，在学校，教育"被完全忽视了"。在一些招聘了助理教员的学校里，教育孩子的任务被委托给助理教员；而在其他学校里，孩子们几乎没有接受教育的机会。而在劳作方面，只有特许工作学校才能实现协会的目标，而这一目标的实现方式将劳动真正的精神磨灭了。孩子们确实从事了大量的体力劳动；在室内纺纱，或者在室外进行农业劳作，这些占据了他们一天的大部分时间。菲茨帕特里克将孩子们的病态外表和身体上的畸形归咎于学校里无休止的劳动。在洛赫雷学校，女孩们每天要纺纱、编织和绕线，从时间表可以看出她们每天早上6点就要起床干活；进行洗漱然后清扫校园到9点；吃完早餐，做手工艺品工作到中午。

---

① Wesley, J., *Collected Works*, vol. IV, pp. 307–308.

从中午12点到下午2点，她们去学校上课；然后下午3点回来工作，一直到5点，接着从5点到7点，她们学习教义问答；这就是一个12小时工作的全部内容。在罗斯康芒有一所专门为新教徒的子女保留的学校，这里的条件同样恶劣。穷人的子女没有从父母的信仰中得到任何好处。在协会的指引下，无论是新教徒子女还是天主教徒子女都受到了同样的劳动和宗教教育的影响。① 从时间表可以猜测这两所学校大概是比平均水平更糟糕的，② 但是菲茨帕特里克和霍华德报告中其他学校的证据表明，所有学校的工作状况都是一样的糟糕。室内工作的孩子所受的影响最大；白天挤在冰冷而密闭的工作间，晚上呼吸着脏兮兮床铺散发出的恶臭，也没有足够的被子来保暖，正如菲茨帕特里克所说，"这个国家里的孩子都处于极度的亚健康之中"。③ 莫尔主教想象着，这些农业工人在适当的指导下，可以把荒无人烟的土地变成小农庄，精心地开垦和培育，种植树木、玉米、亚麻和土豆，以及有足够三四头牛放牧的牧场，他们不再去过技术工人一样的日子。这让他们工作中的职业技能被完全忽视。种植比喂养牲口要轻松，他们需要浇水和施肥或者是挖土豆，当他们离开学校时，他们并没有经过农业生活的训练，而是作为临时工日复一日地工作。

总体而言，协会的目标没有在学校的任何一个部门实现过。关于宗教、学术和工业的努力统统都失败了，但责任该归于谁也是应该考虑的。也许与其说特许学校的后果是联合协会造成的，不如说其目标和方法是整个时代和社会的产物。但是，即使这被承认，协会对学校的糟糕状况也负有不可推卸的责任。瞥一眼都柏林委员会成员的名字就可以预见特许学校的失败，都柏林委员会构成了该协会的中央执行机构。其中许多

---

① 阿斯隆的拉内拉基金会的男子学校也是如此。霍华德写道："我发现孩子们的穿着又脏又破，他们忙着把沉重的粪便搬到驳船上。孩子们一般都不高兴。" Howard, J., *op. cit*。也可参见 *Journals of the House of Commons*, *loc. cit*。

② 参见 *Journals of the House of Commons*, Ireland, *loc. cit*。
克隆梅尔：现在适当注意阅读。
基洛特兰：他们的阅读没有被忽视。
城堡岛：以前他们的学习被忽视了，但现在他们有了一个细心的访客。

③ *Idem. Schedule annexed to the Report of the Committee on the State of the Protestant Charter Schools*, April 14, 1788.

是职位高或专业地位高的男子、忙于其财产或议会职责的贵族、从事教会和国家事务的牧师、不关心学校和儿童事务的法官等，协会的工作对他们来说不是一项首要任务，而是一项次要职责；随着协会工作的增加，学校的控制权越来越多地移交给了负责的官员、秘书和相关职员。几乎没有人在学校事务中有过实践经验。人们建造坚固的石屋，并投入办学经费。它们的价值是不言而喻的，其成本由最业余的委员会也可以估算得出，但是从另一方面来说，关于学校的运作、其维护的成本以及保障良好的教育得以推行的要领，只能由那些掌控着寄宿学校的校长和教师来决断。这是中央委员会从未掌握的技能，而且随着时间的推移，他们变得不仅无知而且冷漠。委员会认为在1809~1812年，学校状况不令人满意的原因之一，是难以争取15人委员会的委员们在都柏林长期和持续地出席会议。

尽管公众对都柏林委员会提出了十分严厉的指控，但对学校管理不善的谴责一定程度上要由地方委员会来承担。这些学校太分散和偏远，以至于都柏林委员会无法对每所学校都进行持续的监控。因此，协会最早就在其会议上决定，无论在哪里设立慈善学校，它都会要求教区的管理者或牧师担任学校的教义问答教师，要求居民士绅他们自己组成一个地方委员会，对学校进行监督，并向都柏林的常设委员会报告。① 一个双重控制系统由此建立起来，这个系统的运作不仅取决于中央和地方委员会的效率，还取决于两个机构之间的配合和统一。协会行政领导的成功与否，同时取决于这两个机构的作用，粗略的调查表明，大多数地方委员会和中央当局一样缺乏责任感。在18世纪初，许多地方的利益被唤起。当地的神职人员和绅士们为他们附近的孩子建立学校，而像沃特福德女子学校这样的建筑，作为英国最漂亮、最宽敞的建筑之一，是以牺牲当地家庭的利益为代价建立起来的。地方委员会报告所附的定期捐款

---

① 参见 the *Report of the Commissioners of Education in Ireland*, 1809-1812, vol. V, p.18: "每所学校都在一个地方委员会的直接领导下，该委员会主要由当地新教绅士和附近的女士以及一名教士组成，教士始终是学校所在教区的牧师。教士有责任监督儿童的教育，特别是他们的宗教教育，每月通报他对学校状况和教师行为的意见，并与地方委员会合作，行使一般控制、审查和结算账目的权力，每季度向都柏林的15人委员会报告。"

第七章　爱尔兰：慈善与改变信仰

者和捐助者名单表明了当地的利益关系。① 但是，当慈善学校运动的新鲜感逐渐消失时，最初创始者的热情和兴趣几乎不再能够引起新兴一代的注意，而新兴一代对慈善学校的冷漠和忽视又不断地侵蚀着人们的注意力。这些学校的充足与否完全取决于这些"善良的基督教徒"的兴趣和捐款。从理论上讲，双重控制制度因其自由和弹性而失败，因为地方当局没有履行其义务。除了每年的拨款或续约外，当地的士绅和神职人员对这些学校几乎没有什么兴趣，他们签署了一些根本就没有仔细去核实的报告。②

地方和中央机构的效率低下在一定程度上解释了整个机构总体上的管理不善，但同样重要的是，二者之间缺乏合作。学校的工作缺乏监督和审查。地方委员会起草了自己的报告，这与约翰·霍华德和耶利米·菲茨帕特里克爵士所披露的条件之间存在差异，他们公然宣称学校有不受任何检查和控制的自由。在最初的几年里，协会派秘书或检查员去视察学校，他们的报告都对现有的安排表示非常满意。③ 1788 年，协会秘书吉本先生向调查委员会承认，据他上一次到都柏林的斯特兰德学校视察

---

① 参见 *Proceedings*，1758，位于库尔郡的斯特拉德巴利学校的报告："这是一所学校，有 40 个孩子，这归功于波尔·科斯比先生。他花了 300 英镑在这座大楼里，给了他 1 英亩的永久性土地，并以每年 11 英镑的价格租用了 30 英亩土地，主人支付了 15 英镑。该学校的定期捐助者：

波尔·科斯比先生	10 英镑
尊敬的上奥索里伯爵	5 英镑 13 先令 9 便士
尊敬的布里奇夫人	11 英镑 7 先令 6 便士
纳撒尼尔·米切尔上校	1 英镑 10 先令
约翰·皮戈特先生	1 英镑 10 先令
马修·卡桑先生	2 英镑 5 先令 6 便士
莎拉·科斯比小姐	2 英镑 5 先令 6 便士
威廉·波尔先生	3 英镑 8 先令 3 便士
尊敬的汉弗莱·布兰德将军	3 英镑 8 先令 3 便士
弗雷德里克·特伦奇牧师	1 英镑 10 先令
尊敬的莎拉·波尔女士	2 英镑 5 先令 6 便士
华纳·威斯特拉先生	2 英镑 5 先令 6 便士
哈特菲尔德先生，斯特拉德巴利的牧师	1 英镑 10 先令
沃尔特·韦尔登先生	2 英镑 5 先令 6 便士
共计	51 英镑 15 先令 3 便士"

② *Journals of the House of Commons*, Ireland, *loc. cit.* 也可参见 Howard, J., *op. cit.* p. 105。
③ 参见 *Proceedings*，1745。

207

已经有15年的时间了。协会不但没有对地方委员会建立有效的控制，反而把学校的管理和对儿童的照顾交给学校所有者和主妇，他们要么故意忽视自己的职责，要么没有能力去应付多方面的任务。

　　教师的缺乏使18世纪英国所有的教育计划都受到牵制。教师被曼德维尔嘲讽为"饥饿的可怜虫"，校长被瓦茨博士谴责为"残酷无情"，麦考利在晚年还痛斥教士"拒绝使命的召唤"，所有这些在18世纪的各种慈善学校中都再普遍不过。但是在爱尔兰，缺乏称职和负责任教师的现象更严重，因为在一个大多数人口和几乎所有穷人都是罗马天主教徒的国家里，在大多数地区都很难找到新教校长和教师。此外，协会还希望特许学校的校长同时承担教师、家长、校长和医务人员的职责。教育史上充斥着理想教师的精彩画面，但即使是卢梭笔下的"人中龙凤"，也无法与协会所理想的要求相比。然而，似乎在任何时候都无法找到合适的候选人；相反拉票竞选职位的现象非常普遍，人们的兴趣似乎都集中在如何成为协会主要成员。① 造成这种激烈竞争的原因很容易解释。因为无法找到理想的人选，所以用曼德维尔的话来说，协会不得不选用那些"认为自己合适的人"。这些人被免费的房子和工资，以及从工农业方面赚钱的可能性所吸引，他们大量地向协会展示自己，而协会则机械地在一群不怎么优秀的人中挑出最好的人，这是一个毫无用处的工作。1806年，都柏林委员会的成员威廉·迪斯尼写道："这些人在学校教育孩子的方式几乎必然会激起人们的愤慨和憎恶；这些习惯恶劣、举止粗俗的人，对任何事情都不屑一顾，他们连最基础的阅读、写作、算术都不能进行很好的教导，没有任何行为能作为榜样使孩子们的思想脱离这种近乎野蛮的状态，而这种半野蛮是这个国家下层人民的性格。"②

　　学校的运营就这样落入到一群不择手段的人手中。学校在财政上依赖于都柏林委员会，这些账目每年都要由地方委员会审查，但是，协会与校长定下了为孩子们提供食物和服装的协议，再加上地方委员会一贯忽视他们的监督职责，所以学校里贪污腐败的现象很普遍，可怜的孩子

---

① 凡是有空缺的职位就会出现频繁的拉票，几乎没有人会想着在自己的职位上如何努力工作从而确保协会领导层的利益诉求。Disney, W., *Observations on the Present State of the Charter Schools in Ireland and the Means of Improving them*, 1808。

② Disney, W., *op. cit.*

第七章 爱尔兰：慈善与改变信仰

们常常衣衫褴褛、食不果服。霍华德和菲茨帕特里克的报告表明，这些罪犯忽视了让孩子们吃饱穿暖这一最基本的责任。在他们看来，学校教育只是一场闹剧，明显缺乏宗教和道德影响，儿童也没有摆脱无宗教和缺乏道德的状态。但比消极对待更糟糕的是，残忍的主人对孩子们施加了更残忍的处罚。菲茨帕特里克详细讲述了促使他坚持检查学校的事件。

1785年2月12日 在基尔肯尼学校

这所学校离城市有一英里远。那里有32个孩子，他们都非常瘦小，看起来很可怜，加上赤手赤脚，破衣烂衫，使他们看起来更加凄惨不堪。虽然男孩是受雇从事于梳理和纺纱工作，但他们每天都要坐在冰冷车间的凳子和石头座椅上。在我访问学校的那天早上，下着很大的雪，他们的工作间只有照明，没有生火。我问这么冷的天为什么不生火取暖呢？一个负责监督孩子们劳动的人（用愤怒的声音）问，他们为什么之前没有点燃它呢？其中有两个孩子带着惊悚的表情，立刻去把火炉点燃了。在检查完他们的车间和宿舍之后，我发现他们的床铺脏乱无比，而教育的职责却被完全忽视，很多孩子都被瘙痒和烫伤痛苦地折磨着，从我所观察到的情况推测，这些孩子们肯定无法长久地享受火炉带来的温暖，果然当我穿过田野徒步返回的时候，发现他们已经浇水将火扑灭了。这种践踏慈善事业的卑劣行径，是促使我坚持对特许学校进行严格审查最首要也是最重要的原因之一。①

霍华德和菲茨帕特里克的研究报告在一定程度上可以反映出爱尔兰的既得利益者的势力。他们勾画了一种否认任何义务去教导孩子或带他们去教堂的校长的形象，这位校长自认为有能力增加其医疗监督的职责，结果在他的季度账目中发现他为11名婴儿受害者准备了棺材。他们还展示了肮脏的卡斯尔巴学校女教师的形象，当被责备时她傲慢无礼地反驳说，她在法庭上有很有权势的朋友，还有拉夫瑞亚的助理教员，他们手

---

① *Journals of the House of Commons*, *Ireland*, loc. cit. vol. XII: Schedule annexed to the *Report on the State of the Protestant Charter Schools*, April 14, 1788.

慈善学校运动

里拿着棍子站在那里,这足以让 40 个身体弱小的孩子在编织和纺纱中瑟瑟发抖,并老老实实听话。报告讲述校长和教师们住着舒适的公寓,并揭露这些教师自己的孩子同学校贫困儿童之间的悬殊差别,报告还勾勒出一幅图,描绘了由协会派来的调查委员萨克雷和李在 1817～1818 年和 1824～1825 年中对这些学校进行检查时所目睹的骇人细节。[①]

这类校长和教师受到普遍的谴责。他们充分利用了那些能维护家庭生计的机会。选择这些人担任校长和教师的责任直接来自联合协会,并间接地归因于整个社会,居然能允许这样的人来从事教育工作。工资水平说明了这个年龄段人们的工作观。每年 12 英镑是平均水平,助理教员的工资在 5 英镑到 7 英镑。此外,他们还获得了令人满意的服务,而且校长和教师们可以自由地出售孩子们的劳动。如果学校周围的土地肥沃,一位熟练的农场主就能提供孩子们所需的大部分食物,并且偶尔能在附近出售多余的食物;一个有经验的打包工或针织工不仅可以给学校的孩子提供衣服,还可以供应当地的市场,这样就增加了微薄的工资。

衣服和食物得不到充足的供给,细菌滋生和疾病蔓延得不到控制,孩子们整天受冻挨饿。校长、教师,以及他们的孩子和佣人享受着火炉带来的温暖,而这对工作间里的贫苦儿童来说遥不可及。这些可怜的孩子一天中的 13 小时都要处于校长和教师的使唤之下,根本没有时间去呼吸新鲜空气或者是进行积极的身体锻炼。他们每天在恐吓、饥饿、肮脏和寒冷中度过,非常无助且没有任何的保护,日复一日地过着悲惨的生活。只有"逃跑"或者是被送出去当学徒才能逃脱这样的生活。当孩子们逃跑之后,他们可以对外宣称这些孩子是被推荐到更好的基洛特兰学校去了。

根据协会的规定,孩子们在 14 岁的时候就应该被送去当学徒。但在学校里,协会对其规章的漠不关心,以及校长的贪图私利再次阻碍了前进的道路。在协会早期的历史中,孩子们在上学的时候就经常当学徒,但在霍华德访问之前,这一现象已经逐渐减少。未来的雇主们发现,那些所谓受过工业训练的男孩以及适合从事农业和家务工作的女孩,根本无法承受持续的劳动,他们的衣服破烂不堪,思想落后,体面的家庭也

---

① *First Report of the Commissioners of Education in Ireland*, 1825, Appendices 55 – 74.

第七章 爱尔兰：慈善与改变信仰

不愿意接受他们。菲茨帕特里克明确地表示，这就是校长和教师们共同努力的结果。学徒制意味着在学生变得有用的时候失去了他们，因此，主人发现可以让他们保持肮脏和无知有利，因为这样就没有人愿意带走他们当学徒，而在菲茨帕特里克的报告中，那些十几岁时在学校里度过一生的可怜的小伙子，到最后也没有机会逃离学校，摆脱这样的命运。

这就是约翰·霍华德和耶利米·菲茨帕特里克于1788年向爱尔兰下议院描绘的场景。这个可耻的事件在英格兰和苏格兰引起人们的热议，但是在整个事件中至关重要的恶势力根本没有受到公众舆论和立法机构的影响。霍华德在写给塞缪尔·惠特布莱的信中说："在这个国家每一个公共机构都是私人的；从上到下所有这些都是完全腐败和无效的"。① 他的报告中的"强烈的抗议"比这个时代最伟大的慈善家的努力更有说服力，还得到行政部门的同情和支持。霍华德和菲茨帕特里克所收集的证据，占了爱尔兰下议院期刊的好几页，而实际上却被忽略了，就好像这几页已经不在卷里一样。1818年，罗伯特·史蒂文在他的《要求调查爱尔兰特许学校虐待情况的申请》中写道，"我没有在爱尔兰议会的报告中看到任何行动"，1825年，教育委员会的披露证实了他愤怒抗议的原因。②

在爱尔兰基督教知识促进会和联合协会的赞助下建立的学校与爱尔兰慈善学校运动的要求不相称。教育专员在1791年归还了18世纪捐赠的64所非古典学校。其中有一些是促进会早期努力的结果；还有一些是后来捐赠的学校，独立于促进会建立。要得出一个爱尔兰为穷人提供基础教育程度的大致估计，应该将一些教区学校的数量算入其中，它们是

---

① Field, J., *Life of John Howard*, 1855, p. 249, July 6, 1787.
② 爱尔兰教育委员会的两个委员报告了联合协会在19世纪前25年的学校情况。1809~1812年的委员会报告所根据的，是协会委派来视察学校的来访者的证词，总的来说是有利的。理查德·洛厄尔·埃奇沃斯是该协会的成员，他向该协会表示祝贺，祝贺该协会在约翰·霍华德和耶利米·菲茨帕特里克爵士访问后推行了学校改革。"对儿童的教育是有效的、实际的、没有偏见的，而且在各方面使其不受私人诽谤和公众责难的影响。"1825年委员会的报告总的来说是不利的。它谴责许多学校，并将之前的有利调查结果归因于教师和地方委员会成员在对学校进行检查时的勾结。1825年委员会收到的证人证词显示，一些学校的情况与霍华德和菲茨帕特里克所描述的最糟糕的情况相当。由于这些披露，议会拨款在1832年逐渐减少和撤回。在过去的100年里，协会致力于新教儿童教育的工作使它在爱尔兰教育中享有光荣的地位。

慈善学校运动

由新教贵族和神职人员慈善机构资助的。虽然这类学校的数量尚不清楚，但是18世纪末从教区收集到的资料表明，至少有一半的地区没有保留学校，所以其数量并不多。① 同样，也不可能估算出那些通过定期捐赠或捐助在篱笆墙学校或小屋学校上学的孩子的数量。但是，当为他们的生存提供津贴时，似乎无可争辩的是，国家、志愿协会和个人慈善机构在新教基础上提供的教育显然不足，这不得不让人感到遗憾。他们的失败反映在一个新的团体——反邪恶与宣传基督教知识协会——的形成上，这个协会在19世纪初建立起来。新协会的历史不属于18世纪，它的色彩来自当前对"法国民主和不忠"的恐惧。这是一个圣公会建立的协会，与国教的关系密切。在早期，它主要致力于提供《圣经》、旧约和祈祷书，以及神职人员的教育指导，后来将注意力转向为所有教派的贫困儿童设立日校。这些学校是圣公会学校，学校的教师都是圣公会成员，而英国国教的教义问答则成为学校教育的主要支柱。就像特许学校一样，这些学校也得到自愿捐款和议会拨款的支持。1800～1827年，在议会拨款撤销前，议会拨款总额超过了10万英镑。新协会在19世纪前25年取得了一定的成功，他们为那些被父母允许去上学的儿童提供指导，这在一定程度上缓解了18世纪国家和志愿工作的失败。②

五　篱笆墙学校

虽然爱尔兰慈善学校运动的失败主要应归咎于联合协会的管理不善，但在初等教育领域，一个强大竞争对手的存在，在很大程度上促成了这一结果。在高地，学校主要是由基督教知识促进会设立，在许多地方，这也是穷人唯一的受教育途径。在爱尔兰，情况并非如此。在一个以天主教为主的国家里，刑法的作用只是让罗马教会坚持不懈地采取隐秘的方式教育天主教徒的子女。面对法律的禁止，罗马天主教在为上流阶层

① *Report of the Commissioners of Irish Education Inquiry*, 1791. Printed in the *Endowed Schools (Ireland) Commission Reports*, 1856, vol. II, pp. 341 *et seq.*

② 参见 *Reports of the Committee of Education appointed by the Association for Discountenancing Vice and Promoting Religion and Virtue in the Dioceses of Clogher and Kilmore, Armagh and Dromore*, 1800。也可参见 *First Report of the Commissioners of Education in Ireland*, 1825, pp. 30–36; Appendix 173, pp. 339–406。协会成立于1792年，并于1800年合并为反邪恶与宣传基督教知识协会。

提供教育方面获得巨大成功；更加引人注意的是它鼓励为穷人孩子建立的学校网络。由于组织过于松散而尚未成为一种体系，但在19世纪初这些学校的数量如此众多，以至于国家必须采取一定行动，如果政府要对大众教育实行某种形式的控制，而篱笆墙学校就是在整个18世纪，特别是在1782年废除刑法之后，为全体爱尔兰人民提供罗马天主教教育的手段。①

这些学校的起源很模糊。可以肯定的是，其起源于18世纪克伦威尔时期的爱尔兰，当时的罗马天主教牧师和校长无视松散的行政法律，为避免政府官员或偶然旅行者的发现，将学校隐于世，这样的学校

> 在隐蔽的篱笆墙下，
> 或者藏匿在山蕨的伸展下，
> 教师和他的学生们，
> 为了学习而偷偷聚集在一起。②

在17世纪末，天主教学校取得了如此显著的成功，它们严重威胁到由克伦威尔士兵伊拉斯谟·史密斯在德罗赫达和戈尔韦德捐赠的学校，使这些学校完全失去生源，它们的存在完全扰乱了新教学校的健康发展，使新教学校"就像求救者饿死在树上一样"。③ 1730年，上议院的调查并没有减轻非法学校数量的稳步增长所引起的恐慌。当时所反馈的学校数目显然被低估了，因为教师没有宣传它们的存在。相反，这些学校为了防止被发现，精心设计了躲避的手段，而且由于人们很少被说服去提供有关牧师和校长的信息，所以学校的数量和活动很难有一个全面和完整的反馈。篱笆墙学校的生存取决于其默默无闻。

在18世纪，篱笆墙学校的历史由零碎的当代信息组成，这揭示了一个通常被历史学家所忽略的"隐藏的爱尔兰"。这些学校都是农民学校。虽然学校中特别贫困的学生，其费用是由天主教牧师、乡绅或英国圣公会神职人员的慈善机构来支付，但通常情况下家长也要向学校提供经费，

---

① 关于篱笆墙学校的最近研究参见 Dowling, P. J., *The Hedge Schools of Ireland*, 1935。
② O'Hagan, *The New Spirit of the Nation*, 1894, p. 16.
③ 1680年，伊拉斯谟·史密斯学院院长小记；1682年6月6日，伊拉斯谟·史密斯的信，引自 Corcoran, T., *State Polity in Irish Education*, 1916。

他们要么每季度向校长支付几先令的学费，要么以实物进行补偿。有时候，这些农民为校长提供一间谷仓或者是外屋以供其工作，并让他和农民的家人住在一起；或者在路边匆忙为他搭建一间小木屋；在没有时间和精力的情况下，只需要黏土和篱笆就能做成两堵现成的墙，再加上一些"还带着沼泽的"树枝做屋顶，就这样完工了。这样的学校在路边非常常见，这就足以解释亚瑟·杨格所说的，在爱尔兰，许多沟渠里"都满是勤奋好学的学生"。[1]

学校里的学生都是农村的孩子，不分年龄和阶段，也不分性别或宗教。他们的课程从最基础的英语单词的拼写，到阅读、写作和算术，甚至到希伯来语、拉丁语、希腊语和数学等。[2] 在某些地方，实行的是双语教学。英语和爱尔兰语同时使用；还有一些优秀的拉丁语学者，他们并不懂英语。从1740~1759年，卡舍尔和埃姆利的教区登记册在篱笆墙学校和罗马教会之间建立了密切的联系。教区登记册的存在表明，尽管被法律禁止，罗马天主教仍然在爱尔兰拥有信徒，罗马教廷同被悬赏的信仰天主教的校长之间有密切的合作。[3] 1700~1775年，来自其他地区的记录似乎并不存在，但登记册清楚地表明，在卡舍尔和埃姆利以及其他一些地方，可以假设罗马主教们对学校进行了监督。有证据表明，他们给一些孩子教授罗马教义，他们要接受罗马神职人员关于"基督教教义"[4]的检查。农民学校的成功几乎完全依赖于校长的个人性格和办事效率。作为一名有幸在篱笆墙学校接受教育的孩子，常常会被这些"贫困学者"的行为所吸引，以至于许多有抱负的学生都要立志成为牧师和

---

[1] Young, A., *op. cit.* Part Ⅱ, p. 202.
[2] "众所周知，"1756年，查尔斯·史密斯博士在《古今克里郡》第418页写道："即便有瑕疵，古典主义的学习甚至延伸到了这个国家中阶层较低和较穷的人，他们中的许多人，在这方面比其他地方的一些更好的人拥有更多的知识，他们能够学习更多有用的作品。"
[3] 参见 Corcoran, T., *Some Lists of Catholic Lay Teachers and their Illegal Schools in the Later Penal Times*, Dublin, 1932, *passim*.
[4] 参见 Brennan, M., *The Schools of Leighlin and Kildare from 1755 to 1835*, 出版于1935年，这是对爱尔兰篱笆墙学校历史的一个重要贡献。1825年，爱尔兰教育调查团的传教士们向教会的神职人员、长老会的牧师和罗马天主教的牧师们发出了一份问卷，专员们利用这些问卷，于1826年起草了他们的第二份报告《蓝皮书摘要》，摘要的申报表没有公布，被认为可能已销毁。基尔代尔教区和莱格林教区的罗马牧师的回执一式两份，超过3/4的回执被保存在教区档案中。作为布伦南博士工作的附录出版，它们提供了有关19世纪早期篱笆墙学校新的和有价值的信息。

校长。根据候选教师所要求的培训课程,可以判断爱尔兰农民日常教育中哪些是重要的。拿到"蒙斯特的毕业证书"是从家乡出发到南部省份求学的小伙子们最直接的目标,这个省在整个 18 世纪以学校而闻名。克罗克在 1824 年写道:"他们穿过岛的南部,参观每一个村庄,在每一所学校逗留,好奇地视察每个地方,在离开一年之后回到他们的出生地,甚至不需要那么长的时间,他们就能获得学位。农民都非常热情好客,对学习充满敬畏之心。"①

如果一位候选教师立志想要成为乡村学校的教师,他就会在他回来的时候或者是在他出发之前,在教区牧师和村民的见证下,在一个公开的学术和智力竞赛中挑战他的教师。如果挑战失败,这个年轻人要么会继续待一阵子,要么会继续向他的长辈或者是附近乡村学校的教师进行挑战。一系列这样的竞赛被认为是每一位学校教师培训的重要组成部分。

同时,爱尔兰篱笆墙学校校长的成果和品格也遭到应得的批判。在小说家卡尔顿、巴尼姆、洛夫和摩根夫人的作品中,他们经常表现得像喝醉了酒、残忍无知的野蛮人,欺凌弱小,虐待他们的学生。他们的道德水平令人怀疑,他们的自负压倒一切,他们的无知被伪装的博学所掩盖,他们对政府的不忠也臭名昭著。另外,有足够的证据显示情况并非如此。② 他们中也不乏稳重、正派、仁爱,甚至博学的学者。像高地的教育工作者一样,他们中的一些也是诗人教师,甚至是"甜美的歌手",比如克莱尔郡的布莱恩·梅里曼、沃特福德郡的丹尼斯·麦克纳马拉以及洛克麦基郡的欧文·罗·乌沙利文,他们的名声传遍了爱尔兰。不可否认的是,像 18 世纪所有其他的贫困学校一样,篱笆墙学校吸引了那些道德和品质不符合要求的人来当教师;但同样不可否认的是,正如许多篱笆墙学校校长所表现出的自命不凡一样,教师中也有对学习和教学充满热情的人,而这在慈善学校教师中并不多见。公众舆论要求,而且也经常保证,那些在篱笆墙学校里工作的人,不像那些在大多数小学里工作的头脑迟钝的平庸之辈。篱笆墙学校校长经常能唤起学生对学习的兴

---

① Croker, T. C., *Researches in the South of Ireland*, 1824, pp. 326 – 327.
② 参见 Dowling, P. J., *op. cit. passim*; Brennan, M., *op. cit. passim*, 1868 年,菲茨吉本校长在《爱尔兰》一书中写道:"这些都是学校,"奥利弗·戈德史密斯在他的《被遗弃的村庄》中描述过,"由校长严加看管"。

趣和对政治的热情，这给爱尔兰农民留下了深刻的印象。

在不断暗示的"不忠诚原则的强烈吸引"，① 以及略懂希腊和拉丁文的标签下，特许学校的新教教师基本上没有竞争对手。劳动和教义问答并不是生动的或吸引人的教学内容，《圣经》和教义问答的教科书也无法与拉丁经典或者是孩子们带来的故事书相媲美，孩子们在阅读课上阅读的这些故事书虽然破旧但是令人着迷。② 教师们对年轻农民的教育"常常会用到西塞罗或维吉尔"③，或者是一些在18世纪初被伦敦基督教知识促进会明令禁止在英国慈善学校中使用的书，这样的教学可能会受到政治家和教育学家的谴责，但是，他们还是成功地吸引到越来越多的孩子，他们的父母能够承担起教育费用。

经过快速有效的训练之后，篱笆墙学校的课程更加生动，教学方法也不再那么死板，他们依然以自己独特的教育方法为傲，这些或多或少都对他们的学生产生了影响。约翰·霍华德将篱笆墙学校的孩子和附近特许学校的孩子们进行比较，发现他们"干净、健康而体面"，并发现他们"比那些在特许学校上学的同龄人④更有思想"。

到19世纪初，篱笆墙学校已经成为爱尔兰人民的共同学校。1782～1829年，随着刑事立法的撤销与人口的迅速增长，篱笆墙学校的数量和

---

① Carleton, W., *Traits and stories of the Irish Peasantry*, 4th ed. 1836, Vol. II, p. 398.
② 在这些篱笆墙学校里用来教孩子们阅读英语的教科书引发了激烈的争论。在1825年的监察员面前，有证人对这种"不道德的品质"和牧师们给他们的脸色作出了不利的报告。这些书的存在同样遭到了强烈的否认。现有的证据表明，对学校的批评并不总是能区分哪些书是对道德的冒犯，哪些书是对宗教和政治的冒犯。另外，学校的支持者在否认不道德文学的存在时，忘记了阅读书籍不仅在爱尔兰的篱笆墙学校使用，而且也在英格兰和威尔士的普通学校使用，这不是校长提供的规则，而是由学生提供的规则，他们把他们父母拥有的书籍带到学校。书籍从无伤大雅的童话故事，如《基督教世界的七勇士》，到《历史上的法国强盗》和《爱尔兰流氓》，应有尽有。在卡尔顿看来，这些故事是"谋杀、抢劫和盗窃"的"颂歌"。这些"村舍经典"被农民阅读，并被用作学校的读物。它们构成了对18世纪人们阅读的有趣评论。《爱尔兰教育专员第一次报告》（1825年，第553页）的附录221中列出了专员们发现的在爱尔兰不同类型学校使用的书籍清单。在道林博士的《爱尔兰篱笆墙学校》附录中给出了一个精选的名单。
③ Sir Robert Peel, Speech in the House of Commons, Hansard, *Parliamentary Debates*, 2nd Series, vol. XV, March 20, 1826.
④ Howard, J., *op. cit.* p. 119. 也可参见 Rev. Wm. Lee. *First Report of the Commissioners of Education in Ireland*, 1825, Appendix 55, p. 125。

学生人数迅速增加。① 约翰·莱斯利·福斯特在 1811 年写给教育委员会秘书的信中说："下层阶级对教育的强烈欲望，时时刻刻在提醒着我们，如果我们不帮助他们，他们也会展开自助"。这一事实也揭示了爱尔兰成为不列颠群岛中第一个设立国家教育部门的原因。

爱尔兰推广英国新教工读学校协会的印章

---

① 参见 Reports of the Commissioners of Education, Ireland, 1809–1812, vol. Ⅴ, p. 342："纽波特（位于蒂珀里郡）的特许学校在 1824 年建造，能够容纳 40 名儿童，就读的只有 12 名儿童，但在一所短距离内的小木屋学校发现了 96 名儿童，其中 38 名是新教徒，他们的父母宁愿支付那里的教学费用，而不接受特许学校提供的免费教育。另有一所付费学校，在两英里的距离内有一座马厩，是一个年轻人租来夏天消暑的，里面挤满了孩子，最小的孩子被放在马槽里，地板上没有容身之处。"

第八章 威尔士：慈善与虔诚

> 关于虔诚的实践，其目的在于认识上帝并且对他进行由衷的赞美。
> ——班戈主教路易斯·巴利，《虔诚的实践》，1613

一 背景

威尔士的慈善学校运动与英格兰、苏格兰和爱尔兰的运动形成鲜明的对比。它主要关注的不是试图让穷人的孩子能够在生活中自食其力，不是为了让他们得到外来文明的祝福，也不是将他们从天主教的苦难中脱离出来。其最主要的也是唯一的目的，是拯救威尔士人民的灵魂。

这个独特目标的产生，主要归因于17世纪末期和18世纪威尔士特有的政治、社会和宗教环境。与3个相邻国家的普遍情况相反，威尔士可以被描述为一系列的反对。在18世纪的威尔士，詹姆斯党作为一种政治力量是无足轻重的。这并不是说威尔士的地主阶级不支持它，或者是说威尔士的神职人员和农民对此表示同情，因为有证据表明他们对斯图亚特王朝的事业有着深厚的感情。在北威尔士，沃特金·威廉姆斯·韦恩爵士在"白玫瑰"这一密秘社团中声名显赫。而在南威尔士，彭布罗克郡乡绅约翰·菲利普斯爵士，是海警协会的重要成员，这是一个类似詹姆斯二世党人的协会，他们都是斯图亚特王朝的虔诚信徒。但是，经过1715年、1717年和1745年的事件之后，威尔士的詹姆斯党似乎变得如稻草般毫无价值。1715年在雷克斯汉姆发生的骚乱，以及1717年马尔伯爵在米尔福德港登陆失败，都是老王位觊觎者试图赢得王位的突出事件。在1745年，威尔士也没有在关键时刻支持这些年轻的王位觊觎者。

像大卫·摩根这样致力于这一事业的人,很少有追随者。① 查尔斯·爱德华王子自信地指望威尔士的支持并没有到来,而且人们还缺乏足够的证据来证明这一地区的人民正在酝酿着巨大的变革。然而,在内战中,没有人比土地所有者、神职人员和农民更热爱和拥护国王。在威尔士人看来,汉诺威主教的稳定继承导致了斯图亚特王朝支持者的匮乏;更有可能的是,在17世纪晚期和18世纪早期,宗教改革者的工作将大众的兴趣从政治转向了宗教,就像后来,在卫理公会运动中强烈而正式地反对詹姆斯二世党,有效地在威尔士排挤了詹姆斯二世党人。尽管如此,在威尔士,没有必要像英格兰、苏格兰和爱尔兰那样,为训练孩子们对汉诺威王朝的忠诚做出特别的努力。面对18世纪上半叶这些主要的政治问题,威尔士人居然无动于衷,这出乎意料。②

此外,16世纪的政治与教会变革并没有在威尔士造成激烈的宗教对立,而这种对立在高地历史上占据相当重要的地位,且从那以后一直在爱尔兰历史上占据着主导地位。在威尔士到处都是罗马天主教徒的小团体,威尔士人对天主教的活动也很害怕,但总体而言,威尔士人对新教改革漠不关心,同样也不受天主教反宗教改革的影响。天主教能有效地推动人们反对汉诺威的教会和政府。不需要弱小的新教徒抽出一丁点的力量来阻止天主教发展的步伐。③

威尔士与英格兰社会环境的差异,导致其在对待穷人的社会政策上也不同于英格兰。在威尔士,18世纪的大部分时间里,中产阶级可以忽略不计。除了少数例外,一般的城镇都不受重视。市镇的贸易规模很小,手工、编织、纺织、制革、织布、裁缝和制鞋等产业等都是靠自己的原材料满足当地需求。即使是在威尔士,农舍和农场中唯一重要的布艺业,也没有发展成城市工艺产业。一方面,这是由土地所有者构成的社会,当有机会发展工业企业和改良农业时,这些土地所有者并不拒绝;而另

---

① 参见 Llewellin, W., "David Morgan, the Welsh Jacobite" in *The Cambrian Journal*, Series Ⅱ, vol. Ⅳ, 1864; separately issued, Tenby, 1862。
② 参见 Vaughan, H. M., "Welsh Jacobitism" in *Transactions of the Honorable Society of Cymmrodorion*, 1920–1921。
③ 参见 Hughes, Stephen, Letter prefixed to the 1672 ed. of *Gwaith Mr Rees Prichard*; Owen, Huw, Introduction to *Translation of the Imitation of Christy*, 1684; Jones, Griffith, Letter to a Friend, in *Welch Piety*, Nov. 22, 1746。

慈善学校运动

一方面，这也是土地的耕种者组成的社会，他们可以凭自己的劳动满足自己的需要，不需要中产阶级。在威尔士，甚至也没有像爱尔兰和高地这样的"绅士中产阶级"。贵族和绅士阶层的财产由他们自己或他们的代理人进行管理。① 只是偶尔会有享有无上权力和威望的上层阶级建立学校以培训穷苦朴素的人们来耕种土地。②

在18世纪，除了少数地区外，威尔士人几乎完全是农民，他们从事自给自足的农业。在18世纪末，他们拥有自己的小农场，平均规模是30~100英亩，租期短，或者更常见的是，每年支付租金。除了家庭自有的劳动力外，很少再需要劳动力，而且尽管威尔士和其他地方一样，在大农场主和小佃农之间存在经济上的不平等，但在关系亲密的家庭内部人之间，社会不平等的程度并不高。虽然贫穷一样存在，像在40年代和80年代往往十分严峻，③ 但威尔士并没有像苏格兰和爱尔兰那样发生可怕的饥荒，直到18世纪末，由于在这个小型和亲密的社会中对不幸成员产生了强烈的家庭责任感，威尔士的贫困有所控制。和高地一样，威尔士的贫困是一种不幸，而不是一种罪行。没有神明禁律规定去控制它。在这样的条件下，习俗和环境在很大程度上制约了孩子们在生活中的作用。渔业吸收了沿海城镇和乡村的部分人口；采矿业和冶炼业吸引了越来越多的工人，但是大部分的人口还是集中在这片土地上，他们要么在山区从事牧羊业，要么在平原上放牧，或者从事混合饲养业。工业对孩子们的影响很小，因为在农田和房屋之外，几乎没有他们的就业机会。他们把羊和牛赶出去放牧，在家里帮忙筛选、梳理和纺织羊毛，当经济情况不好的时候，他们就会被派去乞讨食物。对于那些有能力支付学费的人来说，付费学校并不缺乏，但是不像在伦敦和大城镇，当他们毕业后社会上并不需要有多少学徒和佣人来从事贸易和服务。

最后，18世纪威尔士的教育与高地和爱尔兰一样，没有受到"外

---

① 18世纪威尔士的经济史参见 Dodd, A. H., *The Industrial Revolution in North Wales*, 1933, 以及 Davies, D. J., *The Economic History of South Wales*, 1933。

② 有可能偶尔提到威尔士学校作为学校纪律的工具，参见 S. P. C. K. Abs. of Correspondence, May 20, 1722; *Welch Piety*, Letter to a Friend, Sept. 16, 1741; *28th Report of Commission of Inquiry into Charities*, 1834, p. 560; 但通过任何比较测试，学科主题都是微不足道的。

③ Jones, Griffith, Letters in *Welch Piety*, June 15, 1741; Oct. 27, 1742.

第八章 威尔士：慈善与虔诚

来"慈善家善意的干预。想要把英格兰文明的标准强加于威尔士的愿望并不缺乏。对慈善事业的资助通常是带有或明确或隐含的条件，即孩子们应该被教导去阅读英语，通过这种方式，在他们的同情中成为英国人。但总的来说，边境地区的慈善家和改革者对那些政治忠诚度很高的人，以及那些贫困且对英国社会不造成威胁的人不太感兴趣。在物质生产上，他们也表现出同样漠不关心的态度。威尔士非常贫穷落后：它的农业是原始农业，矿产资源还未被开发。英国首都很少关注这个偏远而鲜为人知的地区。刘易斯·莫里斯抱怨道："我们重视选择在东印度群岛和西印度群岛寻找金钱，而忽略了我们的岛屿地下50或100码的地方，在那里，我们也许可以找到我们梦寐以求的宝藏"。① 笛福和在高地同时代的伯特一样，认为险峻的山脉"充满了恐怖"，而道路的匮乏是这个地方被孤立和隔离的主要原因。② 直到1768年，亚瑟·杨格发现一条比大多数路要好的蒙茅斯－格拉摩根公路，"不过是一条岩石铺成的小道，满是大石块，有的路坑甚至像马一样大。"③ 直到18世纪末，家畜商人将威尔士的牛群带到中部地区去驯养，或者是运送到伦敦市场上去卖，充当"金融中介"的角色，除了还有些源源不断的好奇旅行者外，这就是两国交流的主要渠道了。④ 当工业在18世纪末开始快速发展时，其动力来自英格兰，并允许英格兰的金融资本支配威尔士的工业生活，但到了18世纪，威尔士较少受到外来势力的影响，受到的影响甚至比高地或爱尔兰更小。

但是，如果说英格兰人在18世纪对威尔士人不太关心的话，那么他们对自己的同胞就不是这样了。在大不列颠群岛的其他地方，人民的精神需求没有得到像威尔士改革者对其同胞那样的慷慨回应。威尔士的改革者对人们宗教的无知和精神上的冷漠感到深深的不安，他们在整个世纪里，坚定地将他们的精力集中在对同胞灵魂的救赎上。

威尔士人是否像他们所认为的那样无知和冷漠，这仍然是一个悬而未决之谜。对于异教徒、英国国教徒和卫理公会教徒的陈述，他们必须

---

① "对港口可能作出的改进的意见（其计划在此列出），以及对这些地方的自然商品和贸易的一些说明"，见 Lewis Morris's *Plans of Harbours, Bars, Bays and Roads in S. Georges Channel*, p.11, 第一次出版于1748年。
② Defoe, D., *Tour of the Whole Island of Great Britain*, 6th ed. 4 vols. 1761. Letter VI.
③ Young, A., *Six week tour through England and Wales*, 1768, p.120.
④ Dodd, A. H., *op. cit.* p.27.

接受，因为所有这些人都十分悲观地描绘人们的精神状态，这种状况把他们的改革推向高潮。对于英联邦和受保护国的清教徒来说，威尔士对斯图亚特的忠诚使之成为清教徒政策中的特殊对象，他们真正关心的是神职人员和牧师所反映的宗教无知和冷漠的情况。① 当1660年斯图亚特王朝的复辟破坏了清教徒的复兴计划时，异教徒也同样担心。贫穷无知的威尔士人没有传教士和牧师进行传教，威尔士人的这种悲惨处境让改革者认为向他们进行传教成为当务之急。② 圣公会对人民宗教状况的看法同样受到谴责。基督教知识促进会的神职人员和文书工作人员证实了清教徒神职人员的说法。如果英国清教徒和英国基督教知识促进会所表达的观点因信息不充分而被质疑，那就不能说英国圣公会的格里菲斯·琼斯、卫理公会派教徒托马斯·查尔斯，以及南威尔士和北威尔士的工人们，对他们的同胞有非常详尽的了解。在他们眼里，人们对宗教充满了无知和冷漠。③

如此统一和持续的证据是不可忽视的，但有时人们却忘记，有些相反的意见需要考虑，但很少得到考虑。威廉·韦恩在他1697年出版的《威尔士史》中强烈抗议关于基督教的一个观点，该观点认为基督教在17世纪末被英格兰人托马斯·古奇的劳动净化之前，其在威尔士人中是腐败和不完美的。④ 更多的信息源于1721年伊拉斯谟·桑德斯对圣大卫教区的悲观描述。然而，他对"威尔士农民非凡的宗教品格"的描述，呈现出与清教徒改革者不同的图景。他写道："我不知道应该将这归因于我们的独立、贫穷还是我们的自然秉性，抑或这就是上帝赐予我们的非凡恩典"。但事实就是如此。我相信，在这个国家中，没有哪个地方比这些山区的穷人更依赖于宗教。无论是道路颠簸还是天气恶劣，或者是要花

---

① 参见 Thurloe, J., *A Collection of State Papers*, ed. T. Birch, 1742, Papers IV, 565; Owen, Dr John, *Works*, ed. Russell, 1826, vol. VIII, *passim*。

② Clark, S., *The Lives of Sundry Eminent Persons in this Later Age*, in Two Pans containing *the Life and Death of Mr Joseph Alleine*, 1683.

③ Jones, Griffith, Letters in *Welch Piety*, Aug. 16, 1739; Nov. 22, 1746; S. P. C. K. Abs. of Correspondence, Letter from Griffith Jones, May 29, 1713; Charles, Thomas, Letter from a Clergyman in North Wales to another in London in *the Christian Magazine*, vol. III, 1792, Dec. 7, 1791, 引自 Jenkins, D. E., *The Rev. Thomas Charles of Bala*, vol. II, p. 90。

④ Wynne, William (ed.), *Caradoc of Llancarvan's History of Wales*, 1697.

上三四个小时甚至更多时间去听布道，他们都义无反顾；他们聚集在寒冷潮湿的教堂里，即便守候几个小时等待牧师的来临，也很少会抱怨。

他们也不完全将自己的宗教信仰依赖于教会和神职人员。桑德斯补充道："有许多普通的人，他们很乐意充分利用所获得的仅有的知识，私下里，通过读书和讲课，在自己的家里和邻里之间互相指导"。这其中"也常常会见到一些仆人和牧羊人，只要一有机会，他们就会努力和他人交流"。① 约翰·卫斯里经常引用的一句话是，威尔士人对《圣经》的了解就像切罗基印第安人一样无知，这被人们记住了；而当他在穿越威尔士的部分地区发表的声明，说居民们"已经对福音有一定了解"的时候，却被人遗忘了。怀特菲尔德在他的日记中也做了类似的说明。威廉·莫里斯对查尔斯·卫斯理的布道所进行的评价，并不是没有意义。"要么是他疯了，要么是我们疯了。向一群没有信仰和知识的异教徒传播福音。"②

在任何试图评估 18 世纪威尔士人宗教生活的尝试中，都需要考虑这些报告。清教徒改革者普遍倾向于根据阅读《圣经》的能力来评价宗教，这很可能是他们对人民无知的陈词滥调的解释。正如哈勒维教授所说，新教是一种"书教"。③ 清教主义更是如此。对口头传教和指导的拥护者很少给予津贴，更不用说在一个热情投身于宗教的民族中，音乐只是宗教的奴仆。然而，在《哈尔辛戈德》和《加洛罗》中，《圣经》的教义和历史部分，或是"具有非凡虔诚和美德的圣徒"的生活和行为，都被改编成音乐，对他们来说这些音乐能带来一种永不停息的快乐。年轻人"用心地唱着赞美诗"，并以"模拟、相互超越"的方式传唱着。

> 通过一节经文可以发现一个好的布道者，
> 把传递快乐作为毕生的奉献。

乔治·赫伯特如是说，但是，对于这个"原始教会最值得称赞的实

---

① Saunders, E., *A View of the State of Religion in the Diocese of St David's about the beginning of the Eighteenth Century*, 1721, passim.
② Wesley, J., *Journals*, ed. by N. Curnock, Oct. 20, 1739, vol. II, p. 296. Whitefield, G., *Journal*, 1756, pp. 145–146; *Letters of the Morris Brothers*, vol. I, p. 150.
③ Halévy, E., *History of the English People in 1815*, 1924, p. 457.

践",18世纪的宗教改革者并不在意。① 阅读,以及对教义问答的重复,是他们对虔诚的考验。一个不能阅读《圣经》的人被认为是无知而冷漠的。这一点必须记住。尽管如此,在18世纪初,对宗教的特殊强调并没有引起人们的关注,而这一问题后来成为关注的焦点。当人们完成抚养家庭和养活自己的辛苦工作时,他们的闲暇时间就会花在游戏、舞蹈和歌曲上,以及那些时下流行的由绅士和农民共同参与的乡村戏剧中。在18世纪中叶和后半叶,故事书、民谣和流行诗歌的产量不断增加,这证明了世俗作家并非没有读者。② 宗教改革者的布道和信件谴责那些为舞蹈和歌曲的需求而服务的专业竖琴手和小提琴手,这在不经意间呈现出一幅人们光鲜愉悦充满活力的场景,对他们来说,音乐、诗歌和戏剧是智力娱乐的源泉。一个缺乏同情心的观察者这样描绘18世纪中叶的威尔士,"在夏天的几个月里,男男女女每个星期六晚上都在周围的乡村聚会,然后他们合着竖琴的节奏,唱着歌,直到礼拜日的清晨"。一整天,他们都在市政厅里跳舞、唱歌、打网球。这位作家谴责道:"在城镇的每一个角落,一些运动或娱乐活动会一直持续到礼拜日的灯光消逝为止。"③

无论这种轻松享受世俗的快乐是否被视为一种确定的反宗教的迹象,毫无疑问的是在18世纪,威尔士所有教派的宗教改革者都认为它是如此,他们也没有为圣公会教堂大门前所谴责的冷漠承担责任。教会对其职责漠不关心是英联邦和保护者统治下清教徒的普遍看法,在英国圣公会中没有好的神职人员。在17世纪后期,当非国教徒指责圣公会的主教和神职人员玩忽职守、无知和冷漠时,这一看法又再一次地被加深。④ 在18世纪初,英国国教的改革者们开始解决这一问题。许多神职人员和非宗教人员写给基督教知识促进会的信件和报告,不断地重复着非国教徒对圣公会的批判。⑤ 后来,最忠诚的英国圣公会教徒格里菲斯·琼斯

---

① Saunders, E., *op. cit.*
② 参见 Jones, D., *Life and Times of Griffith Jones of Llanddowror*, 1902, pp. 185 *et seq.* 和 Pryce, A. I., *The Diocese of Bangor during Three Centuries*, Cardiff, 1929, p. lix.
③ *Trysorfa Ysprydol*, 1799。An Account by the Rev. John Evans of the State of Wales in 1742, pp. 30 – 31;也可参见 *Letters of the Morns Brothers*, *passim*;和 MS. diary of Mr William Bulkeley of Bryndddhu, Anglesey, 1734 – 1743, 1747 – 1760, 引自 Pryce, A. I., *op. cit.* p. lx.
④ Hughes, Stephen, Letter prefixed to the 1672 ed. of *Gwaith Mr Rees Prichard*.
⑤ 参见 S. P. C. K. Abs. of Correspondence, Mar. 4, 1699 – 1700, Mar. 4, 1700 – 1701。

用有力的语言谴责主教和神职人员对改革工作的漠不关心。① 一项对卫理公会意见的调查也清楚地表明，卫理公会要倡导改革，并不是因为大家对教义有不同的看法，而是因为英国圣公会的神职人员对履职缺乏热情。然而，在这里，当试图估计人们对宗教生活的意见冲突的真相时，需要对已被接受的观点作一些修改。威尔士教会存在的理由就是对人们进行精神指导，但在18世纪它却缺乏精神力量和管理活力。在这一过渡期，教会比其他地方的组织更加混乱，少数有良心的人被逐出教会队伍，由于自然神论的争议转移了对宗教实质性事务的注意力，威尔士教会在某种程度上需要虔诚和有智慧的人的领导，他们准备把精力花在他们所看到的宗教和行政改革上。除了极少数例外，其他的改革要求都被推翻了。在整个18世纪，教会遭受着外来的非本地居民主教的折磨。教会的四个主教区既偏僻也不受欢迎，在当时被认为是通往其他主教的垫脚石，或是"其他主教的保险"。② 这些主教的任期通常太短，又长时间不在任职地居住，他们对当地的语言太不了解，所以无法满足教会或当地居民的需要。③ 威尔士的主教们几乎没有采取什么措施来解决"不体面的丑闻"，即大多数神职人员的津贴减少到"极其可怜"的地步，④ 除了两三个例外，很少鼓励神职人员或非宗教人员在教育工作中做出努力。⑤ 缺乏领导能力对威尔士教会的历史产生深远的影响，因为离开了教区的牧师，他们的知识水平很少引人注目，他们的性格并不总是无可非议，在迫切需要他们的时候没有指导和纪律。这一点在圣大卫的大教区里，在那些非国教徒、英国圣公会教徒和卫理公会教徒的艰苦改革中表现得更

---

① 参见 Welch Piety, Letters of Griffith Jones, Mars. 30, 1738; Aug. 16 和 Oct. 11, 1739; Sept. 16, 1740; Oct. 27, 1742. 也可参见 Letters to Madam Bevan, Jan. 2, 1735; Jan. 8, 1737, 引自 Jone, Rev. D., op. cit. pp. 87, 88。

② Saunders, E., op. cit.

③ 牧师安布罗斯·琼斯在《1926年威尔士教会史》第208页中写道："就可确定的情况而言，1714~1870年，威尔士没有一位主教能够懂得足够多的威尔士语，能够用当地人的语言任命神职人员和主持坚信礼，这是一个令人震惊的事实。"更糟糕的是，他们故意忽视那些用母语为人民服务的人。

④ Saunders, E., op. cit.; 也可参见 Ecton, J., Liber Valorum et Decimarum, 1711, passim。

⑤ 基督教知识促进会成员中也有威尔士主教。但是，除了圣大卫的布尔主教、班戈的汉弗莱斯主教、圣阿瑟夫的贝弗里奇主教和兰达夫的弗莱特伍德主教等人以外，在18世纪初，威尔士的其他主教没有积极合作开展工作。

慈善学校运动

加明显。圣大卫的大教区规模仅次于林肯市，覆盖了威尔士一半以上的领土，在其广阔的区域内，有308个教区，政府要求对有组织能力的人进行持续不断的支持。由于收入微薄，地处偏远，它是不受欢迎的威尔士教区中最不受欢迎的一个。在18世纪被任命的17位主教中，有12位在短暂的任期后，将其职位转让给了其他主教。缺乏简单的沟通和不完善的行政机制，这些进一步阻碍了其成为有效的组织。在18世纪，副主教的职责不是由他的总执事来执行，直到最近过去的十年，也不是由乡村牧师来执行。正如圣大卫教区的历史学家所说的那样，"主教和教区牧师之间没有中间联系"，也没有任何指导或控制的机制。[①] 在他们广泛的补救措施中留给自己的福利很少，而且，总的来说，在英格兰和威尔士的其他教区，获得的津贴比普通地区的薪酬还要低，他们的贫穷和对知识的冷漠导致人们对神职人员的普遍蔑视。由于"简陋的牧师住所"十分破旧，这些牧师经常被迫住在教区以外的地方，而"单一教堂"的贫穷迫使他们为了生存，不得不"照顾许多人"。在18世纪，公认的救助措施是解决牧师的贫困问题，因为这种贫困的状态进一步削弱了牧师为当地居民服务的机会。缺席的教区牧师经常将教区移交给那些需要服务于三四个教堂的神职人员，每年支付给他们10英镑到12英镑，"而这些教堂往往相距甚远"。他们急急忙忙，"像匆忙的巡回者"，从一个地方到另一个地方，传讲准备不足的布道，或者根本没有布道，然后匆匆结束礼拜仪式，让他们的门徒"误入歧途，要么接受这个，要么接受那个，或者什么都没有接受，或者没有宗教信仰"。他们既没有办法也没有闲暇去照顾穷人，无论是"去教化那些无知的人，解决他们心中的困惑"，还是"引导他们在衣着和习惯上适应教规和准则"。[②] 居民们没有机会接触他们的教区牧师，同时也缺乏当地人们能够理解的、用本土化语言表达的、朴素、实用且热心的布道，这是格里菲斯·琼斯对教会未能满足人民需要所做出的解释。

然而，在威尔士，和其他地方一样，受到照顾和教育的人拒绝遵守历史学家强加给18世纪的教会神职人员的固定标准。不能否认的是，大

---

① Bevan, Archdeacon W. JL, *Diocesan Histories*: *St David's*, 1888, p. 203.
② Saunders, E., *op cit. passim*.

多数人不认同他们的多方面任务。比如有一些主教，他们有的是非常驻居民，有的甚至是外国人，由于他们对当地语言不熟悉，所以无法与在教堂或家中的教区居民交流；还有一些人则将人们的生活状况展现给教会财产管理者，希望他们能将资助扩展到年老的仆人，或者是一些"小学校的校长"，他们往往缺乏工作最需要的知识和宗教资格。但在威尔士神职人员中不难找到虔诚、性格高尚、受过教育的人，他们对工作的热爱是无可非议的。这些虔诚、高尚并受过教育的神职人员所写的杰出作品也不能被忽视。他们对威尔士文学的贡献足以让人们不再指责神职人员对学习的冷漠。① 而且，如果没有足够的人能够建立起对自己使命的忠诚，没有足够的书籍来证明威尔士少数神职人员的智力和活力，那么神职人员在 18 世纪以实际行动表示出来的虔诚也足以让大家不再批评他们。威尔士慈善学校运动的成功主要归功于教会的神职人员。神职人员对穷人教育的兴趣使人们能够对他们及他们的工作做出新的、更有利的估计。与此同时，慈善学校运动也承担起了使大部分威尔士人的习惯和兴趣发生重大转化的责任，在 18 世纪末之前，宗教已经成为人们最关心的问题。严格的礼拜日仪式、圣经阅读、祈祷会、问答练习和歌唱赞美诗，在很大程度上取代了人们古老的习惯和兴趣。这种对宗教的吸纳归因于卫理公会复兴运动的影响。威尔士慈善学校运动的历史将非宗教主义者、英国圣公会教徒和卫理公会教徒的责任分开，他们多年来不断将其同胞的社交、宗教和智识兴趣导向了虔诚的实践。

二 威尔士信托基金

威尔士能成为 18 世纪最成功和最持久的贫民教育运动的所在地，并不是偶然，这是由 17 世纪政府和不列颠群岛其他地方不为人所知的志愿力量共同努力的结果。② 作为清教徒进行社会和宗教改革的实验场，威

---

① 参见 Jones, Rev. D. Ambrose, *op. cit.* chap Ⅷ, *passim*, 和 Pryce, A. I., *op. cit.* Introduction。
② 威尔士在英联邦、保护国和恢复时期的宗教事务，博学和详尽的研究参见 Dr Thomas Richards of Bangor: *The Puritan Movement in Wales, 1639 – 1653*, 1920; *Religious Development in Wales, 1654 – 62*, 1923; *Wales under the Penal Code, 1662 – 1687*, 1925; *The Religious Census of 1767, An Enquiry into its Historical Value in Reference to Wales*, 1927, *Wales under the Indulgence, 1672 – 1675*, 1928, *Piwritaniaeth a Politics, 1689 – 1719*, 1927。任何研究威尔士历史的人都不能忽视这些卷宗中积累的大量信息。

尔士在17世纪的宗教冲突中遭受了特殊的暴力。在17年的时间里，几乎完全由英格兰人组成的委员会构建起来的政府，将大获全胜的清教主义的宗教和政治理想强加于这个国家。先是通过被掠夺的牧师委员会采取行动，然后在威尔士建立进一步传播福音委员会，后来又通过历届特里耶斯委员会，英联邦政府和保护国政府瓦解并部分取消圣公会，确定审判和驱逐犯有道德轻罪的神职人员的标准，并驱逐了将近300名神职人员。从建设性的角度来看，威尔士解决问题的办法是成立各种委员会，这些委员是由"敬畏上帝的且被正式认可的人"组成，并设立了巡回传道部，以解决牧师短缺的问题。比教会行政和人事部门的变化更引人注目的是政府的教育政策。在《传道法》施行期间（1649~1953年），该法案在不列颠群岛的历史上首次获得对国家的教育拨款，创设一种新的清教徒式的"布道校长"，并建立了60多所免费学校，在这些学校里，不分阶级和性别，全都实行无差别教学。

从这么全面的计划来看，清教徒对此抱有很高的期待。但是他们的希望并没有实现。首先，威尔士不喜欢清教主义。这完全是英格兰式的舶来品，对一个没有准备好的民族来说，是一种仓促的强加。1656年，在议会的一次布道中，约翰·欧文博士承认，清教牧师"过度的热情"，"用暴力来催促人民，超越了他们的原则，甚至超越了真理……过度驱赶民众和年轻人几乎摧毁了整个群体。"① 此外，对政府的意见分歧导致温和派和极端派的分裂，而清教徒传教士既不缺乏对这个世界事物的关心，也不缺乏获取这些东西的技巧。重要的是，即使是在清教徒力量的鼎盛时期，那些将福音传递到偏远山区和山谷的传教士的不足仍然是一个严重的问题。1656年，贝瑞少校在威尔士南部写信给瑟洛说："如果不采取一些行动，这些人将变成异教徒。"②

在复辟时期，清教徒的辉煌轰然倒塌。在《传道法》下设立的学校不允许再开放，这些学校在得不到国家支持的情况下很快就消失了。1662年，兰达夫主教在报告中说："格拉摩根已经完全没有学校了。"③ 这一新政权伴随着一项迫害政策，这种迫害政策与清教徒过度行为造成

---

① Owen, Dr John, *Works*, ed. Russell, 1826, vol. Ⅷ, p. 452.
② Thurloe, J., *op. cit.* Papers Ⅳ, 565, Feb. 28, 1655-1656.
③ Antony à Wood, *Athenae Oxonienses*, ed. P. Bliss, vol. Ⅳ, p. 835.

第八章 威尔士：慈善与虔诚

的迫害一样令人怀疑。在威尔士，有118位牧师在《统一法》①颁布之前失去生计，未经主教或普通教长许可而开办的学校被禁止。1664年的《公约法》禁止举行家庭以外的4人以上的会议，并对超过这一数目的会议规定了野蛮的罚款标准。在接下来的一年，《五英里法案》剥夺了那些男女教师的权利，他们否认"学校教育"能够带来"关于宗教和政府的任何改变"。② 缺乏统一的行政管理对这些严厉的法令进行修改。法律上的含糊不清为非国教徒提供了逃避的漏洞，如果没有一支常备军，就不可能执行这一规定，这让行政上的管理成为一个令人精疲力竭的问题。在英格兰和威尔士，时不时地，从一个地方到另一个地方，处于政府中心的皇家策略和地方法官清教徒式的同情将人们从严酷的法令中解脱出来。然而，正如一位最近的作家所言，这足以拯救清教主义，因为它清除了"机会主义者和寻求自我者的危险"的分裂，这些人曾威胁要在其当权时破坏精神健康，只留下"一个不可减少的最低限度的良知"。③

这在威尔士显而易见。在这里，激进的清教主义赢得很少的皈依者，但是，在刑法混乱的时期，只占人口总数一小部分的非国教徒，在威尔士历史上所起的作用却与其人数不成比例。④ 非国教徒牧师在"聚众的教堂中"向零星而分散的教众进行传教，并建立新的教堂；在遭到严重迫害的时候，在山区为非国教徒牧师提供的树林和洞穴中迎接那些勇敢的教众。非国教徒牧师并没有将活动限制在成年成员中。这些牧师不顾法律和胁迫，创办学校。⑤ 在查理二世统治的前12年结束的时候，对班戈和圣大卫的主教们所归还的合法和非法学校的数量进行比较，可以以这些数据为标准衡量非国教徒是否取得了成功。虽然班戈的劳埃德主教在他的教区里只能找到5所合法学校，而露西主教却在圣大卫的大教区有10位有执照的校长，而被列入临时名单的非国教徒校长还有16位。⑥

---

① Richards, T., *Religious Developments in Wales*, 1654–1662, p. 391.
② 14 Car. II, c. 4; 17 Car. II, c. 2.
③ Richards, T., *Wales under the Penal Code*, p. xi.
④ 参见 Richards, T., *Religions Developments in Wales*, 1654–1662, 和 Clark, G. N., *The Later Stuarts*, 1660–1714, Statistical Note on Religion, p. 26。
⑤ Tanner MSS. vol. CXLVI, No. 138: Letter of William Lucy, Bishop of St David's, to Archbishop Sheldon, Feb. 20, 1672.
⑥ Richards, T., *Wales under the Penal Code*, chap. 14.

慈善学校运动

布雷肯、卡玛尔、哈福德韦斯特、斯旺西、卡迪根和"其他几个地方"都向露西主教抱怨,这里还窝藏着没有执照的校长。① 像这样的数字忽视了恢复的教会对人民的教导。这一消极政策的目的是迫害非国教徒校长,而不是为儿童提供教区学校。要不是威尔士牧师、圣公会教徒和非国教徒的自愿努力,要不是由于他们对同胞灵魂救助的关心大于消灭宗教差异的兴趣,威尔士不可能发起一次统一的普及贫困儿童教育的行动。

这一倡议似乎来自斯蒂芬·休斯,他在 1662 年被驱逐出卡马森郡的米德里姆。卡拉米说:"他是一个质朴的、有条理且充满感情的传教士,他坚持宗教的实质真理"。② 斯蒂芬·休斯是一个温和的、宽容的非国教徒,在被驱逐后他坚持继续布道,不仅是对那些非国教徒,而且,在神职人员的默许和县里绅士的支持下,他还在教区的教堂里进行布道。③ 斯蒂芬·休斯意识到在一个人口稀少分散的国家中文字非常重要,当罗马教会在忙着为威尔士提供教义文学的时候,他呼吁家长和教师教导他们的孩子和仆人阅读《圣经》,他开办了学校却因此被逐出教会,而后他又将主要精力集中在宗教文学上,因为对威尔士人来说,圣经是如此稀缺,像"工人、仆人,特别是贫困的牧羊人,他们根本没有机会读到圣经"。④ 斯蒂芬·休斯的文学造诣在一生中得到极大的肯定。里斯·普里查德的诗《兰多沃的"老牧师"》的新版本、教义问答的译本、圣诗中的散文和韵律,以及 1688 年出版的《新约》和班扬的《天路历程》,都是他所选择的作品,要么是单独完成的,要么是与杰出的威尔士作家合作完成的。例如,塞缪尔·琼斯,威尔士第一个非国教徒学院的创始人;查尔斯·爱德华兹,一位才华横溢的牛津学者,著有《信仰的历史》一书;理查德·琼斯,巴克斯特的著作《呼唤未皈依者》的未来译者;詹姆斯·欧文,畅销书《仁慈和判断》的作者,都和他一样,是非国教徒。休斯还有一些圣公会的朋友,像圣彼得罗的牧师威廉·劳埃德、兰格多克的牧师休·爱德华兹,还有著名的威廉·托马斯博士,他在 1660~1665 年担任圣大卫教区的领唱人,并分别先后接替露西和斯特林

---

① Tanner MSS. *loc. cit.*
② Palmer, S., *Nonconformist's Memorial*, 1777, vol. II, p. 621.
③ Tanner MSS. *loc. cit.*
④ Hughes, Stephen, Preface to Letter prefixed to the 1672 ed. of *Gwaith Mr Rees Prichard*.

第八章 威尔士：慈善与虔诚

弗利特担任圣大卫教区和伍斯特教区主教的职位。在他们的帮助下，休斯于1672年在威尔士出版《新约》。今天，他的作品的重要性得到威尔士文学系和历史学系学生的认可。在斯蒂芬·休斯和他的朋友们的共同努力下，威尔士的语言得以保存，并为人民提供宗教指导。①

同时，在英格兰，一场与威尔士运动相辅相成的运动正在筹划。在《统一法》颁布后，虔诚而博爱的托马斯·古奇也被驱逐出萨瑟克的圣墓教堂，他在性格和宗教信仰上与斯蒂芬·休斯有着非常明显的相似之处。他的朋友圈很广，包括圣保罗学院院长蒂洛森、著名的非国教徒理查德·巴克斯特和伦敦著名慈善家索齐尼派教徒托马斯·弗明，他们见证了古奇广泛而宽容的精神。在古奇的领导下，威尔士人和英格兰人、国教徒和非国教徒联合起来，提出了一项迫切的要求。也许在伦敦，当他通过出版社来审核作家们的译稿时，他了解到这个国家教育被忽略的严重性，同时也与这些威尔士文人结下很好的私交。古奇对威尔士的兴趣主要萌芽于1671年阅读完约瑟夫·阿莱因的生平之后，这是一位汤顿的非国教徒牧师，他的一生都对威尔士的传教充满热情。② 作为一个学者和一个独立而专一的人，古奇将他生命中的剩余岁月奉献给了"威尔士生活"。1671~1712年，古奇的第一次访问被限制在"威尔士的边缘，与英格兰接壤的地方"，那里的许多人会说英语。他从一个地方辗转到另一个地方，就像一个英联邦的巡回者一样，在得不到教导的村庄里进行布道，并付给男人和女人少量的钱来让其教导孩子们。他早期在威尔士的巡访清楚地表明，威尔士人民迫切需要拥有自己语言版本的《圣经》。古奇回到伦敦，建立了一个信托基金提供资金。③

威尔士信托基金是古奇努力的结果。历史学家对它的忽视令人好奇，因为它为17世纪"自由人士"的理想提供了一个罕见而具体例证。在信托基金的支持者中，蒂洛森、斯特林弗利特、"食宿"大亨本杰明·维奇科特、索多和马恩地区的主教亨利·布里奇曼、伊利地区的主教西

---

① 对斯蒂芬·休斯及其作品的精彩现代描述，尤其是在文学方面的描述参见 Williams, G. J., *Stephen Hughes a'i Gyfnod, in Y Cofidur*（威尔士议会历史协会的议事录，第4卷），March, 1926。
② Clark, S., *op. cit.* pp. 141-142.
③ Tillotson, J., Archbishop of Canterbury, *Works*, 1707; *Sermon preached at the Funeral Service of Mr. Thomas Gouge, with a short account of his life*, 1681.

蒙·帕特里克，以及格洛斯特地区的主教西蒙·福特，都是圣公会的主要代表。理查德·巴克斯特、威廉·萨茨、马修·普尔以及克伦威尔的"最伟大的托马斯·弗明先生"，都是非国教徒的主要代表。① 在查理二世统治的第二个十年里，他为自由主义者的努力提供了一个有利的机会。事实上1670年的《常规法案》的限制比早先的《1644年法案》更为严厉，但为确保其执行而附加的惩罚，揭示了说服地方法官和官员执行该法案的困难。伦敦市长对法律置若罔闻，人们并不想从全国其他地方引诱那些"向惯例低头"而不执行法律的官员。② 非国教徒在1660年后所承受的排斥和非议，在1670年得到很大程度的改善。公众最不喜欢的是罗马天主教，而不是持不同政见者，对国王政策的怀疑逐渐取代了早期对非国教徒阴谋和叛乱的恐惧。1672年的"放纵宣言"使越来越多的人同情那些非国教徒，并向国王公开表达自己的观点，"希望国王能利用自己在教会事务中的至高无上权力"，暂停使用"针对任何不信教者或反叛者的各种形式的刑法"，并为他们提供保护，国王可以随意向地方和个人发放许可证，不再禁止他们见面集会，也不再禁止他们的牧师主持宗教仪式。然而，国王在议会的压力下于1673年撤回"放纵宣言"，后来又撤销了他颁发的许可证，但这并没有消除"放纵宣言"的影响。其造成影响是永久性的。它给非国教徒提供了喘息的机会，使他们得以巩固自己的地位。这对非国教徒来说"仅仅只是一个开始"，即使是到1682年，对他们的迫害依旧没有减少。③

威尔士信托基金的成立恰逢国王"放纵宣言"的发表。多年来一直为住房而工作的不同教派的领导组成中央委员会。公众的支持聚集在这些自由人士的领导下。伦敦作为最繁华的金融城，慷慨而宽容，"受到慷慨的市长和奥尔德门法院的鼓舞"，④ 对资金的呼吁也做出了大方的回应。支持者主要来自"伦敦及其周边地区的有识之士"，以及主教和神职人员。不同阶级和不同经济条件的人都做出相应的贡献。威尔士的回应同样令人满意。一些颇具影响力的地主、副部长、治安法官和国会议

---

① 参见 the Report of the Welsh Trust, 1675 and 1678。
② Cal. State Papers, Dom. 1671, p. 47.
③ Bate, Franks, The Declaration of Indulgence, 1908, p. 143.
④ Tillotson, J., Sermony, op. cit.

员在联邦、保护国政府以及当地扮演着重要的角色,他们支持信托基金,并以"他们的个人学识或某些信息"证明其工作是"以公正和忠诚"的方式进行的。从爱德华·哈雷、爱德华·曼塞尔、托马斯·莫斯顿、特雷弗·威廉姆斯、约翰·奥布里、亨利·欧文、约翰·温德姆、埃文·赛斯和伊拉斯谟·菲利普斯这些人的名字就能联想到威尔士,他们是当地一个地方组织的成员,其总部设在伦敦。

新协会的工作主要分为两个部分。针对成年的贫困者,协会为他们提供本土语言版的祷告书。新协会首先作为一个分发中心,经过艰苦的努力收集到32本威尔士语的《圣经》、479本《新约》以及500本《人所当尽的本分》,并在威尔士分发,由于威尔士的《圣经》非常少,他们做这些并不是为了金钱。然后,与斯蒂芬·休斯和他的朋友托马斯·古奇进行合作,信托基金资助他们出版为同胞撰写或翻译的作品。在1677~1678年,新出版的书,新版本的威尔士经典著作和英国宗教著作的译本,都被加以《威尔士圣经》的光环,它们与诗篇一起,在威尔士以4先令5便士的价格出售。这些书的发行本身就是一个问题。然而,在古奇高效的管理下,100多个城镇和村庄被选为重点区域,圣经和奉献之书免费赠送给那些能读够阅读但买不起书的穷人。

儿童学校也使用为成年贫困者提供的书籍,但教学语言却各不相同。在学校里,儿童被教导用英语阅读,不是用威尔士语,根据信托基金的意见,他们可以阅读"我们的英语圣经,使他们能够更好地服务于自己的国家,更幸福地生活"。此外,男孩们还接受写作和算术的学习。到1675年的仲夏,担任管理人员的神职人员和教堂管理员将80多所学校归还给信托基金。学校的学生人数不等,从哈福德韦斯特的60人到格拉摩根郡圣希拉里的10人。总共有2000多名孩子被送进学校,其中一些由托马斯·古奇亲自管理,另一些由信托基金负责,还有一些则由威尔士最富裕的城镇来供养,这些城镇"很兴奋地以自己的方式抚养着差不多数量的孩子"。[①] 1681年,蒂洛森大主教作为信托基金的一名管理人员,以权威的口吻说,每一年都有1600到2000名儿童接受了古奇的教育和照顾。[②] 然

---

① 参见 the Reports of the Welsh Trusty op. cit. and Appendix Ⅳ, 6。
② Tillotson, J., op. cit.

而，不可能在任何程度上准确地估计去学校读书的学生的总人数，因为不知道学校课程的具体期限，也无法确定信托什么时候开始，或在什么时候结束。信托基金学校不太可能是在1672年之前建立的，也不可能在1681年以后还在继续其教育工作。

多种原因交织在一起造成威尔士信托基金学校生命的短暂。协会的活力主要来自威尔士人和英格兰人的合作，以及宗教宽容精神的维持。这两个条件都不容易得到保障。对于威尔士文学和宗教复兴运动的领袖斯蒂芬·休斯来说，学校的英语课程无法接受。在古奇开始工作时，威尔士书籍的稀少可能在一定程度上归因于学校课程偏重于强调英语语言的价值，但从1675年的报告中可以清楚地看出，信托基金决定，学校里的孩子应该以英语作为母语。无论是英格兰教会，还是威尔士乡绅，作为一个整体，都是从英国的角度而触发的同情心，他们都不会支持学校用威尔士语对儿童进行教学。对于那些年纪太大而不能学英语的成年人，为了拯救他们的灵魂，给他们提供威尔士语的书籍，但对年青一代最好的办法是使其接受英语教育，以获得上帝的荣耀以及更好地为人类服务。这样的政策直接和斯蒂芬·休斯的意愿相违背，早在1672年，他就强烈反对对威尔士儿童实行英语教学。[①] 在威尔士人的抗议下，威尔士语支持者和英语支持者之间似乎没有公开的冲突。在休斯和古奇的联合编辑下，威尔士语的书籍直到1682年才出现，但是威尔士文化人士和信托基金的英格兰成员在学术著作中明显缺乏合作。

与语言问题相比，宗教反对者对信托基金工作的不利批评更具破坏性。在这样一个时代，道德自由的观念不仅陌生，甚至是让人反感，17世纪对自由主义者的宽容态度令人厌恶。一个包括传教士和非宗教人士在内的协会，将其工作和资金的监督委托给一个非国教徒牧师，这并没有得到统一的支持。对英国圣公会牧师的迫害和对教会礼拜仪式的限制还历历在目。对复兴清教徒力量的恐惧依然强烈。恐惧和厌恶支配着这些神职人员，他们受到谢尔顿的不宽容精神和狭隘的教会政策的影响。北威尔士和南威尔士的神职人员向大主教发起强烈抗议。来自圣大卫教区的威廉·露西主教，以及班戈教区的汉弗里·劳埃德，明确谴责古奇

---

① Hughes, Stephen, Letter prefixed to the 1672 ed. of *Gwaith Mr Rees Prichard*.

的活动和他创办的学校。尽管有法律的明令禁止，但没有执照的校长和女教师在赞助人和"财团"的支持下，继续在圣大卫教区进行教学，他们似乎对圣公会的指责完全无动于衷。对于露西的同事——班戈教区的劳埃德主教来说，不能容忍的是来自英国教会的持不同政见者古奇在未经主教授权的情况下，为新版本的《威尔士圣经》筹集资金，并要求被他挑选的书籍"降价30先令"卖给"学校校长和教师"，以供孩子们阅读。在给谢尔顿的信中，劳埃德将古奇描述为"主要教派的巡回使者"，并严厉指控他将"容易受骗的平民引向对政府的不满和教会的礼拜仪式"，并以"不真诚，或者说是虚假交易"的方式，将主教的名字列入新版《威尔士圣经》的支持者名单。古奇很有可能"对神圣的真理和法令给予更大的崇敬，而不仅仅只是局限于关于人性的真理"，他雇用"妇女和被逐出教会的人"，而他雇用的这些人在圣公会的评价中同样有害，[①] 但令人难以想象的是，在蒂洛森和他的朋友们心中，古奇是一个值得尊重和信任的代理人，他认同没有谁"能为所有信仰创造一种统一的模式"，[②] 他应该为他进行的错误交易，或者是他针对英格兰教会的工作感到内疚。相反，如卡拉米所说："他远不是那么狭隘和偏执，他想办法收集教会教义、《共同祈祷》、《威尔士圣经》、《人所当尽的本分》、《虔诚的实践》和其他实用的书籍，他引进的这些书都是基督徒普遍认同的有价值的书"。[③] 为新版《威尔士圣经》筹集资金的信托基金正在做威尔士主教应该做的事情。劳埃德对这一问题的愤怒，解释了他对古奇和其工作的敌意。

当贵族、绅士和地方法官鼓励学校的工作时，却留给主教们无尽的谴责。当地的赞助人和教会财产管理者都会坚持与神职人员自愿或非自愿地合作，无论主教还是非本地居民，也不管是否获得适当的行政控制。1670年，国王在法官席上对校长威廉·贝茨的案件做出决定，这进一步加强了赞助人的权力，并剥夺主教们对非国教徒校长的控制权。因为法律规定，通过创始人的介绍担任职务的教师不需要主教的执照。[④] 因此，

[①] Tanner MSS. vol. CXLVI, NO. 138; vol. XL, p. 18, Letters from William Lucy, Bishop of St David's and Humphrey Lloyd, Bishop of Bangor, to Archbishop Sheldon, Feb. 20, 1672; Aug. 10, 1676.

[②] Tillotson, J., *op. cit.*

[③] Calamy, E., *Historical Account of my own Life*, 1829, vol. 1, p. 147.

[④] Ventris, B., *Reports*, Part I, p. 41.

慈善学校运动

学校的赞助者可以自由地在没有主教许可的情况下任命教师。很明显，在威尔士，其中有些人，无论是自由主义者还是无动于衷的人，都不愿意把他们的资助扩大到被"逐出"英格兰教会的人。然而，主教的谴责权对胆小的神职人员和非宗教人员还是有一定威慑力的，当这种谴责可以获得民事当局的支持时，在当时动荡的政治环境下，在不同的地方和不同的时期，这都是一股不可忽视的力量。在1677～1678年的报告中，学校数量的减少与劳埃德主教对古奇和其工作的强烈反对有着必然的关系。

然而，学校衰落应该归因于查尔斯统治后期的政治局势，而不是学校的课程和管理。学校能持续存在的关键因素是信托基金无法控制的。虽然英国皇室是"非国教徒自由权利的保护者"，尽管策略有所改变，但在统治的前20年里，温和派的教士们能够在半社会半宗教的事业中与持不同政见者合作，意识到高教会派可能会反对，伦敦的市政官员从国王那里获得了领导权。正如巴克斯特所说："他们在很大程度上认为这是国王的意图"。① 但是，1681年，国王戏剧性地解散了牛津议会，成功地阻止了辉格党的长期进攻，他对异见者的支持突然结束了。为了赢得同盟，在与沙夫茨伯里的分裂势力的最后一轮斗争中，他把异教徒推向了对方，从而得到圣公会神职人员的支持，这些神职人员的"热情几乎完全与异教徒对立起来"。② 顺从的司法法官协助实施镇压政策，习惯对非国教徒越来越宽容的乡村法官，被允许以一种让人想起统治初期的严厉态度对待持不同政见者。宗教迫害慢慢冷却的余烬再次被点燃。

对于一个无宗教的协会来说，想要叱咤风云是不可能的。随着1681年古奇的离世，信托基金唯一一位"不受这个混乱而繁忙时代环境影响"而为其付出努力的人也不存在了。③ 理查德·巴克斯特被关进监狱；信托基金的成员约翰·杜博伊斯在竞选伦敦金融城治安官时被剥夺选举权，甚至曾是宗教自由捍卫者的斯特林弗利特也开始谴责持不同政见者有分裂倾向，并建议他们不要抱怨和反抗。④ 蒂洛森对信托工作的信心

---

① *Reliquiae Baxterianae*, Book Ⅲ, p. 87, ed. M. Sylvester, 1696.
② Burnet, Gilbert, *History of His Own Times*, Book Ⅲ, p. 330, ed. 1838.
③ Tillotson, J., *op. cit.*
④ Neal, D., *History of the Puritans, 1732 – 1733*. Abridged edition, ed. E. Parsons, 1811, vol. Ⅱ, p. 583; Sylvester, M., *Reliquiae Baxurianae*, Book Ⅱ, p. 883.

并没有动摇,他在古奇的葬礼中说,正在考虑寻找一位能够从事这项工作的继任者。在缺乏继续存在的证据的情况下,人们普遍认为这些信托基金学校即将消失。然而,它们在威尔士全部消失是不可能的。正如报告所显示的,许多学校都是独立于信托基金资助的。重要的是,在 18 世纪初期由基督教知识促进会归还的学校中,至少有 30 所学校是由托马斯·古奇在城镇和村庄建立的。①

威尔士信托基金建立起了 17 世纪政府的失败实验和 18 世纪志愿组织的教育普及尝试之间的联系。它确立了观念的连续性和人员的显著连续性。那些负责实施《1650 年传播法案》的英联邦国家专员,在国家控制结束时选择继续支持志愿组织的行动。约翰·特雷弗爵士和伊拉斯谟·菲利普斯爵士,这两位被任命执行国家计划的委员,也是威尔士信托基金的地方委员会成员;伊利主教西蒙·帕特里克、格洛斯特主教爱德华·福勒,以及信托基金的伦敦成员约翰·梅里顿都是基督教知识促进会最早的成员。约翰·菲利普斯爵士是该协会的主要成员,他在 18 世纪威尔士公国建立学校方面所起的作用,与他的父亲伊拉斯谟·菲利普斯在 17 世纪所做的贡献不相上下,他的父亲推动了《1650 年传播法案》的实施,并支持威尔士信托基金的运行。信托基金与基督教知识促进会之间的密切联系得到了约翰·斯特兰普的证实,他在描述 1720 年伦敦慈善学校的年度聚会时明确表示,"伦敦人对贫困儿童的这种关心早在许多年前投向了北威尔士和南威尔士",当"信托基金在威尔士逐渐减少,伦敦附近的信托基金开始发展起来。"② 因此,威尔士信托基金被视为 18 世纪为穷人提供教育的志愿协会之鼻祖。托马斯·古奇和他在威尔士与英格兰的同道者,以他们的虔诚和热情唤起了这一代人对这群特殊儿童和成人的责任,因为对这样一群人来说《圣经》曾经是一本遥不可及的书。

三 基督教知识促进会

正是在威尔士信托基金会的努力下,基督教知识促进会在 18 世纪早期就开始工作。人们的无知仍然是一个令虔诚之士不安的问题。基督教

---

① 参见 Appendix Ⅳ, 1, 2。
② Strype, D., 1720 ed. of Stow's *Survey of London*, Book V, p. 43.

慈善学校运动

知识促进会被警告不要期望其向农民提供教导的努力会得到任何回应。"无知和漠视是人们最主要的问题",班戈的主任牧师在向基督教知识促进会报告他试图在教区建立学校时写道。来自南威尔士的一份报告哀叹道,"几代人的无神论主义和漠视精神,使农民既不去教堂也不参加集会",正是他们自身"可悲的盲目性",才导致兰多沃教区牧师格里菲斯·琼斯拒绝基督教知识促进会的邀请到外国传教。①

1699~1700年,当基督教知识促进会与神职通讯员取得联系之后,为穷人建立学校的运动取得良好的进展。许多威尔士乡绅和他们的夫人都将自己的影响力和金钱投入到这个计划中。德里斯的约翰·沃恩在18世纪初为威尔士人提供虔诚文学的工作与他的教育工作相辅相成,他召集了其他爵位世袭者,并在他们的帮助下为孩子们建立了一所学校;卡马森郡的马尔罗斯庄园主,为校长支付工资并为他提供一所房子;布雷肯的贵妇们为女子学校组织募捐;爱德华·沃恩的夫人给兰菲汉格尔和兰菲林的学校捐赠1200英镑;汉弗莱·麦克沃思爵士是基督教知识促进会最初的五名成员之一,他鼓动工业界效仿这种做法,并说服矿业勘探公司(他担任副主管)为格拉摩根郡的奈思和卡迪根郡的埃斯基尔·希尔矿山的学校提供支持,这些学校服务于该公司劳工的子弟。②

但是,基督教知识促进会在威尔士工作的热情主要归功于南威尔士乡绅约翰·菲利普斯爵士的引导和激励,他来自彭布罗克郡皮克顿城堡。和罗伯特·纳尔逊一样,他也是清教徒和詹姆斯二世党高教会派的结合体,根据神圣的纪律和基督教慈善法则来规范自己的生活。这个时代的宗教和慈善协会、礼仪改革协会和宗教团体,都奉他为热情而慷慨的大恩人。他是费特莱恩宗教协会的一员,与约翰·卫斯里、约翰·克莱顿和约翰·甘博尔德同为牛津圣会的成员,他们私交甚好。正是他慷慨的财政援助,使乔治·怀特菲尔德在1736年得以留在牛津对卫理公会派的事务进行监督。他是被基督教知识促进会创始人邀请加入的第一人,当他在

---

① S. P. C. K. Abs. of Correspondence, Dec. 16, 1699; June 12, 1701; June 11, Sept. 3, 1713.
② S. P. C. K Minutes, July 26, 1705; Catalogue of Add. MSS. National Library of Wales, Williams MS. 202; S. P. C. K. Abs. of Correspondence, May 20, 1722; *Accounts of the Charity Schools*, 1712 and 1717.

第八章　威尔士：慈善与虔诚

1737年去世时，人们深感惋惜，认为"他的努力给了协会很大的支持"。[①]

约翰·菲利普斯对教育的兴趣很大程度上要归功于家族遗传和成长环境。他的父亲，伊拉斯谟·菲利普斯爵士，曾是英联邦《1650年传播法案》的委员之一，也是威尔士信托基金的主要成员。他父亲资助的几所学校，其中四所学校建在皮克顿城堡附近，另一所建在哈福德韦斯特，还有一所位于彭布罗克郡。约翰·菲利普斯爵士的整个童年都是在他父亲资助的学校里度过的，而且，正如他在基督教知识促进会的工作所证明的那样，他和父亲一样对教育感兴趣。

完全由他负责在威尔士建立起来的学校数量无法确定，因为许多反馈给基督教知识促进会的报告"隐藏了他的名字"，但基督教知识促进会的记录表明，有十几所学校是由他建立和维持的。[②] 在他的领导下，非宗教人士和神职人员也做出了相当大的努力，这更能体现出对他慷慨和崇高信仰的赞美。各种各样的人都提供了捐赠和服务，但人们的慷慨大方就像是对基督教知识促进会呼吁的回应一样，在威尔士的研究中发现的最有趣的一点是协会引起了神职人员的兴趣和支持。在威尔士教会的历史上，威尔士四位主教都对这场全民教育运动表示支持。兰达夫博士"由于年纪太大，且距离威尔士很远"，圣大卫的华生博士嘲讽神职人员的会议，"在初期对基督教知识促进会的工作造成阻碍"，但是在18世纪的早期，班戈的汉弗莱斯主教和埃文斯主教，圣阿瑟夫教区的贝弗里奇主教，圣大卫教区的布尔主教和兰达夫的泰勒主教，都给予教育运动很大的支持，这在很大程度上对威尔士基督教知识促进会的成功做出贡献。在威尔士主教、伍斯特主教和赫里福德主教的支持下，《威尔士圣经》的新版本分别于1717年和1727年出版。神职人员协会迅速在登比、弗林特和蒙哥马利成立起来，并在彭布罗克郡"成立"了一个社团。班戈的高级神职人员迪恩·琼斯对教育的持续努力仅次于约翰·菲利普斯爵士，还有圣大卫大教堂的财务主管埃德蒙·梅里克，在他们的一生中

[①] 约翰·菲利普斯爵士和基督教知识促进会在威尔士工作的详细情况参见托马斯·尚克兰的文章，*Transactions of the Honourable Society of CymmroJorion*, 1904–1905。

[②] 约翰·菲利普斯建立的学校在彭布罗克郡的马洛斯、沃尔顿东、沃尔顿西、普孔克斯顿、布尔斯顿、鲁密巴克斯顿、乌恩查尔、马恩洛奇、佩纳利、坦普顿、比格利和哈斯卡德。此外还在卡马森郡的拉恩、圣克丽尔斯，和兰多沃建有学校。

给予慈善教育坚定的支持,并在他们死后留下慷慨的捐赠。然而,在威尔士,甚至比英格兰更多的教区神职人员有意识去鼓励农民,让他们的孩子接受教育,并监督学校的工作。基督教知识促进会的记录显示,当神职人员的道德和思想上的冷漠使他们受到蔑视时,其中有不少人不惜一切代价支持慈善学校,这样是为了唤起教区居民对学校的兴趣,使学校的运营不再受到不稳定的捐赠资金和安息日募捐的影响。基督教知识促进会保留的信件足以证明神职人员的兴趣和关心。神职人员微薄的资金要用来租用教室、给孩子们买书以及为教师提供餐饮。他们中的一些人在学校里对学生进行教学和考核,并"告诫教师们一定要精通所教授的课程",即使当一些"捐赠者放弃捐赠"或者一些乡绅"撤销他们的支持"时,他们也要有勇气继续工作下去。

劝诫冷漠的民族去接受教育所花费的时间要比对学校进行监督以及避免捐赠者的反复要多得多。要说服父母送孩子上学,或者让孩子在学校学习一段时间是相当困难的。贫穷使孩子们远离学校,因为他们需要在田里或山坡上劳作。班戈教区的迪恩·琼斯在1716年写道:"在这些地方,想要长期持续地将孩子安置在学校里是不可能的,因为他们必须去乞讨维生,这些地方没有固定的贫困救济金。乞讨是贫困儿童帮助家庭维持生计的固定方式,而且几个教区的房子彼此之间很分散,这增加了贫困儿童劳动的难度;在外出乞讨获得收益的时节,贫穷的父母把孩子们带出学校,并宣传他们宁愿让孩子不接受教育,也不愿意放弃让孩子们去乞讨。"彭布罗克的慈善学校也有类似的报道。"教师不能说服贫困儿童的父母让他们坚持上学。"如果要让孩子接受教育,就必须向父母提供帮助。在威尔士,就像在英格兰一样,在孩子上学时为他们提供衣服甚至日常生活费用的做法越来越普遍。孩子在鲁德巴克斯顿的约翰·菲利普斯爵士学校上学的家庭,每年能得到20先令的补助金,在夏维科韦斯上学的学生也获得承诺得到类似数额的补助。在其他地方,最贫穷的儿童能得到衣服,条件是父母能保证在12个月内不将他们带走。[①] 由

[①] S. P. C. K. Abs. of Correspondence, March 4, 1699-1700; April 29, Aug. 1, Dec. 7, 1700; Aug. 10, 1701; June 20, 1716; Dec. 16, 1699; June 5, 1700; Nov. 28, Dec. 19, 1710; Dec. 13, 1712; April 26, Dec. 16, 1715; Feb. 13, 1715-1516; May 2, 1716; Dec. 16, 1699; June 20, 1716; July 14, 1716.

于服装和日常生活方面的巨额开支，威尔士慈善学校运动的速度放慢，因为很明显，除非与物质援助相结合，不然对穷人来说教育就是他们负担不起的奢侈品。然而，基督教知识促进会的记录依然表明，1699～1737年有95所学校被建立起来。①

基督教知识促进会为威尔士贫民提供慈善学校的记录并没有就此止步。除其所记录的学校以外，还有29所学校成立于1699～1737年。② 此后，基督教知识促进会也没有停止建立学校。慈善委员会的报告称，在1737年至18世纪末，有34所学校成立或重新接受捐赠，而且可以确定的是，就像在英格兰和爱尔兰一样，完全依赖捐赠建立起来的慈善学校很快就会因为缺乏捐赠而倒闭，而这种情况往往没有得到基督教知识促进会的报道，也没有出现在布鲁汉姆勋爵的记录中。此外，异教徒建立的学校也被基督教知识促进会忽视了。在北威尔士，异教牧师丹尼尔·威廉姆斯博士遗产的受托人根据他的意愿在登比、卡那封、蒙哥马利和梅里奥尼特郡设立了慈善学校。③ 在卡马森郡，异教牧师对12个贫困儿童进行教学；④ 还有其他一些由非国教徒教会所建立的学校已经没有记录，这些数量是难以想象的。

对威尔士和其他地方基督教知识促进会所做的工作进行比较可以看出两者显著的差异。威尔士改革者并不像英格兰、苏格兰和爱尔兰的同事那样热衷于推行劳动和学习的"混合课程"。在威尔士，由于在田间、海上或在家政服务中有大量的工作等着孩子们去做，所以几乎没有必要让他们劳作，或为他们提供技术培训。偶尔会出现一次成功的英格兰式实验，比如在阿托巴罗夫进行的实验，激发了人们的兴趣和模仿，但在约翰·菲

---

① 参见 Map and Appendix Ⅳ, 2。
② 参见 Appendix Ⅳ, 5。
③ 参见《1819～1837年皇家调查委员会关于慈善机构的报告》，这些慈善机构位于登比、弗林特、卡那封、蒙哥马利和梅里奥尼特等郡。在1711年6月26日的遗嘱中，丹尼尔·威廉姆斯博士准备在"登比、弗林特、卡那封、蒙哥马利、博马里斯或康威（在两者中选一个），梅里奥尼特或霍尔特（在两者中选一个），以及切姆斯福德"等地建立8所学校，其中一所学校已经在雷克斯汉姆建立。这些教师将由他的受托人挑选，每年支付8英镑。学校授课内容为教义问答。由于神职人员和主要居民的反对，弗林特、博马里斯和康威三个地方的学校没有建立起来。受托人最终在登比、卡那封、蒙哥马利、拉纽赫林、纽马克特和普维尔赫利建立学校。
④ S. P. C. K. Abe. of Correspondence, July 2, 1717.

利普斯爵士的影响下，学校反对任何将孩子从农业转移到"工业贸易"的企图。因为这被认为具有破坏性的社会和政治影响，4 年的文学课程和音乐课程在英国被谴责，但在威尔士慈善学校中这些仍然是理想的课程。①

更重要的是，在课程设置中不同地区对本地语言的地位存在不同的看法。大量威尔士慈善学校的支持者敦促应该只教孩子们用英语阅读，但也有证据表明，在威尔士神职人员中，有一些人认为教威尔士儿童用英语阅读《圣经》是非常愚蠢的行为。弗林特、登比和蒙哥马利的神职人员协会决定在 1700 年成立威尔士语学校，"这是孩子们的父母最了解的语言"。班戈教区的琼斯院长设立的学校，正如他的遗嘱所明确指出的那样，"是为了教导贫困儿童永远使用威尔士语，使他们每个人都能很好地用威尔士语阅读《圣经》和《公祷书》，以及圣公会的教义。"② 事实上，北威尔士的大多数学校似乎都使用本土语言教学。而在南威尔士缺乏类似性质的证据，这表明南方在将威尔士语作为学校语言方面不太成功，或许也解释了格里菲斯·琼斯开始工作时对语言教学的忽视。但是，在学校里无论是英语还是威尔士语占主导地位，对本土语言书籍的需求都在稳步增长。基督教知识促进会收到一封又一封的信，要求提供《威尔士圣经》和各种祈祷书，并要求将更多的"好书"翻译成威尔士语，协会对此作出回应，这是其历史上最杰出的努力之一。基督教知识促进会首先作为一个信息交换所，分发它能找到的所有威尔士语书，当这些书籍用完后，作为新版书的出版商，向威尔士客户提供英文祈祷文的译文，并鼓励威尔士通讯员向其提供当地的手稿供出版。在 1717 年，一万本新版本的《威尔士圣经》出版。祈祷书、赞美诗、儿歌、手册、家庭祈祷和教牧书信不断从基督教知识促进会的印刷机里涌出。由于农民穷得买不起《圣经》，协会另辟蹊径，约翰·菲利普斯爵士将其作为礼物，送到乡间最偏远角落的农场和村舍。在 18 世纪中叶之前，这片土地就已经为宗教和民族复兴做好充分的准备。

四 威尔士流动慈善学校

1737 年，约翰·菲利普斯爵士去世时，他的衣钵由格里菲斯·琼斯来

---

① S. P. C. K. Abs. of Correspondence, Dec. 13, 1712; July 31, 1727.
② S. P. C. K. Abs. of Correspondence, April 15, 29, June 5, 1700. 参见 Appendix Ⅳ, 6。

继承，他是威尔士教育史上最杰出的人物。他的同胞们在他的出生、童年、教育经历和个人生活中所挖掘出来的材料，使他的性情和个性得到多方面的解释。此外，他对农民所做的工作也充分地证明了他的个人价值。①

从1713年起，格里菲斯·琼斯就作为彭布罗克郡的神职人员进入基督教知识促进会，后来成为约翰·菲利普斯爵士的姐夫和同事，格里菲斯·琼斯在菲利普斯的庇护下成为兰多沃的教区牧师，这位认真尽责的教区牧师的生活围绕着一群以穷人的宗教教导为中心的人。通过约翰·菲利普斯和基督教知识促进会，他的工作与斯蒂芬·休斯和托马斯·古奇联系在一起，在他死后，他的工作通过贝文夫人和威廉姆斯·潘蒂斯林，以及巴拉的托马斯·查尔斯得以延续。

让古奇和约翰·菲利普斯脱颖而出的领导力在格里菲斯·琼斯身上也表现突出。与他同时代的伟大人物相比，如兰文诺格牧师摩西·威廉姆斯、霍利海德牧师托马斯·埃利斯、伦敦银行家约翰·索罗德、约翰·沃恩和贝文夫人，他的价值丝毫没有受到影响，人们都认为他提供了这场运动的灵感和方向。他有着高度的自信和强烈的使命感。他坚信自己是"伟大的人类牧羊人"，这很大程度上解释了他对在他领导下的年轻人以及教区神职人员的影响，他们的合作对他工作的成功至关重要。

在约翰·菲利普斯爵士去世之前，两位改革者曾考虑修改现行的慈善学校教学计划，并制定一项新的计划，将威尔士成人和儿童的教会学校隔离开，直到该计划准备好再向公众公布。现有的慈善学校数量很少，很难满足为更多威尔士山区和山谷中分散的农民服务的要求。学校里孩子的出勤率不令人满意；孩子们要读三到四年书，穷人中很少有人能负担得起他们孩子的书本费和学费。而且当教育是以英语为媒介进行时，即使是那些想要继续学习必要课程的人也不能进一步深入，而在不了解《圣经》中的内容如何用威尔士语表达的情况下，孩子们只能学习到《圣经》中最简单的部分。② 为了满足国家宗教教育体系的需要，格里菲斯·琼斯采用了威

---

① 关于格里菲斯·琼斯生平和工作的信息主要源自韦尔奇巡回慈善学校的报告，被称为《韦尔奇的虔诚》，包括格里菲斯·琼斯所写的信件和演讲稿，以及贝文夫人在他死后整理的稿件。已知的报告涵盖的时间是1737~1777年，每一年的计算是从米迦勒节开始到第二年米迦勒节。W. 罗兰1869年记录了1777~1778年和1778~1779年的报告。见 Rowland, W., *Camb. Bibl.* p. 587, No. 10 and p. 593, No. 4.

② *Welch Piety*, Letter to a Friend, Oct. 11, 1739.

尔士流动学校的计划。

英联邦巡回布道者的记忆很有可能仍然存在于威尔士；也有可能格里菲斯·琼斯在苏格兰听说过高地上流动学校的成功；[1] 从汉弗莱·麦克沃思爵士与基督教知识促进会的通信中可以清楚地看出，他早在1719年就认识到巡回校长的优势。[2] 但是，无论来自何方，流动学校的想法，或者更准确地说，是"学校—课时"的想法，它的起源、采用和组织都是格里菲斯·琼斯努力的结果。校长们接受了培训，并被派往不同的地方，通常是在冬季，当农场工作闲暇的时候；他们向琼斯报告工作进展，琼斯为他们发放报酬。琼斯在1738年写道："一般来说，他们会在一个地方待上三到四个月；穷人们常常不能在他们劳动的过程中抽出很多的时间来学习；有时，在次年之后的几个月里，他们又重新来到这些地方，以完善以前的不足；这被认为是最好的办法，也让愿意学习的人有足够的时间来实现他们的愿望。然后，学校被转移到其他遥远的社区，那里是最需要他们的地方，学校在这里取得了成功。校长们认为雇佣工人、体力劳动者、已婚男女和年轻人都是他们想要普及的对象，这些校长发现有必要在一年中的某个时间或季节向那些人提供流动学校的服务，因为他们可以最大限度地减轻几项工作中的压力；这几项工作在这里几乎所有地方都安排在9月至第二年5月。这段时间里白天的时间比夏季更短，这在时间上是没有优势的；因此校长们通常在晚上还会继续待4到5个小时；还有一些工人，他们为了维持贫困家庭的生计，不愿意在白天上学，在一些地方，经常在晚上求助于这些校长；在我们威尔士的圣大卫市，有相当数量非常贫穷的人；我们在其他学校也有这种情况。此外，在冬天上学时，佣人可以更容易地在自己的房间里找到比其他季节更便宜的服务：当被鼓励或

---

[1] 参见 the *Journal of the Calvinistic Methodist Historical Society*, vol. Ⅶ, March, 1922, "格里菲斯·琼斯和约翰·菲利普斯爵士前往英格兰北部和苏格兰边境的旅行日记"。在苏格兰，由苏格兰基督教知识促进会赞助建立的最早的流动学校之一就在邓弗里斯附近。

[2] S. P. C. K. Abs. of Correspondence, Letter from Mr O'Connor at Neath, Glamor-ganshire, Sept. 17, 1719. "汉弗莱·麦克沃思爵士希望他能告诉基督教知识促进会，已经有几个人提出要在尼斯担任校长，但他们似乎不完全符合条件，特别是建立第一所学校。因此，当他建立一所学校并培养了一名助理教员，然后又开办另一所学校时，他就要服从基督教知识促进会的考虑，是否应该委托伦敦最好的校长中的一位开始在威尔士开办学校，他可能是一位巡回校长。"

第八章　威尔士：慈善与虔诚

有机会时，有几所学校会在夏季部分时间继续服务。"①

对于这样一个计划的成功来说，教区神职人员的自愿合作至关重要。他们在教区设立学校之前，就获得了许可。他们中几乎没有人会对格里菲斯·琼斯要求派一名校长去教孩子们教义问答的要求视而不见。在他工作的最初几年里，这些要求经常被拒绝或勉强同意，但是在他1761年去世之前，反对派已经在很大程度上被克服了。1745～1746年，他在《韦尔奇的虔诚》中写道："我很高兴地告诉你，我不需要应对这样的反对意见，因为在它们第一次出现的时候，那些不思考或不知情的人会反对所有的宗教活动。我认为这些学校现在已经取得进步，完全战胜了这一切。"②

这种态度的转变，首先表现在农民的习惯和行为发生了明显的变化，这是教师们开始处理并初见成效的事情。他们执行了创始人的指示，教导孩子们阅读和唱赞美诗，在学校里向上帝祈祷，在家里和他们的家人一起祈祷，并经常在安息日进行公开礼拜。校长每天两次向孩子们灌输宗教的原则和义务，并告诫他们反对时代的罪恶。格里菲斯·琼斯从学校的年度报告中摘录了来自世俗和牧师通讯者的数百封信件，学校的年度报告刊印在《韦尔奇的虔诚》上。③ 他们讲述了"人民生活中看得见的变化"，以及"现在宁愿祈祷而不愿玩耍"的孩子们的行为。兰迪索的助理牧师这样写道："我可以大胆地说，威尔士慈善学校多年来在我们的教区做得比我们做的所有的布道都要好，因为人们每周日晚上都会带孩子去教堂上课，每次都有二三十人。"兰尼根的教区牧师说："这些学校极大地复兴了人们心中的基督教精神，从他们渴望获得《威尔士圣经》和其他好书就可以看出这一点。事实上，几年前，这种热情已经不复存在，人们可能以为自己被转移到了另一种宗教环境之中。"格里利格

---

① *Welch Piety*, 1740, Letter to a Friend, March 30, 1738。一项对卡马森郡康威尔——埃尔维特和阿伯南特教区的流动学校进行的有趣研究显示，学校的课程是定期在这些教区举行的，通常为期三个月。学校所在的19个地方，除了少数例外，都是农舍，上学的孩子从8人到79人不等。参见 the Transactions of the Carmarthenshire Antiquarian Society, 1909-1911, pp. 5-6。

② *Welch Piety*, 1745-1746, Letter to a Clergyman. Nov. 22, 1746。

③ "现在我面前有大约两百封有关这些学校的信件，是今年教士写给别人的，几乎没有几封是我不知道的，其中有几封请允许列入这篇报告。如果我用从学校开始就有的从各个地方送来的证言来打扰你的话，那就将近有两千封信。" *Welch Piety*, 1751-1752, Letter to a Friend, Oct. 25, 1752。

的副牧师写道:"在上帝的领导下,威尔士学校一直致力于改革他们对安息日的亵渎,普通公众以前都把安息日用于饮酒、赌博等,尽管所有完善的法律都反对这样做。目前,他们中的许多人,就像从前在亵渎圣物的时候一样,热切盼望圣化;因为就像当时他们聚集在一起不间断地表演和娱乐一样,在主日晚上,邻居们一起读《圣经》或其他好书,重复早晨在讲坛上给他们的教导,并和家人一起唱赞美诗和祈祷,在他们被教导阅读之前,他们的家庭既不会做也不能做这些。他们感激现在所拥有的光明和改革,感谢这些学校的慈善支持者,他们承认这些学校是在穷人和没有文化的人中推广宗教的最仁慈的慈善机构。"①

改变人们对学校态度的第二个原因是,在格里菲斯·琼斯的努力下人们认识到18世纪威尔士教会教区神职人员所面临的困难。对于那些不适合做牧师的神职人员,或者是那些他们教区的非常驻居民,或者不会讲威尔士语的神职人员,格里菲斯·琼斯都进行了毫不留情的批评,但他的愤慨并没有延伸到"居住在他们教区的最低级别的神职人员身上,在这个国家,牧师的工作几乎全部都移交给了他们"。正如伊拉斯谟·桑德斯在25年前所说的那样,正是出于对"助理牧师和微薄收入的牧师们"的同情,他为三四座教堂每年提供10英镑,这帮助他将敌视和猜疑的态度,变成一种合作和善意的态度。他非常善于发现困难,并及时机智地处理问题。如果没有教区神职人员的邀请,任何学校都不能设立。格里菲斯·琼斯向教区牧师保证,"从来不会强迫在任何地方开设学校,而是将其设立在最需要的地方"。教师的选择和任命通常被提交给教区牧师,他承诺,对学校以及校长进行管理将永远是教区牧师的事情,不会有人干预。②

对创始人来说,为流动学校筹集资金似乎不再让他们那么头疼。与英格兰、苏格兰和爱尔兰的慈善学校的狂热者不同,格里菲斯·琼斯并没有建立一个组织来管理这项工作。这些流动学校是基督教知识促进会"值得称赞的更广泛的工作的一部分",他在其中担任了48年的通讯员。当他的健康状况日渐恶劣时,他提出建立一个协会的想法,但这个想法还不成熟。他对学校经费问题的态度主要是针对哈勒的赫尔曼·弗朗克,

---

① *Welch Piety*, 1746 – 1747 Letters of July 16, 1741; May 25, 1747; June 10, 1755; 也可参见 *Letters of the Morris Brothers*, April 27, 1752; Dec. 13, 1759。
② *Welch Piety*, 1740 – 1741, Letters to a Friend, Aug. 16, 1739; Sept. 16, 1741.

或者是科克市的绿衣慈幼院的创始人。上帝给了这份事业以祝福,而格里菲斯·琼斯则提供了所需的手段。格里菲斯·琼斯带着"一种特别的愉悦"向同时代的人解释说,他所建立的"全国性组织"在最初"没有其他基金来支持它,组织能获得的资金比一个贫穷的乡村教会在圣礼过程中获得的捐赠还少;最开始一个学校建立起来,接着第二个也建立起来,不久之后,韦尔奇的学校在这样的支持下得到了很好的鼓励,并尝试再建立几所学校;上帝的旨意是不想让他们仅仅依靠捐赠生存下去"。① 学校从小规模开始,大概在 1730 年左右,数量稳步上升,到 1738 年,当学校的第一个报告出版时,学校数量达到了 37 所。当琼斯于 1761 年去世时,韦尔奇的记录中学校数量达到了 3498 所,这些学校是在不到半个世纪的时间里建立起来的。数量惊人的学校是由"处境低劣的群体"和"贫穷的乡村教会"集体资助的。绅士们偶尔也会做出贡献,"有些人很满意,因为他们之前不知道如何把钱花在更好的目的上",英格兰的捐赠者也提供了"自愿的和意料之外的支持"。布里吉特·贝文是德里斯的约翰·沃恩的继承人,也是亚瑟·贝文(在议会中代表卡马森郡长达 14 年)的妻子,从运动初期开始,布里吉特·贝文"慷慨而富有同情心的援助"就缓解了格里菲斯·琼斯所焦虑的 18 世纪志愿活动的财务问题。② 然而,为他所支配的资金提供最有利的条件并不是一件容易的事情。格里菲斯·琼斯想让他的校长们穿越威尔士的长河去提供教育,这一野心受到经济条件的限制。钱主要是花在"书本和教学这些基本的工作上",但是资金非常有限。没有人愿意将钱浪费在"复杂的准备工作"或"昂贵的建筑"所带来的办公费用,也没人愿意花钱去雇用监察员。所提供的资金要直接用在慈善学校"最重要的和最主要的目标上,尽量避免因贪图便利或者其他一些慈善活动而产生的花费。"这种极端的吝啬是在 1741 年报告的数据中反映出来的。1737~1741 年,12754 名学生接受教育,

---

① *Welch Piety*, Letter of Oct. 11, 1739; Letters to a Friend, March 30, 1738; Sept. 15, 1740; S. P. C. K. Abs. of Correspondence, Sept. 22, 1731.
② 《韦尔奇教派年度报告》附有一份捐助者和支持者名单。其中,伦敦银行家约翰·索罗德爵士、弗朗西斯·高斯林爵士、伦敦奥德曼爵士和斯林斯比·贝瑟尔的名字引人注目。如安布罗斯·琼斯所说,名单是重要的,因为它们被遗漏了。"没有一个主教院长或大主教在其中,整个威尔士除了约翰·菲利普斯爵士之外,没有一个地方长官。"参见 *History of the Church in Wales*, p. 199。

总花费为 850 英镑。① 但是，节约金钱意味着总是会花费大量的时间和精力。必须联系神职人员和教会执事，以获得在教堂或小礼拜堂举办学校的许可，同时写信请求他们屈尊检查学校，并签署证书以证明这些学校的工作和教师的行为是否合格；询问农民是否愿意把厨房或谷仓借给夜校。要为学校的行为制定规章制度，② 教师的姓名、年龄、状况，所有学生的学习进展，包括使用的书籍以及他们在学校的月份、星期和天数都要求被严格地记录下来，每个校长在流动学校三个月的任期结束的时候，都必须寄送或带着他的报告接受在兰多沃的格里菲斯·琼斯的检查。可能是在村子的农舍里，那个仍然维持着"老学院"（旧学院）招牌的地方，他在几周的时间里做了一个简短的培训课程，内容是关于教义问答的教学。在 1738 年，大约 50 名教师完成培训，并被送到农村的偏远角落。

这些学校的创办人不厌其烦地重复着他们的工作，其目的是倡导虔诚的实践。这也是"虔诚的托儿所"的唯一目标。他们要恢复教义问答在"原始教会和伊斯兰教、犹太教和耶稣教会"中的地位。和他同时代的英格兰人和爱尔兰人一样，格里菲斯·琼斯也认为人们对教义的忽视是脱离宗教和无知的根源，无论是礼拜仪式还是布道都不能阻止这种洪流。单靠教义问答并不能帮助"普通民众进行简单粗糙的理解"，而且到目前为止，教义问答已经失败了，因为牧师"虽然有着很大的主动性和热情，但是没有什么人来主动接受学习，他就无法履行这一职责，而人们从来没有如此地渴望学习，但在没有人教导的情况下，他们也无法学习教义"。学校的主要任务是教孩子们教义问答。在他有生之年确立的这些原则，得到了一以贯之。牧师没有像英格兰和高地学校那样教写作和算术，也没有像爱尔兰学校那样进行手工艺教学。这些流动学校只是简单的教义问答学校。学校的创始人宣称："虽然这只是一种廉价的教育，但我们希望这些学校能够带来宗教和道德的启蒙"。③

---

① *Welch Piety*, Letters to a Friend, March 10, 1738; Aug. 16, Oct. 11, 1739. 偶尔牧师会因为检查学校得到一小笔费用。参见 Letter to a Friend, Aug. 16, 1739, "一位明智的人被聘为监察员。"也可见 the *Letter of the Morris Brothers*, vol. I, p. 150, and *An Address to Charitable and Well Disposed*, 1741, p. 7.

② 参见 *Welch Piety*, Feb. 8, 1744－1745, 威尔士学校的规则。修订版的规则参见 Professor Cavenagh, *Life and Work of Griffith Jones, of Llanddowror*, 1930, pp. 47－52。

③ *Welch Piety*, Letters of Aug. 16, 1739; Dec. 24, 1744.

第八章 威尔士：慈善与虔诚

给教师的指令强调了这一点。"在这些学校里，无论是穷人还是其他任何人，都不能被教导写作和算术，这样教师们就能尽其所能，把所有的时间和精力都花在教导（孩子们）的教义问答上。"格里菲斯·琼斯在兰多沃教导教师们一定要履行的一项不可或缺的职责就是向孩子们灌输这方面的教育。他们"不仅要让孩子们得到思想上的愉悦，而且要通过上帝的恩典使他们幸福快乐地活在这个世界上"，为了避免他们出于教师的天性而忘记限制学生的学习范围，他提醒教师们，学校的设计不是"使他们成为绅士，而是为了使他们成为永生的基督徒和继承人"。流动学校是"穷人通往天堂的指南针"。[1]

在威尔士，由于卫理公会运动和流动学校运动在时间上的巧合，这让他们在募集资金、获得当地支持，以及挑选和监督教师上的困难都相应增加，这些困难的克服与不列颠群岛四个国家的教育改革者的努力密不可分。在卫斯里接受命令之前的14年，在怀特菲尔德成为牧师之前的25年里，格里菲斯·琼斯在威尔士遇到了他们后来在英格兰遇到的问题，而且这也在他意料之中。他和这些人一样，对拯救灵魂充满热情，并终身致力于这项伟大的事业。他发现仅凭自己的教区牧师、教师和医生很难实现他想要的传教精神和组织权力，于是他和同时代的两位伟人一样，在周围的村庄游历，以坚定的信念宣扬宗教信仰和悔悟，在早年，当教堂不能容纳那些来听他布道的人时，他在田野和墓地里进行布道。卫理公会教徒就是这样做的。他与怀特菲尔德和亨廷顿伯爵夫人以及威尔士卫理公会运动领袖的友谊，也证明了他对卫理公会宗教理想的同情。豪厄尔·哈里斯、丹尼尔·罗兰和豪厄尔·戴维斯是威尔士卫理公会三大领袖，他们把兰多沃视为精神家园，把学校视为他们的再生代理人，[2]

---

[1] *Welch Piety*, 1749–1750, July 24, 1741; Nov. 17, 1750.
[2] 由于篇幅有限，无法从豪厄尔·哈里斯及其同事的生活和工作的大量参考书目中进行简短而不充分的选择。对了解和解释现代威尔士来说，有些是必不可少的。参见下列著作：*The Trevecka Letters, or the Unpublished Correspondence of Howell Harris and his contemporaries*, M. H. Jones, ed. R. T. Jenkins, Caernarvon, 1932; *Brief Account of the Life of Howell Harris*, 1791; Bulmer, J., *Memoir of Howell Harris, with an Account of Calvinistic Methodists in Wales*, Harverdwest, 1824; Morgan, E., *Life and Times of Howell Harris*, 1882; "Howell Harris, Citizen and Patriot", by M. H. Jones, in the *Transactions of the Cymmrodorion Society*, 1908–1909。

慈善学校运动

  由于格里菲斯·琼斯在威尔士中世纪的宗教生活中具有非凡的影响力，所以不可能将他与卫理公会运动分离开来。圣大卫教区是他工作的主要场所，是威尔士卫理公会的摇篮。他的教师中包括卫理公会传教士，他的巡回布道、他的圣歌、集会和亲人般的劝导，为教会谴责的违规行为打开了大门。

  另外我们应该记住，在格里菲斯·琼斯的一生中，卫理公会运动是英格兰教会内部发起的一场运动，对教会的忠诚是琼斯的原则。由于冷漠的高级神职人员对此充满了愤怒，而低级神职人员又极度渴望改革，他的批评者很难认识到，这位虔诚而绝望的教会之子想要实现的目的是拯救而不是分裂。后世认为在他的影响下，尽管卫理公会运动在威尔士比在英格兰早了4年，但卫理公会教徒与英国圣公会的最后分离在英格兰比在威尔士早了25年。格里菲斯·琼斯对英国国教的忠诚，以及他对威尔士卫理公会领袖的忠诚，是否会经受住时间的考验仍然是一个悬而未决的问题。在琼斯1761年去世之前，反对者谴责他是卫理公会教徒，谴责他的学校是卫理公会的代理机构。① 如果他还活着的话，就会发现，在18世纪后半叶，教会的冷漠态度比早期更严重地考验着一个英国圣公会教徒的忠诚度。

  人们的负面批评并不局限于学校的创始人。学校的教师也是神职人员和绅士们直言不讳和尖刻的攻击对象。甚至有时他们会被"野蛮地虐待"。② 和其他地方一样，威尔士慈善学校教师的存在是神职人员的耻辱，1604年《教规》的第78条规定，如果神职人员愿意，他们可以担任校长职务。流动学校的教师主要是从农民队伍中抽调来的，没有任何知识水平，而且工资低于日工的工资，这就增加了人们的指责。③ 人们认为流动教师的成功是由于他们滥用了教师的地位。其中有一些人，他们没有限制自己只教授《圣经》和教义问答。他们中的一些人沉溺于劝诫之中，另一些人对已建立的教会及其神职人员毫不留情地批评。1743年，班戈校长和11名卡那封郡的牧师写道："韦尔奇慈善学校在他们的

---

① 参见 Evans, Rev. J., *Some Account of the Welsh Charity Schools and of the Rise and Progress of Methodism in Wales Through the Means of them, under the sole Management and Direction of Griffith Jones, Clerk, Rector of Llanddowror in Carmarthenshire* [etc.], 1752。
② 参见 *Welch Piety*, Letter to a Friend, Oct. 27, 1742. 也可参见 Rees, T., *History of Protestant Nonconformity in Wales*, 1861, p. 399。
③ 根据 the Rev. J. Evans, *op. cit.*, 他们一年收到3~4英镑。

第八章　威尔士：慈善与虔诚

巨大进步中不幸地到达卡那封郡这个荒僻角落。我们说的不幸，是因为他们给这里带来的影响显然就是如此，他们扰乱了穷人的良知，并向穷人传播你们的无知，更糟的是，这些学校的教师，对《圣经》的解读让他们的听众甚至是他们自己感到困惑。这一论断可以从以下事实中得到证明。这些热情的南威尔士人假装是英格兰教会的人，来到教堂；但是在夜晚，他们悄悄地走进工作的房子，用他们的方式展开工作，他们欺骗无知的人，引导愚蠢的女人和孩子去鄙视神职人员，指责我们没有宣扬福音的真理，他们跟听众说我们都是哑巴狗、瞎眼领路人、假先知、雇佣兵，说我们在布道坛中所讲的内容也是骗人的。但是只有他们是被上帝选择的，是上帝的选民，命中注定他们会得到重生——获得重生的人是没有罪的，他们才是基督的真正牧师。他们对着追随者向上帝承诺：就好像只有他们掌握着通往天堂的钥匙一样，他们诅咒所有其他人，是为了吓唬文盲加入他们的派别。他们向人们保证，那些脸上写满诅咒的人是不会成为卫理公会教徒的，他们的父辈也只能下到地狱。为了疏远弱者的感情，更远离国教，他们坚持认为我们最优秀的礼拜仪式是一纸空文，是一堆由魔鬼组成的天主教垃圾。"①

被格里菲斯·琼斯留在身边的男女不是因为他们的学术资格，而是因为他们的宗教信仰。有时候副主教或教区执事会主持宗教仪式；偶尔有被改造过的竖琴手或小提琴手认为他的做法是错误的，而加入了教师的队伍；更常见的是一些农场佣人或者是工人，他们在学校接受教育后，就成为其他人的教师。② 这些教师缺乏知识储备并没有使琼斯感到不安。但从琼斯的信中可以明显看出，其中一些人的过分行为给格里菲斯·琼斯带来了尴尬，妨碍了他在主教主持下建立学校教区制度的设计，以及与所有神职人员的合作。他为学校制定的规则是，英国国教的成员必须"不纠结宗教问题"，但是这个规则不容易实现，因为格里菲斯·琼斯从不合格的队伍中挑选了一些教师。③ 现有的证据表明，所有这些教师都

---

① 引自 Evans, Rev. J. , *op. cit.* p. 86。
② 参见 Williams of Pantycelyn, *A Serious Address presented to the Consideration of All Well-disposed Christians* [etc.], 1790。
③ 参见 Rev. M. H. Jones in the *Transactions of the Carmarthenshire Antiquarian Society*, vol. XV, part 37, col. 832, 在这篇文章中，他们把浸信会和公理会的人称为学校的教师。

被诱导在教区教堂进行交流,① 但格里菲斯·琼斯对他们的任命加剧了反对者对他的批评,认为这些学校的目的是制造异端邪说者。② 其他的教师也被卫理公会的热情精神感染了,这使学校声名狼藉。琼斯断言,支持卫理公会的教师们并不认同他的任命。他在1741年写道:"我一直在摸索一种方法,让这种设计应该在任何事情上都能有序和一致地进行,并尽可能地与英格兰教会保持一致。"③神职人员和教堂管理员的信件显示,并非所有的教区牧师都赞同班戈校长和他的朋友们的意见。许多人煞费苦心地向人们证明,教师的行为是"符合规定规则的";他们"没有把自己变成劝诫者",他们是"清醒而谨慎的人"。④ 但是,不管这些教师是卫理公会教徒还是福音派教士,他们都深入到乡间最遥远的角落,在他们停留过的地方,帮孩子和成人在《圣经》中找到他们想要的精神和情感体验;而且,教师们在旅行的时候,为豪厄尔·哈里斯和卫理公会复兴运动的领袖们开辟了一条道路。

威尔士的流动慈善学校运动与其他地区的慈善学校运动有两个不同之处。第一点是学校计划和实施的规模很大。1730~1731年,在兰多沃

---

① 我很感激詹金斯先生提供这些信息。
② 参见 Evans, Rev. J., *op. cit.* pp. 115 – 116。
③ *Welch Piety*, Letter to a Friend, Sept. 16, 1741.
④ 参见卡马森郡兰菲汉格尔-鲁斯-伊科姆教区居民1741年7月7日写给格里菲斯·琼斯的信:"我们是兰菲汉格尔-鲁斯-伊科姆教区的居民,以及附近的邻居,谨此衷心感谢我们的恩人对我们的恩宠和厚爱。这是一所威尔士慈善学校,教我们可怜的孩子和其他无知的人用母语阅读上帝的话语。为此,我们最谦卑、最衷心地感谢您对我们的厚爱和怜悯,并祈求上帝保佑和报答您。请允许我证明,校长不仅在教他们阅读时,而且在教导他们教会的教义问答时,都非常辛苦和勤奋。虽然我们被告知,这些勤奋的校长被其他一些人所代表,那些人并不是为了传授福音,这就好像勤奋的校长做了其他不是一个校长该做的事情一样,因此我们有义务为勤奋的校长证明,这不是基于其他什么原因,仅仅是自由作证。当校长被邀请在一些聪颖勤奋的学生家中过夜时,他确实在漫长的冬夜里用教义问答来检查这些学生的学习情况,有时会阅读《圣经》中的一章或者一章中的一部分,让学生们记住并注意到最朴素和最直观的东西,以及其中包含的实际职责;最后唱一首赞美诗并祈祷,只有在主人和他的家人的要求下,在一个私人的房子里……我们都知道,这对我们和这个社区都是非常必要的;我们刚刚去世的牧师(很抱歉这么说),他很少照顾我们,冬天几个星期天都没有讲道也没有礼拜,他住在离我们很远的地方,除了在第四个教堂他雇了一个助理牧师外,他还要服务三个教堂。因此,威尔士慈善学校的校长非常有用,非常愿意教导我们,其他许多像我们这样地位和能力卑微的人,我们因罪恶而堕落的苦难,可以通过耶稣基督救赎恩典而获得拯救……" *Welch Piety*, 1740 – 1741。

附近有两所学校，1738~1739年学校迅速蔓延到南威尔士各县，然后向北移动，1739~1740年到达登比，1746年到达安格莱西，1751年到达弗林特。在1737年，有37所学校被建立起来；格里菲斯·琼斯于1761年去世时，当时有210所学校存在，1737~1761年成立的学校不少于3495所。①

学生的人数相对来说也很多。在1737年招收2400名学生，到1761年增长到8000名；在1737~1761年这24年，学校注册学生总数为158237人。这么多的学生其中主要是儿童，但也必须算上未注册的夜校的成人学生，他们的存在是流动学校运动的一个特点。在一些白天开课的学校里，多达2/3的学生是成年人，"许多人在50岁以上，有些人在60岁以上，甚至在70岁以上"，他们学会了与子女和孙辈一起学习和阅读。② 在夜校中，有一半的祷告会，一半的教义问答，成年学生在白天的工作使他们不能上日校，于是为他们提供了特别的条款。格里菲斯·琼斯估计，他们的人数是日校学生的两倍或三倍，在琼斯的有生之年受教师指导的学生总数达到30万人到40万人。格里菲斯·琼斯承认，错误统计的可能性是存在的，③ 但即使数字显示夸大，从来自全国各地的报告来看，这些学校显然得到了年轻人和老年人的普遍支持。对于成人教育，威尔士的流动学校做出了长久性的贡献。而流动学校运动成为不列颠群岛各国的先锋运动。

然而，必须记住，这种大规模的运动是以严格的限制课程为代价而建立起来的。与其他地方的慈善学校运动相比，或者与威尔士信托基金以及威尔士基督教知识促进会之前的学校运动相比，流动学校运动是小学教育史上的一场倒退。在这四个国家的慈善学校中，没有多少孩子进入阅读之外的课堂，但大多数学校都向一些学生教授写作和算术，这些学生能掌握高级的课程。流动学校把教学限制在阅读上。还有人可能质疑，这些学校的不固定性质，其最初的设计是为了解决资金不足和人口分散的综合困难，从长远来看，这是不是教育进步的又一个障碍，因为这一特性阻碍了地方责任的强化，而这正是早期运动所强调的，也是现代教育制度的基础。威尔士的流动学校在缓慢增长的三原则

---

① 参见 Appendix Ⅳ, 3。
② *Welch Piety*, Letter to a Friend, Aug. 16, 1739.
③ *Welch Piety*, 1740–1741, Letter of Sept. 15, 1740.

慈善学校运动

和地方控制的传统中打破了常规。①

对威尔士来说,特别令人感兴趣和重要的是,创立者坚持通过威尔士语对人民进行教育。由于格里菲斯·琼斯的努力,威尔士语在学校里有了无法撼动的地位。同威尔士信托基金和基督教知识促进会的学校一样,他的学校很大程度上是由英语支持者赞助的,其中一些人不赞成使用威尔士语。通过一系列的信件,他有力地驳斥了反对者的意见。他在彭布罗克郡开设讲英语的地区英语学校,在边境的学校雇用双语硕士,但他宣称,威尔士的英语慈善学校就像法语慈善学校在英格兰一样荒谬。坚持英语是对其传播的关注,而不是对威尔士人的救赎。在与撒旦的比赛中,英语是一个绊脚石。速度至关重要。在英语取代威尔士语之前,"无数可怜的无知的灵魂要涌向永恒的可怕深渊,因为缺乏知识而灭亡"。他声称,儿童和未成年人能够完全读懂英语至少需要花费3到4年时间去学习,而读懂威尔士语只需要3到4个月。在他看来,威尔士语(这种音形一致的语言)的易学性,标志着它是"上帝的荣耀,宗教的利益,以及拯救贫穷的威尔士人"的无敌工具。②

提供威尔士语书籍供学校使用,然后满足学校创造的读者大众的需求,这本身就是一项艰巨的任务,要不是与基督教知识促进会的合作,那将不可能实现。早在1713年,格里菲斯·琼斯就无法买到他所要求的供教区居民阅读的《圣经》,他写信请求协会出版一本新版本的《圣经》。在1714年,威尔士的主教们为新版本的《圣经》募捐,在1718年和1727年协会出版了《威尔士圣经》。学校和学生数量稳步增长的同时,人们对《圣经》的需求也稳定增长。在1743年,早期版本的书已经用完,到了1784年,以新版的方式又印刷了15000册,和早期版本一样,出版了普通的祈祷文和赞美诗,"这体现了威尔士各地的基督徒对用威尔士语读《圣经》的热情和渴望,只有这样他们才能读懂;这些副本的数量尽管如此巨大,却大大低于它的需求。"③ 1752年,出版社又发行了15000本副本。16年后,这个版本也用完了,1768年,基督教知识促进

---

① 参见已故牧师托马斯·尚克兰1903年发表在《塞伦·戈默》上的文章,以了解对这些学校的评价。
② *Welch Piety*, 1740–1741, Letter to a Friend, Oct, 11, 1739.
③ *Account of the Charity Schools*, 1776.

会又出版 2 万册新版本。从印刷机上倾泻而出的，还有威尔士语字母表、《公祷书》、教会教义以及一些像《布道书》和《人所当尽的本分》之类的虔诚之作。日间学校和夜间学校的初学者都需要一些特殊的规定，而且由于没有合适的书籍，格里菲斯·琼斯写了一些手册供他们使用，比如《论基督教知识的本质及其重要性》《用圣经解读洗礼誓言》《家庭礼拜的责任》《教会教义问答》，内容涉及基督教圣约、基督教信经、基督教责任、基督教祈祷文和基督教圣礼。由于书籍和手册担负着阅读入门书和宗教手册的双重角色，威尔士人通常采用增加字母表和一个音节的单词列表作为序言的做法。《圣经》和小册子免费赠送给"适当年龄和渴望读书"的穷人，他们可以出示教区牧师的证明，证明他们可以阅读。

当格里菲斯·琼斯于 1761 年去世时，他把个人财产和学校托付给他的朋友和助手——拉恩教区的贝文夫人，她对慈善学校充满热情。在格里菲斯·琼斯死后，她没有气馁，勇敢承担起监督和监控的职责。[①] 在她的悉心维护下，学校的数量持续增加。1763 年，学校的数量达到 279 所；到 1773 年，学生的人数达到 13205 人。人们对她所指导的学校知之甚少。格里菲斯·琼斯去世后，为数不多的当代关注之一是在 1764 年由凯瑟琳大帝授权的俄罗斯专员起草的一份报告，其中涉及了英国的教育情况。1764 年对英国教育的调查报告的内容是：教育所有年龄和性别的人阅读他们的母语布列塔尼语；同时教导他们教会的原则和职责，让他们能够使用教会的教义去表达，包括使用琼斯先生的晨祷、夜祷和饭前祷等场合所用的表达方式。这每天都在进行，即使是那些白天没有时间来学校的人，晚上也会来。这些学校的开办时间通常为 4 至 5 个月，有时也会长达 6 个月，或者更长，主要根据学习人的需要而定。学校所在地区的神职人员对学校进行一次又一次的公开检查。他们向威尔士公国的重要人物报告，这些人物为这个慈善机构做出了贡献。1763 年有一位女士，教会把一些证书寄给她，1764 年很可能也是寄给她。[②] 随着 1779

[①] 参见 Jenkins, R, T., *Griffith Jones of Landdowror*, Cardiff, 1930, p. 51。

[②] 这份报告成为菲利普斯收藏物的一部分。自从 1923 年就归我所有。也可参见 Richardson, C. M. *History of the Instifution called welch piety but now know as Mrs Beran's Schools*, 1870; Burgass, Bishop Tracts, 1815, p. 148. *Life and Times of Selian Countess of Hungtingdon*, vol. I, p. 454。

年贝文夫人的去世,这个千辛万苦建立起来的系统突然崩溃。她在遗嘱中留给受托人大约一万英镑的资金来继续这项工作,然而她的近亲对她的遗嘱进行质疑,最终全部资金被保留在大法官法院,在那里保留了31年。失去了领导人和资金,学生们都被驱散,学校也就此消失。

五 主日学校

法院的最终判决直到1809年才被公布。在法院做出裁决之前,人们依然在继续努力,以延续格里菲斯·琼斯和布里吉特·贝文所建立的学校。在南部地区,"威尔士的甜美歌手"——威廉姆斯·潘蒂斯林,他作为兰提尔德的副牧师,在格里菲斯·琼斯的时代,对流动学校的教师们非常欢迎,在1790年,他呼吁帮助那些被剥夺了教育的一代人建立新学校。在发出呼吁的5个月后,他突然去世,这使南方的努力陷入瘫痪。在北威尔士,奥斯威斯特里公理会牧师爱德华·威廉姆斯取得了一些成功,他于1793年把在边疆城镇和村庄开设的主日学校改造成了白天流动学校,在那里有300个孩子被教导阅读和讲教义。正是巴拉的托马斯·查尔斯的活力和个性,再次让威尔士流动学校在公国立足。[①]

在威尔士慈善学校运动中2/3的领导人来自卡马森郡,这一次它又为北部地区的新运动提供了领导。托马斯·查尔斯在童年时曾是兰多沃学校的一名学生,他是越来越壮大的忠诚教徒队伍里的一员,在18世纪,教会对他们毫无用处。他在1778年被任命为牧师,由于对慈善学校运动的热情,他在1784年时就"从这个国家的三个教堂中被赶出来"。[②]经过长时间的怀疑和犹豫之后,他于1784年接受了巴拉的加尔文教卫理公会的邀请,在这里担任牧师。在他的一生中,之前从属于英国圣公会的卫理公会与之分离,尽管查尔斯非常不情愿,但卫理公会还是于1811年成为一个新的教派。在他的努力下,卫理公会成为许多威尔士人的宗教,而主日学校运动成了推行威尔士教育的全国性运动。他的计划是格里菲斯·琼斯计划的延续:"教孩子们正确地阅读他们的母语,并指导他们学习基督教的原则,仅此而已,因为拯救他们的灵魂是我们唯一

[①] 参见 Williams of Pantycelyn, *op. cit.*; Gilbert, J., *Memoirs of the Rev. Edward Williams*, 1825; *The Evangelical Magazine*, 1798, pp. 231-232; Jenkins, D. E., *op. cit*。

[②] Jenkins, D. E., *op. cit.* vol. 1, p. 490, Letter of Thomas Charles, June 12, 1784.

的凤愿。"① 学校采用流动的方法；学校在白天给孩子们上课，在晚上和周日给大人上课。资金以同样的方式在当地募集，再加上来自英格兰的赞助费和捐赠。为了弥补书籍的不足，查尔斯创作了教义问答书和初级者读物。他"最大的成功"，就像格里菲斯·琼斯所做的那样，是任命适当的教师并对他们进行监督。首批教师队伍是琼斯亲自指导的，这些教师在进入新岗位工作之前就接受了他的考察。

查尔斯在北威尔士设立的流动学校的实际数目并没有具体的数据，但是可以粗略地从他的教师的数量和他们在当地的停留时间中得到。1786年，他任命了7位校长，1789年有15位，1794年有20位。他们在每个地方待了6到9个月。因此外界估计，在托马斯·查尔斯开始工作9年后，也就是到1794年，将有40所学校被建立起来。这一缓慢的发展与南方早期运动的迅速发展形成鲜明的对比，南方地区在1737~1746年这9年时间里建立120所学校。北方的落后状况，乡绅对卫理公会牧师的强烈反对，以及国家神职人员的缺乏，使得格里菲斯·琼斯的工作成为可能，这也在一定程度上解释了其运动发展速度较慢的原因。② 像托马斯·查尔斯这样的困难是能够克服的，但他的流动学校不那么成功主要是由于新出现的主日学校具有竞争性的吸引力，经过相当的犹豫之后，他屈服于这种吸引力。将主日学校在威尔士广泛推行的功劳该归于谁，这仍然是一个有争议的问题。现有的证据不足以做出有利于任何贡献人的决定，也不可能做出任何具有实际意义的裁决。3位杰出的贡献者：南威尔士的浸信会牧师摩根·约翰·里斯、奥斯威斯特里公理教会牧师爱德华·威廉姆斯、巴拉的托马斯·查尔斯，他们都知道雷克斯和英格兰主日学校协会的工作，并在威尔士建立起主日学校。③ 里斯的影响主要局限在他的

---

① Jenkins, D. E., *op. cit.*, vol. 11, p. 20, Letter of Thomas Charles [n. d., possibly 1789].

② 爱德华·威廉姆斯在1789年写道："南威尔士和北威尔士之间存在实质性的差异；前者在相当长的一段时间里，在宗教知识方面更加文明和开明，因此在严肃的牧师和当权派中，有很多人是卫理公会教徒和异教徒，穷人的宗教手段，特别是教诲，丝毫不逊于英格兰的任何一个地方。但这不能说北威尔士……有钱的绅士们通常对严格的宗教职业有很大的偏见……如果有权势的绅士不友好，如果没有制造业的雇主们来行使任何权力，那么保持这个数量怕是不容易。"

③ 参见 Gilbert, J., *op. cit.*; Griffith, J. T., *Morgan John Rhys*, 1910; Evans, J. J., *Morgan John Rkys a'i Amserau*, 1935。

慈善学校运动

作品中，爱德华·威廉姆斯的学校主要开在奥斯威斯特里和威尔士同英格兰的边界周围，但托马斯·查尔斯比同时代的人更不相信主日学校教育的价值，虽然威尔士卫理公会派成功地组织了这些学校，其他教派也效仿了这一做法。查尔斯在1785年写道："对于你说的英格兰的主日学校，我听说过，但在这个荒野的国家里，要把它们安置在这里是不可能的，因为每个教区的居民都住得如此遥远"。① 他认为，流动学校是威尔士唯一可行的制度。然而，英格兰主日学校运动的惊人成功却不能被忽视。和他之前的格里菲斯·琼斯一样，对查尔斯来说速度也一样是拯救灵魂的关键。尽管他仍然相信流动学校的优势，但主日学校的进步迫切需要得到认可。他要求他的教师们在一周中抽出一到两个晚上的时间，特别是周日晚上，来教导"仆人和像他们一样白天没有时间学习的人"。② 随着这些"补充主日学校的蓬勃发展"，查尔斯在1798年请求并得到了英格兰主日学校协会的财政支持。在他强有力的领导下，夜校和主日学校在全国各地建立起来。③ 流动学校的教师被保留下来，他们将光明带到黑暗的地方，和那些"没人愿意或没人能够建立主日学校"的地方，④ 但随着无薪的主日学校教师（这是威尔士主日学校运动的历史特征）逐渐取代受薪教师，新运动摆脱了资金不足的束缚，轻松领先于威尔士公国所有其他形式的教育活动。

和英格兰一样，威尔士的主日学校运动主要发生在19世纪。因此，它的历史不在18世纪的实验范围之内。就像英格兰的运动一样，它的出现是由于经济变化和18世纪后期宗教复兴的综合影响。工业革命到威尔士的时间比英格兰晚，而且在一个更严格划定的地区进行，并没有像18世纪最后几年那样深刻地影响威尔士的生活；但在过去20年里，威尔士一直存在十分严重和普遍的贫困现象，因为随着人口的增长，威尔士社会生活的特征就像邻近国家一样，租金和物价的稳定增长，打破了贫穷

---

① Charles, Thomas, MS, Letter, July 6, 1785, in the National Library of Wales.
② Jenkins, D. E, *op. cit.* vol. Ⅱ, p. 30, Letter of Thomas Charles, 1787.
③ "在卡那封郡，现在有30所学校和1500名学生。在安格尔西，现在有20所学校和12000名学生，新的学校每周都在兴起。在登比郡和梅里奥尼特，虽然我还不能确定确切的数字，但同样的精神仍然存在。"Jenkins, D. E., *op. cit.* vol. Ⅱ, pp. 183－184, Letter of Thomas Charles, Dec. 8, 1798。
④ Jenkins, D. E., *op. cit.* vol. Ⅲ, Letter of Thomas Charles, Sept. 12, 1808.

第八章　威尔士：慈善与虔诚

和救济之间微妙的平衡。与其他地方一样，威尔士的主日学校提供了一种廉价而快速的教育手段，为那些强烈渴望得到教育，但没有闲暇也没有机会获得学校教育的人提供了学习的可能。

将威尔士的主日学校和英格兰的主日学校相比较可以得出几个明显不同的特点。① 虔诚的实践是查尔斯和加尔文教卫理公会组织的最高目标。在英格兰的主日学校里，教师们注重培养孩子们的"服从原则"，但对礼仪的形式却置之不理。查尔斯不断强调，学校的目的不是教孩子们道德，而是让他们得到永恒的救赎："灵魂的救赎是我们唯一的目的"。按照这个目标，孩子们学会读他们的母语。查尔斯还强调，通过带着对斯蒂芬·休斯和格里菲斯·琼斯的强烈回忆，首先教导威尔士语，"我们向他们证明，我们主要关心的是他们的灵魂，从而自然地给他们留下深刻印象，让他们认识到获取神圣真理的重要性，通过对这种知识的学习，我们对上帝和人的责任被揭示出来，而最重要的一点是，如果教他们英语，就完全看不到我们对上帝和人的责任，因为英语的习得只与时间问题有关。"②

威尔士主日学校的管理强化了这种对比。在威尔士，英格兰体制下的牧师及其帮手的独裁统治让位于教师的民主管理。他们的付出都是自愿的。与英格兰的教师不同，他们在1811年之前都是由牧师和赞助人贴薪的，他们一起组成了一个行政化的学校。高度中央集权的卫理公会派代表对学校进行控制，单个学校协会的监督员也由他们选任，当教学机构的一名成员犯下错误或行为不端时，由他的同事作出判断。③

威尔士主日学校的第三个显著特点是混合班，这在英格兰的学校里找不到。学校不是只为穷人上课。这些学校对所有人都开放，不分富贵贫贱，穷人占多数，商人和工匠、富裕的农民和专业人士都加入这个队伍，把他们的孩子送进学校接受教育。

最后，威尔士和英格兰主日学校采用的教学方法不同。在威尔士流

---

① 参见 Griffith, D. M., *Nationality and the Sunday School Movement*, Bangor, 1925, 威尔士和英格兰主日学校的比较研究。

② *First Annual Report of the Society for the support of Gaelic Schools*, 1812, p. 58, Letter of Thomas Charles to the Society, Jan. 4, 1811, pp. 58 - 60.

③ 关于教师会议的必要性和有用性以及精心策划教师会议的论文。参见 *Rules of the Denbigh, Flint and Cardiganshire Schools*, 1820。

动学校和主日学校,成年学生的出现让教师和学生之间的交流更加自由。在早期讲英语的主日学校里,没有集中学习小组、讨论课和自我表达训练。① 当主日学校成为威尔士的正式机构时,这些学校就像发电站一样,创造了新的宗教热情,并将其传播到城镇和乡村。在运动的最初几年,还没有出现如后期那么明显的教义冲突。学校欢迎所有人,不论男女、成人和儿童;不要求考试,也不强加任何教条。公国所有教派的教会都在开设学校,学校在不止一个地方形成新教会的核心。仅从统计数字我们无法了解威尔士在18世纪后期和19世纪初所表现出的令人震惊的宗教热情。随着运动的发展,15~20所学校都举行会议。从这些村庄聚集到一起的人数如此之多,以至于通常没有哪个教堂能容纳他们。一整天都是在宗教活动中度过的,父母和孩子们一大早就离开家,及时穿越山谷,参加8点的礼拜仪式。在这些场合,人们笔直地站在门外,学生站在一边,教师站在另外一边。在他们中间,一群农民聚集在一起,全神贯注地听着问题,并为他们的回答鼓掌。② 查尔斯的报告说,许多孩子可以背诵整篇书信。他们几乎对所有的问题都能做出回应,"非常严肃、

---

① 参见 Hanway, J., *op. cit.* p. 32:"在一些英语主日学校,年轻女性学习阅读。至于年轻男性,他们似乎没有这种野心。如果他们在童年时没有被教导,他们更喜欢无知。"19世纪威尔士主日学校令人感兴趣的描述参见 Davies, J. H., *The Lift and Opinions of Robert Roberts, a Wandering Scholar, as told by himself*, pp. 18–21. Cardiff, 1923。

② Charles, Thomas, Letters to a Young Lady, Oct. 1806 and 1808, in *The Evangelical Magazine*, 1806, and *The Christian Guardian*, 1809。查尔斯写了一篇典型的关于嫉妒主题的文章,这是他为去这所主日学校准备的,随后在主日学校期刊《主日学校记事》上发表,主日学校阐述了查尔斯使用的方法:
问题:嫉妒是什么?
A(Ⅰ)嫉妒是一种看到另一个人成功而悲伤的感觉;例如:
(1)在财富中。赞美诗 1 xxiii, 2, 3, Gen. xxvi, 14。
(2)在尊敬和显赫中。Daniel vi, 4。
(3)在行善和提升中。Eccles. iv, 4。
(4)在被爱中。Gen. xxxvii, 4, 11; Acts vii, 9。
(5)在宗教中关于天赋、有用性、对人的认可和上帝的认可。
(Ⅱ)或者看到别人的麻烦或不幸降临时他感到高兴。Prov. xvii, 5; xxi, 10 和 xxiv, 17; 赞美诗 xxx, xxxv, 15, 26 和 xxxviii, 16。
问题:神在他的话里,是不是反对嫉妒?
回答:是的。Prov. xxiv, 1, 19; Gal. v, 26; 赞美诗 xxxvii, 1; I Pet. ii, 1。
问题:什么考虑表明了这种罪恶令人发指?
回答:A.1. 嫉妒源于虚荣、骄傲和无知。I Tim. vi, 4。(转下页注)

准确，声音大到足以让两三千人听清楚他们的讲话"。①在英格兰和威尔士，宗教和教育出版物源源不断地涌出，满足了人们对虔诚作品的强烈需求。人们对"《圣经》的呼声高涨"。自1767年以来，没有出版过任何版本。在学校里，孩子们在他们面前拿着破烂的《圣经》，这本书破得没头没尾。基督教知识促进会的合作使18世纪的英格兰国教改革者的工作成为可能，但他们同样没有表现出意愿来提供新运动所需的《圣经》。因此，《圣经》协会，后来被称为英国和外国《圣经》协会，于1804年成立以满足需求。②一名旅行者目睹了一辆载着第一批新《旧约》的马车到来，并根据他的印象将此记录下来。"威尔士的农民们成群结队地去迎接它们，就像以色列人那样欢迎它们，把它们拉进城里，急切地把每一本书都拿出来，尽可能快地把它们分发出去。年轻人一整晚都在看书，劳动者带着它到田里去，这样他们就可以在每隔一段时间的劳动中享受它了。"③学校开创了一个公众阅读的氛围。

六 民族复兴

慈善学校运动对威尔士的历史和民族性格的意义和影响不可磨灭。把虔诚作为一切教育的目的和归宿，使一个对宗教漠不关心、缺乏政治

（接上页注②）2. 它会导致冲突、混乱等。James iii, 16。
3. 这是人们满足欲望的标志。Titus iii, 3。
4. 这对骨头来说是一种腐烂。Prov. xiv, 30。
5. 它会杀人。Job v, 2。
6. 一个人在嫉妒的支配下，不会懂得施舍。I Cor. xiii, 14。
7. 这比生气和愤怒更糟糕。Prov. xxxvii, 4。
8. 妒忌的人对另一个人的愿望和意图最有可能来自他自己。Ezek. xxxv, 11; 赞美诗 vii, 15; Prov. xxvi, 27; 赞美诗 lvii, 7; 比较 Esther v, 11-14 和 vii, 9-10。
9. 因为这罪，米利暗得了麻风病。Num. xii, 1, 2, 9, 10。
10. 可拉、大坍、亚比兰，因嫉妒摩西、亚伦，被大地活活吞没。赞美诗 cvi, 16, 17; Num. xvi, 1, 3, 30。
11. 这是一种魔鬼的罪恶。James iii, 14, 15。
12. 它把天国拒之门外。Gal. v, 21。
引自 Evans, D., *the Sunday Schools of Wales*, 1883, p. 189。

① Charles, Thomas, *ibid*.
② 参见 Appendix IV, 6. Bibliography of the Welsh Bible。
③ *The Christian Observer*, July, 1810, 引自 Rev. John Owen. *The History of the First Ten Years of the Bible Society*, 1816, vol. I, p. 263。

慈善学校运动

意识的快乐朴素的人，变成一个以宗教利益和政治利益为主要目的的民族。《圣经》已经成为威尔士人的必备手册。《圣经》的语言成为威尔士人的语言，它的教学主导着他们的社会和政治生活。在这本书中，在威廉姆斯·潘蒂斯林的赞美诗中，农民的情感和智识兴趣得到满足。

慈善学校运动的政治影响也同样重要。现代威尔士民族主义是18世纪文学和语言复兴的产物，在宗教复兴运动中，慈善学校运动扮演着重要的角色。在学校开始工作之前，曾是"王子和诗人的语言"的威尔士语，正处于被毁灭的危险之中。到18世纪末，威尔士语再次成为诗歌和散文的媒介，不过不是贵族的，而是带有农民出身和虔诚灵感的印记。当威尔士信托基金的发起人在17世纪的最后25年发起慈善学校运动时，威尔士民族主义已经沉睡了两百年，在中世纪期间威尔士语不止一次受到灭绝的威胁；在早期的都铎时代，为了减少叛乱的危险，威尔士语不能作为一种文化语言和官方语言。任何在官方领导下担任职务的人都不得再使用威尔士语。① 威尔士绅士，默许了政府和习俗的盎格鲁化，在语言和思想上都逐渐英格兰化。渐渐地，英语取代威尔士语成为文化的语言，而使用方言成为下层社会阶级的标志。事实上，唯一讲威尔士语的只有不识字的农民，他们讲起来和"野鸟或野兽的吼声"差不多，在市场城镇里，英语"像威尔士语一样流行"。②

对英语潮的第一次检查是《1563年法案》，该法案命令威尔士教会的主教们提供威尔士语翻译的《圣经》和"威尔士各地每个教会的《公祷书》"，以便"威尔士人通过将两种语言融为一体，尽早熟悉英语口音"。③ 在1567年，理查德·戴维斯翻译的《祈祷书》和威廉·索尔兹伯里翻译的《新约》与1588年主教摩根的《圣经》，由约翰·戴维斯博士在1620年修订，并在1630年出版了一本廉价版，这本书在很大程度上是今天的《威尔士圣经》。④ 1588年和1620年的《圣经》严格地检验了辩证差异的发展，通过学者和艺术家的语言，建立了一种非凡的美和

---

① 27 Henry VIII, c. 25.
② Salesbury, W., *Oll synnwyr pen Kembero*, f. A ⅲ, 1546; Penry, J., *An humble Supplication in behalf of the Countrey of Wales*, 1587, p. 52.
③ 4 Eliz. c. 28.
④ 参见 Edwards, O. M., *Wales*, 1902, p. 349。

第八章　威尔士：慈善与虔诚

纯洁的文学标准。不知不觉中，英格兰国教已经违反英格兰王室的政策。威尔士的《圣经》和《祈祷书》使威尔士语得以延续，这是威尔士民族主义赖以建立的基础。

然而，国家武器的恢复并不意味着威尔士人准备好使用它。在英格兰文法学校和英格兰大学里，牧师和士绅继续接受英语教育。他们用英语写书信和回忆录，他们捐献的奖学金都是用英语或拉丁文写的。再也没有人成为用威尔士语写的"甜美歌曲和完美故事的赞助人"。[①] 由于得不到他们的支持，威尔士文学衰落了。到17世纪初，很少有贵族雇用诗人或歌手，而且关键是在1568~1798年北威尔士没有出现过诗人。

清教徒革命也没有直接影响到威尔士的知识复兴。这种英语输入对普通人产生的影响相对较小。人们对它的热情不高。直到清教主义不再是一种激进的力量，它已经成为一种虔诚的思想表达，它的倡导者们，满怀激情地决心拯救威尔士人民的灵魂，并将语言作为实现这一目标的手段。

威尔士人的政策与爱尔兰和高地的现代改革者形成鲜明对比，对爱尔兰和高地人来说，英语是实现救赎和"文明"的手段。这种区别不能简单地用威尔士改革者的常识来解释。从威尔士的运动开始，他们就认识到，就像同时代的爱尔兰和高地没能做到的那样，本土语言是学习经文的一条捷径。而在斯蒂芬·休斯和格里菲斯·琼斯的要求下，威尔士的《圣经》和文学贯穿着对他们本土语言的欣赏，体现了对其内在价值的信仰，这在高地和爱尔兰的改革者中不存在。斯蒂芬·休斯慷慨激昂地写道："即便有13000个有责任心的英格兰人同时在威尔士的13个郡保留学校，仍然不可能让任何一个郡失去母语这一共同的特征，"因为"失去母语对她的人民来说是不合适的"。[②] 更有说服力和更持久的是格里菲斯·琼斯的《冠军》。他的书信显示了他对母语的热爱和钦佩。这是一种"无论对哪种阶层的人来说都没有差别的语言"，而其他的语言

---

① 参见 James, Ivor, *The Welsh Language in the Sixteenth and Seventeenth Century*。1887年重版。也可参见 *the Report of the Departmental Committee appointed by the President of the Board of Education to inquire into the position of the Welsh Language and to advise as to its promotion in the Educational System of Wales*, 1927。

② Hughes, Stephen, Letter prefixed to the 1672 ed. of *Gwaith Mr Rees Prichard*.

慈善学校运动

则相当于方言。威尔士语是"古老的，一成不变的，不加混合的"语言，现在同塔利埃辛时代一样，而英格兰人需要翻译来理解他们的语言，就像它是几个世纪前的语言一样。这是一种美丽而充满力量的语言，"庄严而阳刚，也许是欧洲最纯洁的语言"。①

威尔士教育改革者的语言政策与他们的民族性有着不可分割的联系。他们是威尔士人，用格里菲斯的话说，他们"没有忘记自己的母语"。他们对自己的国家及其语言有深入的了解，这在两个讲盖尔语的国家的外来改革者中是明显缺乏的。诚然，对语言的保留是对虔诚实践的次要考虑，但他们的语言政策却产生了意想不到的显著效果，尽管他们在一定程度上也理应受到同代人和后人的批评，因为他们把威尔士的文学和传统利益转移到宗教上，但事实仍然是，他们创造了一个由威尔士古典读者组成的国家，他们对18世纪和19世纪的文学复兴负有主要责任。

最后还有一点需要考虑。社会从属法则在专门致力于拯救灵魂的制度中并不盛行。他们所吸取的教训是个人品格塑造具有至高无上的重要性，而不应将重心放在对社会的改革上。在18世纪和19世纪初，卫理公会作为"英格兰自由最大的敌人"，坚持反对激进的思想，这遏制了威尔士人民的政治意识，但是到19世纪下半叶，卫理公会采用传统的异教徒的激进主义，解除对人们的政治封锁，这群人不仅充满强烈的个人价值观，而且还拥有一些在民主机构工作的经验，并且受过辩证和自我表达的训练。这些慈善学校使威尔士人摆脱了他们的民族文学，同时教会了威尔士人个人的政治重要性。现代威尔士在很大程度上归功于慈善学校的影响。

---

① "她没有失去她的魅力，"格里菲斯·琼斯在谈到威尔士语时写道，"也没有失去她的纯洁；她始终如一，现在也许还是四千年前的她；依然保留着她年轻时的美丽；年岁增长，但未衰退。我祈祷人们对她悠久的历史，以及对她那内在的用处予以足够的尊重，她长期以来的名誉不要被错误的诋毁所玷污。她的大部分领土被夺去已经足够；不要再对她施以暴力。" *Welch Piety*, Letter to a Friend, Oct. Ⅱ, 1739.

第九章 慈善组织或国家机构

当公共资金打开时，私人钱包就会自动关闭，没有任何东西能迫使前者打开，直到后者被安全关闭。

——1846年10月9日，小爱德华·贝恩斯写给约翰·罗素勋爵的信《国家教育对志愿教育的破坏》

一 志愿原则的胜利

在18世纪的大部分时间里，通过捐赠和赞助建立的日间学校和主日学校是满足大众教育需要的最流行的教育组织形式。从现代的标准来看，教育的提供非常不充分。即使从18世纪早期的观点来看，慈善学校运动也没有达到当时的标准。1699年基督教知识促进会公开宣称的目标是鼓励全国提供日间学校，向贫困劳动者的子女提供宗教知识和读写算的教学。苏格兰、爱尔兰和威尔士也采纳了这一目标，但都没有实现。基督教知识促进会不再扮演领导者和护航者的角色、救赎机构对文学作品的不信任，以及詹姆斯二世党在一些学校留下的污点，都是英国1725年后对运动缺乏热情的原因。高地基督教知识促进会通过"拒绝在没有合法学校的教区设立学校"的固定政策，对其活动施加了自我限制。一场不愉快的法律纠纷，剥夺了威尔士流动学校的主要收入来源，暂停了威尔士的慈善学校运动，而在爱尔兰，在独立资金充足而稳定的地方，这些学校却遭到农民的反对。1675～1700年，主日学校运动不过是为贫困儿童提供纪律和指导的临时手段。儿童死亡率的下降和对童工需求的增加，使国家的教育问题成为突出的问题。志愿的努力显然不够，而且不合适。

慈善学校运动

正如马尔萨斯在1798年提出的那样,这已经成为"一种巨大的民族耻辱,那就是将下层阶级的教育留给几所由个人捐赠所支持的主日学校"。① 然而,在19世纪上半叶,由私人资助、半公开管理的初级教育获得了新的生命力,使其能够在全国范围内成为国家教育的志愿体系。

志愿原则之所以取得胜利,并不是因为19世纪初公众的漠不关心,因为在18世纪的不同时期,对穷人教育的热情再次影响到英国所有阶层。对他们实行教导的反对之声仍然不绝于耳。戴维斯·吉迪反对塞缪尔·惠特布莱1807年关于教育法案的演讲,这让人想起早在83年前曼德维尔和卡托的批判。"无论理论上多么的似是而非,这个项目就是为贫困劳动阶级提供教育,实际上这会损坏他们的道德和幸福;这将教会他们轻视自己的命运,而不是让他们成为农业和其他辛苦工作的好仆人;这不但没有教会他们去服从命令,反而使他们变得既狡猾又难对付,就像在制造业发达的城市一样;这还将使他们能够阅读煽动性的小册子、邪恶的书籍,以及反对基督教的出版物;甚至引导他们去冒犯上级,再过几年,立法机关便会觉得有必要将强大的权力力量指向他们,并向行政裁判官提供比现在更有力的法律。"更值得注意的是威廉·科贝特在1833年年度补助金讨论会中发表的讲话,他代表了部分公众对教育的看法。著名的《人民论坛报》持反对意见,理由是教育没有改善国家的状况。他宣称,在乡村地区,父辈往往比他的儿女更优秀。教育只不过增加了校长和女教师的数量,也就是增加了新的游手好闲的人口。为增加教育而向人民征税,只不过是一种强迫教育的企图。他反对"这个法兰西式的、教条主义的计划"。②

虽然吉迪和科贝特的观点提醒人们,公众并不是一致地相信大众教育,但人们对教育的需求在第一次世界大战前后的几年里变得突出,不仅在数量上,而且在性质上都与18世纪的要求不同。慈善家和虔诚的人、反天主教徒和社会纪律主义者仍然存在,但在他们的背后,还注入了一种新的力量,哲学自由主义者和一个稳定增长的工人阶级队伍,法兰西式的激进思想激发了人们对教育的热情,将其作为一种政治启蒙和

---

① Malthus, T. R., *Essay on the Principle of Population* [etc.], 3rd ed. 1806, vol. II, p. 418.
② Hansard, *Parliamentary Debates*, 1st Series, vol. IX, cols. 798–806, July 13, 1807; 3rd Series, vol. XX, cols. 734–735, Aug. 17, 1833.

第九章　慈善组织或国家机构

社会进步的手段。公众对教育文献的兴趣日益增长。不屈不挠的埃奇沃斯推广了一种源自洛克和卢梭的教育学，这被广泛学习。裴斯泰洛齐在斯坦茨和凡尔登的工作引起了人们对他作品的兴趣，其作品的译本于19世纪20年代出现在英国。对穷人的教育有更直接影响的是费伦伯格在伯尔尼对农民的孩子们所做出的努力，这是布鲁汉姆勋爵在1818年提交给教育委员会的报告中向英国公众公布的。布鲁汉姆著名的《大众教育》的小册子于1825年出版，前后发行了20版。罗伯特·欧文的精彩文章《人类性格的形成》，以及大卫·斯托对他幼年学校的描述，都让读者既渴望又批判。① 1798~1808年，托马斯·伯纳德爵士和他的朋友们在《改善穷人协会的报告》中，向感兴趣的公众介绍了慈善机构为建立新学校和改革旧学校所做的努力。正是由于公众对教育的意识高涨才激发议会中"教育狂热"的自由者呼吁政府做出回应，希望他们在解决劳工问题、贫困问题和黑人奴隶问题的同时，也将教育的普及视为一个同样重要的社会问题加以解决。

虽然，19世纪初期人们对穷人教育的兴趣日益浓厚，但国家干预的热情并没有相应增长。除了爱尔兰成为"研究国家控制问题的实验室"，在其他地区志愿主义都成功击退了国家干预。在那里，由勋爵总督于1788年任命的委员会在1801年联盟之后由新议会恢复，并于1806~1812年举行会议。委员会报告说赞成国家援助，但前提是"不试图影响或干扰任何教派或种类的基督教徒的特殊宗教教义"。② 由所有宗教教派人士组成的基尔代尔地方学会成立于1811年，该学会促进学校阅读没有注释或评述的《圣经》，以满足政府的要求，并于1814年授权向接受宗教中立原则的学校和社团拨款6890英镑。不幸的是，由于支持两个反对罗马天主教的新教教派学校，该协会背叛了自己的原则，失去了将自己确立为全国大众教育组织的机会。它的失败迫使政府采取行动。根据下议院特别委员会的建议，爱尔兰国民教育专员委员会于1831年成立，并要求每年向这一新的公共教育机构支付议会拨款。政府打算利用这一新计划（如果成功的话）作为英格兰和威尔士控制初等教育的工作模式。③

---

① 参见 Owen, R., *A New View of Society*, 1813-1816; Stow, D., *The Training System*, 1836。
② *Reports of the Commissioners of the Board of Education*, Ireland, 1809-1812, Fourteenth Report.
③ Sadler, M. E., *Outlines of Educational Courses in Manchester University*, 1911, p.6.

慈善学校运动

在英格兰和威尔士，国家干预的支持者和反对者进行了长期而顽固的斗争，最终在1833年达成了妥协，承认了志愿原则的力量。受苏格兰教区制度的影响，19世纪的英国教育改革者首先提出要把他们要求的学校费用按比例计算。惠特布莱1807年的《贫困改革法》中，提议在父母负担不起子女教育费用的教区建立教区学校。该法案将教区学校规定为义务教育，将其监管置于教区神职人员和官员的控制之下，但将法律的实施交给地方法官，治安法官有权购买土地，或出租土地作为学校房屋。1807年的《贫困改革法》受到四面八方的攻击。在委员会中，它被解除财政强制权；在上议院，它没有开始就被击败。根据坎特伯雷大主教的说法，这违反该国教育的第一项原则，即学校应由政府当局控制和支持。

布鲁汉姆提出的《1820年教育法案》遇到类似的命运，它规定新学校的建筑将由统一的基金进行支持，教师的工资从当地的税收中支付。为了避免犯下与惠特布莱一样的错误，他与异教徒誓不两立。他的措施，加上对圣公会神职人员的热烈赞颂，在法律上承认"他们是受上帝任命来普及穷人教育这一神圣使命的人"。他委托教区神职人员起草课程、安排经费并对儿童进行检查。在任命教师的过程中，他们被授予"真实有效的，而不是名义上的否决权"，这些教师最终成为圣公会的定期传播者，主教、副主教、主任牧师和教堂教长都被赋予探视权和罢免校长的权力。在新教异议者和罗马天主教徒的强烈反对下，法案被撤销。

罗巴克的"1833年改革措施"是改革派第三次促使政府采取行动的尝试，与惠特布莱和布鲁汉姆的措施相比，罗巴克的教育思想有了显著进步。他解决了文书控制和教区评级方面的困难。第一，民主提案规定，在每个地区，每年由家长或学校捐助者选出的委员会进行学校管理，他们是儿童教育的保护者；第二，设立一个由一名部长主持的公共教学部，其职能是分配每个地区的赠款。尽管这些建议很激进，但罗巴克提出的建议恰好也是义务教育的要求：根据法律，在大不列颠和爱尔兰，每一个6～12岁的儿童都应该上学。法案的命运可以预见。众议院里的各种政治观点都对国家的强迫深恶痛绝，于是罗巴克撤回了他的动议。[①]

[①] Hansard, *Parliamentary Debates*, 3rd Series, vol. XX, cols. 139–174, July 30, 1833.

第九章 慈善组织或国家机构

由于缺乏对基于教区评级或政府拨款的大众教育的支持，议会的"教育狂热者"已将注意力转向用于穷人教育的现有资金。对用于教育的旧捐赠基金进行调查是第一步。直到1788年，《1786年法案》[①] 实施后国会收到所有的报表，没有一个关于死亡和消失的慈善家的各种慈善捐赠的综合记录。[②] 在英格兰和威尔士的1.3万个教区和乡镇中，只有14个没有做出答复，但所提供的信息只记录了慈善机构的存在和它们的总收入（估计为528710英镑），以及一些常见的管理问题。在1816年布鲁汉姆勋爵的基础教育调查委员会公布这些收入之前，公众对这些慈善捐赠的数量和价值几乎完全不知。委员会成员包括塞缪尔·罗米利、威廉·威尔伯福斯和弗朗西斯·伯德特，布鲁汉姆任委员会主席，他们在1816~1818年发表报告。尽管这些报告在描述教育捐赠的好处时不是十分可靠，并且错误地理解了"穷人和有需要的人"这个短语，认为它是英语术语"贫困的穷人"的意思，但这些报告具有独特的价值，其首次综合地介绍了穷人现有教育的情况。[③] 结果显示，有47.8万多名儿童就读于14300所无捐赠学校，165432名儿童就读于4100所受捐赠的学校。使用布雷斯劳表得出学龄儿童，即7至13岁的儿童占总人口的1/9，这一结果表明布鲁汉姆提出的《1820年教育法案》发挥了有效的作用，将结果同瑞士和荷兰提供的数字进行比较，这两个国家的数据分别是英国的1/8和英国的1/10，而将这两个国家的教育水平合起来平均计算，则只有英格兰的1/16，威尔士的1/20，苏格兰的1/10 ~ 1/9。同样令人感兴趣的是有关学校分布不均的信息。在英格兰的13000个教区中，有3500个教区是"没有学校、没有捐赠或者是教师的"。在剩下的教区中，有3000所受捐赠的学校，还有5500所没有捐赠的学校，它们"往往是转瞬即逝"的。威斯特摩兰是受教育程度最高的郡，上学的儿童比例高达1/7；在英格兰中部的6个郡——白金汉郡、贝德福德郡、剑桥郡、北安普敦郡、赫特福德郡和亨廷顿郡，编制花边是最常见的职业，平均24

---

① 26 Geo. Ⅲ, c. 58.
② *Abstract of Returns of Charitable Donations*, *1786 – 1788*. Printed 1816.
③ 参见 *Letter to Samuel Romilly*, *Esq.*, *M.P.*, *F.R.S.*, *from Henry Broughham*, *M.P.*, *F.R.S.*, *upon the Abuse of Charities*, August 20, 1818, 和 Fearon, J.P., *The Endowed Charities*, 1855。

人中就有一个人从事这个职业，"这对儿童和道德来说都是最大的敌人"。①

委员会在调查期间注意到慈善捐赠的滥用现象，这促使布鲁汉姆提出《1818 年法案》，要求设立一个皇家委员会，对英格兰和威尔士的慈善机构进行彻底调查。他们立即感觉到来自既得利益集团的压力。仅以一票之多，法案最终以一种微弱的优势通过第二次审议，但将其职权范围局限于"服务于非常贫穷和贫困群体"的机构。② 委员会的报告在 1819～1837 年间隔着公布，向公众告知有 50 万英镑可用于较贫穷阶层的教育，但严重的滥用行为已然存在，他们从虔诚的创始人的教育筹集金中转移了相当多的资金。直到 1835 年，一个负责监督慈善机构的常设委员会才成立，到 1853 年，董事会成立。由于宗教分歧，不能将所有的税收都用于教育；由于既得利益的戒备，他们控制贫困教育的捐赠，教育改革家们对国家财政援助的需求开始下降。在 1833 年会议的后期，在一座狭小的房子里，经过激烈的辩论，下议院以 50 票对 26 票的多数票，通过每年 20000 英镑的拨款，同私人捐款一起为英国教育穷人的学校建立校舍。国家没有设立任何有效的政府机构负责管理这个拨款。在新建筑的一半费用应该由志愿捐款来支付的前提下，财政部依靠两个志愿协会——本国的和英格兰及外国的——为穷人提供教育的建议，为新校舍提供补助金。

在现代教育制度下，对英语教育进行资助的第一次议会拨款已经成为一个重要的里程碑，虽然它并不值得这样的评价。根据约瑟夫·休谟有针对性的评价，用于初等教育的款项非常少，根本不足以构成一个国家级的体系。"它没有承诺政府会采取任何措施，也没有增加相应的责任。"③ 事实上，这只是国家对志愿教育制度的承认。

志愿道路的连续性主要取决于三个方面的因素，其中最重要的是安德鲁·贝尔和约瑟夫·兰卡斯特成功地建立了"教育互助体系"，以及

---

① 参见 Reports of the Committee to Inquire into the Education of the Lower Orders, 12 Parts, 1816-18; and Hansard, Parliamentary Debates, vol. II, cols. 49-89, 1820 年 6 月 28 日亨利·布劳恩先生在下议院的演讲。

② Adamson, J. W., A Short History of Education, 1919, p. 262。专员有权"调查所有财产和资金的数量、性质和用途，无论其性质或种类如何，以及这些财产和资金如何产生，只要其是或打算用于上述法案中提到的目的，或用于支持任何慈善事业，或进行慈善捐款，或用于英格兰和威尔士的穷人"。(59 Geo. III, c. 81。)

③ Hansard, Parliamentary Debates, 3rd Series, vol. XX, cols. 732-737, August 17, 1833.

第九章 慈善组织或国家机构

这两人及其各自的支持者形成的两个派系之间的论争。① 他们开发的方法是一种古老的方法，在18世纪的周日和主日慈善学校中随着需要的增加而使用。它的形成与大众教学的新一波热情不谋而合。像一百年前一样，穷人的教育问题又成了时髦和有学问的人一时的兴趣所在。就像其他小的成功计划一样，互助教育体系以新的形式出现也是偶然的。受雇于印度马德拉斯一所孤儿慈善学校的教师，拒绝服从院长安德鲁·贝尔牧师的指示。年长的男孩们被要求在学校里接替他们教师的位置，并且非常高效地履行着负责人于1797年制定的职责，他的手册《在马德拉斯的男子避难所进行的教育实验》中向人们宣告互助教育制度的成功。

贵格会教徒约瑟夫·兰卡斯特是一所半公益半收费学校的校长，一年后，他针对南部地区贫困儿童制定新的学校计划。这个计划在后来的时代里被毫不犹豫地谴责为廉价的和机械的，但兰卡斯特对它很感兴趣，因为很难为穷人的孩子找到合适的教师，而且找到教师后也很难支付其报酬。为大龄儿童开办的薪酬学校形式也很丰富。但是每周的教学费用限制了那些极度贫困的孩子上学的机会。这些学校的教师普遍有着令人讨厌的特点，他们的知识水平一般，让孩子们坐在拥挤脏乱的教室里上课，这使得即使只需要支付很少的学费也让人觉得不值。虽然学费很低，但穷人依然负担不起，兰卡斯特的学校最初是一所收费学校，被贫穷的父母希望他们的孩子也能去学校接受教育的心情感染，于是兰卡斯特就募集捐款，以支付孩子们的学费。他的仁慈，他的热情，他作为组织者和教师的非凡能力，以及他所设计的奖惩制度，吸引了大量的孩子。孩子们都想进入学校接受教育，但根据最保守的估计，一个孩子一年的花费也需要一几尼左右，而且，由于捐款有限，兰卡斯特只能为少量的孩子提供免费的教育。后来"互助或导生制"为兰卡斯特解决了问题。这使得"廉价教育"成为可能。"最终，一几尼可以承担7个孩子的教育费用而不是1个。成功的方式孕育了最终的胜利。"② 慈善捐赠源源不断

---

① 兰卡斯特及其工作参见 Salmon, D., *Joseph Lancaster*, 1904; 文章见 *The Educational Record*, 1905–1929; *The Practical Parts of Lancaster's Improvements and Bell's Experiments*, Cambridge, 1932. J. M. D. Meiklejohn's *An Old Educational Reformer, Dr Andrew Bell*, 1881, 这仍然是贝尔和他的工作的最好描述。

② Lancaster, J., *Improvements in Education as it respects the Industrious Classes of the Community* [*etc.*], 1803 ed., pp. 2–3.

慈善学校运动

地涌入，付费部分被取消，新式慈善学校与老式慈善学校建立了同样的融资渠道。

这一新的教育计划赢得了国王、皇室、贵族、绅士、知识分子和中产阶级的热情支持，它的成功主要取决于学生。正如贝尔博士所解释的，这是一种"通过学生自己组织进行教育"的模式。[①] 学生们成为自我规范和教育的工具。在兰卡斯特位于博罗路的能容纳 1000 名儿童的庞大学校里，整个教学体系几乎完全由男孩们负责。兰卡斯特认为："教师应该扮演一位沉默的旁观者督察员。学生们应该按照教师说的来做，但是如果教师在这个系统中进行教学，他就会发现所谓的权威并不是由哪一个人说了算——当学生和教师懂得如何使用这个系统时，经过这个系统的实践得出的真理，将会取代教师模糊而不确定的判断。任何一个男孩都会服从命令，因为这个命令是整个学校共同遵守的、众所周知的命令。而在普通学校，校长的权威源于个人，所有的权力都掌握在他一个人手中。校长缺席时将会直接导致混乱和无序；校长不在的时候，助手也不会负起责任。但在新式学校里，即使校长离开学校，学校的教学还是会照常继续下去，因为学校的新权威不是源于某个个体。"[②]

一所学校所需的繁文缛节与教师的道德和智力能力往往成反比。为了互助学校的成功，教育和纪律需要机械和严格的管理，而这又依赖天真和未成年的孩子。按照贝尔的马德拉斯计划管理的学校似乎比兰卡斯特的学校更加灵活。这两间教室里，都有一间大单间，墙上摆着课桌准备写作，还有一层地板被粉刷成正方形，孩子们站在那里上课。在博罗道学校，8~10 个孩子组成一个班级，由一个班长负责管理。在马德拉斯的计划中，助理教师的年龄从 11 岁到 14 岁不等，在辅导教师（年龄可能在 7~11 岁）的协助下，他们试图教导 24~36 个孩子。[③] 除了快速而简单的课程设置之外，贝尔和兰卡斯特所采用的方法与 18 世纪慈善学

[①] Bell, A., *Report of the Madras Asylum*, Part I, p. 24.

[②] Lancaster, J., *The British System of Education* [etc.], 1810, p. 45.

[③] 托马斯·伯纳德爵士还发现了监察制度的其他优点。"这样的助手可以免费雇佣，而且是在需要的时候。他们可以被开除，而不需要从基金中领取任何养恤金，也不需要任何同情，因为在某些情况下，这种同情会诱使学校的管理人员败坏整个系统，而不是抛弃或取代不称职的或无能的助理牧师。" *Report of the Society for Bettering the Condition of the Poor*, 1801.

校校长的方法相比几乎没有什么进步。① 读的书或篇章的意义,并不是年轻教师所关心的内容;算术课程中数字概念的发展超出他想象的范围;但是死记硬背让"孩子们被逼得很紧"。在礼仪上的和记忆上的问与答,是最接近教师传授知识的方法。然而,当主日学校在一定程度上成功地打破日校教学的旧传统,当监督员提供的廉价且不熟练的服务暂时解决了为穷人提供日制学校的资金和人员配备方面的困难时,贝尔和兰卡斯特的学校为穷人的教育做出重要贡献,因为他们重新确立学生全日制上学的原则。两个人对孩子们在道德上的训练达成一致。"培养儿童的道德习惯,使他们成为有道德和对社会有用的人",② 这是兰卡斯特公开宣称的目标。贝尔关心的是如何培养"优秀的学者、优秀的人、好的臣民和好的基督徒"。③ 为了实现这一目标,他们通过强调教师和学生的共同义务来教导如何承担责任;他们对儿童进行持续不断的读、写、算的训练,并通过煽动竞争和模仿,鼓励儿童积极参与学校的工作。这些因素有助于解释19世纪大半时期英国海岛对现代教育制度的热情认可及其对教育实践的影响。学校教育的机械特性并没有与这个机械时代相冲突。事实上,新学校与新工厂的相似之处值得称赞,而不应该受到谴责。"学校和工厂的原则一样,"托马斯·伯纳德爵士在热烈的赞同下写道。"贝尔博士系统的宏伟原则是将劳动分工应用于智力的培养。"④ 在工厂制度下工人的速度、技能和灵巧性得到提升,人们满怀信心期待这也能出现在导生制下的孩子们身上。当志愿努力可以在没有国家援助的情况下设计大众教育机制时,国家干预就变得不必要了。

在对这一新方法的热情开始减弱之前,长期激烈的宗教纷争将注意力从监督制度的明显缺陷转移到创始人的不同宗教信仰上。贵格会教徒兰卡斯特认为教育应具有非宗派性质。他呼吁"基督教各教派的青年朋

---

① 贝尔坚持说,对于年龄较小的孩子,任何一节课都不应该超过15分钟,而对于年龄较大的孩子,不应该超过半小时。这种做法与其他学校的做法形成了鲜明的对比,即"孩子们每天学一课",并等待"校长方便时"来听。*An Experiment in Education made at the Male Asylum Madras*, 1797, Part Ⅱ, chap. 1, Introduction。

② Lancaster, J. J., *Improvements* [*etc.*], p. 25.

③ Bell, A., *op. cit.* Preface to 2nd ed. 1805

④ Bernard, Sir T., *Of the Education of the Poor*, 1809, pp. 35 – 36。贝尔和兰卡斯特使用同样的类比,表现出同样的欣赏。

友们"搁置宗教差异,"提高教育水平",因为宗教差异剥夺了数千名儿童去享受教育的福利。在他看来,"基督教精神的宏伟基础"足以使整个人类都立足于此。在此基础上,应不受任何教派特有原则的影响,建立起"国家对教育的关注"。① 在此基础上,兰卡斯特提议建立一个新的志愿协会,以改革和鼓励现有学校,并建立新学校。

兰卡斯特的提议为圣公会和反詹姆斯二世党人的萨拉·特里默夫人吹响号角。兰卡斯特的方法得到她的部分认可;兰卡斯特呼吁在非宗派基础上进行公共教育,特里默夫人认为,这不仅是对英国圣公会的威胁,也是对基督教的威胁。特里默夫人善良而迟钝的心灵,在最不可能的地方看到了在法国猖獗的自然神论和不忠这两个孪生魔鬼。"在这个国家出现的所有可能取代教会的计划中",兰卡斯特的计划在特里默夫人看来最令人畏惧,她认为这是一种"基于基督教普遍原则的、不正当的、有害的"的教育。

特里默夫人认为,"分裂的歌利亚"计划不仅是对基督教的威胁,也没有必要。一个全国性的语法和慈善学校系统已经存在。根据法律,教义和普通祈祷书是规定的学习科目,主教和神职人员是学校教育的法定监护人。如果兰卡斯特赢得胜利,一群有影响力的支持者使他成为一个令人敬畏的人物,无教派主义将会取代所有公立小学教育的圣公会,而教会的权威也将会被削弱。她呼吁英国圣公会拯救再次陷入危险的教会。② 贝尔在他的小册子出版后并没有积极参与新的教育计划,他在退休后被特里默夫人取代。创建者建立监督制度用来说服那些反对兰卡斯特的人,兰卡斯特把这一制度视为他自创的制度,并敦促全国各地的所有圣公会学校采用这一制度。③

特里默夫人的干预使教育变成一个宗教政治问题。托利党和教会教

---

① Lancaster, J., *op. cit.* 1805 ed. p. 184.

② Trimmer, Sarah, *A Comparative View of the New Plan of Education promulgated by Mr Joseph Lancaster in his Tracts Concerning the Instruction of the Children of the Labouring Part of the Community; and of the System of Christian Instruction founded by our Pious Forefathers for the Instruction of Young Members of the Established Church in the Principles of the Reformed Religion*, 1805, passim.

③ 关于这场争论参见 Salmon, D., *The Educational Record*, vol. XVIII, Nos. 43 - 45; vol. XIX, No. 47。

徒支持贝尔,辉格党和持不同政见者支持兰卡斯特。媒体和讲坛上的风暴持续了数年之久,这让人想起1723年曼德维尔和"卡托"引起的暴力事件。《爱丁堡》《季刊》《英国评论》《反詹姆斯二世党》《东正教教士》《英国评论家》《晨报》《小册子》为敌对学校提供了平台。威尔伯福斯、罗米利、布鲁汉姆、罗伯特·欧文、边沁、詹姆斯·密尔、华兹华斯、索西、塞缪尔·罗杰斯、惠特布莱、托马斯·伯纳德,以及最尖锐的公关人员西德尼·史密斯写着抨击性的文章,而匿名的时事评论者则在一边火上浇油。

自1808年英国皇家兰卡斯特协会就非正式地存在,在1810年才正式成立。资金源源不断地投入进来,两年内建立了95所学校。1811年,一场旨在将新的教育热情转移到英国国教的协同运动开始了。取得剑桥大学玛格丽特女士神学教授这一教职的马什博士,在1810年特里默夫人去世后,特里默夫人的衣钵由他来传承,在伦敦慈善学校的周年纪念会上,他在布道中号召教会采取行动。他断言,民族宗教是国民教育的基础,但人民的国教并不是《圣经》的宗教,而是像兰卡斯特所说的那样,是与英国国教的礼拜仪式相结合的《圣经》。① 为了在大众教育中保持这种"必要的联合",在基督教知识促进会的主持下成立了全国穷人教育协会,并在其办公室内成立新的协会。旧协会将其百年来对穷人教育的兴趣交给了新的协会。其募捐活动带来了超过2万英镑的善款和5000英镑的年度捐赠承诺。新学校建立之后,旧的慈善学校,如在怀特查佩尔、马列伯恩和肯德尔的学校,改名为国立学校。1813年,国立协会共收回230所学校和40484名学生。

圣公会教徒和异教徒的显著反映,使志愿制度稳坐其位。它满足了大众教育和宗教自由的双重要求,将教育控制在两个协会手中,而这两个协会都同意拒绝为那些不接受宗教教育的人提供教育。他们之间的对抗关系不允许任何一方放松自己的努力。无论是各个公国的学校还是整个大不列颠的学校都在飞速发展,国家对国民服务的控制在更大的背景下逐渐消失。

---

① Marsh, H., *Sermon preached in St Paul's Cathedral, June 13, 1811, on The National Religion the Foundation of National Education.*

对国家控制的不信任是志愿原则持续时间延长的第二个因素。在18世纪末期之前,欧洲大陆国家认为教育是国家指导下的一项公共服务,但在英国,由于自由主义的坚决反对,这种认可被推迟。孟德斯鸠于1748年发表的《论法的精神》,清楚地阐述了英国和欧洲的思想流派就国家在公民教育方面应该扮演什么角色方面的分歧。他认为教育法律应当与政府原则相联系,这一观点在他自己的国家赢得普遍的赞同。拉夏洛泰将其归结为一个合乎逻辑的结论,即国民的教育应该依赖于国家,"因为教育在本质上属于国家"。① 1789年以后,教育作为一种公共服务的概念成为法国政治思想的一种普遍观念,即施行"普遍、义务、免费、世俗的教育",② 表达了法国大革命对其公民的态度。

在奥地利、普鲁士、巴伐利亚,以及德国的其他州,国家控制和世俗教育的稳步扩张也表现出了同样的趋势。③ 相反,在英国,这一想法却失败了。托马斯·谢里丹在1756年发表的关于英国教育的长文,发展了孟德斯鸠的论点。9年后,约翰·布朗博士要求制定一套符合国教教义的规定,要求所有社会成员都应该合法地服从这一准则。18世纪末,玛丽·沃斯通克拉夫特承认她对塔列兰德"充满智慧的公共教育小册子"的感激之情,要求在声明的支持下建立公立教育学校。④ 但是,英国大多数激进的观点反对国家控制教育。

在这几年里,那些对自由主义观点的塑造负有责任的人,在一定程度上并没有对劳动阶级的教育需求漠不关心。他们中像约瑟夫·普里斯特利、理查德·普莱斯和威廉·戈德温这样的人,认为教育是人类进步的主要工具。亚当·斯密要求对平民百姓进行教育,以防止狂热和迷信的妄想,并纠正文明社会和商业社会的劳动分工所产生的思想上和身体上的错误倾向。在《人权论》中,托马斯·潘恩敦促政府为贫困儿童的

---

① Montesquieu, *L' Esprit des Lois* [etc.], *1748*, Book Ⅳ; La Chalotais, *Essai d' Education Nationale, ou Plan d'Etudes pour la Jeunesse*, 1763, p. 31.
② Adamson, J. W., *English Education, 1789–1902*, 1930, p. 7.
③ 参见 Paulsen, F., *German Education Past and Present*, 1908, *passim*.
④ 参见 Shendan, T., *British Education, or the Source of the Disorders of Great Britain*, 1756; Brown, J, *Thoughts on Civil Liberty, on Licentiousness and Faction*, 1765; Talleyrand-Périgord, *Rapport sur l'instruction Publique* [etc.], 1791; Wollstonecraft, M., *A Vindication of the Rights of Women*, 1792.

教育提供家庭补贴,并宣称如果有一个受到良好监管的政府,任何人都应该接受教育。但是自由主义者反对国家干涉。在普里斯特利看来,教育是灵活的、实验性的和多样化的,给予"一切事物更多的自由空间,力求带给我们更多的多样性",[①] 这与固定和统一的制度不相容。亚当·斯密赞成为初等教育提供公共援助的论点,同时也伴随着对教育捐赠的批评,推而广之也批评了国家援助。失败的国家援助计划使学校的管理落入私人手中,并将选择教育的权利留给了父母。戈德温严格的个人主义不允许与国家进行任何形式的合作。在他关于政治正义的调查中,对国家的不信任达到顶峰。人们习惯性地认为,在国家监督下的国家教育体系不利于进步和个人主动性的提升,而且这种体系将为国家提供一个"相对于旧的和备受争议的政教联盟而言更强大的联盟"。[②]

法国战争结束后,与边沁和老密尔有关的有影响力的哲学激进派在创造有利于为人民提供教育的舆论方面发挥了主导作用,尽管他们是公共教育的提倡者,但是他们几乎没有表现出从志愿管理者肩上担负起大众教育责任的倾向。除了一两个例外,根据现有机制运作的国家监督,以及由志愿组织支付的国家捐款,确定了他们特许权的限制。他们的妥协有助于确立志愿主义原则,而此时,作为政治和社会改革的先锋队,他们将有希望看到国家对教育的控制成为一项基本的公共服务。

议会内外发表的讲话以及评论和每日新闻中的文章表明,反对国家干预的部分力量来自英国圣公会教徒和自由党,他们坚定地认为,国家对教育的控制将不利于宗教自由和个人自由,但一个更有力的反对理由,是人们心中根深蒂固地将大众教育作为一种慈善事业的理念。在18世纪之前,没有哪一个时期能够见证如此多的组织为那些无知和无助的人所做的共同努力,或者为许多虔诚的男女所奉献的个人服务。罗伯特·纳尔逊、亨利·霍尔、托马斯·布雷、伊丽莎白·哈斯廷斯女士、约翰·菲利普斯、亨利·莫尔、爱德华·尼克尔森、爱德华·辛格、约翰·卫

[①] Priestley, J., *Remarks on a Code of Education proposed by Dr Brown in a late Treatise entitled Thoughts on Civil Liberty*, 1765, p. 149.

[②] Godwin, W., *An Enquiry Concerning Political Justice and its influence on Morals and Happiness*, 2 vols. 1793, vol. Ⅱ, p. 144. 也可参见 Smith Adam, *An Inquiry into the Nature and Causes of the Wealth of Nations*, 1776, 和 Paine, T., *The Rights of Man*, 1791–1792, Part Ⅱ, Chap. Ⅴ。

斯里、约翰·霍华德、伊丽莎白·弗莱、威廉·威尔伯福斯、约翰·克拉克森、科拉姆船长、汉娜·莫尔和玛莎·莫尔、格里菲斯·琼斯、布里吉特·贝文、托马斯·查尔斯、乔纳斯·汉韦、亨利·桑顿、莎拉·特里默、威廉·艾伦都是各种基于不同慈善目的的典型代表,他们通过个人和集体的努力建立志愿性社会服务组织。他们的一生都热衷于这一事业。他们是18世纪英国的产物。① 他们为自己的仁慈而自豪,没有哪个同胞会否认他们的丰功伟绩。为贫苦家庭的子女提供学校是他们慈善活动中的首要任务。他们使教育运动保持了一百多年的活力,而最近这一运动的复兴也取得了巨大的成功,以至于在国家干预初期的倡导者布鲁汉姆以志愿体系既完善又成功为理由,撤回了他对《罗巴克法案》的支持。志愿慈善事业的根基太深太强,19世纪初改革者半心半意的努力无法改变既定秩序。慈善学校运动的支持者不能容忍国家干预的理念。在他们眼里,慈善事业与官僚体制格格不入。官僚会相互腐蚀。这些支持者认为,当公共资金打开时,私人资金就会关闭,人们将被剥夺照顾无知和无助者所带来的精神满足。支持者们决心把教育看作一种志愿服务,而这种服务是为资助穷人提供的,因此他们放弃了能够保证永久改革的一种方法。

二 结语

慈善学校运动几乎没有得到18世纪历史学家的认可。反奴隶制运动、监狱和工厂改革的坚定支持者却赢得同时代人和后人的赞扬。而那些勇敢地为穷人的教育而奋斗,反对那个时代的冷漠和蒙昧主义的贡献者,除了罗伯特·雷克斯以外,没有受到一点点赞扬。相反,他们受到持续不断的负面批评,因为他们的目的是传播宗教,他们的方法也备受争议。人们可能会怀疑,除极少数例外,那些资助和管理慈善学校运动

---

① 参见 Ruggles, T. (ed), *Histoire des Pauvres par l' Amiral du Quesnay*, 以编辑的广告为序; Paterson, J. *Pietas Londonensis*, 1714; Highmore, A., *Pietas Londontnsis*, 1814; Portus, G. V., *Caritas Anglicana*, 1912; Gray, Kirkman, *History of English Philanthropy*, 1905。再看看威尔伯福斯对18世纪末妇女在慈善事业中所起作用的评论:"在我的记忆中,没有任何一种人的状况能够得到比未婚妇女更大的改善。从前,似乎没有什么事情可以自然地使她们忙起来,可是现在她们总能找到一个可以帮助的穷人。" *Life of Wilberforce*, 1839, R. 和 S. Wilberforce, vol. I, p. 238。

的牧师和慈善家所组成的组织是否有任何教育的概念,慈善学校是否仅仅只是作为一种救赎机构。他们没有把教育作为公民共同身份的基础,也没有把教育作为发展儿童个性和智力的手段。他们关心的是道德纪律,或英国"文明",或新教信仰的传播,或者是拯救灵魂以获得上帝的荣耀。为穷人提供教育的学校被看作抵御当时特定宗教、政治和社会危险的一种屏障。他们的支持者将基础教育理解为一种恩典行为,是一个自成一体的系统,并且很难摆脱这两种理解。这些学校的数量不足,学校里的管理既充满腐败,也充斥着残暴的虐待行为。他们施行的教育是非常有限而机械的;这种教育所体现的精神是通过宗教制裁来执行的阶级纪律。这种教育观在现代人看来是如此令人厌恶,以至于这份事业的价值被遗忘或忽视了。然而,从这场运动的研究来看,很明显,学校是18世纪为成千上万的儿童提供教育的唯一手段。除了在爱尔兰外,政府没有发挥任何作用,而慈善学校却没有因此得到任何赞美。代表教育的科学运动尚未到来。仅仅是宗教为公共基本教育奠定基础。

人们习惯于将18世纪的教育理想与16世纪的教育理想相比较,这在两个时期建立的学校中都有体现。一个时期的学校被谴责为阶级的和宗教传播的机构;另一个时期的学校是向所有人开放的从事古典自由主义研究的机构。但有可能这些差异是被夸大的。中世纪和近代文法学校的自由制度并不是历史所赋予的。这些文法学校没有为穷人提供免费教育,充其量向下层阶级知识分子敞开了大门,而且是那些有能力支付学费的,且有足够的教育基础来接受古典教育的人。慈善学校的到来并没有关上那扇门。慈善学校体系的教学方式明显优于女爵士或教区执事开办的收费学校,那种认为慈善学校体系阻止了大多数学生进入文法学校大门的看法是荒谬且不公平的。

人们又一次忽视了,教条式的宗教教学在文法学校的课程中起着不小的作用。文法学校的校长经常是神职人员;他们必须获得主教执照才能教授《圣经》和教义问答,以及在星期日和圣日去教堂做礼拜,这在文法学校的生活中占很大比重,就像在慈善学校的生活中一样。慈善学校教学中所强调的宗教内容并不是特有的,而是与既定的文法学校实践相一致的。不掺杂宗教的教育,是一种与16世纪文法学校和18世纪慈善学校不同的观念。慈善学校教育的局限性不容否认,尽管学校教育的内容比较狭隘，但是对于当时的普通公众而言，这已经是相当广泛了。课程主要限于阅读和学习教师指定的教材。但是，由于学校的普通教科书是《圣经》，慈善学校教育的自由价值一直被低估。很难找到一本以如此完美的文学形式来指导教学的教科书，也很难找到比穷人的福音更有利于对社会状况进行明智批评的教学方式。对语言之美的感受，对诗歌的欣赏，以及对社会弊病的愤慨，对于学习《圣经》的学生来说并不罕见。当19世纪的作家们发现工人阶级中很少有人不识字时，他们感到非常惊讶；历史学家们对19世纪初激进思想的迅速接受感到惊讶，他们对新约伦理一无所知，也没有意识到无数的慈善事业是以教导穷人读书为目的的。

  慈善学校运动的价值并不局限于这些方面。它在学校教育和管理方面的功劳，很少被记入其中。慈善学校为女孩提供半公开教育，事实上，如果没有法律强制，女孩的教育经常被文法学校所忽视，所以对女孩的教育有时是通过专门为她们设立学校，有时是通过联合教育的方法完成。虽然在文法学校章程中很少提到女孩，其中的"儿童"一词通常用"男孩"一词翻译，但无数18世纪的遗嘱和赠予行为都为男孩和女孩的教育专门留下资金，"儿童"一词被统一翻译成涵盖两性的。慈善学校运动的领导作用在中学和高等教育中缓慢催化着。直到1873年，约书亚·费奇爵士说："人们不指望一个女孩在教堂和国家中侍奉上帝，也不会被邀请去上大学或文法学校，但如果她很穷，她可能会被要求作为一个学徒或佣人为她的后代做出贡献，因此慈善学校对她开放。"[①] 正是在这些慈善学校捐赠基金的帮助下女孩才有机会获得中等教育。

  另一项紧随其后的实验是为女孩提供小学教育。当读、写和算被大多数学校视为适合男孩的教学模式时，阅读、缝纫、编织，以及在可能的情况下，家务劳动是适合女孩的正确课程，无论是在别人家里当佣人，还是作为自己家里的妻子。一些学校试图为男孩提供类似的课程。这是一种职业性质的教育，应作为一种尝试来建立学校生活与外部世界的关系，而现代教育却未能做到这一点。不幸的是，一方面缺乏资金，另一方面批评学校只是一个文学机构，学生们不适合将来从事伐木和排水的

[①] *The Westminster Review*, April, 1873.

工作，这些都让这一职业指导的教学实验最终搁浅。劳动将学校变成小工厂，把孩子变成工薪阶层的劳工，当遇到反对教育贫困儿童的"群众呼声"时，职业因素被抛到脑后。

更重要的是慈善学校运动开创的新的组织方式。总的来说，它以高度发达的形式，为慈善事业贡献了以结社作为运行慈善机制的理念。在伦敦基督教知识促进会及其姐妹协会成立之后，各种各样的社会工作志愿协会相继出现。中央机构与地方委员会合作，为其提供协调的建议和鼓励，成为相关慈善事业的联合组织，并为民主政府提供了宝贵的培育基地。

现代国家的初等教育体系在很大程度上归功于这场运动。它在国家准备履行其职责之前为半民间教育提供了一个临时组织，它对现代教育系统的特殊结构产生了重要影响。它表明，中央控制和地方的主动性并非水火不容，二者可以在合作中发挥各自的优势。

这种责任传承下来，其重要性是无法估计的。两位杰出的英国历史学家对教会学校、教堂学校、夜校和贫民儿童免费学校表示出由衷的赞美，因为它们在 19 世纪的后 75 年里为改变伦敦工人阶级的行为和道德观念付出了巨大的努力。[1] 18 世纪的慈善学校，因其形式不统一、分布太过分散、教学质量参差不齐，无法在全国范围内产生类似性质的惊人变化。但可以确信的是，慈善学校提供了一种手段，使大量下层阶级的人民能够有机会改变他们的无知和无助。

---

[1] Webb, S. and B., *London Education*, 1904.

附 录

附录一 英格兰

1. 受捐赠的非传统学校名单

单位：所

地区	1698年前	1698~1710年	1710~1720年	1720~1730年	1730~1740年	1740~1750年	1750~1760年	1760~1770年	1770~1780年	1780~1790年	1790~1800年	无确切日期	总计
贝福德郡	7	1	0	4	0	0	0	0	0	0	0	1	13
柏克斯郡	10	6	3	1	1	0	1	1	0	2	3	2	30
巴克斯郡	3	3	5	2	1	0	1	1	0	2	3	2	19
剑桥郡	8	3	3	9	5	1	0	1	0	0	0	5	35
切斯特郡	15	2	3	4	1	0	4	1	2	9	0	17	58
康沃尔郡	3	3	2	0	0	1	2	1	1	1	1	2	17
坎伯兰郡	4	0	3	5	1	1	5	2	2	1	4	7	35

282

续表

地区	1698年前	1698~1710年	1710~1720年	1720~1730年	1730~1740年	1740~1750年	1750~1760年	1760~1770年	1770~1780年	1780~1790年	1790~1800年	无确切日期	总计
德比郡	14	4	10	13	3	8	1	3	2	1	3	11	73
德文郡	16	4	7	2	6	3	2	3	0	2	3	1	49
多塞特郡	6	2	2	1	4	2	2	1	1	1	2	4	28
达拉谟郡	1	1	4	5	2	4	0	6	2	2	3	4	34
艾塞克斯郡	15	3	5	6	3	0	3	4	3	1	0	2	45
格罗斯郡	12	7	5	5	5	1	2	3	5	1	0	2	48
赫里福郡	12	2	2	3	0	0	1	2	1	3	5	5	36
哈特福郡	9	2	1	5	0	0	0	2	0	0	0	2	22
汉斯郡	3	3	4	3	0	1	0	1	2	0	0	1	16
肯特郡	23	5	9	6	2	2	1	2	2	4	3	3	62
兰卡斯特郡	22	7	11	11	10	7	10	7	5	4	7	24	125
莱斯特郡	10	1	2	3	3	1	1	9	0	0	1	3	34
林肯市	29	12	22	11	2	2	1	3	2	2	1	10	92
米德尔塞克斯郡	13	16	5	1	2	0	1	3	1	4	1	8	55
伦敦市	26	14	10	1	2	0	0	0	0	0	0	6	59
西斯敏斯特市	3	7	0	1	0	0	0	0	0	0	0	0	11
蒙默思郡	4	0	1	1	2	0	0	0	0	0	0	0	8
诺福克郡	11	3	4	7	2	0	0	1	1	0	1	5	35
诺丁普顿市	21	6	11	2	3	0	2	5	2	1	1	7	61

续表

地区	1698年前	1698~1710年	1710~1720年	1720~1730年	1730~1740年	1740~1750年	1750~1760年	1760~1770年	1770~1780年	1780~1790年	1790~1800年	无确切日期	总计
诺丁汉	3	7	2	6	6	2	0	0	0	3	1	7	37
诺森伯兰郡	2	5	5	1	1	0	0	1	2	0	3	4	24
牛津	9	4	5	4	3	1	1	0	1	2	0	7	37
拉特兰郡	5	0	0	2	0	0	0	0	0	0	0	2	9
什罗浦郡	13	3	6	5	3	1	1	1	2	3	1	10	40
萨默塞特郡	12	2	9	7	2	0	7	3	0	1	2	4	49
南安普敦市	8	2	4	6	3	2	2	2	1	4	1	1	36
斯塔福郡	15	5	1	10	4	3	3	5	1	5	4	10	66
萨福克郡	11	4	3	4	2	1	1	0	0	0	0	6	32
萨里郡	9	3	10	1	1	2	0	0	1	2	1	0	30
苏塞克斯郡	5	3	3	4	3	1	2	1	1	1	1	0	25
沃里克郡	15	8	9	5	5	0	1	3	3	2	0	9	60
威尔特郡	8	3	6	7	2	2	2	1	5	2	3	5	46
斯特市	10	8	10	4	3	2	1	1	2	1	2	8	52
威斯特摩兰郡	7	0	0	1	1	0	0	2	3	0	1	2	17
约克郡	28	19	28	18	16	9	7	10	2	6	12	38	193
合计	460	193	235	197	115	60	67	93	55	72	73	245	1865

表格显示18世纪以及18世纪之前受捐赠或再受赠的英格兰慈善学校的数量和分布情况，主要数据源于1818~1843年间慈善机构调查委员会的报告。

2. 不依附于受捐赠非传统慈善学校的慈善机构

单位：所

地区	1698年前	1698~1710年	1710~1720年	1720~1730年	1730~1740年	1740~1750年	1750~1760年	1760~1770年	1770~1780年	1780~1790年	1790~1800年	无确切日期	总计
贝福德郡	6	3	3	3	2	1	0	1	1	1	0	7	28
柏克斯郡	7	2	3	5	0	0	5	1	2	1	6	11	43
巴克斯郡	7	0	6	6	4	0	1	2	1	1	3	5	36
剑桥郡	6	1	0	3	0	1	0	1	0	0	0	5	17
切斯特郡	3	0	1	4	0	2	2	1	0	0	4	1	18
康沃尔郡	7	1	4	0	1	2	2	1	2	3	0	2	25
坎伯兰郡	0	0	1	2	2	1	1	5	5	7	3	5	32
德比郡	9	1	3	3	3	6	0	0	1	2	3	4	35
德文郡	27	6	11	14	19	5	1	5	5	3	4	33	133
多塞特郡	4	1	0	1	0	0	1	1	1	0	1	5	15
达拉谟郡	2	2	1	2	0	1	0	0	0	3	0	1	12
艾塞克斯郡	7	3	1	3	8	1	4	2	7	2	4	12	54
格罗斯郡	12	3	10	15	6	7	3	4	0	5	2	18	85
赫里福郡	2	2	4	3	1	1	0	1	1	1	0	3	19
哈特福郡	7	0	1	3	4	1	1	0	0	2	2	5	26

285

续表

地区	1698年前	1698~1710年	1710~1720年	1720~1730年	1730~1740年	1740~1750年	1750~1760年	1760~1770年	1770~1780年	1780~1790年	1790~1800年	无确切日期	总计
汉斯郡	1	3	2	0	0	0	0	2	1	1	0	4	146
肯特郡	6	3	9	9	5	1	6	4	5	3	4	6	61
兰卡斯特郡	10	1	6	2	3	3	3	2	0	1	2	15	48
莱斯特郡	5	4	7	6	5	1	2	4	3	3	5	20	65
林肯市	9	2	5	5	5	0	2	0	0	2	0	11	41
伦敦市	5	0	2	2	1	0	0	0	1	0	0	2	13
米德尔塞克斯郡	7	2	2	2	0	0	1	3	2	2	6	6	33
蒙默思郡	1	0	0	2	0	0	0	0	0	0	0	1	4
诺福克郡	17	0	5	9	2	0	3	1	4	2	5	7	52
诺坦普顿市	10	5	2	1	2	2	1	1	1	3	1	18	49
诺森伯兰郡	0	0	1	3	2	1	0	0	0	0	2	4	14
诺丁汉	7	0	3	4	1	6	0	1	3	3	1	15	44
牛津	7	4	7	9	0	1	0	1	0	5	0	6	40
拉特兰郡	1	0	0	0	0	0	0	1	0	0	1	4	7
什罗浦郡	2	3	1	8	4	1	0	1	0	1	0	13	34
萨默塞特郡	6	4	5	7	6	3	3	4	3	5	5	17	68
南安普敦市	9	3	2	7	2	1	4	2	6	3	1	5	45
怀特岛	3	0	0	2	0	0	0	0	0	0	0	0	5

续表

地区	1698年前	1698~1710年	1710~1720年	1720~1730年	1730~1740年	1740~1750年	1750~1760年	1760~1770年	1770~1780年	1780~1790年	1790~1800年	无确切日期	总计
斯塔福郡	12	1	5	5	2	0	2	1	1	2	6	15	52
萨福克郡	12	9	9	10	3	2	1	2	1	1	2	25	77
萨塞克区	1	0	1	0	0	0	0	0	0	0	0	0	2
萨里郡	7	3	4	8	1	1	3	2	3	2	0	1	35
苏塞克斯郡	3	3	5	5	4	0	1	4	2	0	1	5	33
沃里克郡	7	2	5	1	2	2	0	4	4	3	2	2	34
威斯特摩兰郡	1	0	1	1	2	0	1	1	1	0	2	3	13
威尔特郡	5	6	1	5	4	1	2	2	0	4	1	8	40
斯特市	3	1	2	4	1	0	2	0	1	2	2	6	23
约克市	3	2	1	3	0	0	0	0	0	0	0	2	12
约克郡：东	5	8	5	6	1	1	0	3	2	4	4	11	50
北	8	6	3	5	1	0	5	7	3	4	1	20	63
西	12	0	10	10	4	5	4	7	1	6	10	33	102
合计	291	100	160	208	113	62	67	85	75	93	96	402	1751

表格显示18世纪以及18世纪之前慈善机构的数量和分布情况，主要数据源于1818~1843年慈善机构调查委员会的报告。

3. 一份关于为贫困学校儿童提供服装费用的报告（主要数据源于1712年英格兰和爱尔兰慈善学校的统计）

男孩服装的费用清单		英镑	先令	便士
六分之四宽的一码半灰色约克宽布，做一件外套		00	03	00
外套所需锡铅合金的纽扣以及其他的材料		00	01	00
一件相同布料衬里的马甲		00	03	06
一条布或皮革衬里的马裤		00	02	06
各种颜色的针织帽，用绒毛或珠串装饰		00	00	10
一条绑带		00	00	02
一件衬衣		00	01	06
一双羊毛长袜		00	00	08
一双鞋		00	01	10
一对鞋扣		00	00	01
一双针织或洗革手套		00	00	07
	合计	00	15	08
女孩服装的费用清单		英镑	先令	便士
三英尺宽的三码蓝色布长布，做一件礼服和衬裙		00	04	08
以上所需的针线、内衬以及其他的材料		00	01	00
英格兰布料的镶边头巾和绑带		00	00	09
精纺根特布		00	01	00
一件衬衣		00	01	06
一条白色、蓝色或格子的围裙		00	01	00
一件皮制的紧身胸衣和三角胸衣		00	02	06
一双羊毛长袜		00	00	08
一双鞋		00	01	08
一双木套鞋		00	00	08
一对鞋扣		00	00	01
一双针织或洗革手套		00	00	07
	合计	00	15	08

注意：这里的服装可以提供给不同身高的孩子，50个7~12岁的孩子都按照这个标准提供服装。

附录二

1. 苏格兰地区的盖尔语经典著作

时间	版本	推行者	数量（本）
1767 年	新约第一版	苏格兰基督教知识促进会	10000
1767 年	同上版，盖尔语精读版	苏格兰基督教知识促进会	
1787 年	约翰·史密斯的诗篇版本		
1796 年	1767 年新约修订版	苏格兰基督教知识促进会	21500
1801 年	旧约第一版	苏格兰基督教知识促进会	5000
1807 年	1801 年旧约修订版	苏格兰基督教知识促进会	
1807 年	圣经第一版	大英圣书公会	

在 1767 年之前，盖尔语的经文就在苏格兰地区的盖尔语居民中流传，例如 1681 年和 1754 年的新约；1685 年的旧约；1690 年的《圣经》，1659 年出版的阿格尔的韵律诗；科克先生的诗篇；1684 年出版的基克的诗篇等。

2. 1800 年 5 月 1 日至 1801 年 5 月 1 日促进会在苏格兰建立的机构

数据来自促进会 1801 年的计划书

		工资（英镑）
200	所第一个专利的学校，	245900
19	名退休教师，	14700
13	名传教士和盘问者，	33600
6	项盖尔人的助学金	9000
94	所第二项专利的学校	45900
1	名退休教师	500
333		349600

第一项特许权的学校学生数量的统计通常来自上述学校，这是出于宗教的目的，以及文学的首要原则，学生数量为 ·················· 10000

第二项特许权，在工业学校学生数量为 ························ 1880

合计：11880

附录三

1791年由爱尔兰教育调查委员会的委员们记录的
在促进会合作下创办的学校名单

单位：人

建立时间	地区	学校	编制人员	学生数（1790年）
1734年	基尔代尔	卡斯尔德莫特	40	38
1735年	唐	巴利纳欣奇		
	梅奥	美能达①		
	利默里克	香农格罗夫	100	63
1736年	蒂龙	考尔菲尔德城堡		
1737年	阿尔马	克雷根	40	40
	安特里姆	巴利卡斯尔	40	34
	威克洛	坦普尔斯镇		
1738年	唐	基洛赫		
	利默里克	基尔马勒克		
	劳斯	邓多克	40	36
	安妮女王郡	斯特拉德巴利	50	39
	利默里克	基尔福涅	20	14
	梅奥	巴林罗布	40	30
1740年	戈尔韦	艾尔新城②		
	莫纳亨	科里新城		
	多尼戈尔	拉伊	30	32
1741年	韦克斯福德	新罗斯	40	39
1743年	克莱尔	巴里凯特		
1744年	都柏林	桑特里	40	36
	沃特福德	沃特福德	40	41
1745年	基尔肯尼	基尔肯尼	60	35
	米斯	阿德巴斯坎	50	38
1748年	科克	查尔维尔	30	39
	唐	斯特兰福德	50	39
	基尔代尔	卡伯城堡③	50	46
	蒂珀雷里	克伦梅尔	40	39

续表

建立时间	地区	学校	编制人员	学生数（1790年）
	米斯	特里姆	40	38
	威克洛	阿克洛	40	41
	利默里克	芒特香农		
1749年	科克	金塞尔		
	科克	马特城堡	40	33
	都柏林	克朗塔夫	100	63
	戈尔韦	洛夫雷	50	39
	基尔代尔	马诺特	40	34
1751年	蒂珀雷里	卡舍尔	40	30
	科克	邓曼韦	40	40
	蒂珀雷里	纽波特	40	40
1752年	德里	巴利凯利	50	45
	科克	英尼森	50	47
1753年	国王郡	法兰克福	40	33
	朗福德	朗福德	60	43
1755年	戈尔韦	戈尔韦	40	23
	戈尔韦	莫尼瓦		
	斯利戈	斯利戈	80	52
1758年	韦斯特米斯	法勒	40	31
	阿尔马	阿尔马④		
1760年	科克	内尼斯卡拉	50	44
1760年	科里	古堡岛	45	22
1768年	梅奥	卡斯尔巴	50	43
	克莱尔	纽马克特	40	37
			1775	1455
托儿所：				
	戈尔韦	莫尼瓦		
	利默里克	香农格罗夫		
	基尔代尔	莫那斯利凡		
	都柏林	米尔敦，都柏林附近		263

续表

		在拉内勒夫地区为新教徒建立的学校：	
		阿斯隆	
		罗斯康芒	80
			1798

注：①1764 年，总体经济计划中止。
②1773 年，总体经济计划中止。
③1798 年，被叛军烧毁。
④1773 年，总体经济计划中止。

附录四　威尔士

1737～1777 年的威尔士流动慈善学校（在 1870 年遭到了琼斯法官的反对，理由是会对威尔士国教造成威胁）

单位：所，人

年份	学校数量	学生数量	年份	学校数量	学生数量
1737	37	2400	1758	218	9834
1738	71	3981	1759	206	8539
1739	71	3989	1760	215	8687
1740	150	8767	1761	210	8023
1741	128	7995	1762	225	9686
1742	89	5123	1763	279	11770
1743	75	4881	1764	195	9453
1744	74	4253	1865	189	9029
1745	120	5843	1766	219	10986
1746	116	5635	1767	190	8422
1747	110	5633	1768	148	7149
1748	136	6223	1769	173	8637
1749	142	6543	1770	159	9042
1750	130	6244	1771	181	9844
1751	129	5669	1772	219	12044
1752	130	5724	1773	242	13205
1753	134	5118	1774	211	11685
1754	149	6018	1775	148	9002

续表

年份	学校数量	学生数量	年份	学校数量	学生数量
1755	163	7015	1776	118	7354
1756	172	7064	1777	144	9576
1757	220	9037			

附录五 参考文献

一、官方文件

Statutes at Large.

Irish Statutes.

Acts of the Parliament of Scotland.

Acts of Parliament under the Commonwealth (ed. H. Scobell).

Acts of the Privy Council of Scotland.

Acts of the Assembly of the Church of Scotland.

Abstract of Returns of Charitable Donations for the Benefit of Poor Persons, made by the Ministers and Churchwardens of the Several Parishes and Townships of England and Wales, 1786 – 88. Printed 1816.

Reports: Commissioners of Irish Education Inquiry. 1788 – 91.

Commissioners of the Board of Education, Ireland. 1809 – 12.

Select Committee on the State of the Children Employed in Manufactories. 1816. Select Committee on the Education of the Lower Orders. 12 parts, 1816 – 18. Commission to Inquire Concerning Charities. 32 Reports, 1819 – 37. Digest of Schools and Charities for Education. 1843.

Commissioners on Education in Ireland. 1825.

The Select Committee on Education in England and Wales. 1835.

The Select Committee on the State of Education in Scotland. 1838.

Commissioners of Inquiry into the State of Education in Wales. 1847.

Commission of Endowed Schools, Ireland. Commissions, 1854 – 8.

Commissioners on the State of Popular Education in England. 6 vols. 1861.

The Schools Inquiry Commission. 21 vols. 1866.

Commissioners to inquire into the State of the Schools in Scotland. 10 parts. 1865 – 7. The Departmental Commission to inquire into the position of the Welsh Language, and to advise as to its promotion in the Educational System of Wales. 1927. Parliamentary History, ed. by W. Cobbett, to 1803; Parliamentary Debates, ed. by Hansard, from 1803.

Journals of the House of Commons, England.

Journals of the House of Commons, Ireland.

Calendar of Home Office Papers, State Papers Domestic. 4 vols. 1760 – 73.

Thurloe, J. Collection of State Papers, ed. by T. Birch. 1742.

Educational Census 1851, compiled by Horace Mann.

State Trials, Collection of, ed. by T. B. Howell. 1816 – 26.

二、报告

Account of the Rise and Progress of the Religious Societies in the City of London. 1697. Account of the Several Societies of Religion. 1700.

Reports of the Societies for the Reformation of Manners in London and Westminster and other parts of the Kingdom. 1699 – 1738.

Accounts of Charity Schools in Great Britain and Ireland, being the Annual Reports of the Society for Promoting Christian Knowledge on the State of the Charity Schools. 1704 – 1800.

Account of the Society of the Patrons of the Anniversary of Charity Schools. 1803. Circular Letters of the Society for Promoting Christian Knowledge to its Correspondents. 1699 – 1725.

Annual Reports of the Society in Scotland for Propagating Christian Knowledge. Edinburgh. 1709 – 1800.

Annual Reports of the Society in Ireland for Promoting Christian Knowledge. 1716, 1717, 1718, 1719, 1721, 1725, 1730, Dublin.

Proceedings of the Incorporated Society, Dublin. 1737 – 99, Dublin.

Reports of the Society in London Corresponding with the Scottish S. P. C. K. 1776, 1791, 1792, 1793, 1794, 1800.

Reports of the Society in London Corresponding with the Incorporated Society, Ireland. 1722, 1745, 1747, 1749, 1751, 1753, 1755, 1759, 1761.

Welch Piety: Reports of the Circulating Welch Charity Schools. 1737 - 67, 1768 - 9, 1770 - 77.

Reports of the Society for Promoting Religious Knowledge among the Poor. 1750, 1762, 1766, 1800.

Reports of the Society for Discountenancing Vice and Promoting Religion and Virtue. 1800 - 2, Dublin.

Reports of the Gaelic Society. 1811 - 19, Edinburgh.

Reports of the Society for Bettering the Condition and Improving the Comforts of the Poor. 1797 - 1808. Digest of same, 1801.

Reports of the Sunday School Society. 1787, 1788, 1789, 1797, 1799.

Circular Letters of the Sunday School Society. 1784 - 5.

Report of the Sunday School Union. 1803.

Reports of the National Society for Promoting the Education of the Poor in the Principles of the Established Church, 1812 - 30.

Reports of the British and Foreign Schools Society. 1815 - 30.

Report of the Finance Committee of the British and Foreign Schools Society. 1810. Report of the Philanthropic Society. 1788.

Reports of the Central Society of Education. 1837 - 8 - 9.

Accounts of the Proceedings of the Charitable Society. 1719 - 35.

三、信件和日记

Boulter, Hugh. Letters written by His Excellency Lord Primate of All Ireland (etc.) to Several Ministers of State in England and Some Others, containing an Account of the Most Interesting Transactions which passed in Ireland from 1724 to 1738. 2 vols. Oxford, 1769 - 70.

Brougham, Henry. Letter to Sir Samuel Rommilly on the Abuse of Charities. 1818.

[Burt, E.] Letters from a Gentleman in the North of Scotland to a Friend in London. London, 1754.

"Cato." Collection of Letters published in The British Journal. London, 1723.

Charles, Thomas. Letters of, ed. by the Rev. E. Morgan. 1832.

Francke, A. H. Letter to the S. P. C. K. enclosing a Report of the Schools and work at Halle. 1710.

Grant, Mrs Anne, of Laggan. Letters from the Mountains, 1773 – 1803. 3 vols. 1806.

Hanway, J. Letters on die Importance of the Rising Generation, and To the Guardians of the Infant Poor. 1767.

Howard, John. Letters of, ed. by J. Field. 1855.

Hughes, Stephen. Letter prefaced to the 1672 ed. of *Gwaith Mr Rees Prichard*.

Jones, Griffith. Letters in Welch Piety. Letters to Madam Bevan, ed. by the Rev. E. Morgan, 1832; and in the Transactions of the Carmarthenshire Antiquarian Society, ed. by M. H. Jones. Nos. 38 and 39. 1921.

King, Wm, Archbishop of Dublin. Correspondence of, ed. by S. C. King. In A Great Archbishop of Dublin. 1906.

Lancaster, J. Letter to John Foster, Esq., Chancellor of the Exchequer for Ireland, on the best means of Educating and Employing the Poor in that Country. 1805.

Le Blanc, D. B. Lettres d'un Frangais. 1745.

Letters of a Clergyman to his Friend in the Country, being a short Account of the Charity Schools. 1725.

Letters to the Patrons and Trustees of Charity Schools. 1788.

More, Hannah. Memoirs of the Life and Correspondence of, ed. by W. Roberts. 1835. Letters of, ed. by Brimley Johnson. 1925.

More, Martha. The Mendip Annals, the Journals of Martha More, ed., with additional matter, by Arthur Roberts. 1859.

Morris Brothers, The. The Letters of, ed. by J. H. Davies. 1906.

Nisser, F. C. Rector of the Swedish Church, London, Letters on the Patriotism, Charity and Philanthropy in Great Britain. 1797.

O'Sullivan, H. Hedge School Master at Callin, Diary of. Part I, ed., with Introduction, Translation and Notes, by M. McGrath. Irish Texts Society, 1936.

Pococke, Bishop. Tour in Ireland, 1752, ed. by G. T. Stokes. Dublin, 1891.

The Trevecha Letters, or the Unpublished Correspondence of Howell Harris and his Contemporaries, by the late M. H. Jones, ed. by R. T. Jenkins. 1932.

Thoresby, Ralph. Diary and Correspondence of, 1677 – 1724, ed. by J. Hunter. 4 vols. London, 1832.

Trimmer, Mrs Sarah. Some Account of the Life and Writings of, with Original Letters [etc.]. 2nd ed. 1816.

Wesley, J. Letters of, 1721 – 9, ed. by J. Telford. 1931.

Wesley, John. Journals of, ed. by N. Cumoch. 8 vols. 1909 – 16.

Whitefield, George. Journal of, with Appendices, ed. by W. Wale. 1905.

Wodrow, R. Correspondence, ed. by T. M. McCrie. 3 vols. 1843.

Woodforde, Rev. James. Diary of a Country Parson, 1758 – 81. 4 vols. ed. by J. Beresford, 1926 – 9.

四、其他当代作品

1. 英格兰

Anon. Considerations of the Fatal Effects to a Trading Nation of the Excess of Public Charity. 1763.

Anon. Defence of the Private Academies and Schools of the Protestant Dissenters. 1714.

Anthems and Psalms as performed in St Paul's Cathedral on the day of the Anniversary Meeting of the Charity Children in and about the Cities of London and Westminster. 1800.

Baptist Annual Register. 4 vols. 1790 – 1802, ed. J. Rippon.

Barnard, T. An Historical Character relating to the Holy and Exemplary Life of the Right Honourable Lady Elizabeth Hastings. 1742.

Bell, Andrew. An Experiment in Education made at the Male Asylum at Madras, suggesting a System by which a School or Family may teach itself under the Superintendence of the Master or Parent. 1797.

Bernard, Sir T. Account of the Foundling Hospital. 1799.

Of the Education of the Poor. 1809.

The New School: An Attempt to illustrate its principles, details and advantages. 1809.

The Barrington School. 1812.

Bowles, N. L. Education of the Lower Classes. 1808.

Thoughts on the Education of the Poor. 1820.

Boyer, W. Schools for Spinning. 1795.

Brewster, S. The Christian Scholar. 1704.

Bridges, W. Methods and Management of Free Schools. 1699.

Brokesby, F. Of Education. 1701.

Brougham, H. Observations on the Education of the People. 1825.

Brown, J. Baldwin. Public and Private Life of John Howard. 1823.

Bruce, Mr. The Advantage of changing the Bell and Lancaster Schools from Charity to cheap Pay-School. 1819.

Burnet, Gilbert. History of His Own Time. 6 vols. Oxford, 1833.

Supplement to Burnet's History of His Own Time, by H. C. Foxcroft. Oxford, 1902.

J. B. , Under Master of the Charity School in St Alban's, Holbom. Charity in Perfection this Side Heaven. A Poem. 1716.

Chamberlayne, E. Notitiae Angliae, or the Present State of England. 1700 – 2 – 4 – 7, Continued by his son, J. Chamberlayne as Magnae Britanniae Notitiae.

Clarke, S. The Lives of Sundry Eminent Persons in the Later Age. 2 Parts. 1683.

Colquhoun, P. A New and Appropriate System of Education for the Labouring People. 1806.

Complaints of the Poor. 1792.

Cooper, S. Definitions and Axioms relating to Charity, Charitable Institutions, and the Poor Laws. 1760.

Cowper, Wm. Tirocinium, or Review of Schools. 1784.

Crutwell, C. Life of Bishop Thomas Wilson. 2 vols. Bath, 1781.

Davies, David. The Case of the Labourers in Husbandry. 1795.

Defoe, D. Giving Alms No Charity. 1704.

Charity Still a Virtue, or an Impartial Account of the Trial and Conviction of the Rev. W. Hendley for Preaching a Charity Sermon at Chislehurst. 1719.

Everybody's Business is Nobody's Business. 1725.

Of Royal Education. 1728.

Dixon, H. The Parents' and School-Masters' Spiritual Assistant for grounding the Charity Children. 1732.

Doddridge, P. Collected Works, ed. by E. Williams and E. Parsons. 10 vols. 1802 – 10.

Dyer, G. The Theory and Practice of Benevolence. 1818.

Eachard, J. The Grounds and Occasions of the Contempt of the Clergy inquired into. 1698.

Eden, Sir F. State of the Poor. 3 vols. 1797.

Edgeworth, M. Practical Education. 3 vols. 1801.

Educational Record, The, with the Proceedings of the British and Foreign School Society, vols. xv – xxn. 1899 – 1929.

The Expediency and Means of elevating the Profession of the Educator in Society. 1839.

Firmin, T. Some Proposals for the Imployment of the Poor and the Prevention of Idleness. 1681.

Firmin, Thomas. Life of. 1698.

Fox, J. Comparative View of the Plans of Education as detailed in the Publications of Dr Bell and Mr Lancaster. 1811.

A Vindication of Mr Lancaster's System. 1811.

Francke, A. H. Pietas Halliensis, or a Public Demonstration of the Footsteps of a Divine Being yet in the World, or an Historical Narrative of the Orphan House and Other Charitable Institutions at Claucha, near Halle in Saxony. 1707.

A Short and Simple Instruction how Children are to be guided to a True Piety and Christian Wisdom, formerly drawn up for Christian Tutors, and now by desire printed. Trans. 1707.

Gaskell, P. The Manufacturing Population of England; its Moral, Social and Physical Conditions and the Changes which have arisen from the use of Steam Machinery; with an Examination of Infant Labour. 1833.

Gibson, Edmund. The Peculiar Excellency and Reward of Supporting Schools of Charity. A Sermon preached on May 24, 1716.

The Charge of Edmund, Lord Bishop of London, to the Clergy of his Diocese in his Visitation begun in the Cathedral Church of St Paul, May 28, 1730.

Gibson, Edmund. Directions given by, to the Masters and Mistresses of the Charity Schools within the Bills of Mortality and Diocese of London, Nov. 14, 1724.

Gisborne, T. An Inquiry into the Duties of Men in the Higher Ranks and Middle Classes of Society in Great Britain. 1797.

Gloucestershire Tracts, No. 13. [n. d.]

Gouge, T. The Surest and Safest Way of Thriving. 1694.

Han way, Jonas. A Letter from a Member of the Marine Society, Shewing the Generosity and Utility of their Design. 1757.

An Account of the Marine Society. 6th ed. 1759.

A Candid Historical Account of the Hospital... for Exposed and Deserted Young Children. 1759.

An Earnest Appeal for Mercy to the Children of the Poor. 1766.

The Importance of the Rising Generation of the Labouring Part of our Fellow Subjects. 1768.

A Sentimental History of Chimney Sweepers in London and Westminster, with a Letter to a London Clergyman on Sunday Schools, calculated for the preservation of the children of the Poor. 1785.

A Comprehensive View of Sunday Schools for the Use of the more Indigent Inhabitants of Cities, Towns and Villages, through England and Wales. 1786.

A Comprehensive Sentimental Book for Scholars learning in Sunday Schools. 1786.

Hendley, W. A Defence of Charity Schools. 1724.

Henry, Matthew. Sermon Concerning the Catechism of Youth. 1713.

Herring, Archbishop. Visitation Returns, 1743. 5 vols. Ed. Ollard, S. L. and Walker, P. C. Yorkshire Archaeological Society. 1928 – 31.

Huntingdon, Life and Times of Selina, Countess of. By a Member of the Houses of Shirley and Hastings. 2 vols. 1844.

Hymn Sheets prepared for the Anniversary Services of the Charity Schools in the parishes of St Mary, Rotherhithe, 1768, 1776, 1794; All Hallows, London Wall, 1752; Christ Church, Spital Square, 1755.

Hymn Sheets prepared for the Anniversary Services of the Charity Schools in and about London and Westminster. 1709, 1711.

Ivimey, J. History of the English Baptists. 4 vols. 1824 – 30.

Memoirs of William Fox. 1831.

Kennett, White. The Christian Scholar, or Rules and Directions for Children and Youths sent to English Schools, more especially designed for the Poor Boys Taught and Cloathed by Charity in the Parish of St Botolph's, Aldgate. 1710.

Kidder, R. Charity Directed, or the Way to Give Alms. 1676.

Knox, V. Remarks on the Tendency of a... Bill now pending... to degrade Grammar Schools. 1820.

Ladies's Memorial Praying for a Charter for the Foundling Hospital (1737).

Lancaster, J. Improvements in Education as it respects the Industrious Classes of the Community [etc.]. 1803.

Outline of a Plan for educating Ten Thousand Poor Children. 1806.

An Account of the Progress of Mr Lancaster Plan. 1809.

A Remarkable Establishment at Paris. 1809.

Instructions for forming... a Society for the Education of the Poorer Classes. 1810.

The British System of Education. 1810.

Schools for all. 1812.

Leach, A. F. Educational Charters and Documents. 1911.

Lee, Francis. History of Montanism. 1709.

Memoirs of the Life of J. Kettlewell, compiled from the Collections of G. Hickes and R. Nelson. 1718.

Lloyd, W. F. Life of Robert Raikes. 1826.

Maidwell, L. The Necessity and Excellence of Education. 1705.

Maitland, W. History and Survey of London. 2 vols. 1772.

Malthus, T. R. Essay on the Principle of Population as it affects the future Improvement of Society. 1798.

Mandeville, B. The Fable of the Bees on Private Vices Public Benefits. Ed. K. F. B. Kaye. 2 vols. Oxford. 1924.

Marsh, H. Vindication of Dr Bell's System of Tuition. 1811.

The National Religion the Foundation of National Education. A Sermon preached in St Paul's Cathedral, June 13, 1811.

Massie, J. A Plan for the Establishment of Charity Schools. 1758.

Matthews, H. Reasons for Promoting the Interests of Charity Schools, [n. d.].

Memorial presented to the S. P. C. K. for setting up Charity Schools Universally in All Parishes of England and Wales. 1710.

Mill, James and John, on Education, ed. F. A. Cavenagh. Cambridge, 1931.

Milner, I. Strictures on Some of the Publications of the Rev. Herbert Marsh, intended as a reply to his objections to the British and Foreign Bible Society. 1813.

Monro, G. Just measures for the Pious Instruction of Youth. 2 vols. 1701.

More, Hannah. Collected Works. 12 vols. 1854.

Cheap Repository Tracts. 1795 – 8.

Navy, The. An Infallible Project for the more effectual and easy manning of. 1745.

Neal, Daniel. The History of the Puritans or Protestant Non-Conformists from the Reformation to…the Act of Toleration. 2 vols. 2nd ed. 1754.

Nelson, R. The Life of Bishop Bull of St David's. 1713.

The Whole Duty of a Christian, Designed for the Use of the Charity Schools in and about London. 1704.

Ways and Methods of Doing Good. 1715.

Festivals and Fasts. 1739.

Orders read and given to the Parents on the Admission of their Children into the Charity Schools. 1708.

Orphanotrophy, A Memorial Concerning, or the Hospital for the Reception of Poor Cast-off Children or Foundlings, in order to the Saving of the Lives of many poor Innocents yearly, and to the rendering of all useful to the Public, instead of hurtful Members thereof; as those who survive by being brought to begging generally prove. By a Rector of one of the Parish Churches without the City Walls. 1728.

Owen, J. History of the Origin and First Ten Years of the British and Foreign Bible Society. 2 vols. 181 - 6.

Owen, Robert. New View of Society, or Essays on the Principles of the Formation of Human Character and the Application of the Principles to Practice. 1813.

Parr, Samuel. A Discourse on the Plans Pursued in Charity Schools, [n. d.]

Parson, W. and White, W. History, Directory and Gazetteer of the Counties of Durham and Northumberland. 2 vols. Leeds, 1827 - 8.

Patrick, Symon, Bishop of Ely. Autobiography. Oxford, 1839.

Patrons of Charity Schools, List of. 1784.

Peterson, J. Pietas Londoniensis. 1714.

Pitt, W. M. Plan for the Extension and Regulation of Sunday Schools. 1785.

Place, Francis. Improvement of the Working People. 1834.

Porteus, Beilby, Bishop of Chester. Letter to the Clergy of the Diocese of Chester. 1785.

Potter, R. Observations on the Poor Laws. 1775.

Proposals for Establishing a Charitable Fund in the City of London [etc.]. 1706.

Pugh, J. Life of Jonas Hanway. 1787.

Raikes, R. The Sunday School Scholars Companion. 1794.

Seeker, Thomas. The Works of, with Life by Beilby Porteus. 6 vols. i8n.

Service Papers at the Anniversary Meetings of the Charity Schools in St

Dunstan in the West. 1791 – 1843.

Shenstone, W. The Schoolmistress. 1740.

Smith, Adam. An Inquiry into the Nature and Causes of the Wealth of Nations with ... Supplemental Dissertations, by J. R. McCulloch, Esq. New ed. 1872.

Southey, R. Life of John Wesley. 1820.

The New System of Education, reprinted from an article in the Quarterly Review. 1812.

Southey, R. and C. C. Life of the Rev. Andrew Bell. 3 vols. 1844.

Speculum Dioeceseos Lincolniensis sub episcopis Gul: Wake et Edm: Gibson, ed. by R. E. G. Cole.

Stow's Survey of London ... brought down from 1633 ... to the Present Time. Ed. J. Strype. 1720.

Talbot, J. The Christian Schoolmaster, or the Duty of those who are Employed in the Public Instruction of Children, especially in Charity Schools. 1707.

Taylor, T. Memoirs of John Howard. 1836.

Temple, W. Essay on Trade and Commerce. 1770.

Trimmer, Mrs Sarah. The (Economy of Charity. 1787. 2 vols. 1801.

Reflections upon the Education of Children in Charity Schools, with an Outline of a Plan of Appropriate Instruction for the Children of the Poor [etc.]. 1792.

A Comparative View of the New Plan of Education promulgated by Mr Joseph Lancaster in his Tracts Concerning the Instruction of the Children of the Labouring Part of the Community, and of the System of Christian Education founded by our Pious Forefathers for the Initiation of Young members of the Established Church in the Principles of the Reformed Religion. 1792.

Trimmer, Mrs Sarah. The Guardian of Education. 1802 – 6.

The Charity Spelling Book: The Teachers Assistant, consisting of Lectures in the Catechetical form, being part of a plan of Appropriate Instruction for the Children of the Poor. 2nd ed. 1808.

Ventris, P. V. Reports of Select Cases. 2 vols. 1696.

Watts, Isaac. Essay on Charity and Charity Schools. 1724.

Treatise on the Education of Children and Youths. 1725.

Divine Songs attempted in Easy Language for Children. 21st ed. 1752.

Wesley, John. Works of. 14 vols. 1840 – 2.

Conference Minutes, 1794 – 8. 1862.

Whiston, W. Memorial for the Setting up of Charity Schools. 1710.

Sermon preached at Trinity Church in Cambridge, January 25, 1704/5, at which Time and Place the Teachers of the Charity Schools lately erected in Cambridge appeared with the Poor Children under their Care, in Number about Three Hundred. 1705.

Whiston, W. Memoirs, Written by Himself. 1753.

Whole Duty of Man, The. 1650.

Wilberforce, R. and S. Life of William Wilberforce. 2nd ed. 1839.

Wilberforce, W. A Practical View of the Prevailing Religious Systems of Professed Christians in the Higher and Middle Classes of the Country contrasted with real Christianity. 1797.

Young, A. The Farmer's Tour through the East of England. 4 vols. 1771.

2. 苏格兰

Anderson, J. The State of Society and Knowledge in the Highlands of Scotland. 1827.

B. de—, Mons. Reflections on the Causes and Probable Consequences of the Late Revolution in France, with a view to the Ecclesiastical and Civil Condition of Scotland. Trans. Edinburgh, 1799.

Carlisle, N. Topographical Dictionary of Scotland. 1813.

Gillies, J. Historical Collections relating to Remarkable Periods of the Success of the Gospel. Glasgow, 1754.

The Highlands of Scotland in 1750 from the MSS. 104, in the King's Library, the British Museum. 1898. Ed. Andrew Lang.

Hunter, H. A Brief History of the Society in Scotland. 1795.

Lockcarron and Glenmoriston Experiments, The. In The Scots Magazine, vols. xv and xvi. 1753 – 4.

MacFarlane, J. The History of the Society in Scotland. 1783.

Moral Statistics of the Highlands and Islands, compiled from returns received by the Inverness Society for the Education of the Poor in the Highlands, to which is prefixed a Report on the Past and Present State of Education in these Districts. Aberdeen, 1826.

Shaw, Lachlan. History of Moray. 1778.

Sinclair, Sir J. Statistical Account of Scotland. 21 vols. 179~99. Edinburgh, 1799.

Analysis of Statistical Account. 1825.

Stewart, D. Sketches of the Manners and Character of the Highlands of Scotland. 1825.

Wodrow, R. Life of James Wodrow. 1828.

Analecta. 4 vols. Publication of the Maitland Club. 1842-3.

3. 爱尔兰

Anderson, C. Memorial on behalf of the Native Irish with a View to their improvement in Moral and Religious Knowledge through the medium of their own Language. 1815.

Berkeley, G. Works and Life of, ed. by A. C. Frazer. 4 vols. Oxford, 1901.

Birch, T. Life of the Hon. Robert Boyle. 1744.

Bradshaw Collection of Irish Books in the University Library of Cambridge.

Caldwell, Sir J. Penal Laws relating to Ireland. 1764.

Campbell, T. Philosophical Survey of Ireland. 1776.

Carleton, W. Traits and Stories of the Irish Peasantry. 2 vols. 4th ed. 1836.

Carr, Sir J. The Stranger in Ireland. 1806.

Croker, T. D. Researches in the South of Ireland. 1824.

Disney, W. Observations on the Present State of the Charter Schools in Ireland and the Means of Improving them. Dublin, 1808.

Edgeworth, M. Castle Rackrent. 1895.

Edgeworth, R. L. Memoirs of. Begun by himself and concluded by his Daughter Maria Edgeworth. 2 vols. 1820.

Halliday Collection of Pamphlets. Royal Irish Academy, Dublin.

Harris, W. The Ancient and Present State of the County of Down. 1744.

Hood, T. The Irish School-Master. Collected Poems. 1876.

Howard, J. An Account of the Principal Lazarettos in Europe. 1789.

State of the Prisons in England and Wales. 4th ed. 1792.

Latocnaye, de. Promenade Fran5ais dans Tlrlande. Dublin, 1797.

Mason, W. S. A Statistical Accoiint or Parochial Survey of Ireland drawn up from the Communications of the Clergy. 3 vols. Dublin, 1814 – 19.

Newenham, T. A Statement of an Historical Inquiry into the Progress and Magnitude of Ireland. 1771.

O'Brien, W. S. Education in Ireland. 1839.

Richardson, J. A Short History of the Attempts that have been made to convert the Popish Natives of Ireland to the Established Religion. 1712. A Proposal for the Conversion of the Popish Natives of Ireland to the Established Religion. 1712.

Smith, C. The Antient and Present State of the County of Waterford. Dublin, 1745.

The Antient and Present State of the County of Kerry. Dublin, 1756.

Steven, R. An Inquiry into the Abuses of the Chartered Schools in Ireland. 1817.

The Education of the Lower Classes in Ireland. 1815.

Swift, J. Collected Works. 10 vols. 1752.

Synge, E. Brief Account of the Laws now in force in the Kingdom of Ireland for Encouraging the Residence of the Parochial Clergy and Erecting English Schools. Dublin, 1723.

Thoughts and Suggestions on the Education of the Peasantry in Ireland. 1820.

Twiss, R. A Tour in Ireland. 1755.

Wakefield, E. An Account of Ireland. 2 vols. 1812.

Warburton, J., Whitelaw, J. and Walsh, R. History of the City of Dublin from the Earliest Accounts to the Presenttimes, containing its Annals, Antiquities, Ecclesiastical History and Charters, etc. 2 vols. 1818.

Ware, Sir J. Antiquities and History of Ireland. Dublin, 1705.

Young, Arthur. A Tour in Ireland with General Observations on the Present State of that Kingdom made in the Years 1776, 1777, 1778 and brought down to the end of 1779. Selected and edited by C. E. Maxwell. Cambridge, 1925.

4. 威尔士

Alleine, Joseph. The Life and Death of Mr. 1762.

Birch, T. Life of J. Tillotson. 1752.

Burgess, Bishop. Tracts on the Origin and Independence of the Ancient British Church. 2nd ed. 1815.

Calamy, Edmund. An Historical Account of my Own Life, 1671 – 1731, ed. by J. T. Rutt. 2 vols. 1829.

Calamy Revised, being a revision of E. Calamy's Account of the ministers and others ejected and silenced, 1660 – 2, by A. G. Matthews. Oxford. 1934.

Edwards, Charles. Fatherly Instructions. 1686.

Evans, John. Some Account of the Welsh Charity Schools, and the Rise and Progress of Methodism in Wales through the Means of them, under the sole management of Griffith Jones, Clerk, Rector of Llanddowror in Carmarthenshire [etc.] 1762.

Gilbert, J. Memoir of the Life and Writings of the late Rev. Edward Williams. 1825.

Harris, Howell. Brief Account of the Life of. 1791.

Jones, Robert. Drych Yr Amseroedd, 1820, ed. by Owen Edwards. 1899.

Life and Character of the Reverend and Pious Griffith Jones, late Rector of Llanddowror in Carmarthenshire; the First Projector and Conductor of the Welch Circulating Schools throughout the Principality of Wales. 1762.

Malkin, B. H. The Scenery, Antiquities and Biography of South Wales. 2nd ed. 1807.

Middleton, E. Biographia Evangelica. 1786.

Morgan, E. Life and Times of Howell Harris, 1852.

The Life and Labours of the Rev. T. Charles. 1828.

Brief account of Daniel Rowland, [n. d.]

Palmer, S. The Non-conformists Memorial [etc.]. 2nd ed. 1777.

Saunders, Erasmus. A View of the State of Religion in the Diocese of St David's about the beginning of the Eighteenth Century. 1721.

Tillotson, John. The Works of, with the Life of the Author, by Thomas Birch, M. A. 10 vols. 1820.

Williams, Daniel. A True Copy of the Will of. 1717.

Williams, William, of Pantycelyn. A Serious Address presented to the Consideration of all Charitable and Well-disposed Christians for Contributing Some Part of their monied properties to raise a small fund to carry on Welsh Charity Schools upon a Similar] Plan with that established by the late Reverend Mr Griffith Jones, and continued by Mr Bevan. Caefyrodin, 1790.

Wynne, W. (ed.). Caradoc of Llancarvan, History of Wales. 1697.

五、后世作品

1. 综合和国外作品

Adamson, J. W. Pioneers of Modem Education, 1600 – 1700. Cambridge, 1905.

A Short History of Education. Cambridge, 1905.

Balfour, Sir G. The Educational Systems of Great Britain and Ireland, 2nd ed. 1903.

Darlow, T. H. and Moule, H. E. Historical Catalogue of the Printed Editions of Holy Scripture in the Library of the British and Foreign Bible Society. In Four Parts. 1903 – 11.

Encyclopédic Methodique. Paris, 1873.

Fosseyeux, M. LesEicoles de Charité à Paris sous Tancien régime et dans la première partie du XIXe siècle. Paris, 1912.

Francke, A. H. Schriften über Erziehung und Unterricht, ed. by Karl Richter. Berlin, 1872.

Guibert, J. Histoire de St Jean-Baptiste de la Salle. Paris, 1901.

Hippean, C. L'Instruction Publique en France pendant la Revolution. Paris, 1881.

Kramer, G. A. H. Francke, Pädagogische Schriften. 1885.

Levis, M. de. L' Angleterre au commencement du dix-neuvieme siecle. 1814.

Paulsen, F. German Education Past and Present. 1908.

Histoire des Pauvres, par I' Amiral du Quesnay [prefaced by an advertisement by the Editor, T. Ruggles]. [n. d.]

Rigeaud, G. Saint Jean-Baptiste de la Salle. 1925

Weber, M. The Protestant Ethic and the Spirit of Capitalism, trans. by T. Parsons, with a foreword by R. H. Tawney. 1930.

Young, T. P. Histoire d'Enseignement Primaire et Secondaire en Suisse plus spécialement de 1560 – 1872. 1907.

2. 英格兰

Abbey, C. D. The English Church and its Bishops, 1700 – 1800. 2 vols. 1887.

Abbey, C. D. and Overton, J. H. The English Church in the Eighteenth Century. 2 vols. 1878.

Adamson, J. W. An Outline of English Education, 1760 – 1902, reprinted from the Cambridge History of English Literature, vol. XIV. 1928.

English Education, 1789 – 1902. Cambridge, 1930.

Allen, William. Life of, with Selections from his Correspondence. 3 vols. 1846.

Allen, W. O. B. and McClure, E. Two Hundred Years, 1698 – 1898. The History of the Society for Promoting Christian Knowledge. 1898.

Baptist Historical Society Transactions, The, vol. iv. 1914 – 15.

Birchenough, C. History of Elementary Education in England and Wales from 1800 to the Present Day. 1920.

Body, A. H. John Wesley and Education, 1936.

Bourne, M. A. The Trust Estate of Benjamin Herold. In The Educational Record, June 1902.

Canton, W. History of the British and Foreign Bible Society, vol. 1. 1904.

Carlisle, N. Endowed Grammar Schools in England and Wales. 2 vols. 1818.

An Historical Account of the Origin of the Commission appointed to enquire concerning Charities in England and Wales. 1828.

Carpenter, L. Matthew Henry. 1824.

Carter, E. H. The Norwich Subscription Books, 1637 – 1800. 1937.

Congregational Historical Society Transactions, The. 1904 – 27.

Darton, F. Harvey. Children Books. In the Cambridge History of English Literature, vol. XII, ed. by A. W. Ward and A. R. Waller. Cambridge.

De Montmorency, J. G. State Intervention in English Education. 1900.

Dobbs, A. E. Education and Social Movements, 1700 – 1850. 1919.

Doran, J. London in Jacobite Times. 2 vols. 1877.

Educational Record of the British and Foreign School Society, The. 1902 – 19.

Fearon, J. P. The Endowed Charities. 1855.

Fitch, Sir J. G. Charity Schools and the Endowed Schools Commission. 1873.

Furniss, E. S. The Position of the Labourer in a System of Nationalism [etc.]. Boston and New York, 1920.

Gamble, H. R. An Eighteenth Century Visitation. In The Church Times, November 4, 1921.

Gardiner, D. English Girlhood at School. Oxford, 1929.

Garrard, T. Edward Colston the Philanthropist. His Life, Times [etc.]. 1852.

George, D. London Life in the Eighteenth Century. 1925.

Gilbert, Wm. Contrasts. 1873.

The Girlhood of Maria Josepha Holroyd, ed. J. H. Adeane. 1896.

Gordon, A. Addresses, Biographical and Historical. 1922.

Gray, Kirkman. History of English Philanthropy. 1905.

Gregory, A. Robert Raikes. A History of the Origin of Sunday Schools. 1880. Hadden, R. H. An East End Chronicle, [n. d.]

Halevy, E. History of the English People in 1815. 1924.

Hawkes, J. The Rise and Progress of Wesleyan Sunday Schools. 1885.

Hazlitt, W. C. Schools, School-books, and School Masters. 1888.

Hyett, F. Glimpses of the History of Painswick. 1928.

Jayne, R. E. Jonas Han way. 1929.

Kay, J. Education of the Poor in England and Europe. 1846.

Khan, S. A. Ideals and Realities. Madras, 1921.

Leach, A. F. Articles on Schools in the Encyclopaedia Britannica, nth ed., vol. xxiv. Articles on Schools and Education in the Victoria History of the Counties of England; Beds, Berks, Bucks, Derby, Durham, Essex, Glos, Hants, Herts, Lancs, Lincoln, Notts, Somerset, Suffolk, Surrey, Sussex, Warwick, Yorks.

Articles in The Dictionary of English Church History. 1919.

Lecky, W. E. H. History of England in the Eighteenth Century. 7 vols. 1892.

Le Keux, J. Memorials of Cambridge. 1842.

Loch, C. S. Charity and Social Life. 1910.

London, 1844, ed. by Charles Knight.

Low, S. The Charities of London. 1850.

McClure, E. A Chapter in English Church History. 1911.

McLachlan, H. English Education under the Test Acts, being the History of NonConformist Academies, 1662 - 1820. Manchester, 1931.

Meiklejohn, J. M. D. An Old Educational Reformer, Dr Andrew Bell. 1881.

Mill, James and John, on Education, ed. F. A. Cavenagh. Cambridge, 1931.

Murray, T. B. An Account of the Efforts of the S. P. C. K. on behalf of National Education. 1848.

Nichols, R. H. and Wray, F. A. A History of the Foundling Hospital. Oxford, 1935. Nightingale, B. History of Lancashire Non-Conformity. 3 vols. 1890 - 93.

North, E. M. Early Methodist Philanthropy. 1914.

Ollard, S. L. History of the Church of England. 1914.

Overton, J. H. The Evangelical Revival in the Eighteenth Century. 1900. The Church in England. 2 vols. 1897.

Overton, J. H. and Relton, F. The English Church. 1714 - 1800.

Palliser, B. History of Lace Making. 1865.

Portus, G. V. Caritas Anglicana or an Historical Inquiry into those Religious and Philanthropic Societies that flourished in England, between the years 1678 and 1740.

Salmon, D. Joseph Lancaster. 1904.

The Education of the Poor in the Eighteenth Century. In The Educational Record, October 1909.

Articles on Bell and Lancaster in The Educational Record, 1902 – 7.

Schools. Histories of:

Bishopsgate Schools, 1702 – 1889, by J. Avery. 1923.

Bishopsgate Ward Charity School. In the Central Foundation School Bicentenary Magazine. 1926.

Bridge, Candlewick and Dowgate Wards Charity Schools. Account of. 1852.

Cheltenham. Bicentenary History of the Parish Charity School. 1902.

Greenwich. History and Position of the Blue Coat Girls School, by G. B. Airy. 1867.

Schools. Histories of (cont.):

Greenwich. History of the Roan School, by J. W. Kirby. 1929.

Ratcliffe. History of Hamlet of Ratcliffe Charity School, by J. V. Pixell. 1910.

Rotherhithe. A Statement of the Charity Schools belonging to the Parish of St Mary, Rotherhithe. 1878.

St Alphage Society, City of London. Some Account of. 1849.

St Botolph, Aldgate Charity School. Account of. 1852.

St George the Martyr Charity School, by E. C. Bedford.

St Giles', Cripplegate, Charity School. Account of. 1851.

St Margarets Westminster. An Old Westminster Endowment, being a History of the Grey Coat Hospital [etc.], by E. S. Day. 1902.

St Martin's-in-the-Fields Charity School, by J. McMaster. 1916.

St Martin's-in-the-Fields High School for Girls, by Dora H. Thomas. 1929.

Shakespeare's Walk, Protestant Dissenters School, by M. A. Bourne. In

The Educational Record, February 1902.

Soho. The Story of a Charity School [etc.], 1699 – 1899, by J. H. Cardwell. 1899.

Stockport. History of the Stockport Sunday School, and its branch schools, by W. I. Wilde. 1891.

Wandsworth. All Saints Charity School, by W. J. Moore. 1910.

Secretan, C. F. Memoirs of the Life and Times of the Pious Robert Nelson, 1860.

Sessions, W. York and its Associations with the Early History of the Sunday School Movement. 1882.

Smith, F. The Life and Work of Kay-Shuttleworth, 1923.

A History of English Elementary Education, 1760 – 1902. 1931.

Stamp, W. W. The Orphan House of Wesley. 1863.

Stanford, C. Joseph Alleine, His Companions and Times. 1861.

Stoughton, J. History of Religion in England. 8 vols. 1901.

Sunday Schools. The Origin of. 1841.

Sykes, Norman. Edmund Gibson, Bishop of London, 1669 – 1748. Oxford, 1926.

Thompson, Henry. Life of Hannah More. 1838.

Townsend, W. J., Workman, H. B. and Eayers, G. A new History of Methodism. 1909.

Tudor, O. D. The Law of Charities and Mortmain, ed. Briscoe, Hunt and Burdell. 4th ed. 1906.

Tuer, A. W. Children Books. 1899.

The Horn Book. 2 vols. 1896.

Turberville, A. S. (ed.). Johnson's England. 2 vols. Oxford, 1933.

Twining, T. A Country Clergyman of the Eighteenth Century. 1882.

Tyerman, L. Life of George Whitefield. 2 vols. 1876.

Urwick, W. Nonconformity in Worcestershire. 1897.

Nonconformity in Hertfordshire. 1884.

Victoria County Histories.

Watson, W. H. History of the Sunday School Union. 1853.

Webb, S. and B. London Education. 1904.

Whitley, W. T. The Contribution of Nonconformity to Education until the Victorian Era. In The Educational Record, June 1915.

Wilson, Mrs R. F. The Christian Brothers. Their Origin and Work. 1883.

3. 苏格兰

Bellesheim, A. History of the Catholic Church of Scotland. 4 vols. Trans. Hunter Blair, 1883.

Blundell, Dom Odo. Ancient Catholic Houses of Scotland. 1907.

The Catholic Highlands of Scotland. 1909.

Dean, I. F. M. Scottish Spinning Schools. 1930.

Kerr, J. Scottish Education. Cambridge. 1910.

Leith, W. Forbes. Memoirs of Scottish Catholics during the Sixteenth and Seventeenth Centuries. 2 vols. 1909.

McCulloch, John. The Highlands and Western Isles of Scotland, their history [etc.]. 4 vols. 1834.

Mackay, J. Education in the Highlands in the Olden Times. Inverness, 1921.

The Church in the Highlands. 1914.

Urquhart and Glenmoriston in the *45. Inverness. 1893.

MacKenzie, A. History of the Highland Clearances. 1914.

Maclean, D. Typographia Scoto-Gadelica [etc.]. 1915.

The Counter Reformation in Scotland, 1500 – 1930. 1931.

Maclean, Magnus. Historical Development of the Different Systems of Education in the Highlands. In the Old Highlands, Gaelic Society of Glasgow, vol. 1. 1895. Mason, J. History of Scottish Experiments in Rural Education. 1935.

Wright, H. History of the Old Parish Schools of Scotland. 1898.

Warden, A. J. The Linen Trade. 1864.

4. 爱尔兰

Brennan, M. The Schools of Leighlin and Kildare, 1775 – 1835. Dublin,

1935.

Church of Ireland, History of. 3 vols., 1933 – 4, ed. by W. A. Philipps.

Corcoran, T. State Policy in Irish Education. Dublin, 1916.

Some Lists of Catholic Lay Teachers and their Illegal Schools in the Later Penal Times. Dublin, 1932.

Education Systems in Ireland from the Close of the Middle Ages. Dublin, 1928.

Corkery, D. The Hidden Ireland. Dublin, 1925.

Dowling, P. J. The Hedge Schools of Ireland. 1935.

The Irish Charter Schools. In The Dublin Review, January 1932.

Dunlop, R. Ireland from the Earliest Times to the Present Day. 1921.

Godkin, J. Education in Ireland. 1862.

Ireland and her Staple Manufactures, being a sketch of the History and Progress of the Linen and Cotton Trades ... connected with the Northern Province. Belfast, 1870.

Lecky, W. E. H. History of Ireland in the Eighteenth Century. 5 vols. 1892.

Le Fanu, W. R. Seventy Years of Irish Life. 2nd ed. 1893.

Mant, R. History of the Church of Ireland. 2 vols. 1840.

O'Hagan. The New Spirit of the Nation. 1894.

Walsh, J. E. Sketches of Ireland Sixty Years Ago. Dublin, 1847.

5. 威尔士

Ballinger, J. The Bible in Wales. 1906.

Bibliography of the History of Wales, ed. by R. T. Jenkins, and W. Rees. Cardiff, 1931.

History of Carmarthenshire, ed. for the London Carmarthenshire Society, by Sir J. E. Lloyd, vol. 1. Cardiff, 1935. (Vol. 11 in the press.)

Cavenagh, F. A. Griffith Jones. 1930.

Davies, E. J. Hanes Griffith Jones. 1930.

Davies, J. H. Diary of the Rev. Griffith Jones. In Cylchgrawn, Cymdeithas Hanes y Methodistiaid Calfinaidd, vol. vn, No. 1.

West Wales Historical Records, vol. 11. 1913.

Edwards, A. G. Landmarks in the History of the Church in Wales. 1912.

Evans, D. The Sunday Schools of Wales. 1883.

Evans, J. J. Morgan John Rhys a'i Amserau. Cardiff, 1935.

Griffth, D. M. Nationality in the Sunday School Movement. Bangor, 1925.

Griffith, E. The Presbyterian Church of Wales. Calvinistic Methodist Historical Handbook, 1735 to 1905.

Griffith, D. T. Morgan John Rees. 2nd ed. Carmarthen, 1910.

Jenkins, D. E. The Life of the Reverend Thomas Charles of Bala. 3 vols. Denbigh, 1908.

Jenkins, R. T. Gruffydd Jones, Llanddowror, 1683 – 1761. Cardiff, 1931.

Hanes Cymru yn y Ddeunawfed Ganrif. Cardiff, 1931.

A Conspectus of Griffith Jones Schools in North Wales, 1738 – 61. In The Bulletin of the Board of Celtic Studies, vol. v, Part 4, May 1931.

One of Griffith Jones' School-masters. In The Bulletin of the Board of Celtic Studies, vol. Ⅶ, 1935.

Jeremy, W. D. The Presbyterian Fund and Dr Williams' Trust. 1885.

Johnes, A. J. Causes which have produced Dissent from the Established Church in Wales. 1870.

Jones, David. Life and Times of Griffith Jones of Llanddowror. Bangor, 1902.

Jones, D. Ambrose. Griffith Jones, Llanddowror. Wrexham, 1923.

History of the Church in Wales. Carmarthen, 1926.

Jones, E. J. Gruffydd Jones, Llanddowror. In Yr Athro, vol. in. 1930.

Jones, M. H. Hanes Tarddiad a thwf yr y sgol sul Gymreig in Cyfarwyddwr, vol. I. 1922.

Griffith Jones, Llanddowror. In The Welsh Outlook, September 1927.

Jones, Rhys, of Kilsby. The Educational State of Wales. 1851.

Knight, L. S. Welsh Independent Grammar Schools to 1600. 1926.

Welsh Schools troma. d. 1000 to a. d. 1600. In Archaeologia Cambrensis, Sixth Series, vol. xix, Parts Ⅰ and Ⅱ. 1919.

Lewis, S. Williams Pantycelyn. 1927, 2nd ed. 1883.

Morrice, J. C. Wales in the Seventeenth Century. Bangor, 1818.

Owen, J. D. Morgan John Rhys. In Cylchgrawn. Cymd. Eithas Hanes y Methodistiaid Calfinaidd. March, 1922.

Phillips, Sir T. Wales: the Language, Social Conditions, Moral Character and Religious Opinions of the People considered in relation to Education, with some account of the Provision made for Education in other Parts of the Kingdom. 1849.

Rees, Thomas. History of Protestant Nonconformity in Wales. 1861, 2nd ed. 1883.

Richards, T. The Puritan Movement in Wales, 1639 – 53. 1920.

Religious Developments in Wales, 1654 – 62. 1923.

Wales Under the Penal Code, 1662 – 87. 1925.

The Religious Census of Wales. 1676. In The Transactions of the Hon. Soc. of Cymmrodorion. 1927.

Wales Under the Indulgence. 1672 – 5. 1928.

Piwritaniaeth a Pholitics. 1689 – 1719. 1927.

Richardson, C. M. History of the Institution once called Welch Piety, but now known as Mr Bevan's Charity. 1890.

Salmon, D. The Welsh Circulating Schools. In The Educational Record. 1900.

A Brief History of Education in Pembrokeshire. In The Educational Record. 1926.

Shankland, T. Sir John Philipps and the Society for Promoting Christian Knowledge and the Charity School Movement in Wales. In The Transactions of the Hon. Soc. of Cymmrodorion. 1904 – 5.

Stephen Hughes. In Y Berniad, vol. 11. 1912.

Diwygwyr Cymru. In Seren Gomer. 1900 – 4.

Dechreuad yr Ysgolion Sabbothol yng Nghymru. In Cymru, vol. XXII. 1902.

Vaughan, H. M. Welsh Jacobitism. In The Transactions of the Hon. Soc. of Cymmrodorion. 1920 – 21.

Williams, G. J. Stephen Hughes a'i GyfnocL In y Cofiadur, March 1926.

Williams, I. Thomas George, Pioneer of Popular Education. In The Welsh Outlook, vol. XVII, Part 2, February 1930.

六、没有出版的作品

Larcombe, H. J. The Development of Subscription Charity Schools in England and Wales from the close of the Seventeenth to the close of the Eighteenth Century, with Special reference to London and District. Theses deposited in the University of London Library, 1928.

Owen, T. J. The Educational and Literary Work of Griffith Jones of Llanddowror. Thesis deposited in Bangor University Library, 1928.

Williams, Ffowe. The Educational Aims of Pioneers in Elementary Welsh Education. 1730 – 1870. Thesis deposited in Bangor University Library, 1929.

索 引

注：页码为原书页码

Abercorn, Earl of, and charity school at Strabane, 225
Aberlour, opposition of priests to charity school at, 193
Abertarf, opposition of clansmen to charity school at, 176, 192-3, 205
Acts of the General Assembly of the Church of Scotland:
  Act 5, Sess. 5 (1707), 177
Acts of Parliament:
  27 Hen. VIII, c. 26 (1535), Concerning the Laws to be used in Wales, 322
  8 Eliz. c. 28 (1562), For Translating the Bible into Welsh, 322
  43 Eliz. c. 2 (1601), Poor Law Act, 48, 87
  43 Eliz. c. 4 (1601), Charitable Uses Act, 55
  Acts of the Commonwealth (1649), For the Propagation and Preaching of the Gospel in Wales, 16-17
  14 Car. II, c. 4 (1662), Act of Uniformity, 279
  16 Car. II, c. 4 (1664), Conventicles Act, 279
  17 Car. II, c. 2 (1665), Five Mile Act, 279
  22 Car. II, c. 1 (1670), Conventicles Act, 282
  3 Will. and Mary, c. 2 (1691), For Abrogating the Oaths of Supremacy, etc., 219
  4 and 5 Anne, c. 14 (1705), For the Better Collecting of Charity Money, 122
  10 Anne, c. 6 (1711), Occasional Conformity Act, 112
  13 Anne, c. 7 (1714), Schism Act, 112
  1 Geo. I, c. 54 (1714), For Securing the Peace of the Highlands, 179
  4 Geo. I, c. 8 (1718), Forfeited Estates Act, 179
  6 Geo. I, c. 11 (1719), Forfeited Estates Act, 179
  9 Geo. I, c. 7 (1723), For Relief of the Poor, 88
  13 Geo. I, c. 30 (1727), For Encouraging and Promoting Fisheries and Manufactures, 200
  20 Geo. II, c. 43 (1747), For Abolition of Heritable Jurisdictions, 180
  20 Geo. II, c. 50 (1747), For Abolition of Tenure of Ward Holding, 180
  20 Geo. II, c. 51 (1747), For Abolition of Highland Dress, 180
  25 Geo. II, c. 41 (1752), For Annexing of Forfeited Estates, 180, 202, 208
  24 Geo. III, c. 57 (1784), "The Healing Act", 208
  26 Geo. III, c. 58 (1786), For Return of all Charitable Donations, 331
  59 Geo. III, c. 81 (1819), Concerning Charities for the Education of the Poor, 332
Acts of Parliament (Ireland):
  28 Hen. VIII, c. 15 (1537), For the English Order, Habit and Language, 222
  12 Eliz., c. 1 (1570), For the Erection of Free Schools, 223
  7 Will. III, c. 4 (1695), To restrain Foreign Education, 223
  9 Will. III, c. 1 (1697), For sending Popish Ecclesiastics out of the Kingdom, 219
  10 Will. III, c. 13 (1698), To prevent Papists being Solicitors, 219
  2 Anne, c. 3 (1703), To prevent Popish Priests from coming into the Kingdom, 219
  2 Anne, c. 6 (1703), To prevent Growth of Popery, 217
  2 Anne, c. 10 (1703), For Exchange of Glebes, 229
  8 Anne, c. 3 (1709), To prevent the Further Growth of Popery, 217
  8 and 9 Anne, c. 12 (1708-10), For uniting Parishes, 229
  6 Geo. I, c. 13 (1719), For better Maintenance of Curates, 229
  8 Geo. I, c. 12 (1721), For enabling the Clergy to reside, 236
  1 Geo. II, c. 12 (1727), For recovery of Tithes, 229
  1 Geo. II, c. 19 (1727), For division of Parishes 229
  23 Geo. II, c. 11 (1750), For better regulation of Charity Schools, 244
Acts of the Parliament of Scotland:
  1633, c. 5, V, 21-2; 1646, c. 45, VI, 216; 1696, c. 26, X, 63-4, 166
  1700, c. 3, X, 215-9, 175

索 引

Adderley, Sir Thomas, and charity school at Innishannon, 237
Addison, Joseph, eulogy of charity schools in *The Guardian*, 59
Adult education, *see* Schools
After care of charity school children, 48-52
Agriculture, school instruction in, in Ireland, 236-7, 240-1
in Scotland, 198, 201-8
Alleine, Joseph, 143, 282
Allen, William, 342
Ambulatory schools, *see* Schools
Amicable Society, The (Rotherhithe), 52
Anne, Queen, religious differences under, 111, 112, 131, 132
Anniversary meetings of charity schools, 9, 51, 60-1, 70-1
Anti-Jacobin, The, 338
Appleby's Weekly, 124
Apprenticeship of charity school children, 48-52, 86-7, 204-6, 243, 256
Arisaig, emigrants from, 213
Franciscans and Lazarites in, 173
Armagh, day school at, 226
Artleborough (Irthlingborough), school of industry at, 89, 90, 94, 108, 157, 294
Ashe, St George, bishop of Derry, 229
Atholl, Duke of, patron of charity schools, 193
Atterbury, Francis, bishop of Rochester, 120, 122, 126
Auchtermuthil, failure of school at, 201
Awbrey, John, member of the Welsh Trust, 284
Axholm, Isle of, day schools in, 136

Baber, Mrs, schoolmistress at Cheddar, 158
Badavochill, ambulatory school at, 190
Badminton, day school at, 68
Baillie, Robert, 176
Ball, Hannah, of High Wycombe, 143
Ballinrobe, charter school at, 237, 249
Ballycastle, charter school at, 237
Ballynahinch, charter school at, 237, 240
Bamborough Castle, school of industry at, 156-7
Bamford, Samuel, 104
Bangor, Chancellor of, letters from, 306-8
Banim, Michael, 262
Barra, Roman Catholic school at, 173
Bates, William, vicar of St Dunstans-in-the-West, London, 282
—— William, schoolmaster, 287

Bath, day schools at, 9, 71, 108, 109
model schools at, 108, 109
performances of school children at, 71
teachers, difficulty of finding, for, 100
training centre for teachers at, 108, 109
Baxter, Richard, 29, 281, 282, 288
Beaw, William, bishop of Llandaff, 291
Bedell, William, bishop of Kilmore and Ardagh, and the Bible in Erse, 196
Bedfordshire, low average of education in, 1820, 332
Bell, Andrew, 333-8
Bellers, John, 31
Bentham, Jeremy, 338, 341
Berkeley, George, bishop of Cloyne, 218
Bernard, Sir Thomas, 161, 328, 337, 338
Berry, Major-General, 278
Bevan, Arthur, M.P. for Carmarthen, 302
Bevan, Madam Bridget, 297, 302, 313, 314, 342
Beveridge, William, bishop of St Asaph, 292
Beverley, day school at, 9
Bible, the, in Gaelic, *see* Scotland; in Erse, *see* Ireland; in Welsh, *see* Wales
Bible Society, British and Foreign, the, 321
Bingley, Sunday school at, 148
Birmingham, Sunday school at, 148, 152
Blagdon, Sunday school at, 158
Blake, William, *Songs of Innocence and Experience*, 60, 103
Blewbury, charity school at, 108
Blockley, day school at, 66
Blücher, Marshal, at St Paul's in 1814, 61
Blundell's Hospital, Liverpool, 48
Board of Fisheries and Manufactures, Scotland, 200-3
Linen Committee of, 202-5
Board of Trade, Report of John Locke to, 1697, 31
Boarding schools, *see* Schools
Bois, John du, member of the Welsh Trust, 288
Boldre, school of industry at, 156
Boughton Blean, Sunday school at, 151
Boulter, Hugh, Primate of Ireland, 218, 229, 232, 236, 242
Bovey, Madam, of Flaxley Abbey, 143
Box, day school at, 67
Bradford, Wilts., day school at, 70
Bradford, Yorks., Methodist school at, 141
Sunday school at, 148
Bray, Dr Thomas, founder of the S.P.C.K., 38, 39, 114, 342
Brecon, Dissenters' school at, 280
girls' school at, 290
Sunday school at, 143

321

Brentford, school of industry at, 156–7
  Sunday schools at, 151
Breslau Tables, the, 331
Bridgeman, Henry, bishop of Sodor and Man, 282
Bridgewater, day school at, 82
Brighton, day school at, 82
Bristol, clergy society at, 63
  day schools at, 69, 71, 100, 132
  Dissenters' schools at, 132–4
  Methodist schools at, 141
  Sunday school at, 148
British Critic, The, 338
British Education, An Essay on, 340
British Gazetteer, The, 124
British Journal, The, 123
British Review, The, 338
Brougham, Henry, Lord, Bill for the Better Education of the Poor in England and Wales, 1818, 332
  pamphlet on the Education of the People, 328
  Parish School Bill, 1820, 330–1
  Report to the Select Committee on Education, 1818, 328
  speech in the House of Lords, 1825, 27
Broughton, Thomas, Secretary to the S.P.C.K., 136
Brown, Dr John, 340
Buchanan, Dugall, Highland schoolmaster, 187
Buckinghamshire, low average of education in, 1820, 332
Bull, George, bishop of St David's, 292
Bunloit, ambulatory school at, 187
Burdett, Francis, 331
Burke, Edmund, on the Irish Penal Laws, 221
Burnet, Gilbert, bishop of Salisbury, 40, 64
Burt Edward, 170, 214, 270
Busby, Richard, headmaster of Westminster School, 104
Butler, Joseph, bishop of Bristol, 74
Butler, Samuel, headmaster of Shrewsbury School, 104

Calamy, Edmund, 116, 280, 287
Callendar, ambulatory school at, 201
Calne, Dissenters' school at, 132
Cambridge, day schools at, 64, 70
Cambridgeshire, low average of education in, in 1820, 332
Campbell, Thomas, 245

Canterbury, grammar school at, 15
  Sunday schools at, 148, 150–1
Cappe, Mrs Catherine, mistress of girls' school, York, 94, 103
Cardigan, Dissenting schoolmasters at, 280
Carleton, William, 262
Carmarthen, Dissenting schoolmaster at, 280
  Dissenters' school at, 294
Cashel and Emly, Diocesan Register of, 261
Castlebar, charter school at, 255
Castle Caulfield, charter school at, 237
Castledermot, charter school at, 236
Castlemartyr, charter school at, 248
Castle Rackrent, charity school described in, 226
Catechism, Anglican, the, 14, 241, 259, 300
  "Protestant", the, 242
  Shorter, the, 188, 195, 198
"Cato", letters and articles by, 87, 122–5, 327, 338
Catterick, Sunday school at, 143
Chamberlayne, John, Secretary to the S.P.C.K., 40
Chancery, Court of, jurisdiction over charities, 54
Chandler, Samuel, 103, 132
Charity and Charity Schools, An Essay on, 122, 125
Charles II, effect of religious policy of, in Wales, 280, 282, 287–8
Charles, Thomas, of Bala, 271, 297, 314–18, 320, 342
Charlotte, Queen, patroness of Sunday schools, 151
Charter schools, *see* Schools
Charter Society, the, *see* Societies
Cheddar, Sunday school at, 158
Chester, school of industry at, 156
Child, Josiah, 30–1
Child labour, 29, 31, 48–50, 68, 70, 85–96, 144–6, 155–6, 198–208, 226–7, 240–1, 256, 332
Chippenham, day school at, 68
Chipping Camden, day school at, 68
Chislehurst, service on behalf of charity school children at, 121–2
Christian Schoolmaster, The, 76–8, 98, 106
Circle of the White Rose, the, 266
Circulating schools in Wales, *see* Schools
Cirencester, day school at, 9
Clarkson, John, 342

Clayton, John, 291
Clergy, the Anglican, circular letters of the S.P.C.K. to, 38, 62
  poverty of, 8, 66, 223, 229–31, 275–6
  societies of, *see* Societies
  support of charity schools by, in England, 5, 42–3, 54, 56–69, 74–5, 80–1, 86, 95–6, 110–12, 126–30, 142–4, 147–52
    in Ireland, 223–6, 227–8, 230–1, 236–7, 248, 258–9
    in Wales, 281–6, 290–3, 296, 297–304
Clonfert, charter school at, 232
Close Vestries Bill, 1716, 115–16
Cobbett, William, 7, 327
Colchester, Colonel, founder of the S.P.C.K., 39
Colchester, Sunday schools at, 152
Colston, Edward, 69
Combemartin, day school at, 82
Comenius, John Amos, 16, 17
Commissions, for the Better Propagation and Preaching of the Gospel in Wales (1649–53), 278
  of Charitable Uses, 19–20
  of Charitable Trusts (1855), 139
  of Forfeited Estates, Scotland (1752), 180, 207
  of Irish Education Inquiry (1788–91), 258, 329
  of National Education in Ireland (1831), 329
  of the Board of Education, Ireland (1809–12), 251
  to inquire concerning Charities for the Poor (1818–37), 15–16, 21–2, 25–6, 54, 106, 132, 141, 185, 293–4, 332
Committees, of the Incorporated Society, Ireland, 235, 251–4
  of the House of Lords, Ireland, to Inquire into the State of Popery in the Kingdom (1730–1), 232
  of the Society for Propagating Christian Knowledge in the Highlands and Islands of Scotland, 177, 182, 187
  on the State of the Protestant Charter Schools, Ireland, 246, 261
  of Trustees, of the London Charity Schools, 43, 116, 119–20, 122
  Select, to Inquire into the Education of the Lower Orders (1816–8), 25, 54, 328, 331–2
Company of the Mines Adventurers, the, support of charity schools by, 290

Convention of the Royal Burghs, Scotland, the, 200
Coram, Captain Thomas, 342
Cork, City of, day schools in, 226–8
  Green Coat Hospital (St Mary Shandon), 226
  "Popish" schools in, 232
Cork, County of, day schools in, 225
Cox, Sir Richard, and the charity school at Dunmanway, 237
Crabbe, James, 97
Craig, ambulatory school at, 202
Cranbourne, day school at, 68
Creggan, charter school at, 237
Croker, T. C., quoted, 262
Cromwell, Oliver, and plans for instructing the children of the Irish poor, 16
Crowther, Jonathan, and Methodist Sunday schools, 142
Curricula and methods of the charity schools, 73–84, 92, 93, 188, 201, 224–5, 261, 301, 345

Daventry, Dissenters' school at, 132
Davies, Howell, 305
Davies, Dr John, and the Welsh Bible of 1620, 322
Davies, Richard, and the Welsh Prayer Book of 1567, 322
Dear, William, master of the Grey Coat Hospital, 107
Declaration of Indulgence, the, 1672, 283
Defoe, Daniel, 4, 12, 31, 34, 35, 37, 144, 269
Denmark, charity schools on the English model in, 41
Deskford, Lord, 202
Disaffection in the charity schools, 113–34, 231
Disney, William, on the Irish charter schools, 254
Dissenters' schools, *see* Schools
Dissenting Academies, 17, 133
Dixon, Henry, master of St Alban's charity school, Holborn, and of Bath charity school, 106, 108, 109
Dobbs, A., on the state of the poor in Ireland, 1729–31, 218, 219
Doddridge, Philip, 132
Dodwell, Henry, 8
Drogheda, Erasmus Smith school at, 260
Drury, John, 17
Dublin, charity sermons preached in, 236
  day schools in, 225, 228, 253

Incorporated Society in, 233-6
"Popish" schools in, 232
S.P.C.K. established, 1717, 227
workhouse in, 244
Duirness and Farr, ambulatory schools in, 193
Dunmanway, charter school in, 237

Eachard, John, 62
Echard, Laurence, 66
Eden, Sir Thomas, quoted, 157
Edgeworth, Maria, 226, 328
Edgeworth, Richard Lovell, 328
Edinburgh Review, The, 338
Edwards, Charles, 281
Edwards, Hugh, vicar of Llangadoch, 281
Eldon, Lord, on charity estates, 56
Ellis, Thomas, vicar of Holyhead, 297
Emigration from the Highlands, 211-13
England, average means of education in, 1820, 332
  enthusiasm for education in, 23, 25, 328
  schools in, *see* Schools
  Society for Promoting Christian Knowledge in, *see* Societies
  state assistance for education in, 329-33
Epping, school of industry at, 156
Epworth, charity school at, 64, 136
  clergy society at, 64
Erlisbog, charity school at, 193
Erse, teaching of, in the Highlands, 194-7
Esgair Hir Mines, the, charity school at, 290
Evangelical revival, the, and the education of the poor, 10, 145-54
Evans, John, bishop of Bangor, 292
Exeter, charity schools at, 82, 100

Fable of the Bees, The, 125
Famines, *see* Ireland, Scotland and Wales
Fellenberg, Emmanuel von, 328
Ferns, diocese of, in 1712, 229
Fielding, Henry, 30, 62
Findon (Finedon), industrial school at, 89, 108, 157
Finlater, Earl of, *see* Deskford, Lord
Firmin, Thomas, 31, 282
First Book of Discipline, The, 165-6
Fitch, Sir Joshua, 345
Fitzpatrick, Sir Jeremiah, 48, 247-50, 253-5, 257
Flaxley Abbey, Sunday school at, 143
Ford, Simon, bishop of Gloucester, 282

Forest of Dean, the, Sunday schools in, 148
Foster, John Leslie, quoted, 264
Foster, Rev. Mr of Stradbally, 248
Foundling Hospital, London, *see* Schools
Fowler, Edward, bishop of Gloucester, 289
Fox, William, 152
Francke, Hermann, Augustus, his work at Halle, 37
  influence in England, 136; in Ireland, 226; in Wales, 302
  interest in London S.P.C.K., 40
Fry, Elizabeth, 342

Gaelic tongue, the, 192-7
Galway, Erasmus Smith school in, 260
Gambold, John, 136, 291
Gelligaer, account of Welsh circulating school at, 300
Gentleman's Magazine, The, 143
George III, patron of Sunday schools, 151
Georgia, Orphan House in, 137
Germany, charity schools on the English model in, 41
Gibson, Edmund, bishop of Lincoln and of London, 32, 64, 65, 81, 113-14, 126-9
Giddy, Davies, 327-8
Glamorgan, lack of schools in, in 1662, 279
Glenelg, ambulatory school in, 193
Glengarry, Roman Catholic school in, 173
Glenmorison, industrial colony and charity school in, 203-4
Gloucester, Sunday schools in, 143, 147, 150-1
Gloucester Journal, The, 143
Godwin, William, 341
Gordon, James, Roman Catholic coadjutor bishop in Scotland, 174
Gordon, Sir Robert, of Gordonstone, 199
Gouge, Thomas, vicar of St Sepulchre's, London, and the Welsh Trust, 281-9
Grammar schools, *see* Schools
Grant, Sir Alexander, of Moneymusk, 199
Grant, Francis, Lord Cullen, 176
Grant, Mrs, of Laggan, 208
Grants for education, Parliamentary, 238, 244, 259, 329, 333
Green Coat Hospital, *see* Cork
Greenwich, day school at, 56

Grey Coat Hospital, Westminster, *see* London Schools
Guardian, The, 59
Guilford, Lord, founder of the S.P.C.K., 39, 40

Hackney, Mare St meeting house, 131
Hale, Matthew, 31
Halévy, Professor E., quoted, 272
Halifax, Methodist school at, 141
Halle, schools of H. A. Francke at, 37, 40, 136, 226, 302
Hanoverian Succession, the, influence on the charity school movement, 111–12, 122, 127, 172–87, 192, 208–9, 215–22, 230, 267
Hanway, Jonas, 145, 152, 342
Harbin, Mrs Mary, mistress of St Martin's-in-the-Fields girls' day school, London, 107
Harding-Fordbury, industrial school at, 156
Harley, Edward, member of the Welsh Trust, 284
Harris, Howell, 305, 309
Harris, Mrs, mistress of Artleborough school, 89–90, 91, 94
Hastings, Lady Elizabeth, 64, 342
Haverfordwest, Dissenting schoolmaster at, 280
  Gouge school at, 284, 291
  S.P.C.K. school at, 293
Hebrides, the, Emigration from, 212
  Roman Catholic activity in, 173
Hely-Hutchinson, John, Provost of Trinity College, Dublin, 247
Henry, Matthew, minister of Mare St Meeting House, Hackney, 131
Hertfordshire, low average of education in, in 1820, 332
Hickes, George, 8
High Wycombe, Sunday school at, 143
Higher education in charity schools, appeals for, 74
Hildrop, John, 62
Hoare, Henry, 342
Holland, charity schools on the English model in, 41
Hollymount, charity school at, 226
Holy Club, the, Oxford, 136
Hook, Mr Justice (Serjeant), founder of the S.P.C.K., 39, 40, 73
Houston Sharp, Laird of, objection to charity schools, 193

Howard, John, visits of inspection to and reports on Irish charter schools, 246–57, 264
Howitt, William, quoted, 97
Hoy, ambulatory school at, 190
Hughes, Stephen, ejected incumbent of Mydrim, Carmarthenshire, 280
  literary and educational work of, 281, 284–5
  opposition of, to instruction in the English tongue, 285, 323
Humphreys, Humphrey, bishop of Bangor, 292
Hungerford Market, day school in, 56
Huntingdon, Selena, Countess of, 138–9, 305
Huntingdonshire, low average of education in, in 1820, 332

Incorporated Society for Promoting English Protestant Schools in Ireland (the Charter Society), *see* Societies
Independent Whig, The, 122, 125
Industry, schools of, *see* Schools
Innishannon, charter school at, 237, 248
Inspectors of charity schools, 168, 178, 210, 245, 303
Ireland, agricultural conditions in, 216–18, 245
  Anglican church in, 218, 223, 229–31
  charity schools, early, in, 222, 232
  charter schools in, *see* Schools
  Clergy, Anglican, in, poverty of, *see* Clergy
  Commissioners of Irish Education, Inquiry by, *see* Commissions
  Commission of the Board of Education, *see* Commissions
  Committee of the House of Lords, Ireland, to inquire into the State of Popery in the Kingdom, *see* Committees
  Committee of Fifteen of the Incorporated Society, *see* Committees
  enthusiasm for education in, 26, 195, 242, 243
  famines in, 218–19, 243–4, 268
  hedge schools in, 258–65
  Incorporated Society for Promoting English Protestant Schools in Ireland, *see* Societies
  Jacobitism in, *see* Jacobitism
  language question, the, in, 224–5

linen industry in, 226–8, 237
middle class, lack of, in, 228
"Munster Diploma, the", 262
Pale, the parishes of, 230
peasantry, condition of, in, 170, 215–22, 242–5, 260–4
Roman Catholic Church in, 194, 218–21, 225, 232–4, 244; compared with Roman Church in the Highlands, 194; opposition of, to the Protestant charter schools, 244; penal laws affecting, 219–20; support of illegal education by, 219–20, 221–2, 232, 234, 259–61
sermons on behalf of the Charter schools in, see Schools
S.P.C.K. in, see Societies
spinning schools in, see Schools
State grants for education in, 238–9, 244
Teachers, lack of competent, in, see Teachers
Irish Rogues and Rapparees, The, 83
Ironbridge, Methodist school at, 141
Isle of Man, day schools in, 40, 64

Jacobins and Jacobinism, 153–4, 159
Jacobites and Jacobitism, in Ireland, 220, 230–1, 234
in London schools, 111–30
in Scotland, 172–3, 192, 211
in Wales, 266–7
Nonconformist reactions to, 130–4
Jennings, Edward, chairman of the Trustees of the London Charity Schools, 108, 116
Jesuits, the, charity grammar school of, in the Savoy, 111
in the Highlands, 168–9, 173, 175, 189
Jewish charity schools, 25
Johnson, Dr Samuel, quoted, 165
Jones, Griffith, rector of Llanddowror, 138, 276, 290, 296–313, 323, 324, 342
Jones, John, dean of Bangor, 292, 293, 296
Jones, Richard, 281
Jones, Samuel, 281

Kaimes, Lord, quoted, 169
Keate, John, headmaster of Eton, 104
Ken, Thomas, bishop of Bath and Wells, 152

Kendal, working school at, 94, 156
national school at, 339
Kennett, White, Dr, archdeacon of Huntingdon, 14, 21, 80, 126
Kettlewell, John, 8
Kildare, Earl of, patron of Castledermot charter school, 236
Kildare Place, see Societies
Kilfinane, charter school at, 237
Kilkenny, charter school at, 255
Killogh, day school at, 226, 237
Killoteran, charter school at, 256
Kilmacowen, day school at, 225
King, Gregory, quoted, 28
King, William, archbishop of Dublin, 220, 229–31, 233
Kingswood, day school at, 137
Kirkwood, James, corresponding member in Scotland of the London S.P.C.K., 176
Knox, John, 165

La Chalotais, 340
Lancaster, Joseph, 333–9
Lairg, ambulatory school at, 193
Laud, William, archbishop of Canterbury, 122–3, 223, 229
Laugh and be Fat, 83
Lecky, W. E. H., quoted, 219, 232
Lee, Francis, 8
Lee, Rev. William, 256
Leeds, Sunday schools at, 148
Leicester, day schools at, 9
Leslie, Charles, 8
Lewisham, industrial school at, 156–7
Leytonstone, Methodist charity school at, 141
Lincoln, charity schools in diocese of, 65, 126
episcopal visitation inquiries in, 64
school of industry at, 156
Lindsay, Theophilus, of Catterick, 143
Linen Board, the, Ireland, 226
Liverpool, Blundell's charity school at, 48
Llanagan, circulating school at, 300
Llanddowror, 290, 297, 303, 305, 309, 315
Llandyssul, circulating school at, 300
Llanfihangel, circulating school at, 290
Llanfyllin, circulating school at, 290
Lloyd, Hugh, bishop of Llandaff, 279
Lloyd, Humphrey, bishop of Bangor, 280, 286, 287

索 引

Lloyd, William, vicar of St Petrox, 281
Lochcarron, colony and school at, 203-4
Locke, John, 5, 29, 31, 76, 88, 328
Logierait, ambulatory school at, 203
London, anniversary services of charity schools in, 21, 51, 59-61, 126, 289, 339
    Society of Patrons of, *see* Societies
    City Companies of, 60
    City Council, the, 60
    Corresponding Societies in, *see* Societies
    Curricula of charity schools in, 76-7, 80-2, 92-3, 104
    General Committee of Trustees of, the, 43, 115-8
    Jacobite intrigues in, *see* Jacobites
    Journal, The London, 124, 125
    Lord Mayor of, supports the charity schools, 283
    religious parties, rivalry of, in, 110-14
    religious societies in, Fetter Lane, 291
        St Ethelburga, 57
        St Lawrence Poultney, 114
        Vintry Ward, 114
        Whitechapel, 114
    Schools "in and about London and Westminster", Borough Road, Southwark, day, 335-6
        Bridge and Candlewick Wards, day, 58
        Castle Baynard ward, day, 117-8
        Clerkenwell, day, 9
        Cripplegate ward, day, 57-8
        Edgware Road, industrial, 156
        Farringdon-ward-within, day, 82
        Foundling Hospital, 88, 161
        Gravel Lane, Southwark, Dissenters', 110-11, 131
        Greenwich, day, 56
        Hackney, Dissenters', 131
        Hatton Garden mathematical, 82
        Highgate, day, 53
        Horsely Down, Southwark, Dissenters', 131-2
        Hungerford Market, day, 56
        Marylebone, day, 339
        Poplar, day, 56
        St Alfage, day, 58
        St Andrew, Holborn, day, 9, 56-7, 82, 106, 108
        St Anne, Aldersgate, day, 117, 121
        St Anne, Soho, day, 9
        St Anne, Westminster, day, 57, 117
        St Botolph, Bishopsgate, day, 57
        St Clement Danes, day, 56
        St Dunstan in the West, day, 82
        St Giles, Cripplegate, day, 56
        St George in the East, day (Raines' Hospital), 47
        St George, Southwark, day, 56
        St James, Westminster, day, 56, 93, 110
        St John, Wapping, day, 57
        St Katherine near the Tower, day, 57
        St Leonard, Shoreditch, day, 56
        St Magnus the Martyr, day, 58
        St Margaret, Westminster, day, (Grey Coat Hospital), 44-5, 57, 92-3, 110
        St Martin in the Fields, day, 56, 107
        St Mary, Whitechapel, day, 57
        St Michael, Crooked Lane, day, 58
        St Paul, Shadwell, day, 56-7
        St Sepulchre, Southwark, day, 47, 57, 281
        Savoy Chapel, Roman Catholic grammar school in, 110
        Shakespeare Walk (Ratcliffe Highway), Dissenters, 131
        Whitechapel, day, 56, 339
    training of teachers in the "London method", 102, 106
    Vestries, Close, Bill for, 115
    Welsh Trust, London members of, 282, 289
    London support of, 283
    Workhouse, the London, 31
Long Parliament, the, interest in education of, 16
Lords, House of, England, petition of London charity schools to, 115-16
    House of, Ireland, *see* Committees
Loughrea, charter school at, 249-50
Louth, day school at, 66
Lovat, Lord, opposition to charity schools of, 193
Lover, Samuel, 262
Low Layton, day school at, 66
Lucy, William, bishop of St Davids, 280-1, 286

Macaulay, T. B., quoted, 97, 253
Macdonald, Alexander, Highland schoolmaster, 190
    Poet-Laureate to Prince Charles Edward, 187
Macdonald, John, Highland schoolmaster, 187
Mackworth, Sir Humphrey, 39, 290, 298

327

MacLachlan, Ewen, Highland schoolmaster, 187
Macnamara, Dennis, hedge schoolmaster, 263
Madras Experiment, The, 334–7
Malthus, T. R., on the education of the lower classes, 327
Managers and Trustees of the charity schools, *see* Trustees
Manchester, effect of Sunday schools in, 148
Mandeville, Bernard, 43, 44, 49, 50, 52, 59, 86, 102, 103, 122, 123, 125, 136, 161, 253, 254, 327, 338,
Mangotsfield, Dissenters' charity school at, 132
Mansell, Edward, member of the Welsh Trust, 284
Markfield, charity school at, 138
Marros, charity school at, 290
Marsh, Dr Henry, Lady Margaret Professor of Divinity at Cambridge, 339
Maule, Henry, bishop of Meath and Dromore, 227, 233, 250, 342
Meldrum, George, 176
Mendips, the, charity schools in, 74, 158–9
Meriton, John, member of the Welsh Trust, 289
Merriman, Brian, hedge schoolmaster, 263
Methodism, and the charity school movement, 135–42, 274–7, 291, 305–8, 315–21, 324
Meyricke, Edmund, canon of St Davids' Cathedral, 292
Mill, James, 338, 341
Milton, John, on education, 16, 17
Minola, charter school at, 236, 240–1
Monmouth, day school at, 68
More, Hannah, 3, 10–12, 74, 83, 158–60, 342
More, Martha, 158, 159, 342
Morgan, David, the Welsh Jacobite, 267
Morgan, Lady, 262
Morning Post, The, 338
Morris, Lewis, 269
Morris, William, 272
Moston, Thomas, member of the Welsh Trust, 284
Mother's Catechism, The, 196
Muir, Miss, of Caldwell, quoted, 200
"Munster Diploma", the, 262
Mutual or monitorial system, the, 333–5

National School Society, the, *see* Societies
National Schools, *see* Schools

National Society for Promoting the Education of the Poor in the Principles of the Established Church, 339
Neale's Mathematical School, Hatton Garden, *see* London Schools
Neath, day school at, 290
Nelson, Robert, 8–9, 11–12, 40, 57, 60, 71, 108, 290, 342
Newberry, John, 83
Newcastle-on-Tyne, charity schools at, 69, 71, 136, 139
Newman, Henry, secretary to the S.P.C.K., 92, 101, 106, 108, 109, 113
Newmarket, charter school at, 225, 249
New Ross, charter school at, 241
Nicholson, Edward, rector of Cumin, 225, 342
Nicholson, Thomas Joseph, first Vicar Apostolic of Scotland, 173–4
Nonconformist schools, *see* Schools
Nonconformity, in England, 132, 133–4, 330, 337–9
 in Wales, 274–5, 277, 279, 282–6, 316, 324
Non-jurors, 8, 40, 107
Northampton, Dissenters' school at, 132, 134
Northamptonshire, low average of education in, 1820, 332
Northumberland colliers and support of charity schools, 67
Norwich, Sunday school at, 156
Numbers and distribution of charity schools, 15–27, 51, 57, 61, 65, 69, 72, 153, 179–83, 227–8, 303, 309–10, 313–15, 331–2, 339

O'Brien, Sir Dermot, patron of Newmarket school, 225
Oeconomy of Charity, The, 151
Old Swinford, day school at, 47
Orde, Thomas, Secretary of State for Ireland, 247
Ormonde, James Butler, second Duke of, and Viceroy of Ireland, 113, 117, 123, 233
Orthodox Churchman, The, 338
O'Sullivan, Owen Roe, hedge schoolmaster, 263
Oswestry, Sunday school at, 316
Owen, Henry, member of the Welsh Trust, 284
Owen, Dr John, 278
Owen, Robert, 328, 339

Oxford, anniversary services of charity children at, 70
  charity schools at, 9, 70–1, 136
  Holy Club, the, at, 136, 291
  Parliament, the, of 1681, 288

Paine, Thomas, 341
Painswick, Sunday school at, 148, 151
Pamphleteer, The, 339
Pantycelyn, William Williams of, 297, 314, 321
Parliament, Acts of, *see* Acts
  grants for education by, *see* Grants
Parr, Samuel, headmaster of Norwich school, 104
Patrick, Symon, bishop of Ely, 64, 110, 282, 289
Pay schools, *see* Schools
Pembroke, charity school at, 291
Penal Laws in Ireland, 219–21
Pestalozzi, Heinrich, 328
Petty, Sir William, 17, 216
Philipps, Sir Erasmus, 284, 289, 291
Philipps, Sir John, 40, 266, 289, 290, 296, 342
Pietas Corcageniensis, 226
Pietas Halliensis, 226
Pietism, influence of, 36–7, 226
Plymouth, failure to establish clergy society at, 63
Pococke, Richard, bishop of Ossory, 246
Pool, Matthew, member of the Welsh Trust, 282
Poole, charity school at, 68
Poor Law, Tudor, breakdown of, 28
  inadequacy of, 32
Portsoy, charity school at, 202
Poulton, Andrew, S.J., 110
Price, Richard, 340
Prichard, Rees, "the old vicar" of Llandovery, 281
Priestley, Joseph, 148, 152, 341
Pulton, Dissenters' charity school at, 132
Pupil Teachers, method of recruitment of, in the English schools, 101
  in the Highland schools, 186

Quaker schools, 25
Quarterly Review, The, 338

Raikes, Robert, 142, 143, 146–7, 149–52, 154, 158, 316, 343

Ranelagh, Lord, patron of the charter schools at Athlone and Roscommon, 250
Rebellion, of 1715, 113, 198, 211, 266
  of 1745, 130, 201, 202, 211, 267
Reformation of Manners, Society for, *see* Societies
Reformed Kirk, the, *see* Scotland
Rhys, Morgan John, and Sunday schools in Wales, 316
Richardson, John, rector of Belturbet, 224
Roebuck, J. A., education bill of, 1833, 330–1, 342
Rogers, Samuel, 338
Roman Catholicism, in England, 35, 110–11, 123–6, 131
  in the Highlands, 171–6, 189, 193–4, 205, 210
  in Ireland, 194, 217, 219–21, 232–4, 244, 259–61, 329
  in Wales, 267, 280
Romilly, Samuel, 338
Roscommon, charter school at, 250
Rotherhithe, Amicable Society at, *see* Societies
Rousseau, Jean-Jacques, 254, 328
Rowberrow, Sunday school at, 158
Rowland, Daniel, 305
Royal Bounty, the, 178, 179, 209
Royal Bounty schools, *see* Schools
Royal British or Lancasterian Association, *see* Societies
Rudbaxton, day school at, 293
Russia, Alexander I, Emperor of, at St Paul's, 1814, 61
  Catherine II, Empress of, Report of Commissioners on the Welsh circulating schools to, 313
  charity schools on the English model in, 41

Sacheverell, Henry, 111, 114, 122
St Albans, Dissenters' school at, 132
  Duke and Duchess of, at Bath charity schools, 71
  industrial school at, 156
  workhouse at, 88
St David's, Diocese of, Dissenters' schools in, 270, 275, 280, 286, 292, 305
St Hilary, Glamorgan, day school at, 284
St Kilda, day school in, 192
St Lawrence, Poultney, religious society in parish of, 114

329

St Paul's Cathedral, anniversary services of charity school children in, 60, 281
Salesbury, William, and the New Testament in Welsh, 322
Saturday Post, The, 124, 125
Saunders, Erasmus, 66, 271, 301
Scallin, Roman Catholic Seminary at, 174
Schism Act, the, *see* Acts of Parliament
Schools, adult, 188, 309–10, 319
    ambulatory, 183–5, 192
    boarding, 47–8, 92–3, 102–4, 240
    Charter, 238–59, 264
    circulating, 298–317
    dame, 33, 209
    Dissenters', 25, 51, 110–2, 132–4, 148, 280–1, 294, 339
    Erasmus Smith, 260
    Forfeited Estates, 180–1
    grammar, 13, 15, 18, 20–1, 34, 96, 110, 344
    hedge, 259–65
    Huguenot, 25
    industrial, 31, 88–94, 154–62, 201–8, 226, 238–59
    Jews', 25
    Methodist, 25, 136, 138–9, 141–2, 314–18
    national, 339
    night, *see* Adult
    pay, 18, 33–4, 269, 334, 344
    Quaker, 25
    Roman Catholic, 110, 173, 193, 232, 259–65
    Royal Bounty, 178–9, 209
    spinning, 31, 200–7, 226, 237
    Sunday, 4, 23, 26–7, 142–54, 314–21
    working, *see* industrial
Scilly Isles, charity schools in, 40
Scotland, the Highlands of, Acts for securing the Peace of, *see* Acts of Parliament
    agrarian conditions in, 168–71, 199, 207, 211–12
    average means of education in, in 1820, 332
    Bible, the, in Gaelic, in, 194–7
    Board of Fisheries and Manufactures in, 202–3
    Linen Committee of, 202–5
    Church of, and education, 166, 173–5, 177, 192, 197
    Education Acts concerning, *see* Acts of Parliament
    emigration from, 211–3
    Estates, the, of, and education, 166, 175, 177
    famines in, 169
    Forfeited Estates, the, in, 201, 202, 209
    Jesuit activity in, *see* Jesuits
    language question in, 192–7
    manufacturing villages in, 203–6
    peasantry, state of the, in, 168–71
    Rebellion of 1715 in, *see* Rebellion
    Rebellion of 1745 in, *see* Rebellion
    Royal Bounty, the, in, 178, 179
    salaries of schoolmasters in, 190–1, 202–6
    sermons on behalf of schools in, *see* Sermons
    S.P.C.K. in, 168, 176–185, 233, 259
    S.P.C.K., First Patent of, 176–85
    Second Patent of, 198–208
    spinning schools in, *see* Schools
Scott, Robert, of Dunield, 202
Sermons on behalf of charity schools, in England, 13–14, 21–2, 58–9, 61, 71, 74–5, 112, 121, 126, 136–7, 143, 153
    in Ireland, 235, 246
    in Scotland, 172, 178, 196–7, 198
Seys, Evan, member of the Welsh Trust, 284
Shannon Grove, charter school at, 237, 241
Sharp, John, archbishop of York, 40
Sheffield, girls' day school at, 75
Sheldon, Gilbert, archbishop of Canterbury, 280, 286
Shenstone, William, 33
Sheridan, Thomas, 218
Sheridan, Thomas, junior, 340
Shipham, Sunday school at, 158
Simond, L., 171
Sims, J., master of Cripplegate school, 106
Sligo, Co., day schools in, 225
Smith, Adam, 26, 96, 167, 341
Smith, Erasmus, 260
Smith, Sidney, 338
Sobieski, Princess, 121, 339
Societies, Agricultural, of Ormiston, 199
    Amicable, of Rotherhithe, 52
    British and Foreign Bible, 321
    Charter, *see* Incorporated
    clergy of, 63, 64, 66, 292, 296
    Correspondent, in London, with the Incorporated Societies in Scotland and Ireland, 178, 236
    Discountenancing Vice and Promoting the Knowledge of the Christian Religion, Association for, 258

Societies, Edinburgh, for Encouraging Arts, Sciences and Agriculture, 199
Farmers in Buchan, of, 199
Gaelic, for the Support of Schools, 184, 210
Honourable, of Improvers in the Knowledge of Agriculture in Scotland, 199
Incorporated, for Promoting English Protestant schools in Ireland, 91, 185, 235–59
Kildare Place, 329
London Ministers of the Three Denominations, of, 132
Methodist, 135–41
National, for Promoting the Education of the Poor in the Principles of the Established Church, 4, 27, 333
Patrons of the Anniversary of Charity Schools, of, 60
Promoting Christian Knowledge, for (S.P.C.K.), in England, 19, 23–6, 36–42, 54, 56–7, 62–3, 65, 67, 69, 73–5, 78, 81, 87, 91–4, 118–20, 126, 129–30, 135–7, 143, 152, 182, 188, 198, 212, 227–8, 230–1, 264, 271, 273, 291, 326, 339, 346
in Ireland, 227–30
in Scotland, 23–4, 41, 178–85, 198–208, 233, 238, 259, 326
in Wales, 38, 288–96, 298, 302, 310, 326
Propagation of the Gospel in Foreign Parts, for, 39
Reformation of Manners, for, 8, 36, 63, 146, 176, 291
religious, 8, 36, 57, 63, 99, 114, 291
Royal British, or Lancasterian Association, 339
Royal Dublin, 240
Schoolmasters, of, 109, 117
Sea-Sergeants, of, 266
Sunday School, 152–3, 316–17
South, Robert, 96
Southampton, day school at, 100
Southey, Robert, 338
Spectator, The, 59
Spenser, Edmund, quoted, 223
Spinning schools, *see* Schools
Stanz, Pestalozzi's work at, 328
State control of education, distrust of, 340–2
Stearne, Brigadier-General, member of the Irish S.P.C.K., 227
Steele, Richard, eulogy of charity schools by, 59
Stephenson, Robert, Journal of, 237

Steven, Robert, criticism of the charter schools by, 257
Stevens, John, *Journal* of, 216
Stewart James, of Killen, 196
Stillingfleet, Edward, archdeacon of London and dean of St Paul's, 281–2, 288
Stock, Thomas, 143, 147, 150
Stockport, day and Sunday schools at, 93, 152–3
Stow, David, 328
Strabane, day schools at, 225
Stradbally, charter school at, 248
Strafford, Thomas Wentworth, Earl of, 223, 229–30
Stratford, Suffolk, day school at, 67
Stroud, day school and workhouse at, 93
Strype, John, 59, 66, 289
Stuart, Charles Edward, the Young Pretender, 187, 267
Stuart, David, of Garth, 167
Stuart, James, the Old Pretender, 113–14, 121–2, 124, 177, 266
Stubbs, William, archdeacon of St Albans, 73
Sunday schools, *see* Schools
Sutherland, Countess of, patroness of charity schools, 193
Swansea, Dissenters' school in, 280
Sweden, charity schools on the English model in, 40
Swift, Jonathan, quoted, 39, 218–9
Switzerland, high average of education in, 1820, 332
Synge, Edward, archbishop of Tuam, 226–7, 342

Talbot, James, vicar of Spofforth, 76–7
Talleyrand-Périgord, 340
Tanner, Thomas, rector of Thorpe Bishops, 66
Tatler, The, 82
Taunton, Sunday school at, 143
Teacher's Assistant, The, 77
Teachers, the, in England, 96–109, 333–6
in the Highlands, 185–92, 201–2, 204, 213
in Ireland, 262–3, 219–22, 253–6
in Wales, 278, 280–2, 287, 298–9, 303–4, 306–9, 315, 317, 318–9
Templestown, charter school at, 237
Tenison, Thomas, archbishop of Canterbury, 40, 110, 126
Tertaraghan, day school at, 225
Thomas, William, bishop of St David's and of Worcester, 281

Thoresby, Ralph, 40, 112
Thornton, Henry, 152, 342
Thorold, John, 297
Thurloe, John, 278
Tillotson, John, dean of Canterbury and of St Paul's, 281–2, 285–6, 288
Townshend, Charles, Viscount, 127
Trevor, Sir John, member of the Welsh Trust, 284, 289
Trimmer, Mrs Sarah, 22, 77, 83, 143, 150–1, 155, 157–9, 161, 338–9, 342
Tring, day school at, 9
Troeltsch, Ernst, 6
Tucker, Josiah, dean of Gloucester, 94
Tunbridge Wells, day school at, 71
Trustees and managers of schools, 41–56, 90–4, 97–104, 107, 113, 116–18, 120–6, 177–8, 184–5, 225, 251–3, 283–4, 289, 300–1

Ugborough, charity school at, 67
Utrecht, Peace of, 1713, thanksgiving for, 61

Vaughan, John, of Derllys, 290, 297, 302
Verdun, Pestalozzi's work at, 328

Wade, General George, roadmaking by, 169, 172
Wake, William, bishop of Lincoln and archbishop of Canterbury, 32, 40, 64–5, 113–14, 120, 126–7, 129, 231
Wakefield, Edward, 236, 244
Wakefield, The Vicar of, 62, 82
Wales, Act for the Better Propagation and Preaching of the Gospel in, *see* Acts of Parliament
  ambulatory schools in, *see* Circulating Schools
  average means of education in, in 1820, 332
  Bible, the, in, 281–2, 284, 286, 296, 306, 312–3, 321
  circulating schools in, *see* Schools
  Commissioners for the Better Propagation of the Gospel in, *see* Commissions
  enthusiasm for education in, 23, 26, 195, 319
  famines in, 268
  free schools set up under the Act for the Better Propagation and Preaching of the Gospel in, 16
  isolation from outside influence of, 269–70
  itinerant schools in, *see* Circulating Schools
  Jacobitism in, *see* Jacobitism
  language question, the, in, 224, 284–5, 294–5, 310–12, 321–4
  Methodism in, 277, 305–6, 308, 315–16, 324
  nationalism in, 321–5
  Nonconformist schools in, *see* Schools
  Nonconformity in, *see* Nonconformists
  peasantry, condition of, in, 170, 267–8, 271, 290–3, 297–8, 306, 319, 321–2
  religious literature for, 280–7, 290, 292, 296, 312–3, 320–2
  S.P.C.K. in, *see* Societies
  State assistance for education in, 278
  Sunday schools in, *see* Schools
  Welch Piety, 195, 300, 302
  Welsh Trust, the, 282–9; schools of, *see* Schools
Walker, John, 168, 183
Walpole, Horace, 11
Walpole, Robert, 127, 233
Wanley, Humphrey, secretary to the S.P.C.K., 40
Waterford, charter school at, 245
Watson, Thomas, bishop of St David's, 292
Watts, Isaac, 49, 51, 74–5, 88, 95, 103, 129, 132–3, 150, 253
Wentworth, Thomas, *see* Strafford
Wesley, Charles, 272
Wesley, John, 136–43, 148, 246, 249, 272, 291, 305, 342
Wesley, Samuel, 40, 64–5, 100
Westbury-on-Severn, day school at, 39
Westmorland, John Fane, Earl of and Lord Lieutenant of Ireland, 247
Weston, school of industry at, 156
Whichcote, Benjamin, 282
Whiston, William, 40, 70
Whitbread, Samuel, 257, 327, 329–30, 339
Whitechapel, religious society in, disaffection in, 114
Whitefield, George, 136–8, 272, 291, 305
Whole Duty of Man, The, 9, 14, 79, 82, 84
Wickham, day school at, 70
Wight, Andrew, 207
Wilberforce, William, 158, 331, 339, 342
Williams, Dr Daniel, Dissenting minister at Wrexham, 294

Williams, Edward, and the Welsh Sunday schools, 314, 316
Williams, Moses, vicar of Llanwenog, 297
Williams, Trevor, member of the Welsh Trust, 284
Williams, William, of Pantycelyn, 297, 314, 321
Wilson, Thomas, bishop of Sodor and Man, 64
Windsor, day schools attached to St George's Chapel, 9
Woburn, day school at, 68
Wodrow, Robert, 176
Wollstonecraft, Mary, quoted, 340
Woodcock, William, schoolmaster, 97
Woodward, Josiah, "minister of Poplar", 40

Wordsworth, William, 338
Workhouses, children in, 31, 34, 91, 93–4, 244
Wroot, day school at, 136
Wyndham, John, member of the Welsh Trust, 284
Wynn, Watkin Williams, Sir, 266
Wynne, William, 271

York, charity schools at, 9, 94, 103, 148
Young, Arthur, 86, 218, 222, 228, 245, 261, 270

Zetland, North, charity school in, 193

图书在版编目(CIP)数据

慈善学校运动：对十八世纪清教徒行动的研究／
（英）M.G.琼斯（M. G. Jones）著；曾令发，蔡天润，
邓晓莉译. -- 北京：社会科学文献出版社，2022.8
（南山慈善译丛）
书名原文：The Charity School Movement – A Study of Eighteenth Century Puritanism in Action
ISBN 978 - 7 - 5228 - 0003 - 5

Ⅰ.①慈… Ⅱ.①M…②曾…③蔡…④邓… Ⅲ.①慈善事业-历史-英国-18世纪 Ⅳ.①D756.17

中国版本图书馆 CIP 数据核字（2022）第 064964 号

南山慈善译丛
慈善学校运动
——对十八世纪清教徒行动的研究

著　者／[英]M.G.琼斯（M. G. Jones）
译　者／曾令发　蔡天润　邓晓莉

出　版　人／王利民
组稿编辑／曹义恒
责任编辑／岳梦夏

出　　版／社会科学文献出版社·政法传媒分社（010）59367156
　　　　　地址：北京市北三环中路甲29号院华龙大厦　邮编：100029
　　　　　网址：www.ssap.com.cn
发　　行／社会科学文献出版社（010）59367028
印　　装／三河市龙林印务有限公司

规　　格／开本：787mm×1092mm　1/16
　　　　　印张：22　字数：344千字
版　　次／2022年8月第1版　2022年8月第1次印刷
书　　号／ISBN 978 - 7 - 5228 - 0003 - 5
著作权合同
登　记　号／图字01-2018-6013号
定　　价／128.00元

读者服务电话：4008918866

版权所有 翻印必究